帝国的崩溃

日本1945年前后的军事与社会

潘 越 刘海丰 —— 著

中国出版集团　现代出版社

图书在版编目（CIP）数据

帝国的崩溃：日本 1945 年前后的军事与社会 / 潘越，
刘海丰著 . -- 北京：现代出版社，2023.3
ISBN 978-7-5231-0192-6

Ⅰ . ①帝… Ⅱ . ①潘… ②刘… Ⅲ . ①第二次世界大
战 - 研究 - 日本 - 1945 Ⅳ . ① K232.09

中国国家版本馆 CIP 数据核字 (2023) 第 018450 号

帝国的崩溃：日本 1945 年前后的军事与社会

作　　者：潘　越　刘海丰
责任编辑：姚冬霞
出版发行：现代出版社
通信地址：北京市安定门外安华里 504 号
邮政编码：100011
电　　话：010-64267325　64245264（传真）
网　　址：www.1980xd.com
印　　刷：三河市宏盛印务有限公司

开　　本：710mm×1000mm　1/16
印　　张：32.25　　　　　　　　字　　数：470 千
版　　次：2023 年 3 月第 1 版　　印　　次：2023 年 3 月第 1 次印刷
书　　号：ISBN 978-7-5231-0192-6
定　　价：68.00 元

第一篇 军事篇

第一篇

军事篇

第1章
帝国军队的衰亡

狂暴的怪兽

进入1945年，"大日本帝国"的海空力量已经几乎名存实亡，日本陆军成为抵御盟军反攻的绝对主力，虽然日暮途穷，依然保持着令人战栗的本色——在其占领统治下的平民、看管下的俘虏，经常遭到残忍的虐待自不必说，强大的盟军反攻部队也在战斗中因为日军那种不要命的战斗作风、令人头疼的夜袭战术乃至疯狂至极的特攻战术而承受了巨大的精神压力。不仅如此，日军还到处构筑洞窟阵地、以持久战略对抗盟军的"无限"资源，大大延长了盟军士兵的痛苦。

然而，在一些地方，命运最为悲惨的是当地的民众（以冲绳岛最为典型），他们要么成为日军准备和实施防御作战的苦力，要么成为妨碍日军作战的"累赘"，蒙受了惊人的死亡率，甚至被日军无情地驱赶、掠夺乃至杀害。总之，日本陆军的特有性格，使太平洋和大陆战场的最后阶段充满了疯狂的乃至末日般的景象，愈加凸显了这场战争冷血、惨无人道的一面。

在这个时期，日本陆军自身的军纪在许多地方日趋走向崩坏，许多狂暴的军官、士官表现得无法无天，为此还出现了一些匪夷所思的事件。以中国派遣军隶下的华北方面军为例，驻扎在中国山东济南南方的南官村的"至诚兵团"的一个中队，在战争结束前不久发生了堪与馆陶事件相比的"反乱事件"。中队长山田品性极其恶劣，即使在日本陆军的历史上，也是"罕见的最恶的中队长"。山田迫害村民，欺凌部下，在战斗中只要看见女子就会实施强奸，因此患上了性病，被强行送进济南的陆军医院。1945年6月，山田溜出医院，返回中队。由于实在无法忍受在这头凶暴的野兽滥施的淫威下度日，中队全员决定将他从望楼的城墙上推下去，伪装成"事故死"。策划事件的中心人物是少尉清野和准尉芦泽，所有士兵都表示赞同。那天，清野当着发狂的山田宣布："从今天起，中队的指挥由本人负责，基于中队全体的意见，决定处置山田大尉。"端着刺刀的士兵将山田逼到望楼的城墙上，平时不可一世的山田惊恐地大叫起来，不停地哀求饶命。最后，芦泽表示全部责任由自己承担，请求全体士兵放过山田，山田才捡了一条命。从此，中队实际指挥者变成了清野，山田在中队全员的监视下生活，直到战争结束。

在日军遭到惨败、组织解体和缺少粮食补给的战场，日军的军纪更加容易崩坏。在这种情况下，成为日军暴虐行为受害者的，甚至包括日本士兵和平民。在1945年的吕宋战役中，3名日本女性在吕宋北部山区的一座民房中，被徘徊于山中的日本兵强奸后杀害。宪兵试图找到行凶者，但凶手早已溜走。与之相对，当地宪兵在战线后方搜罗散兵、逃兵，将他们押往前线的行动更有效率。同样是在吕宋北部战线，还有人目睹在日军中从未出现过的场景，让人想到日军正在走向末路。1945年5月初，在第二十三师团的集结地安部克劳，一名士兵蹲在路边摆摊贩卖香烟，对经过的士兵大声叫卖："真正的香烟哪，用大米来换！"

在尚未直接遭到盟军地面进攻的日本本土，正在为本土决战进行准备的日军部队的军纪维持情况也不容乐观，在乡间频频发生违纪事件，与粮食有关的违纪行为难以计数，使日本国民非常反感。本土部队的违纪问题严重，虽然有动员兵力剧增后军队素质降低的因素，但根本原因是粮食配给量降低导致士兵挨饿。在日本投降后，一些部队的纪律更是急剧恶化。例如近卫第三师团所属的近卫野炮兵第三联队，在日本投降后的8月下旬，奉盟军的指令搬运、堆积武器。联队长前来视察情况，作业中的士兵出言不逊，扔掉弹药箱等，完全无视上官的权威。

　　在战争的最后一年，日军仍然在各战区实施暴虐行为，尤其是在菲律宾，日军的暴行和菲律宾人的反抗在美军反攻期间达到了顶峰，仅在马尼拉市就有数以万计的平民死于日军之手。值得注意的是，不仅是对盟国军人或占领区的平民，日军对本国国民也表现得非常不负责任甚至冷血残酷。在冲绳岛和庆良间列岛，以及中国东北等地，日军在撤退时，并未尽力保护本国国民的安全，甚至鼓动、胁迫他们自杀。

　　在许多日军眼中，日本平民"占用"了可作为藏身之所的洞窟，需要消耗粮食，不啻无用的累赘。在吕宋北部山下兵团的最后据点普洛格山复廓阵地内，士兵对需要向日本平民提供粮食（根据山下的命令）非常不满，对平民恶语相向。

　　二战中的日军，尤其是日本陆军，其残暴性受到了很多指责批判。尽管日军的不同单位和个人在不同的时间、地点的表现不尽相同，日军也在占领区做了大量"宣抚"、收买工作，但从总体上看，日军的凶暴作风确实是一以贯之的，即使在战争的最后阶段，这台可怕的战争机器仍然在吞噬大量无辜平民、战俘乃至本国国民的生命。至于这支军队如此残暴的根源，与其简单地归结为所谓"民族性"之类含混不清的概念，不如说是军阀或可称为"军国主义"的强权掌握权力的产物，具有强烈的时代特征。

　　日本的战争指导层不仅与民众隔绝，与普

1937年举行占领南京城仪式的侵华日军，领头者是南京大屠杀元凶松井石根。这支凶残的侵略军，8年后沦为残破的败军

通士兵之间也无甚联系。日军的普通士兵和下级军官、士官中不乏"勇武"之人，令盟军士兵也不得不承认"日本兵很难打"，但这种"勇武"通常不会赢得盟军士兵的"尊敬"。日军越是顽固疯狂，越令对方感到愤恨。

愚蠢的高层，可怕的下层

日本的战争指导者和前线部队的指挥官中本就充斥着许多庸碌无为或愚蠢狂妄之徒，他们在这场战争的最后阶段继续摧毁日军的根基，甚至变本加厉，留下了许多丑陋的记录。例如，第四航空军司令官富永恭次，在美军登陆林加延湾时居然抛下部队逃离吕宋岛。

参加吕宋防御战的第二十三师团步兵第七十一联队的继任联队长林安男，对指挥作战一窍不通，为人胆怯，在作战期间始终躲藏在司令部洞窟内，所谓"指挥"不过是反复逼迫部队实施挺身突击战斗，以白白牺牲人命为代价来增加自身的"荣誉"，还故意安排不愿服从命令的部下执行送死的任务，企图假美军之手杀人。这样的恶人，却被山下奉文奉承为"应该获得金鵄勋章"。

在吕宋岛和冲绳岛，这种对持久战略的干扰和破坏严重削弱了日军的战力，在很大程度上减轻了美军的损失。在吕宋防御战中，第十四方面军司令部在持久和决战之间摇摆，使日军在林加延湾周边的防御战中消耗了大量战力，甚至多次出现明显违反军事原则的胡乱指挥。例如，命令第二十三师团步兵第七十一联队第二大队在所谓"卡巴鲁昂丘"占领阵地，该地实际上只是覆盖树林的平地，根本不适合作为防御阵地，该大队毫无悬念地在"卡巴鲁昂丘"被全灭。此外，方面军还让数个步兵大队对登陆林加延湾的美军实施大规模挺身突击战斗（违反挺身突击战斗应以小股精干部队实施的原则），仅步兵第七十一联队的畠中大队就战死大队长以下350人。结果，步兵第七十一联队的三个步兵大队一下子就丧失了两个，所谓"联队"几乎成了空架子。

在缅甸战场，决战与持久战之间的矛盾表现得更加明显。缅甸方面军的任务本来是避免决战进行持久战，然而方面军的参谋长、原大本营作战部长田中新一，制订了宏大但脱离现实的决战计划，结果缅甸方面军从1945年1月至3月，在缅甸中部的伊洛瓦底江畔同拥有压倒性优势的盟军进行了毫无胜算的会战，蒙受了重大打击，导致缅甸的防御全面崩溃。

在日本陆军中，参谋尤其是作战参谋拥有极大的权限。日军的参谋经常脱离实际，表现得无谋、粗暴，甚至残暴。他们的无能、狂妄在1945年依然给日军带来极大的灾难，前述的缅甸方面军的田中就是一例。

与英美军队相比，日军的高级指挥官普遍属于顽固且优柔寡断的类型，缺乏果断且善于随机应变的特质。日军的作战计划过于详细，缺乏变通性，各级指挥官通常严格执行计划，难以应对预想之外的情况。再次以缅甸战场为例，日军在伊洛瓦底会战中的高级指挥官和高级司令部的幕僚的反应，同英帕尔会战时一样僵硬迟钝。

反观英军的指挥，无论是在缅甸中部的伊洛瓦底会战中，还是前一年发生在缅北的英帕尔会战中，都表现出了很高的指挥水准，与日军形成了鲜明对比。英军各名高级指挥官之间的协同合作、人际关系，也远远好于日军。不仅如此，英军的高级指挥官以斯利姆中将为首，会多次进入第一线观察情况、沟通意见和解决问题。与此相反，日军的高级司令官很少亲临前线视察，即使亲临前线，也往往不得要领，无甚作用。

日军指挥和参谋系统的顽固、僵化的程度令人吃惊。轻视情报工作、轻视兵站、对盟军的战力估计过低、海陆军之间的不和、痴迷于决战、进攻和夜间挺身突击等病症，到1945年仍未得到实质性改善，以往的败因被一再重复。

与愚蠢无能的高层不同，日军第一线部队的下级官兵经常为缺乏弹药、粮食等各种物资的窘状所苦，仍然能够拼死战斗，盟军指挥官也对日军下级官兵的斗志惊叹不已。斯利姆将军评论说："日本陆军的厉害之处不在于上层，而在于士兵的士气。他们会战斗到死，一直前进……这才是日本陆军令人胆寒、无人能及之处。"对于日军的高级指挥官，斯利姆则认为："（他们）拘泥于最初的计划，缺乏因应实际情况的能力，也欠缺坦率地承认错误的精神方面的勇气。"他甚至挖苦说："日军高级司令部对我方的胜利厥功至伟。"

日军的战术问题

日本在太平洋战争中的失败，原因不只有日美生产力或者说国力的差距，还有军队组织、战略与战术等方面的缺陷。

所谓"战术"，可以简单地概括为在战斗中运用兵力的技艺。日军在战略上问题重重，甚至是愚钝至极，在战术方面堪称"优秀"。日本陆军拥有较强的精神力，联队以下的战术能力也属上乘，忍耐苦难的能力也非常强大。但由于战略拙劣，战术也不可避免地受到很大影响：缺乏创造力造成战术陈旧过时和定型化，缺乏灵活性造成日军经常猪突猛进、轻视火力，缺乏纵深性导致对补给的考虑不周全等。

据美军评价："日军的部队非常勇敢，悍不畏死，令人惊叹。但他们缺少创造力，常常暴露出囿于僵硬模式的缺陷。特别是因为日军反复实施对一翼或者背面的攻击，只要在那里布设火力或者障碍物，他们就会像刈草一样被扫倒。"

侵华战争对日军在太平洋战争中使用的战术影响甚巨。日军从20世纪30年代初到1941年经历了战斗，然而，这些战斗的对手是几乎没有飞机、军舰、坦克，甚至没有多少火炮的装备低劣的中国军队。其间，日军只在张鼓峰和诺门罕战役中同拥有较优良装备的近代军队交战过。

据原大本营参谋塚本政登总结，这10年左右的战斗经验，对日军的战术大致有如下不利影响。

1. 对火力和科学力的轻视。

2. 对制空、制海权的认识不足，陆、海、空的综合战力的发挥比较粗糙。

3. 步、坦、炮的协同作战也比较粗糙。

4.关于对空、对坦克战斗的装备和训练的研究不充分。

5.喜欢分割建制。

6.（向侧面）分散兵力。

7.纵长区分的不充分。

8.情报活动的不充分。

9.登陆防御、岛屿防御的教育训练的不充分。

10.对补给的考虑不充分。

在太平洋战争初期与日军对战的盟军部队，是相对来说装备不良且缺乏准备的殖民地守卫部队，所以日军的战术比较适用，但当遭遇盟国派出的装备优良的本国军队的猛烈反攻时，日军粗糙的战术便不再有效，只能凭借"必胜的信念"和攻击精神来弥补战术上的缺陷。

日军并非不擅长防御。事实上，日军的攻击力和防御力都达到了很高的水准，如果能够排除上级错误指导的干扰，充分考虑实际情况采取适合的战术，并且有一定的炮兵力量支援，日军完全有能力在防御战中挡住盟军的进攻锋芒，至少能取得不少战术性胜利。盟军的作战经验也一再表明，日军确实是防御战斗的高手。太平洋战争的最后一次重大战役即冲绳战役的经验即可提供充分证明。

在这次战役中，日军躲藏在洞窟阵地中避开美军猛烈的轰炸炮击，待美军接近至极近距离时加以攻击，给美军造成损失，从而能长期确保阵地。这次战役的经验表明，在地面战斗中，与地形相适应的阵地战最适合日军抵抗盟军的进攻，事实上，除此之外没有其他适合的战法。大本营未能理解这样的道理，一味强硬主张歼灭、决战、攻击，将这样的战术思想强加给当地守备军。

日军在冲绳战役中能够长期保持防线和大量杀伤盟军，是尽量保存战力、充分发扬火力的结果。日本陆军的战术思想中，缺乏对近代战争就是火力决战，特别是对美军火力猛烈程度的认识。例如，日本陆军的步兵战斗法极为重视白刃战，但在冲绳战役中，纯粹的白刃战非常少见。关于防御战，在日本陆军中盛行阵前歼灭的思想，但日军的防御通常是在劣势情况下不得已而为之，阵前歼灭非常困难，纵深防御的思想更加合理。

在战场上，美军弹幕射击的弹雨以一定深度覆盖了日军防线的全正面，一草一木也不能保存，地面完全被翻耕，地上的部署兵力死伤殆尽。然而，如果不部署兵力，阵地就会被占领，所以日军不顾损耗，坚持部署兵力，在猛烈炮火下一再击退接近之敌。在拥有压倒性优势的美军面前，日军毫无获胜的希望，却长久地保持阵地，争取给对方造成尽可能多的损失，这是冲绳防御战的特点。

很多人认为，如果第九师团留在冲绳岛上，第三十二军的冲绳防御战将会取得更大的成果，甚至改变战役结局。这种观点值得商榷。原第二十四师团步兵第三十二联队第一大队长伊东孝一就认为，如果第九师团没有被抽出，日军将实施滩头攻势，那样冲绳的陆战并不会取得优异的成果。虽然可能会有很多美国兵陈尸于中头的西海岸，但更多的日军会在那一带丧命。实施滩头攻势的日军将会成为舰炮和飞机的目标，不可避免地遭遇败北。

伊东根据自己的经验和研究，认为日军在防御中应采取的正确做法是：为了避免成为对方舰炮和飞机的目标，日军应以彻底的斜射、侧射御敌，以火力特别是炮兵力量杀伤美军的登陆部队；日军不时实施短切奇袭或夜袭，夜袭部队经过低地进行渗透，或者从低处向高处攻击，掷弹筒则改为使用从遮蔽地进行间接射击的射法；日军的炮兵在白天长时间保持沉默，尽量在夜间射击；虽然防御中的炮兵向来以统一使用为原则，但在现实中，面对绝对优势的敌人，统一使用非常困难，因此应该使相当一部分炮兵配属给第一线步兵大队或者直接协同；所有武器都坚持进行阵地变换；日军还应该认识到夜间的战场机动力极为有限等。伊东认为如果能贯彻这一系列战术、战斗法，且第九师团没有被抽走，冲绳防御战起码可以取得某种程度的"胜利"。

冲绳战役堪称日军反坦克战术的集大成者，美军坦克部队在这一战役中损失惨重，甚至出现在前田高地一举损失20余辆坦克的惨败。然而，从总体来看，日军在反坦克装备和战术方面始终薄弱，再多的战术性胜利，充其量也只是矮子里拔出的高个儿。在此有必要简单评述日军的反坦克装备与战术。

毫不夸张地说，在1945年的亚洲—太平洋战场，从装备上来看，对地面作战的胜负最具有决定性的装备当数坦克和飞机，然而，反坦克战恰恰是日本陆军一

日军的反坦克战也曾有过"辉煌时刻"：1942年3月末缅甸南部的瑞当之战中，第三十三师团的步兵第二一五联队重创英军第七装甲旅。图为在瑞当村南入口附近的英军遗弃车辆，右侧为M3坦克

直以来的短板。日本陆军从上到下对盟军装甲部队的认识都非常贫乏，即使是参加了反坦克战的官兵，对于盟军坦克的识别，基本上也就是较小型的是M3坦克、大型的是M4中型坦克而已，很多时候分不清坦克与装甲车，更不用说盟军坦克部队的编成和装备的坦克数了。

到了战争末期，日军的反坦克装备与战术依然没有实质性的改进。在太平洋战争的全过程中，日军可用以对抗盟军坦克的装备中最有效者，始终是各种具有反坦克能力的火炮，但这些火炮数量少，而且一般需要从侧后方在极近距离上射击才有效，使用难度高，容易被破坏，持续战斗能力很弱。在缺乏有效的反坦克武器的情况下，日军广泛使用肉搏攻击战术来对付盟军坦克，但成功率甚低，很少能够真正破坏对方坦克。

当然，凡事并无绝对。在有些战斗中，利用有利地形、加上异乎寻常的胆量和运气，有时也依靠严密的计划，日军的确可以通过肉攻战术挫败盟军坦克的行动。例如，1944年3月15日至16日（英帕尔会战期间），第三十三师团步兵第二一五联队第一大队第四中队的军曹中原，在战友的配合下破坏了三辆英军坦克。又如，在1945年4月13日，第四十九师团主力与英军装甲部队在缅甸中部敏铁拉南方的央米丁市内进行的交战中，步兵第一〇六联队速射炮中队的寺山重德向接近的英军坦克投掷炸药包将其炸毁，解救了师团司令部，等等。但这类战例数量很少，不具有普遍性，不能改变肉攻战术的无力性。

日军曾在1939年的诺门罕战役中以惨痛代价取得了不少经验教训，包括关于反坦克战的经验教训，但在1945年的作战中，仍然一再重蹈诺门罕战役惨败的覆辙。最明显的是在反坦克战方面，日军并未充分吸取诺门罕战役的教训。以曾在诺门罕战役中担任骨干力量的第二十三师团为例。该师团在诺门罕战役中被苏军装甲部队打垮，蒙受了巨大的损失，但在1945年的吕宋防御战中，该师团的反坦克技术仍无实质性变化。如果说有什么"变化"，那就是步兵的单兵反坦克武器由燃烧瓶"升级"为用炸药制成的爆炸物而已。

不止如此，诺门罕战役表明平坦地形非常不利于日军对抗强大的装甲部队，但1945年初，缅甸方面军在缅甸中部的伊洛瓦底河畔同英军展开了乾坤一掷的大决战，方面军司令官木村兵太郎选择的这个决战场地的地形，酷似诺门罕，是平坦的大波状荒地，对日军来说毫无地利，却非常适合英军装甲部队的行动，结果日军处处被动，反复遭英军坦克的蹂躏，再次重现了诺门罕战场的惨败情景。

日本陆军的反登陆战术

在探讨日军战败的原因时，有必要回顾一下日军的反登陆战术。日本陆军在岛屿防御战中接连败北的重要原因，是执着于"滩头防御"。从表面上看，攻方登陆的瞬间，在海滩上暂时无法发挥全力，似乎是守方歼攻方于滩头的良机。然而，实际情况复杂得多。

日本陆军在太平洋战争爆发前，没有对美国陆军进行过有组织的研究，直到瓜达尔卡纳尔岛惨败，阿图岛守备队覆灭的1943年夏天以后，才开始系统研究美军。从1943年11月开始，日军陆续完成、发布了《珊瑚岛屿的防御》《岛屿防御参考资料》《岛屿守备部队战斗教令（案）》等与反登陆战术有关的指导性资料。其中《岛屿守备部队战斗教令（案）》成为从塞班战役至贝里琉战役的反登陆战术的教条。

日本陆军原本就信奉"滩头歼灭主义"，即在水滨或曰"汀线"附近趁攻方登陆时，在水、陆两方面被分割时集中战力歼灭。太平洋战争爆发后，根据日军在所罗门、新几内亚方面对美军战斗的经验，盟军往往在日军兵力薄弱或未部署防御的地点登陆并迅速构筑海岸堡阵地，凭此粉碎日军的反击。因此日军认为美军登陆后位于滩头一带、处于混乱状况时，正是歼灭美军的最佳时机。因此在《岛屿守备部队战斗教令（案）》中强调将滩头作为主阵地的前沿，趁登陆方前进迟缓、行动混乱时实施逆袭予以歼灭。此外，日军的反登陆战斗教条还认为岛屿守备部队的任务是防卫航空基地。

在从事岛屿防御的部队的编制上，日军也做了大幅调整，编成了以步兵为中心的旅团、联队规模的可以独立战斗的诸兵种合成部队，并将担任岛屿防御的师团改编为"海洋师团"，使其具有独立的海上运输能力，师团隶下的炮兵联队等被解体分属各步兵联队，建立了以步兵联队为基干的诸兵种合成部队，在部队运用上力求迅速灵活。也就是企图在海军歼灭美海军主力部队的同时，让陆军独自歼灭美军登陆部队。

然而，这样的防御构想存在很大的问题。其一，在对方制空权下，强行运输部队会蒙受严重损失。其二，日军的兵力大部分被部署在滩头第一线。

反观美军，早在1933年就确立了强袭登陆的原则，主要目的是克服登陆时在滩头一带的弱点。这些原则包括：登陆作战在己方的绝对制空权下进行；在炮兵登陆、师级部队确立海岸堡之前，舰炮射击和航空攻击担任火力支援；战列舰也尽可能地靠近海岸；航母群也在近海游弋，经常派出轰炸机。这些原则注定了日军的反登陆作战不可能成功。日军的滩头阵地由于海滩这种明显的地线存在，而成为绝佳目标，轻易就会被舰炮射击破坏。对滩头发动的逆袭也无法动摇已经确立的海岸堡。由于数量惊人的美军舰载机和巡逻舰艇，日军用以投入预备队的船舶运输也遭到封杀。

此外，"滩头歼灭"需要构筑坚固的工事以保存火力和战力。从塞班岛开始，各岛屿的防御部队都计划进行永久筑城，使阵地重要部分可经受战列舰的舰炮射击。但是构筑阵地所需的大量资材和时间无法获得，结果被消灭的各岛屿守备队均未能筑成《岛屿守备部队战斗教令（案）》等教条中规定的滩头阵地。唯一的例外，就是第十四师团部署在帕劳群岛后，有5个月准备时间，因此贝里琉岛和昂奥尔岛能够进行强韧的防御战斗。然而，即使是这两座岛屿的滩头阵地，也在美军登陆的第一天就被突破。

塞班战役失败后，大本营陆军部于1944年8月19日新发布了《岛屿守备要领》，该资料虽然也以"滩头歼灭"为目标，但放弃了在滩头的直接部署，并且禁止过早进行逆袭，改为提倡后退部署。但这并不表示大本营放弃了以滩头战斗来击沉登陆艇，反登陆的基本原则及海上歼灭主义（一并消灭登陆部队和运输船）并未改变，该要领只是改变了地面战斗法。日本陆军寄予厚望的海上歼灭战术是：让特攻艇撞击进入泊地的敌运输船队，并以飞机攻击航母或运输船；陆军航空队重点攻击运输船而不是特混舰队。从莱特战役以后，日军正式采取了"特攻机战术"来攻击盟军船队。《岛屿守备要领》还特别重视滩头战斗中机关炮的威力，鼓励日军将机关炮部署在海岸附近。因此，1944年8月以后，日军匆忙编成了多支独立机关炮部队。

1944年10月大本营又发布了《登陆防御教令（案）》，第一章《登陆防御的一般要领》中写道，"彻底利用纵深分布的防御设施"，"在当前战局下，滩头歼灭经常无法实现，守备队部署的重点应选在从海岸适当后退之地域"。此外，还强调主抵抗阵地（主阵地带）也应以据点式的反斜面阵地为主体。所谓"反斜面阵地"，就是阵地设于敌方能看见的丘陵或高地的反面。另外，各据点间由设于反斜面的火力点连接。因此，火力线也设计为斜射、侧射。如果能合理地编成火力线，那么阵地的间隙就会成为火力杀伤区。

根据这些新的原则，岛屿防卫部队的指挥官从原来呆板的滩头防御转为因应地形的防御战术。特别是将主阵地后退使防卫部队可以利用后方的丘陵等，因此容易构筑比以往更加坚固的坑道（洞窟）式阵地。

然而，这种新的反登陆防御所起的作用主要是战术上的，对作战本身的作用有限。其中一个原因与航空基地有关。日军的机场多设在海岸平原上，因此为了防卫机场，也有必要将部队部署在滩头。在放弃滩头战斗的情况下，航空基地容易被盟军占领并利用。在日军的作战中，航空基地扮演着重要角色，需要的数量也多，例如在"捷"号作战中，仅在菲律宾就有陆海军的航空基地合计30余处。因此，当地的陆军地面部队不得不参加航空基地建设，即使为此大大影响阵地构筑，也必须予以配合。日军的岛屿防御战因此大受影响，而千辛万苦修成的机场不但起不到什么作用，反而被美军充分利用。例如，在冲绳战役中，第三十二军因兵力不足被迫放弃读谷、嘉守纳等机场，这些机场成了送给美军的厚礼，美军于登陆后在很短时间内就能扩张、整备到可以使用的程度。

《登陆防御教令（案）》虽然被认为是正确地估计了美军和己方的战力，在战

1945年8月21日，在嘉守纳机场的停机坪上成排的C54运输机。嘉守纳机场被美军轻易占领后，经过扩张、整备，成为美军航空基地的中枢，一直被使用至今

术上提供了正确的指导，但存在的一个重大缺陷就是重视航空决战，强调地面部队守卫航空基地，严重脱离了现实。此外，《登陆防御教令（案）》中执着的以歼灭敌军为目的的沿岸决战也是脱离现实的，日军对美军已经确立的海岸堡发动攻击根本不可能成功。

在临近本土决战的时期，日军又发布了两部相关作战教范。其一是于1945年3月发布的《关于反登陆作战的统帅的参考书》。该教范是以在本土决战中可以运用大兵团为前提的，在作战与战术上出现了背离。总体来说，该书内容空洞，缺乏具体性的内容。关于反登陆作战，书中写道："攻击的着眼点是进行周到的准备，在敌阵地的全纵深始终综合发挥我军诸兵的战斗力。"关于步兵联（大）队的攻击，则写道："保持战斗力的持久，不断以新锐的威力实施有计划的攻击。"然而，以往的战例证明这些都是完全脱离实际的。一旦美军在登陆海岸站稳了脚跟，就可以用轰炸机、观测机和远程火炮压制日军，结果全纵深遭到打击的正是日军自己。如果一定要向海岸堡进攻，至少需要能够压倒美军炮兵的重炮火力、能够伴随突破部队的野炮群、能够破坏M4坦克并能够抵御猛烈射击的装甲兵力（随伴的机械化步兵也必须装备自动步枪）。然而，这些条件日军统统付之阙如。结果，日军制定的反登陆防御的基本原则仍然在战术层面和作战层面上相背离。

虽然日本陆军在战争末期的岛屿防御战中普遍采取了持久防御，却经常不能彻底实行，日军的指导者仍然执着于在海边以有力一部进行死战，或者发动总反攻等，结果持久战略变成了模棱两可、不伦不类的东西。这点在吕宋岛战役和冲绳岛战役中尤其典型。

日军的战略问题

与战术相比，日军在战略方面的问题对战局的影响更具有决定性。首要的问题是统一战略、统一作战的欠缺。在近代战争中，即使在纯粹的大陆作战中，航空部队也拥有巨大威力，地面兵力和航空兵力的统一综合运用不可或缺。这种统一运用，不仅包括航空兵力直接支援地面战斗，还包括提供补给以维持战斗能力。特别是在海洋作战中，陆、海、空三者的统一运用，具有决定性的意义。

从作战准备阶段，陆海空兵力就有必要按照统一的战略、战斗目的，集中全军的战力以完成明确的目的，根据精心制订的计划，对得到良好组织的各兵种进行完善的调整，在作战中保持目的的一贯性，从而发挥系统的战力。美军在统一战略方面达到了相当高的水平，且通过历次登陆作战中积累的经验不断完善统一作战的水平。反观日本方面，虽然在开战初期的作战中实现了统一作战，但在思想上很不成熟，统一作战的思想并不发达。在1945年的各次战役中，日军仍然欠缺统一的战略，因此无论第一线部队如何拼命战斗，日军都无法达成目的。

在接近本土决战的时期，日军在战略方面的问题仍然没有得到解决，作战构想和战略充满了矛盾，航空优先主义、攻势主义等脱离实际的思想依然有着强大影响力。以冲绳战役为例，在该战役的全过程中，日军都存在着两个互相矛盾的作战构想，导致这次决战在实行中不能统一目标和手段。作战构想的矛盾主要包括以下几个方面。

1.日本防卫战略上的矛盾。

陆军的参谋本部将冲绳战役看作为本土决战争取时间的作战，没有努力为守备军送去地面部队的增援。而海军的军令部则不仅希望这次作战能成为推动日本与盟国媾和的契机，还将其看作最后的决战，因此投入了全部兵力。结果日军的指挥缺少统一协调，暴露了根本上的缺陷。

2.冲绳防卫战略上的矛盾。

日本陆海军航空部队和地面部队的航空相关人员，将冲绳决战视为一场航空决战，将发挥航空战力当作最关键要素，强烈要求展开于冲绳的第三十二军的防御部署以机场为中心。第三十二军则对航空战力的发挥不抱期望，以有利于持久战的首里地区为中心构筑阵地，早早放弃了机场。结果，日军的航空作战和地面作战未能真正实现整合，航空部队和地面部队基本上是各自为战。

3.实施地面作战上的矛盾。

第三十二军的上级部队即司令部设在台湾的第十方面军和大本营，为了夺回美军登陆后马上被占领的机场，强迫第三十二军发动反攻。此外，第三十二军司令官牛岛满和军参谋长长勇，在美军登陆一个多月后，也将专守持久的方针转换为总攻。作战主任八原博通对此坚决反对，他根据军事上的合理性，能够冷静地做出情况判断。但像他这样的人物在日本陆军中非常少见，也不受支持。

总而言之，日本陆军缺乏对现状的认识，一厢情愿地以为依靠攻击就可以取得胜利，这一特点直到战争最后也没有改变。

从部门组织上来看，大本营是日本的作战中枢，但海军部（军令部）和陆军部（参谋本部）各自独立，两军几乎谈不上统一协调，有时几乎不同对方商谈，完全各自独立作战。在两军必须协同才能实施的作战中，会以《陆海军中央协定》《陆海军现地协定》为依据。

陆海军之间冲突、不协调、内耗之事甚多。两军间经常互相争夺有限的预算、战略物资，还存在战略思想的分歧等，因此长期处于对立关系，影响两军的一致行动。此外，相对于各国军队，在日军中指挥权的独立也非常突出，在作战、用兵上，陆军省和海军省也无法干预，排除了一切政治介入。虽然在政治和军事的调整方面有"大本营政府联络会议"这样的制度，但首相没有像美国的总统那样的指导力，在组织上根本无法做到统一。

在大本营，当海军和陆军在作战上发生分歧时，解决办法往往是两军间的妥协。陆海两军的指挥部长的并立，对战争指导有很多弊端，但这个问题始终没有从制度上得到解决。结果，日军的组织始终缺乏做出战略最终决定的能力，自然无法迅速应对瞬息万变的局势。

大本营从"捷"号作战开始认真考虑了陆海空的协同作战。至于日军制订陆海军共同的作战计划，则是1945年1月20日的《帝国陆海军作战计划大纲》。但该大纲并未能真正做到统一指导。

日军的作战（战略）目的也欠缺统一性，经常很不明确，在同一个作战中往往存在两个目的，部队编成也很复杂，背后的战略思考令人困惑。同时实施的两个战略或同一个作战中的两个目的，会导致兵力分散，中途岛作战就是典型例子。作战目的的不明确贯穿了太平洋战争的始终，导致了莱特海战中栗田舰队的莱特突入失败、冲绳航空作战的失败等后果。

日军的战略深受短期决战思想的影响，这种思想的盛行是由日军的基本性格决定的。日本在战前就预测太平洋战争将成为一场持久战，但倾向于短期决战的战略造成希望与现实严重脱节。日军的传统是极度重视先发制人的集中攻击和决战，而对以持久为目的的战略方面的研究极不充分。受短期决战思想影响，日军在偷袭珍珠港时没有破坏工厂设施和储油设施，美国海军得以提早实施反击。

这种通过攻击在短时间内结束作战的思想，导致日军不仅轻视防御，甚至对持续战斗所必需的补给、兵站也缺乏足够重视。结果，不管日本陆军的精锐兵团拥有多么强悍的战斗力，都因为补给不良而陷入困境，不能充分发挥战力。在海上，日本海军平时对海上护卫的研究不充分，导致海上护卫兵力质量低下，造成运输资源困难，还因此损失了大量兵员、武器。在1945年参加菲律宾、伊洛瓦底、冲绳等战役的日军部队中，就充斥着先前在海运中损失大量装备或兵员的实力缩水的部队，海运困难使各部队难以得到充足的装备或兵员补充，日本陆军就在这种惨淡的情形下同盟军展开了最后决战。

日本陆海军对补充、补给的考虑很不周全，而补充、补给的不足大大增加了日美两军战力的差距。日本陆军一味重视"必胜的信念"，将其作为一种不可动摇的信仰，那些指出己方缺陷的人被视为受"败战主义"影响的败类。日本海军也执着于大舰巨炮主义，而忽视海上护卫。日本陆军重视攻击，经常将持久论者视为懦夫，使攻击论者的主张难以受到抵制，结果无谋的攻击一次又一次地发生，这在冲绳战役中体现得非常典型。

在战略上日军明显缺乏创造性和灵活性。创造性的缺乏体现在航空作战、岛屿上的地面部队的编成装备不完善等方面。欠缺灵活性的日军一味重视攻势、前进，却不擅长如俄国人面对拿破仑的军队时实施的那种灵活的退却战略。像太平洋战争这种在广大地域上进行的战争中，放弃不利地域而在有利地域战斗是理所当然的做法，但日军固执于已占领的地域，兵力过于分散。

马尼拉南方的美军补给基地内堆积的大量物资。从军需物资的数量可以看出日美双方在物质方面存在巨大的差距。物质差距的背后是更为根本的各种"软实力"的差异

总之，日军在战略上的严重缺陷，源于对战略的研究和教育不充分，特别是陆军大学教育偏重战术，在陆军大学之上没有从事战略的研究和教育的机构。

指挥、情报与组织

日军在太平洋战争各战役中败北的主要原因之一是大本营作战指挥的不当。首先是缺少指挥的连续性。在美军开始反攻，日军陷入战略守势以后，大本营的指挥处处被动，忙于临时应付，为局部对策疲于奔命，指挥上严重缺乏连贯性，总是为眼前的战况所迷惑，没有洞察之明。例如，在瓜达尔卡纳尔岛作战中，大本营无视当地军的情况强行干涉，在菲律宾作战期间也在作战开始不久即强行更改第十四方面军的作战构想。在冲绳作战中，大本营甚至企图介入战术行动层面。

由于轻视情报，大本营依凭主观判断来制定战略，导致日军败亡。在丧失对

战局主导权的情况下，大本营的作战指导违反了基本的战争原则，没能集中使用有限的战力，导致了冲绳战役等一系列失败。

说到情报，日军情报组织的贫弱也对日军一系列惨败有决定性的影响。以伊洛瓦底会战为例，这是英军在情报战方面完胜日军的完美实例。1945年3月，英军第十四集团军在缅甸中部战场的良乌实施渡河后，仅仅三周就夺取了关系缅甸战场全局的日军后方基地敏铁拉，取得了战略和战术上的巨大胜利，其胜因离不开情报。由于缅甸方面军谍报课的责任，日军不能正确把握盟军的企图和兵力，对盟军的实力估计过低，在城市中也没有像样的间谍组织，获取情报主要依靠从高地上观察。结果，英军成功实施了欺骗行动，在强大装甲部队支援下的第四军充分发挥了速度与奇袭的作用。

日军组织的特性也是导致其失败的要因之一。从组织的结构上来看，日军虽然采用的是高度的官僚制，但非正式的人际网络在其中发挥着重要作用，影响了组织的严密性。所谓"人际网络"，就陆军来说，指的是陆军大学毕业者和参谋本部的人事。本来官僚组织的一大特征是行使垂直的、经过等级分化的正式权限，但陆大毕业的精英创造的坚固且浓密的人际网络，通过参谋这个职务来介入指挥权，导致出现了下克上的幕僚指挥。因此，统帅部、军政部的首脑都无法充分发挥强力的领导权。

日军组织上的特性充分体现了日本式的集团主义，人际关系具有举足轻重的地位。在这种组织中，相比于组织的目标、正确合理地形成和选择达成目标的手段，组织成员之间的交往更受重视。在陆军与海军的关系、上级与下级司令部的关系上，这种人际关系经常延迟作战展开和结束的意见决定，远不如美军的组织灵活、有效。

从组织的人事任免上来看，美军的人事任免、晋升基本上是根据实际情况客观评价的结果，排除了感情的干扰。相比之下，日军没有做到赏罚分明，经常对负有败战责任的官员免于追究责任，如英帕尔作战的责任者牟田口、诺门罕战役实际作战指导者服部和辻政信等。他们有人际关系网络的庇护，仅仅被调往其他职位，后来又进入中央部担任要职。

日军组织的一大特点，是组织内的构成要素或不同性质的情报、信息的交流很少。例如，参谋本部最大的缺陷就是作战课的自以为是和封闭性。参谋本部第一部特别是作战课，对于作战计划之外的事情一概不予透露，并且在制订作战计划时排除了所有来自外部的干涉，甚至不愿意听取意见。例如，当演习课为了获得制订演习计划的基本参考，向作战课提出要看一下作战计划时，对方始终不同意，最终不了了之。

　　相对于盟军，日军的学习能力低下，缺乏能够系统地积累和传播败战教训的组织和领导，例如日本陆军没有从诺门罕战役中学习苏军对火力的重视，仍然重复教条僵化的战术。日军的组织特性也是造成这种欠缺的原因之一。总体上来看，相对于能够冷静地直面事实、重视情报和战略的美军，日军轻视情报，喜欢一意孤行、一厢情愿，不能根据现实情况的变化而修正自身的行动，更不能革新自身的组织，不能确保战略的合理性。

　　总之，日军在亚洲战场惨败的原因，绝不限于物质上的差距，高级司令部的指挥、战略和战术上的问题、情报和组织上的缺陷等，也对日军的惨败起着主要作用。日军自身的种种缺陷，在1945年的各次重大战役中集中体现出来。

第2章
1945年轰炸美国

决战兵器

1945年，美军轰炸日本的城市，最终投下了原子弹。日本也在反向轰炸美国。在战争后期，大本营在加强防御的同时，企图创制所谓"决战用新兵器"以挽救战局，为此要求学者和技术专家想方设法地将科学技术应用于军事方面。对"决战兵器"的构想多种多样，其中陆军最热衷的研究是使"红外线武器"实用化，制造一种一边被热原体吸引一边下降的炸弹，借此准确命中美运输船，将其炸沉，一举挽回颓势。

1944年中期，在很多学者和技术专家的共同努力下进行了相关实验，问题层出不穷，未能实现实用化。战况不断恶化，大本营只好依赖那些制造简单并可大量生产的特攻艇和特攻机，即所谓"自杀武器"。日本陆军对唯一能攻击美国本土的武器"气球炸弹"抱有很大期望。利用这种气球炸弹，日军在太平洋战争末期，1944年11月至1945年4月初，进行了异想天开的"富"号作战（日文原文为"'ふ'号作战"，此处的"富"系音译）。

所谓"富"号作战，就是施放用魔芋糊与和纸制成的巨大气球，气球下面吊着小型炸弹和燃烧弹，以此攻击美国本土。目的不在杀伤，主要是通过气球炸弹在美国各地突然降落爆炸，来造成美国民众在精神上的不安，起到内部扰乱的作用。日本本土成立了专门的气球部队（陆军气球队），任务是用气球搭载炸弹和燃烧弹攻击美国本土。

这种气球炸弹在技术上的起源是在太平洋战争爆发之前，日本陆军在中国东北研究对苏散发传单的气球时受到的启发。其设计是让气球升到大气圈后，气球顺着上层气流飞到美国本土。从日本的晚秋到冬季，在上空8000～12000米的高度吹着强烈的西风。偏西风以200～300千米的时速横穿过太平洋，吹向美国。利用这种由西向东吹的风，使气球在太平洋上空保持在9000～10000米的高度飘向美国本土。

用气球炸弹进行的特殊作战——"富"号作战，并非突发奇想，而是酝酿已久。1942年4月18日发生杜立特空袭后，日军开始认真研究攻击美国本土的方法。气球炸弹被认为可以作为报复手段之一。1943年2月，日本陆军的气球实验在鸟取县米子市取得成功，用于实验的气球飘到了1000公里外的太平洋上。

1944年9月25日，千叶市作草部的气球联队（联队长井上茂）动员完毕，同时进入总参谋长梅津美治郎隶下，气球练习部长肥田木安负责就作战总体直接辅佐井上。9月30日，梅津对井上下达了攻击准备命令。命令中虽未明示，不过攻击的目的是用气球炸弹来扰乱美国内部。

由千叶市作草部的气球联队改编而成的部队，就是专门担任用气球炸弹攻击美国本土任务的攻击部队。所属部队分别部署在茨城县大津、千叶县一宫、福岛县勿来、宫城县岩沼、青森县古间木等地。在千叶县一宫、茨城县大津、福岛县勿来这三处基地构筑了42个放球阵地。计划是一个放球台一天施放10个气球，总计一天施放420个。假定一个月有20天气象条件良好，可施放8400个。从冬季的11月到3月，5个月可施放40000个。

考虑到制作气球炸弹用的和纸和魔芋糊的资材确保、制作球皮的工程，以上数字完全不切实际。不过，已经在1944年7月辞职的总理大臣兼陆军大臣兼总参谋长东条英机，所要求的数字大大超过以上数字。当年2月，东条召集陆军次官富永恭次、参谋次长秦彦三郎，以确认用气球炸弹攻击美国本土作战的可能性。当得知存在成功的可能性后，东条认为如果能用气球炸弹连续攻击美国本土，就可以大大提高国民士气，因此命令尽快进行，但提出的要求是施放10万个气球炸弹，让人目瞪口呆。明知荒谬，大本营陆军部、陆军省兵器局、整备局还是计算了一个气球炸弹所需的资材量、生产和整备的总量。

结果是别说东条提出的10万个的目标，连5万个都办不到。预测制作3万个、甚至2万个都很困难。后来陆军省整备局长吉积正雄向富永恭次报告："即使从全国搜集和纸、全面筹措构树（制作和纸的原料），由于来自东南亚的补给路线被切断，魔芋的输入非常困难。就算从国民那里征收全部食用的魔芋，并且循环使用气球炸弹的球皮，15000千个就是极限了。"

根据负责秘密开发气球炸弹的第九陆军技术研究所（位于东京郊外的登户）的计算，制造一个直径10米的纸气球，需要约90公斤的魔芋糊。如果要制作东条所期望的10万个气球，那就需要约9000吨魔芋糊。然而日本内地魔芋糊的生产总量不过6000吨，而且其中的75%是用于食用的。

军方下达了命令："尽一切可能确保魔芋。"于是立即开始了资材的筹措。当时日本内地的粮食供给不断恶化，一切能吃的东西都会被吃掉。即使是没有多少营养价值的魔芋也被作为粮食储存起来。不久，在国民没有察觉的情况下，魔芋从市面上消失了。粮食和日用必需品都陷入短缺，所以几乎没有人想到魔芋的消失有什么奇怪的。

制作气球炸弹的球皮必须使用和纸，作为制作和纸原料的构树就成了核心原料。然而，构树的确保比和纸的确保更加困难。和纸必须手工抄

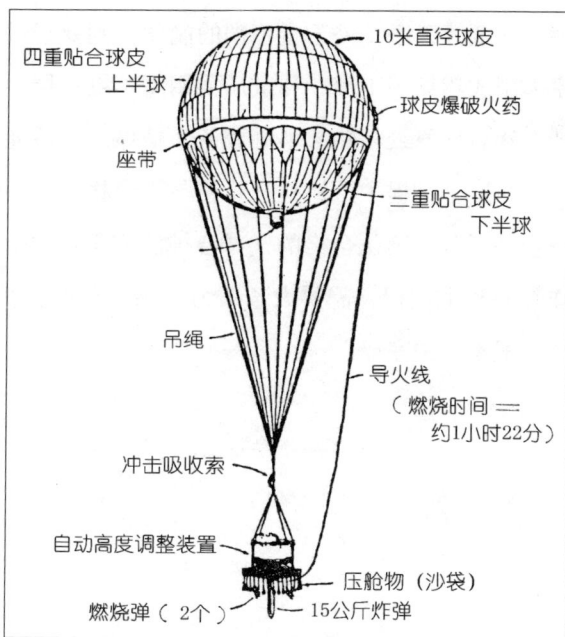

气球炸弹的构造

制，非常耗费工夫，因此，和纸被大量生产的洋纸排挤，需求量也少，相关制造业者不多。各地制品的性质和强度也不同，一张纸的尺寸就有30多种。要统一尺寸规格就必须统一设备或器具，但时间上已经来不及了。日本内地熟练的抄纸工人的数量更少。制作一个气球炸弹至少需要4000张和纸，而专业的抄纸工人一天只能抄300张。

为了制造气球炸弹，东京都内的日本剧场、宝塚剧场、有乐座、国际剧场等娱乐、文体设施，变成了制造气球炸弹的秘密工厂。为了保守机密，还派去了宪兵进行监视。军队接管了大型剧场，观众席和舞台上都铺上了木板，变成像室内体育馆一样，女学生或女子挺身队员在里面作业。在作业之前，宪兵对她们训示道："你们从事的气球炸弹的作业，是军事上的重大机密，绝对不要泄密。对家人、邻居或者被动员到其他工厂的人们也要保密。如果被发现有泄密行为，不管是泄密的人，还是听到的人，都会被宪兵逮捕。严重的会被处以死刑。"每天早晨，宪兵都会不厌其烦地进行训示。与其说是训示，不如说是威胁。

关于和纸的制造，从采伐原木开始，要经过搬运、剥皮、干燥、裁剪、煮沸、抄纸等工序。关于魔芋糊的制作，则要经过魔芋球的收获、搬运、储藏、从粉末制成糨糊等工序。和纸还要用魔芋糊一层一层地粘好，制成坚韧的气球用原纸，然后把原纸粘贴起来制成一个球体。之后还要秘密运输、进行气球泄漏率实验，在这个过程中严格检查合格与不合格的产品。另外在抄纸阶段也会出现很多不合格纸张。确认合格的气球会被漆成蓝色，折叠收入木箱中。总之，制造气球炸弹的整个过程，需要大量人力、物力，军队所定下的目标即最低生产数15000个，根本无法完成。

一波三折

1944年10月25日，总参谋长梅津对气球联队长井上下达了实施攻击的命令。

大陆指第2253号

命令

一、以扰乱美国内部为目的，对美国本土实施特殊攻击。

二、气球联队长按照如下要求准备特殊攻击。

（一）实施时间预定为十月初至明春三月，但会根据情况结束或延长之。

攻击开始时间大约为十一月一日，但在十一月以前可实施以观测气象为目的的试射，试射时可装上实弹。

（二）投掷材料为炸弹和燃烧弹，其概数如下：

15公斤炸弹	约7000个
5公斤燃烧弹	约30000个
12公斤燃烧弹	约7000个

（三）放球数约15000个，每月放球标准大致如下：

十一月	约500个

尽量在前五日多放球。

十二月	约3500个
一月	约4500个
二月	约4500个
三月	约2000个

放球数可再增加1000个。

（四）实施放球时，须正确判断气象，并须防止落在帝国领土及苏联领土上，同时努力提高美国本土到达率。

三、关于机密保护（略）

命令中将11月1日定为攻击开始的日子，不过后来改为11月3日明治节那天。

接到命令后，茨城县大津基地的第一大队、千叶县一宫基地的第二大队、福岛县勿来基地的第三大队开始了攻击准备。

气球炸弹归根到底是一种危险的武器，充填的氢气如果被点着，就可能导致炸弹爆炸。如果操作失误也可能发生事故。纸气球虽然看起来"优雅"，却是前所未见的武器，氢气加上悬挂的炸弹、燃烧弹，这种武器的危险度极高。而且因为是新武器，攻击实施部队的官兵操作也不太熟练。

为了避免在放球前后发生事故，井上通过各大队长命令各中队长、小队长进行试射攻击，指示不要急躁，集中注意力，但还是接连发生了重大事故。

在大津基地北方约40公里，坐落于福岛县勿来关山麓处的勿来基地，第三大队各小队忙活到10月31日半夜，大体完成了攻击准备。正当各小队在睡梦中时，11月1日3时30分，基地一角突然发生了可怕的事情。

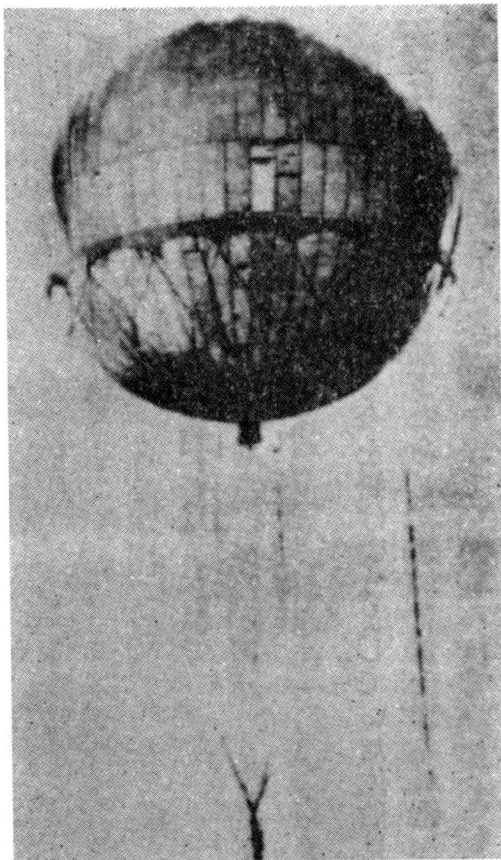

"满球"状态下上升中的气球炸弹

11月1日3时，第二中队第一小队长青井彻见命令伍长藤岛惠治等14人起床，在卫兵所的神龛下面列队，以求神佛保佑。青井在列队的士官、士兵面前命令道："后天拂晓，我部队将开始一齐攻击。现在开始在器材准备库内，将炸弹、燃烧弹装上投掷装置，进行最后的检查。在此之前祈祷攻击成功，就当作在原队的气球神社完成敬礼。"一声号令，他们完成叩拜。

3时稍过，在卫兵所的神龛处祈祷攻击成功的第二中队第一小队在仓库里开始了整备、检查。这个用木板临时搭建的简易仓库面积只有大约15坪（1坪=1.62平方米），内部十分简陋。青井在向外搬运新武器的装置之前，碰到了装置上的小开关。导火线竟然开始起作用了，可能是因为此前电源已被接通。藤岛立刻大喊道："快把室内的炸弹等弄出去，快！"他和几名士兵开始移动身边的危险物。这时有人喊道："快跑！"士兵连滚带爬地向外面逃去。然而，还有几个人留在屋内。炸弹瞬间爆炸了，同时发出了巨响。仓库的屋顶被掀开，白烟涌了出来。这是3时30分发生的事情。勿来基地立刻陷入混乱。青井、藤岛等6人受重伤，有3名士兵被运到医院前就断了气，井上命令按照战斗行为中的战死来记录。井上还命令对大津基地的第一大队和一宫基地的第二大队保密，隐匿勿来基地的第三大队的死伤事故。攻击并没有因为这次事故延期，井上指示11月3日拂晓的一齐攻击按计划实施。

不过，在奉命担任气球炸弹的放球任务的军官和士官中，没有一人是熟练者。部分官兵有过在旧气球联队施放系留气球的经验，但在气球的高度保持装置和精密的自动投掷装置上悬挂炸弹、燃烧弹后放飞还是第一次。在大津、一宫、勿来布阵的3个大队共设置了42个放球台。从3时开始进入放球态势，4时稍过开始给气球充填氢气。

11月3日临近拂晓时，直径10米的纸气球被用绳索拴在放球台上。随着氢气的充填，其浮力急速增强。井上向3个基地的大队长下达了指令："各大队，攻击开始。"在勿来、大津、一宫的太平洋海岸展开的各大队，向中队长、小队长传达了放球命令。

"放！"在各放球地点，担任小队长的少尉、见习士官大声发出了命令。巨大的气球拽起吊在约15米长绳索上的高度保持装置和投下弹（炸弹、燃烧弹），向上空飘去。轻盈的气球以每秒5米、每分300米的速度上升。在一宫基地展开的第二大队和勿来基地的第三大队都顺利放球。但部队本部所在的大津基地的第一大队发生了可怕的事态。该基地设置了18个放球台。第三中队第三小队长新村指挥的放球台发生了事故。

放球开始后，随着气球的升起，放在托架上的高度保持装置带着投下弹瞬间升上空中。从气球上垂下来的绳索拉紧，器材离开托架飘起5米时，炸弹突然从投掷装置上脱落，在地面爆炸。新村等数人被破片或气浪击倒，有的人被炸断了胳膊，有的人被炸断了腿。有3人当场死亡，新村等3人受重伤。井上立即命令3个基地中止攻击。各放球阵地的官兵士气大跌。

大本营却不断督促早日开始攻击。经过对安全装置的严格改修、检查，井上决定在11月7日重新开始攻击。11月7日，巨大的气球吊着炸弹、燃烧弹顺利地从3个基地向太平洋飘去。气球离开放球台后不到5分钟就上升了1000米以上，迅速消失在视线中。放球之后，直径10米的气球因下部的氢气较少，变得像难看的水母。气球炸弹如果升到七八千米的高度，就可以乘着强劲的偏西风的气流飘走。就这样，气球炸弹从1944年11月7日开始攻击，到当月末，从3个基地共施放了约700个气球炸弹。

根据悬挂着无线电高空测候器的标定气球的观测结果，这些气球在8000米至10000米之间的高度，一边反复升降，一边快速飞远，可以观测到它们飞到国际日期变更线为止的位置。但是，越过国际日期变更线后，就只能观测到大概的方位了，最后电波彻底消失了。为了接收到电波，除了原来的宫城县岩沼、青森县古间木、千叶县一宫这三处标定所，又在库页岛的上敷香新设了一处标定所，终于确认了到美国西海岸为止的气球炸弹的位置。

11月末，大本营陆军部和陆军省的上层部急切地询问："还没发现敌方对气球炸弹攻击的反应吗？"日方为了搜集情报，动员了各机关，希望早日得知攻击的成果。从3个基地向美国本土施放的气球炸弹的概数为，1944年11月700个，12月1200个，1945年1月2000个。

空中活靶

"富"号作战的目的是扰乱美国内部，为了达到这个目的，从3个基地施放的气球炸弹，必须确实到达美国本土并给其造成损失。如果造成的损失甚至足以动摇美国，应该可以通过其他国家获得相关情报，但日本方面始终没有获得这样的情报。放出的气球炸弹的效果究竟如何，攻击实施部队的官兵、第九陆军技术研究所、陆军省、参谋本部的相关人员等都很关心。放球本来只在几乎无风的早晨和傍晚进行，但不久作战发生了变化，即使地面上有一些风，也就是条件还不完备的情况下也会坚持放球。

随着日本本土频繁遭到空袭，战况日益恶化，施放气球炸弹也越来越困难，然而上级严令实施部队即使冒险也要尽量多放球。薄薄的蓝色气球有时受风力的影响，在100米、200米的高度就飘向了错误的方向，可以说非常危险。根据大本营陆军部的命令，攻击部队在风平浪静的早晨和傍晚进行的攻击必须延长时间，增加放球个数。结果，有时从勿来基地施放的气球炸弹无法飘起，落到了阿武隈山脉的山麓，幸好没有造成损失。

强行放球，早晚会有气球落到日本国内。有的气球炸弹没有飞向太平洋上，反而飞向日本海方向。有一次，军用飞机接到通知起飞去击落气球。但飞机还未来得及用机枪扫落气球，气球就落在秋田县白雪覆盖的原野上，不过没有造成损失。大本营却指示："即使有一两个造成误伤，也不要担心出现牺牲者。"

2月16日，在千叶县九十九里滨的一宫基地，放球从拂晓开始，天亮后，晨光照亮海面时，放球仍然在继续。

"（气球）被打中了！快看海上！"放球官兵向大海的方向一看，在水平线那边出现了四五个黑色飞机的身影，看样子像是舰载机。飞机在用机枪扫射飘到2000米至3000米高度的气球。刚放球不久的气球炸弹喷出火焰，或者连烟也没有冒出就落进太平洋。在地面上远望的官兵束手无策。有士兵喊道："战斗机哪里去了，不能赶走那些家伙吗？"日军的战斗机连个影子都看不见。

当天（1945年2月16日），从上午7时5分到下午3时40分，美特混舰队的舰载机格鲁曼F6F泼妇战斗机、F4U战斗机等，总计约1000架，袭击了关东地区（一部东海、东北地区）。这些飞机主要攻击了各地的机场，目的是在登陆硫黄岛前削弱日本的航空战力。从一宫基地施放的气球炸弹也受到波及，成了舰载机的靶子。

美机出现不久，气球炸弹就从空中消失了，它们都遭到机枪扫射，落进了海里。不过，日军部队还是在美机消失的间隙再次进入放球态势。气球炸弹开始从一宫基地的各放球台飘起，斜着向大海上空飘去。到达3000米至4000米高度时，美机再次出现。结果气球又遭到机枪扫射，被击落到海里。放球官兵不得已中止了攻击，所有的作业都停止了。气球炸弹别说到达美国本土，刚飘起没多久就全部被击落了。

1945年2月19日，美军登陆硫黄岛那天，从马里亚纳基地起飞的120架B29袭击了京滨地区，造成了很大损失。其中制造气球炸弹用氢气的昭和电工川崎工厂、横滨工厂等被燃烧弹烧毁，使"富"号作战遇到严重障碍。京滨工业地带屡次遭受空袭，对搬运氢气也造成了不利影响。只有大津基地不用担心氢气补给上的困难，因为这里从一开始就有氢气发生装置。

由于一宫和勿来基地的氢气补给遇到困难，两个基地的大队大部分奉命移动到大津基地。比起其他两个基地，大津基地的遮蔽物也比较多，利于避免刚施放的气球炸弹被美军舰载机击落。综合各种因素，最后大津基地成为唯一的放球地点。多的时候，一天会集中施放150个气球炸弹。

到达美国

从1945年2月下旬到3月上旬，从一宫、勿来基地与大津基地会合的官兵很快就熟悉放球操作，一个放球台用大约20分钟就可以施放一个气球炸弹。在黎明的天空上，数十个气球接连飘走，在太平洋上飞向美国本土。不久，通信队员跑进放球阵地，向井上报告来自大本营的重大通报：气球炸弹到达美国本土，确实收到效果。这是来自上海的情报。这一喜讯传达给了攻击实施部队，也送到了第九陆军技术研究所。各协力研究机构和相关技术人员也陆续得到了消息，狂喜不已，其中有人产生了战争已经胜利的幻想。

情报的内容概要为："写有日本文字的巨大气球于去年十二月一日落在蒙大拿州卡利斯佩尔附近的山岳地带。气球由优质纸张制成，表面以迷彩伪装，直径

33英尺，容积38000英尺以上，估计搭载能力为800磅。气球侧面装置有炸药，似乎可自动爆破。这种气球绝不会是观测天气用的。绑着的炸药是由铝和氧化物制成的6英寸炸弹。如果顺风的话，这种气球时速或可达到200英里。"

此后又有详细的情报从广东传来。但给美国造成的损失依然不明。虽然如此，总算可以确认气球炸弹到达了美国本土。得到气球炸弹横穿太平洋到达美国本土，在各地落下造成损失的情报后，"富"号作战部队的官兵士气大涨，侍从武官也作为敕使被派来大津基地。官兵的放球技术此时已极其熟练。

两三周过去，仍然没有得到后续报告，放球官兵的干劲逐渐低落。虽然如此，在1945年2月还是施放了约2500个气球炸弹，到3月数量也没有减少。但是，仍然没有得到关于美国损失情况的报告。实际上，大本营和陆军省以后完全无法掌握美国本土的情况了。

3月10日，B29对东京进行了大空袭，东京的工商业者居住区一带化为焦土，遭到了毁灭性的打击。浅草国际剧场、两国国技馆等进行气球炸弹的气球粘贴作业的工厂也遭了灾。对放球基地的武器、资材补给大大减少。两周后，作战部队收到了大本营的命令："应尽快将剩余的敌本土攻击武器全部放球完毕。"

实际上，不只在早晨和傍晚风平浪静的时候，从拂晓到接近中午，一直在持续施放堆放在大津基地的剩余的气球炸弹。气球不断从隐蔽的放球台飘向水平线的上空。然而，战局正不断恶化。4月1日，美军登陆冲绳本岛。美军登陆该岛的第五天，1945

在美国华盛顿的航空宇宙博物馆中展示的气球炸弹（实物）的下部

年4月5日，对战争指导束手无策的小矶内阁总辞职。4月7日，铃木贯太郎内阁产生。

不久，茨城县大津的"富"号作战部队接到了大本营的命令："立即中止攻击，同时进入第一总军司令官的指挥下，为准备本土决战构筑地面战用阵地。"这是停止用气球炸弹攻击美国本土的命令。接到命令后，部队急忙施放了剩余的约400个气球炸弹，然后停止了攻击，大津基地的作战部队恢复了平静。队员们带着沮丧的神色仰望天空，被虚无感包围，内心怀疑拼命施放的气球炸弹没有起到任何效果。

实际上，气球炸弹还是给美国国民造成了一些不安，不过由于严格的新闻管制，这些消息没有传到日本。

1944年11月上旬，美国西海岸的沿岸巡逻艇在加利福尼亚州的圣佩德罗附近海面发现了漂在海上的奇异物体。当巡逻艇捞起漂流物的布状物质时，发现是将丝绸和橡胶粘贴在一起制成的优质气球。这是放球开始时，试射队从一宫海岸施放的带有无线电高空测候器的观测用的气球。接着美国人又在当月14日上午，在夏威夷瓦胡岛西方80公里的海上发现了漂流着的巨大的纸气球。警戒艇打捞上来附属悬挂物，确认了炸弹、燃烧弹等，这是美方首次发现气球炸弹。然而，美方并未察觉到这是从日本本土施放的用来攻击美国本土的武器，毕竟这种攻击方式过于"脑洞大开"。

12月6日傍晚，在美国内陆的怀俄明州瑟莫波利斯上空开始落下形似降落伞的物体，并且在25公里外的地点发生爆炸。

袭击美国本土的气球炸弹的想象图

在爆炸现场发现了爆炸破片，经过检查，发现是日本制造的高性能 15 公斤炸弹。12 月 11 日，在蒙大拿州卡利斯佩尔附近发现了未爆的气球炸弹（前已提及），当局接到了当地农夫的报告。美国空军和 FBI 立即进行了调查，结果在气球的一部上发现了日本文字。设计上导火线应该在纸气球飘在空中时燃烧，但因故障没能发火。虽然"富"号作战在日本国内严格保密，但不知为何在气球上留下了日本文字。

美国国内不断发生和气球炸弹有关的异常事件：有人目击奇怪的飞行物体，发生了原因不明的爆炸和森林火灾，有人发现了没有爆炸的气球等。这种事情越来越多。1944 年 11 月发生了 2 件，12 月发生了 6 件；1945 年 1 月发生了 19 件，2 月发生了 55 件，3 月达到了 119 件。

这些事件没有造成大的损失，但美国国防部竭力寻找应对之策，还动员了民间的学者，想了种种办法，重点是放在防止燃烧弹造成的森林火灾上，对 15 公斤炸弹则没怎么放在心上。如果森林资源遭到大范围破坏，或者因大火灾引起人心动摇，厌战思想就有可能扩大。因此编成了 2500 人的防火部队，还有 200 名伞降部队也搭乘 C47 等飞机，向森林大火发生地点出动。此外，还从落基山脉到西海岸的海岸山脉等一些山脉地带部署了驻军，以便能迅速处置突发情况。

美方在很长时间里都没能确认气球炸弹是从哪里施放的，想过可能是从潜艇或其他舰船上放飞的。地质学者检查了从作为压舱物的沙袋中取出的物质，断定是日本太平洋海岸、东京北方的沙子。根据高度保持装置、沙袋的数量、精巧的构造等来看，放球地不可能在日本本土以外。

终归徒劳

从 1944 年 11 月 7 日到 1945 年 4 月上旬，从茨城县大津、千叶县一宫、福岛县勿来三个基地施放的"富号"武器（气球炸弹）共有 9300 个。投入了庞大的预算、物力和人力资源，给美方造成了一定的威胁，却远远没有达成扰乱美国内部的目的。气球炸弹虽然在美国本土造成了一些森林火灾或小爆炸等，但没有造成死伤者。气球炸弹的到达范围很广，阿拉斯加、加拿大、墨西哥也被波及。

不过，在1945年4月上旬下达中止气球炸弹攻击的命令20多天后，在5月5日出现了死者。在美国太平洋沿岸俄勒冈州南部的克拉马斯湖附近的森林公园中，建有一座纪念碑，上面刻有文字："此地是第二次世界大战中，美国大陆遭到敌方攻击出现死者的唯一场所。"青铜板上刻着6名美国人的姓名。

1945年5月5日那天，居住在布拉伊镇的米切尔神父开车载着夫人和邻居家的5个小孩儿到公园野餐。一行人到达公园并下车后，神父将车停在附近的停车场，正要拿出食物，这时传来了孩子们的声音："有个看起来像气球的东西下面挂着东西呢！"神父立刻喊："不要碰！"就在这时，传来了猛烈的轰响。神父立刻卧倒，紧接着看到了被炸得七零八落的6具遗体。

挂在树上的巨大气球下部，吊着未发火的15公斤小型炸弹和燃烧弹。孩子们在强烈好奇心的驱使下触碰了悬挂的物体，结果在一瞬间发生了惨剧。这是唯一一例来自日本本土的攻击武器在美国本土导致人员丧生的事件。

"气球炸弹"这种武器听起来异想天开，但客观地说，确实是科学与技术工作者研究的结晶，技术含量并不低。担任气球联队附的肥田木安甚至认为，气球炸弹"就当时来说，超越了一般兵器的次元……能够直接攻击美国本土的，只有这种气球炸弹"。然而，"富"号作战终究未能取得任何实质性成果，气球炸弹也成了名副其实的奇技淫巧。

气球炸弹及其他"决战兵器"的研发和使用，不仅反映了日军在末日降临时的疯狂，也反映了日本国防科学的落后，特别是与美国相比。不可否认日本在战争后期也展露出了少数技术上的"亮点"，但不能掩盖总体上的落后。而且随着时间推移，这方面的差距越来越悬殊。落后的一个重要原因是，日本陆军各学校对科学与技术教育不足，仍将精神力看作获胜的最重要因素。

日本陆海两军以及军队与民间技术人员的协作也很成问题，未能充分整合相关力量，浪费了技术人才。当盟军的装备愈加先进强大时，日军一面用气球炸弹"轰炸"美国本土，一面用竹枪武装部队，愈加凸显技术的落后和内心的绝望。

第3章
吕宋战役

陆军水上特攻队的出击

日军在莱特战役中一败涂地，被寄予厚望的"捷"号作战遭到了无法挽回的全面惨败，使日军彻底失去了在太平洋战区夺回主动权的希望。此次惨败使日本海军的水面舰艇战力剧减，日军的航空兵力也丧失了有组织的战力。为挽回败局，日军将航空兵力转用于特攻作战，"神风特攻"战术成为日本航空兵在最后关头倾尽全力奋力一搏的垂死挣扎，但特攻作战的策划和实施使日军的航空兵力极度弱化，使飞行员的数量也急剧减少。

美军为了加强对日方海上交通路的切断，以及实现三年前麦克阿瑟将军的郑重承诺，准备登陆吕宋岛，占领菲律宾首都马尼拉，以完全解放菲律宾全境。美军进攻菲律宾中部将导致"大东亚共荣圈"一分为二，会完全切断日本本土同南方的海上交通，使南方的丰富资源，包括荷属东印度群岛、马来半岛等地资源，无法从海上供给日本本土，这也意味着日方扭转战局的一切希望彻底消失。

美军计划在开始进攻吕宋岛之前，先占领位于菲律宾中部西侧、马尼拉南方的民都洛岛。麦克阿瑟将军采取的战略方针一向是使进攻目标处于己方航空兵力的压制范围内。确保民都洛岛的航空基地，就能掩护吕宋岛林加延湾的登陆作战。

满载民都洛岛登陆部队的大舰队经莱特南方的苏里高海峡出发，在途中遭到特攻机的攻击。1944年12月13日，一架特攻机撞上了旗舰"纳什维尔"号，造成民都洛岛登陆部队指挥官W.O.丹格尔准将及其参谋被破片击伤，舰内死亡130余人、负伤190人，该舰无法进行战斗行动。不过舰队还是抵达了民都洛岛附近海面。

部队立即开始登陆。其间，日军的特攻机连续向舰队袭来，舰船的损失不断增加。但是到12月23日，美军修好了两座机场，可以供飞机起降。从"纳什维尔"号开始，到林加延湾登陆大体完成的1月13日，从菲律宾和中国台湾的基地出击的大量特攻机袭击了美军舰队，击沉24艘舰船、击伤67艘，造成1650名美军死亡、1800人受伤。疯狂的特攻作战给美军带来了空前的恐惧，不过与出击规模相比，取得的战果远远不如日方所期待的成果，这是因为大部分特攻机被搭载的炸弹影响了飞行速度，结果在到达目标之前就被美军的战斗机或防空炮火击落。

随着民都洛岛被占领，此后日军停止了向菲律宾运送增援，同时马尼拉湾也丧失了作为从南方地域出发的船队的暂泊地的功能。至此麦克阿瑟将军在西南太平洋的作战，即将进入最后阶段，通往吕宋岛林加延湾的大门已经被打开。

美军的吕宋北部登陆作战的海军部队指挥官，是第七舰队司令T.金凯德，其下配属了J.奥尔登多夫以下4名司令指挥的舰队。在其护卫下，W.克鲁格将军的第六集团军将与莱特岛上一样展开横阵实施登陆。左翼是第一军，右翼是第十四军。第五航空军的战斗轰炸机部队也参加行动。加上陆军的强大预备队，这些陆、海、空军的总指挥是麦克阿瑟将军。

美军已经预测到当己方实施林加延湾登陆作战时，日军将投入驻菲律宾的全部航空战力，并采用从莱特开始的特攻战术。果然，在奥尔登多夫司令护卫下的登陆舰队向林加延湾进发的次日，日军的特攻机就冲向了奥尔登多夫的舰队，撞中了护卫航母"奥马内湾"号，致使该舰无法航行，只好由美国海军自己击沉。次日特攻机再次来袭，护卫航母"马尼拉湾"号、"萨沃岛"号，巡洋舰"路易斯维尔"号、"澳大利亚"号，驱逐舰"阿兰达"号，护卫舰"斯塔福德"号等，因被特攻机命中或在近处自爆而受损。

1月5日，日军潜艇向麦克阿瑟将军搭乘的巡洋舰"博伊斯"号发射了2枚鱼雷，该舰通过巧妙的操纵躲过了鱼雷。但接着在6日，日军实施了最大规模、最为恐怖的特攻攻击，美军最内层的16艘舰船被特攻机命中。奥尔登多夫司令搭乘的战列舰"加利福尼亚"号，僚舰"新墨西哥"号严重受损，巡洋舰"哥伦比亚"号、"路易斯维尔"号受重创。当天，日军特攻机编队展现出了优秀的技术，背朝山脉掠过海面飞来，为了给美军的雷达造成混乱，还投下了金属条。

搭载登陆兵团的舰队不顾损失，继续前进。1月9日拂晓，整个舰队抵达了林加延湾。登陆部队将在预定登陆时刻即上午9时30分，在12英里正面的海滩登陆。美军并不知道，有一支日军的陆军水上特攻队（正式名称是"海上挺进第十二战队"）正在位于林加延湾西方的海边小村斯阿鲁的秘密基地内待命。陆军水上特攻队装备了秘密开发的水上特攻艇，这种小艇由胶合板制成，艇长仅5米左右，搭载着250公斤炸弹，使用方法是以20节的速度突入美军的舰队将敌舰炸沉，战斗方法是在事前展开于预计的美军登陆海岸线，在攻击前极力隐匿基地，发现美军来攻后利用夜暗，舟艇队一举大量出击，向目标舰队突进。

美军登陆吕宋岛之前，日军已经在以被认为美军最有可能登陆的吕宋南部的八打雁湾为中心，部署了海上挺进第六、第十三、第十四、第十五、第十六战队，在东部的拉蒙湾部署了第七、第八、第九、第十战队，在马尼拉湾部署了第十一、第十七战队，在北部的林加延湾只部署了第十二战队。

1月6日，第十二战队得知美军舰队进入了眼前的林加延湾。这是在美军的吕宋岛进攻兵团进入林加延湾之前，担任湾内一带扫雷任务的护卫舰队的一部分。接着在7日和8日，护卫舰队主力和满载登陆部队的舰队群进入湾内，湾内变得黑压压一片。

护卫舰队的全部主炮和副炮在舰队进入湾内的同时开始射击，预定登陆的海岸线一带遭到猛烈炮击，数百门大炮喷出的齐射闪光和巨大的海啸般的轰响始终充斥着湾内，成为炮击目标的海岸线一带，被连续冒出的火柱和浓烟笼罩。堆积在沿岸的数量庞大的军需品也燃起大火，海岸在瞬间化为修罗场。

其间，位于斯阿鲁秘密基地的陆军水上特攻队第十二战队，也遭到接近海岸线的一部分美军舰艇的炮击，开始出现死伤者。战队长高桥功最后在9日半夜决定全艇出击，以便击沉美军运输船。

队员进入舟艇，开始发动引擎后，发现一些舟艇由于美军舰艇群的炮击而引擎受损、发生故障，无法全艇一齐出击。无法出击舟艇的艇员要求同乘可动舟艇，于是改为一艘舟艇搭乘两人，最后有40余艘做好了海上特攻作战的出击准备。

攻击进发的时刻被定为1月10日零时。当晚林加延湾风高浪急，为了妨碍日军特攻机编队的攻击，防空武器发射的无数曳光弹构成了弹幕，这猛烈的弹幕表明美军舰队的注意力集中于空中。零时，第十二战队特攻艇队的全部可动艇一齐出发。大浪掩护了特攻艇群，小艇的艇影难以被辨识。各艇保持着一定距离，直奔美军舰队的暂泊地点。

最初的直进队形不久便转变为散开的态势，各艇犹如猎犬，各自向眼前黑乎乎的巨大船影冲去。这时猬集于林加延湾的美军吕宋岛进攻舰队，全部注意力都被吸引到头上的夜空中。为了妨碍日军特攻机编队的来袭，护卫舰队的全部防空炮火都在不停地发射照明弹和曳光弹，光芒照亮了夜空。接近2时，美军舰队中突然出现了不可名状的混乱。美军发现数十艘小型"鱼雷艇"逼近暂泊于湾内的舰队。接下来，在发出警报的同时，全部舰艇都将炮口指向日军"鱼雷艇"群，舰上的机枪乃至步枪都开始乱射，海上升起了若干火柱。然而，日军的特攻艇即使艇体燃起烈火也没有停止直进，美军船员们的脸上现出了恐怖之色。

猛烈的弹雨向海上的艇群倾泻。美军所看到的日军小艇，比鱼雷艇更小一些，排水量只有1.4吨。但这种小艇的两舷各搭载着一颗炸弹。这些小艇在动用了一切武器的美军舰艇的猛烈射击下，直向舰队冲来。

林加延湾的海上突然被爆炸声震撼，同时升起了猛烈的火柱。这最初的爆炸来自坦克登陆舰"925"号的舷侧。接着驱逐舰"鲁滨孙"号也喷出了火柱。几乎在同一时刻，另一艘驱逐舰也被爆烟笼罩。接着又有几艘船只被命中发生爆炸。湾内的混乱达到顶点。

当湾内的混乱停止时，天已微明。日军的袭击小艇群已经全部消失，但是从深夜开始的水上战斗在周围留下了毁灭的痕迹。有一艘运输船在遭到特攻艇的攻击后很快便一边喷着火柱，一边沉没。另有8艘舰船被命中，从舷侧的破坏孔喷出烈焰，其中有的濒临沉没。海上挺进第十二战队战死45人，只有2人幸存。

另外，展开、布阵于从林加延湾的东方海岸线到内陆丘陵地带的日军部队，被从凌晨2时左右突然出现的几股巨大火柱和爆炸声惊动，他们不知道是什么部队在进行何种形式的攻击，但是将目击的美军舰船群的混乱和确认的火柱数量报告给了上级司令部。

就这样，陆军海上挺进队第十二战队以全部可动艇实施的水上特攻作战，打了美军舰船群一个措手不及，取得了击沉、击伤美军舰船合计9艘的战果。不过，最前线的各师团正为准备防御作战而忙得焦头烂额，没有将水上特攻队的出击情况报告给方面军司令部，事前承诺的将出击队员全体特晋两级之事也无人过问。

强大的进攻兵团，惨淡的吕宋防御

1945年1月6日，麦克阿瑟将军麾下的吕宋岛进攻兵团的先遣舰队出现在林加延湾，开始了猛烈的舰炮射击。在此之前，1944年12月23日半夜，日军第十四方面军司令官山下奉文及其幕僚搭乘汽车离开马尼拉，经吕宋平原向地处北部山岳地带内的风景优美的碧瑶市转进。山下的新官邸设在碧瑶市内一角的两层别墅。

碧瑶市位于北部山岳地带的盆地内，为常绿的树林所包围，在日军占领菲律宾之前，这里就散布着一些美军和菲律宾政府高官的高级别墅。碧瑶在和平时期是一座高级避暑都市，但是随着战火的扩大，这个优美的山岳都市变成驻菲律宾日军的迎击据点。当山下一行来到碧瑶市时，这里还残留着高级避暑都市的风貌。山下的别墅周围围绕着松林，而在菲律宾全境，几乎只有在碧瑶市周边才能看到这样茂盛的松林。不过，同时在官邸不远处的后山，一支工兵队正在修建供山下退避用的坑洞，为这幅美景带来了一丝火药味。

山下奉文于1944年9月末被任命为菲律宾的第十四方面军司令官。山下在马尼拉就任时，菲律宾的防卫态势极不充分，而大本营作战指导的摇摆更加剧了该方面军的混乱。山下就任之初，大本营将主决战场指定为吕宋岛，山下也在该方针下努力制订作战计划。

但是，10月下旬，美军进攻莱特岛之后不久，大本营突然改变了方针，指示山下将主决战场放在莱特岛。因此第十四方面军不得不遵从大本营的方针，对作战和兵力部署做了大幅度更改。大本营的方针变更对于企图在吕宋进行决战的方面军来说，是一场不折不扣的飞来横祸，对以后吕宋岛内的兵力展开、弹药粮食等军需资材的囤积搬运，带来了极其严重的影响。

大本营在12月上旬被迫放弃了莱特决战，到12月25日终于承认了山下奉文主张的吕宋岛持久作战。然而，由于上层愚蠢，强行实施的"捷一号作战"使日军丧失了8万条人命和1000架飞机，并损失了联合舰队的主力。

山下起初企图在吕宋岛同美军进行决战，但无法获得期待的增援兵力和所需的补给品、装备，也不能指望得到空军的支援，所以唯一可行的选择就是在吕宋实施静态防御，以延迟盟军进攻日本本土为目的，尽可能长期地进行持久战，尽量牵制对方的兵力，也就是所谓"持久拘束作战"。

后勤补给始终是日军在吕宋防御中的头等难题。山下无力将吕宋岛上现存的补给品适当地分配给麾下的各兵团，全岛只有4500辆卡车，火车头更是少得可怜，将补给品从兵器厂和货物厂运送到防御阵地非常困难。由于美空军和游击队的破坏工作，桥梁被摧毁、道路被切断，进一步加剧了日军在补给上的困难。第十四方面军当初命令将13000吨补给品运送到北部，实际上只运去了4000吨。

当美军进攻吕宋岛时，日军在各方面都非常窘迫，弹药和粮食不足，特别是在粮食方面，仅凭岛内出产无法同时供给岛上的日本人和菲律宾人，从泰国和法属印支输入粮食也因美军潜艇和空军的封锁而断绝，结果粮食配给量急剧下跌。日军各部队到地方上强行征购乃至抢夺农民仅有的大米，甚至连搬进马尼拉的市民的大米也要没收，加上日本军票急剧贬值造成的通货膨胀，菲律宾人越来越痛恨日军。在吕宋战役中，日军始终为缺乏粮食所困扰，士兵的身体因缺乏营养而变得非常虚弱，与经过较充分准备的贝里琉、冲绳等防御战形成了鲜明对比。

山下就任第十四方面军司令官后，在其掌握下的兵力编成序列如下：

第一师团（玉兵团　东京）（"玉"为秘匿名，后面为编成地，下同）

第八师团（杉兵团　弘前）

第十师团（铁兵团　姬路）

第十六师团（垣兵团　京都）

第十九师团（虎兵团　朝鲜罗南）

第二十三师团（旭兵团　熊本）

第二十六师团（泉兵团　大同/名古屋）

第三十师团（豹兵团　平壤）

第一○○师团（据兵团　名古屋）

第一○二师团（拔兵团　熊本）

第一○三师团（骏兵团　名古屋）

第一○五师团（勤兵团　广岛）

独立混成第五十四旅团（萩兵团）

独立混成第五十五旅团（菅兵团）

独立混成第五十八旅团（盟兵团）

独立混成第六十一旅团（铠兵团）

独立混成第六十八旅团（星兵团）

第二航空通信团

战车第二师团（击兵团　勃利）

第一挺进集团

第四飞行师团（翼兵团）

以上兵力包括正规师团12个、独立混成旅团5个、战车师团1个、特科兵团2个、飞行师团1个。但是其中第十六师团早已被调往莱特岛，第三十、第一○○、第一○二师团也展开于以棉兰老岛为中心的中、南菲律宾方面。此外，原来作为吕宋决战的基干兵团的第一师团和第二十六师团以及独立混成第六十八旅团也随着大本营的作战方针被改成莱特决战而被急派到该岛，为了吕宋决战而集结于该岛内的

12个师团减少了一半。

而且，留在吕宋岛的各师团在抵达菲律宾之前，就在海上运输途中因运输船队的沉没而导致编成战力遭到重大打击，不少师团都变得伤痕累累。其中第十师团有1/3"海没"，第十九师团的过半数兵力被留在台湾，第二十三师团在主力"海没"时，几乎全部装备都沉入海中，第八师团也缺少3个大队。还有像第一〇三师团这样虽然被称为"师团"，实际上刚刚由独立混成第三十二旅团改编升格而来，战力极不充分。以这样的兵力，如何布置吕宋决战？第十四方面军司令部参谋部为此苦恼不已。

尽管如此，到了1944年12月，第十四方面军在吕宋岛内划分了三个抵抗据点，分别在马尼拉市东方的山岳地带、以碧瑶市为中心的吕宋北部的山岳地带，以及克拉克机场群周围的山岳地带。这三大据点分别被称为"振武集团""尚武集团"和"建武集团"。第十四方面军打算将美军的进攻部队吸引到这些山岳地带进行迎击。此外，马尼拉地区的防卫由驻扎于该市的海军陆战队担任，但方面军内示该部队应适时从马尼拉地区撤退，同据守该市东方的山岳地带的"振武集团"会合。

关于具体的兵力展开，根据方面军的指示，"振武集团"（约8万人）的兵力以第八师团为基干，同时从其东南方面到岛内南端部署第一〇五师团。克拉克机场群的西方据点即"建武集团"（3万余人），部署第一挺进集团的主力和第十师团的一个联队，以及配属克拉克基地的航空部队的地面勤务部队。至于作为北方据点的"尚武集团"（第十四方面军主力约15万人，也被称为"山下兵团"），在林加延湾地

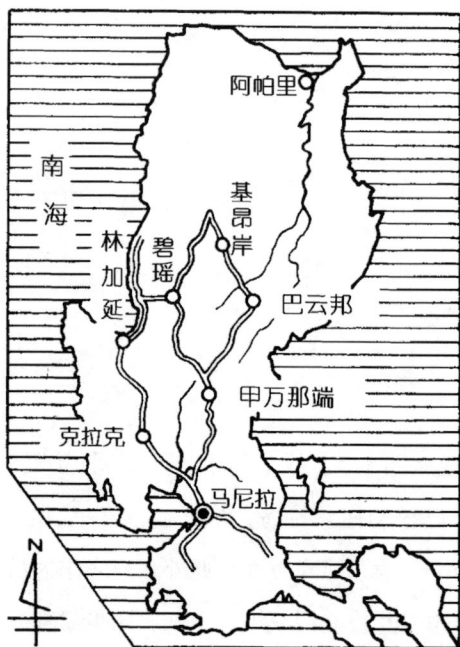

吕宋岛要图

区部署第二十三师团主力和独立混成第五十八旅团，第十九师团也被部署在该地区周边，战车第二师团也奉命集结于吕宋平原的甲万那端地区。第十师团奉命守备圣何塞地区。第一〇三师团则展开于该岛北端的阿帕里地区。"尚武集团"由山下直接指挥。

吕宋岛的日军总兵力达27万人，看似数量庞大，但除了来自关东军的现役部队，在当地编成的师团和旅团、补充兵、海没兵、医院出院兵、召集的平民等占了极大比重，总的来说战力是比较弱的。

第十四方面军主要兵团部署完毕。此后，各兵团便忙于移动和新阵地构筑作业。弹药、粮食等军需资材均要被运进作为据点的山岳地区。其中，部署于林加延湾第一线的盟兵团（独立混成第五十八旅团）到1945年1月初才挖好"章鱼罐"（散兵壕），距离真正的筑城还相当遥远。不久便传来美军大舰队向林加延湾攻来的消息。

这时，第十四方面军司令部关于登陆美军的兵力还无法做准确的预测。实际上，进入林加延湾的麦克阿瑟将军麾下的吕宋岛夺回兵团，总兵力有5个师、19万余人。担负进攻任务的各师，由第六集团军司令W.克鲁格中将指挥下的第一军的2个师和第十四军的3个师组成。麦克阿瑟司令部手头的兵力，除了这5个师，还有4个师完成了动员准备，将投入吕宋岛夺回作战。

林加延湾登陆

经过3天的彻底炮击，林加延湾海岸一带变成了无人区。1月9日黎明，美军整个舰队都已抵达林加延湾。登陆部队分为4群，每群由师级单位组成。在上午9时40分，第一波登陆兵员就全部抵达海岸线完成了登陆。当天下午，四位师长均已在地面掌握了部队。林加延湾登陆作战实施迅速、果断、圆满。麦克阿瑟司令部预计在登陆作战中会付出严重伤亡的代价，可是登陆当天的进展大大出乎意料。进展过于顺利，反而让登陆官兵心发毛。

实际上，第十四方面军当初根据林加延湾地区的地形，判断美军的大军不会在这里登陆，因此没有什么防备。美军遭遇的首次像样的抵抗，是1月10日第一二九步兵团在南进时，遭遇4辆装甲车支援的日军一个小队的抵抗，付出了阵亡5人、受伤10人的代价，日军战死25人至30人。

值得一提的是，在美军登陆林加延湾之后不久，指挥陆军航空队特攻作战的第四航空军司令官富永恭次，就从吕宋北部逃亡到中国台湾。刚逃到台湾，富永及其参谋就在台湾南部屏东机场的食堂内大肆搜刮肉、鱼及其他食物，恣意享用，引起周围官兵的极大愤慨。后来在吕宋北部的本格特道战线，继任旭兵团步兵第七十一联队长的林安男，也曾抢夺士兵身上少得可怜的粮食。上级指挥官的责任感和伦理感的丧失，也是日军在战场上连遭惨败的原因之一。

从1月10日拂晓开始，美军4个师的先遣队一齐开始南下，向马尼拉进军。然而，当美军来到内陆的丘陵地带时，日军的抵抗一下子变得激烈，从巧妙伪装的枪眼向登陆美军的先遣队射出了猛烈的枪火。到了半夜，日军又在整个战线实施夜间挺身突击队的渗透行动，进行近接肉搏攻击。

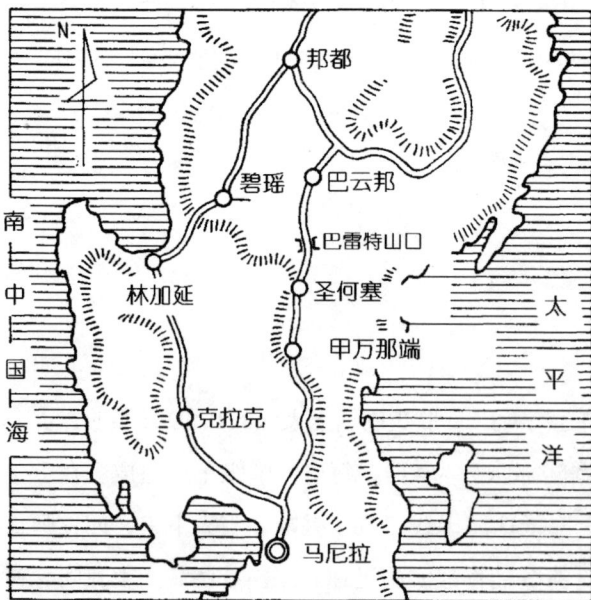

吕宋岛中部地区要图

虽然第十四方面军没有在林加延湾地区构筑海滨阵地，但是在距离海岸线一定距离的内陆的丘陵地带构筑了第一线主阵地。展开于林加延湾地区的日军防卫兵团包括旭兵团（第二十三师团）、虎兵团（第十九师团）、盟兵团（独立混成第五十八旅团）等。

1月16日，登陆美军的

右翼军团即第十四军开始突破日军的防线主阵地，进入吕宋平原。该军的 2 个师即第三十七师和第四十师采取并进南下的态势，15 日，其先遣队到达位于内陆 40 多公里处的卡米林。18 日，2 个师完成了同时向吕宋平原南下的准备，企图一举突破克拉克基地。不过，指挥登陆美军全部兵团的第六集团军司令克鲁格中将并没有立刻命令这 2 个师南下。这是因为右翼方面战线的第十四军的 2 个师前面的日军抵抗虽然比较弱，但是左翼第一军的 2 个师（第六师和第四十三师）前面的日军抵抗十分顽强，因此该军从登陆之后就一直在进行困难的战斗。

该方面的日军即旭兵团和盟兵团的第一线各主阵地，利用内陆部的小丘陵或低矮台地，构筑了遮蔽阵地，使美军各团陷入火网，而且每天晚上都有挺身突击队的袭击，令美军第一线部队颇为苦恼。从 1 月 9 日至 11 日，仅第四十三师就阵亡 55 人、受伤 185 人，大部分都是日军的炮击造成的。第一军当面的日军盟兵团总兵力约 6000 人，拥有 5 个独立步兵大队、15 门 75 毫米山炮，并配属了装备 12 门 15 厘米至 30 厘米重炮的重炮部队。

由于日军利用天然和人工修筑的洞窟巧妙布阵，美军的攻击一再受挫。在有的洞穴内，为了便于收回火炮，还铺设了轨道。所有武器都经过精心伪装和战术上的适当配置。13 日，在林加延湾的海滨小城达摩提斯附近，美军第一五八团遭到日军猛烈袭击而败退，该团团长在当天即被撤换。第一六九步兵团二营在 17 日和 18 日阿拉比亚山的战斗中，阵亡 35 人、受伤 106 人。

在第四十三师同旭兵团在 600 高地至 700 高地地区展开的攻防战中，美军在以步兵第七十一联队主力为骨干的守军的顽强抵抗下，连连受挫。22 日晨，第一〇三步兵团的指挥部在前进至攻击目标 600 高地上进行指挥时，突然遭到日军 75 毫米炮的急袭，几分钟内就有 4 名指挥军官负伤、7 名士兵阵亡和 33 名士兵受伤，包括很多重要的士官。

更让美军心惊肉跳的是，日军主阵地后方的第二线主阵地还隐藏着强大的坦克部队。在这种情况下，如果让突出于右翼方面战线的第十四军的 2 个师南下前进，其侧面就有可能遭到日军坦克部队从吕宋平原东方发动的强袭，从而蒙受重

美军在罗萨利欧附近缴获的配属盟兵团的大石重炮部队的30厘米榴弹炮

大损失。因此，克鲁格中将在突破和占领左翼方面战线的日军第一线阵地并进行扫荡之前，无法轻易地向展开于右翼的第十四军下达南下进击的命令。

克鲁格认为要打破战线的胶着状况，只有向左翼方面战线投入新的师，因此向作为军预备队的第二十五师下达了出发的命令，将拥有瓜达尔卡纳尔岛战役经验的该师投入了左翼方面战线。

到17日，林加延机场已经可以起降飞机，美机终于可以从附近的地面飞行基地直接支援作战了。猛烈的轰炸和炮击集中于眼前的小丘陵或低矮台地。如此，在距离海岸线10余公里的内陆，在日军主阵地抵抗线面前受挫的第一军第六师和第四十三师，进击的速度终于开始加快。

从16日半夜至17日，克鲁格中将最担心的日军坦克部队终于出现在展开于左翼方面战线的第四十三师的前面，实施了夜间攻击，但在16日半夜比纳洛南市近郊发生的战斗中，11辆日军坦克被打瘫、烧毁，紧接着17日在比纳洛南市南方11公里的乌达内塔地区，又有9辆日军坦克被破坏。

这些日军坦克在突击中，在进入美军M4坦克的射程之内后，很快遭到美军坦克群发射的燃烧穿甲弹的集中射击，只有25毫米薄钢板的日军中型坦克瞬间被燃烧穿甲弹贯通，被烈焰包围，而日军坦克的47毫米穿甲弹无法贯通M4坦克的厚装甲，完全成了一边倒的坦克战。

日军坦克部队在夜袭失败后，将残余的坦克埋在预测的美军前进道路上的土中，只有炮塔露出地表，作为急造炮台等待美军接近。但是这一策略未能奏效，这些坦克的炮塔都被美军的火箭筒和火焰喷射器破坏、烧毁。

在日军坦克的损失接连增加的同时，美军的前进速度也日益加快，终于在1月21日控制了距离海岸线25公里的内陆一带。不过在这些地域内，在一部分高地或丘陵地带上仍然残存着日军的抵抗阵地，当然这些阵地都已陷于孤立，很明显日军放弃了第一线主阵地的大半，正在向第二线阵地后退。

在左翼战线确保了可以抗击日军大规模反击的稳固要线之后，克鲁格中将严令被投入该方面的3

1月9日登陆不久，向圣法比安进击的全副武装的美军前锋部队正在渡河

1月22日，达摩提斯东方丘陵地带，同盟兵团交战的美军的重机枪正在向前方山脊上的日军阵地射击

个师继续进攻,并向右翼战线的第十四军的2个师下达了正式的南进攻势命令,要求该军占领克拉克机场。这2个师立即开始行动,从打拉市出发,同时在贯通南北的马尼拉公路上开始南进,对位于该市南方35公里的克拉克机场发起总攻。附近的日军看到,以装甲部队为先导的美军车辆部队卷起沙尘在公路上前进,气势如海啸一般。

克拉克基地之战

被称为"克拉克基地"的吕宋平原中部的航空基地,由总计拥有13条跑道的大规模机场群组成。1月25日傍晚,以装甲部队为先导的美军2个师从林加延湾垂直南下,如怒涛般涌向克拉克基地。

这时,克拉克基地一带日军的防卫态势仍然很不充分,尚未完成布阵。据守克拉克机场群的日军部队,计有陆军17000余人、海军12000余人,总计29000余人。但其中正规的专为地面战斗编成的步兵部队只有一个联队,数万军队中几乎都是配属基地航空队的地面协力勤务部队。从兵科来看,这些部队包括机场设定队、野战气象队、对空无线队、航空情报队、航空补给厂、独立汽车队等特科部队。地面战斗用的装备是陆军部队4人一支步枪、海军部队15人一支步枪,战力十分微弱。

但是,这些部队在第十四方面军的作战计划中,被称为"以克拉克基地为中心,将该地区西方一带的山岳地带作为抵抗据点的'建武集团'"。塚田理喜智被任命为建武集团长。

为了防卫克拉克基地,"建武集团"指挥部将以航空地区队司令官江口清助指挥下的第三十一机场大队等5个机场大队、计4500人的地面勤务兵力为骨干紧急编成的基地防卫队,梯状部署于基地内,防备美军进入基地。为了弥补武器的缺乏,增强火力装备,"建武集团"还命令布阵于克拉克基地内的部队,卸下机场上故障、破损飞机上的全部机枪。

部署命令刚下达不久，从克拉克基地北方公路涌来的美军 2 个师，就发动了猛攻。美军在南北长达 20 公里的克拉克机场群东端境界线，从 6 个方面同时发动攻击，首先向进路施以猛烈炮击，然后以坦克部队为先导实施波状突击。

围绕克拉克机场群的攻防战极为激烈。1 月 25 日美军开始攻击之后不久，企图从机场外环线强攻突入基地内的作为美军先头部队的坦克部队，接连化为火柱，冒出黑烟。使坦克燃起烈焰的是敷设于克拉克基地外环一带的由炸弹改造的地雷。不过，美军的攻击并未因这些损失而中断。坦克群波状攻击的巨浪继续向克拉克基地袭来，在师属炮兵的猛烈炮击下企图打开冲入基地内的突破口。

在坦克群的波状攻击面前，日军又开始尝试新的阻止作战。几天前刚刚完成特别编成的反坦克肉攻班，接到了突击命令。由于没有反坦克炮，守备队破坏坦克的唯一手段，就是让背着破甲炸弹的士兵进行肉弹攻击。于是，当坦克来到近处时，"肉攻兵"一个接一个地猛然起身，向坦克前面突进。在广阔的机场上，到处都腾起炮烟、爆烟和火柱。被烈焰包围的美军坦克的近旁，散乱着日本兵焦黑的尸体。

就这样，克拉克基地的日军守备队击退了美军第一天的攻击，迫使对方退到基地外环线上。到了半夜，日军还向美军的集结地点派出挺身突击队。

26 日黎明，战斗重新开始。但美军在这天的猛攻也未能突破克拉克基地守备队的阵地。基地内终日笼罩在火焰和浓烟中，到了夜晚，美军再次被迫撤至攻击开始线的位置。27 日晨，第三十七师的主力奉命加入战团，同正在猛攻中的第四十师齐头并进，攻击克拉克基地。然而，这天日军的防御阵地仍然没有动摇的迹象。隐藏在机场内的丘陵洞窟内的日本兵，等到美军进至极近距离时，使用从飞机上卸下的旋转机枪等武器射击，还有背着炸弹的肉攻班冲向坦克的队列，美军的前进连续受阻。日军守备队的战斗颇为巧妙，像正规步兵部队一样顽强战斗。

面对缓慢的进展，第六集团军司令克鲁格中将感到焦躁，在攻击的第五天，1 月 29 日，严令第十四军军长在 30 日黄昏前全部占领克拉克机场。因此，从 29 日晨开始的攻击凶猛至极，猛烈的弹雨犹如洪水一般，紧接在炮击轰炸之后的，是

在夺取克拉克机场的最后激战中，冒着日军的猛烈炮火，携带迫击炮前进中的美军士兵

坦克的攻击。尽管并非一帆风顺，美军当天在全线都有进展，最前面是火焰喷射器喷射出的红白色烈焰。一切都被烧光了，灼热的火带在机场内从东向西蔓延。

1月30日，美军继续攻击，日军继续顽强抵抗。傍晚，残余日军接到撤退命令。克拉克机场群从30日到31日完全落入美军手中，随后美军的攻击集中于基地西方山脊上的日军第二线阵地。特别是2月1日，日军第二线阵地的遮蔽树林完全被炮击粉碎。因此，日军各队又奉命向第三线阵地后退，于是从2月7日到11日，又在第三线阵地展开了高地争夺战，日军各队第三度蒙受了严重损失。

在美军不间断的攻击下，"建武集团"的各队不得不逐次后退，最后各队都把以山岳地带的主峰皮纳图博山为中心的洞窟作为最后的阵地，努力维持长期"自活"。这种所谓"自活"，很快成为惨绝人寰的活动，相当一部分日军开始靠吃人肉维持生命，许多人肉来自战友。

马尼拉之战

2月3日傍晚，美军马尼拉占领部队的先遣队，迅速突入该市北郊的圣托马斯大学校园内。另外一队则抵达了同该大学西南地区相邻的比利比德监狱。突入圣托马斯大学的，是领有占领马尼拉任务的，从林加延湾地区持续急进南下的美第一骑兵师快速装甲部队，4日到达比利比德监狱的则是第三十七师先遣队。麦克阿瑟将军严令这两个师在执行占领马尼拉市的任务之前，先实施圣托马斯大学和比利比德监狱的美军俘虏营救作战。

经过谈判，2月5日两处收容所的美军俘虏全部被交给两个师。讽刺的是，准备从马尼拉北方突入该市大学地区的美军坦克部队，在马尼拉市内的日本兵之间口口相传的小道消息中，变成了日本海军陆战队的装甲部队为防御马尼拉而来到郊外一带并展开。这样的消息让不明就里的日本兵受到鼓舞。

布阵于马尼拉市内的日军守备队，在兵力高峰时达到30000余人。这样的兵力大大超过美军的预想。实际上，就连指挥统辖整个吕宋岛的日军防御作战的第十四方面军司令部也没有预测到。这种兵力部署上的错误，与日本陆海军之间的对立、疏远有很大关系。在菲律宾方面的作战指导上，日本陆军成立了第十四方面军，海军则在马尼拉港设置了西南方面舰队司令部（GKF），此外在陆军航空作战方面还有半独立的第四航空军。

为了改善处于三足鼎立状态的指挥系统，使菲律宾方面的作战指导统一化，大本营在1945年初首先将第四航空军置于第十四方面军指挥下，但是关于海军的西南方面舰队司令部，则只是内定"期待与方面军的一体化"而已，该司令部保持着与第十四方面军同等的权限。因此，围绕马尼拉市的防御准备，存在着双重指挥命令系统，即陆军的第十四方面军隶下的马尼拉防卫队（在小林隆指挥下）和海军的以第三十一特别根据地队为主力的海军陆战队（指挥官为第三十一特别根据地队司令官岩渊三次）。

方面军司令官山下在作战指挥大纲中定下的方针是"将军主力移动到岛内山

岳地带并展开，以持久战迫使美军流血"，所以急忙命令各兵团主力移动到山岳地带。防御马尼拉的小林兵团，也从1月上旬开始将主阵地转移到该市东方50多公里的瓦瓦地区。随着小林兵团主力离开马尼拉市内，马尼拉的防御由岩渊全面负责。

在小林兵团转移部署前后，马尼拉市内的其他陆军各队也开始向吕宋岛的东部或北部山岳地带移动。然而，马尼拉市内的海军部队鄙夷陆军放弃马尼拉"逃"进山中的做法，决定由自己来防守马尼拉。海军陆战队的战术思想认为，在地面战斗中，战斗地域不过是战舰甲板的延长或者甲板的一部分而已。所以相比不太习惯的山岳密林内的战斗，海军陆战队更愿意选择位于海边的马尼拉市内作为最后的战斗场所。

马尼拉市内的海军部队的兵力超过20000人，除了作为马尼拉警备部队由舞鹤镇守府编成的第三十一特别根据地队的兵员，还有负责港湾设施、工作设施、补给任务等特科部队，重巡洋舰"熊野"号等在马尼拉近海沉没的舰船的被救助船员，也全部被编入陆战人员，因此兵员数急剧膨胀。

1月27日，在"振武集团"作战会议上传达了该集团的作战计划并进行了说明讨论。赋予岩渊指挥下的马尼拉海军防卫部队（简称马海防）的任务是"在既设阵地摧毁敌军战力"。

2月3日，从北方南下的美军前锋一举突入马尼拉市内，出现在帕西格河右岸的日军阵地正面。4日，从南方北进的美军到达马尼拉市南郊的帕拉纳克桥。双方的激战由此展开。

除了从吕宋平原南下、直进突入市内的2个美军师，第八集团军司令艾克尔伯格中将指挥下的第十一空降师的主力在1月31日登陆吕宋南部的纳苏格布，一部分在塔盖泰地区空降，这两部分兵力均从日军兵力薄弱的地区急进北上，在2月4日第十一空降师已经进入马尼拉市南郊。

在此之前，麦克阿瑟司令部已经命令新锐的第三十八师进入马尼拉。根据命令，该师应于1月29日在巴丹半岛西北部的苏比克湾实施登陆作战，横穿巴丹半岛的颈部道路，在东进之后成为马尼拉进攻部队的一翼。但是该师在登陆作战之后的进攻速度意外地缓慢，被布阵于该地区的日军一个联队的主阵地阻住，被钉在登陆地点。因此，当初企图投入4个师的马尼拉进攻战，不得不以3个师的可动兵力实施。不过从纳苏格布地区登陆的第十一空降师的进击速度超出麦克阿瑟司令部的预想，从南北夹击马尼拉的作战方案终于变成了现实。

传来美军接近马尼拉市的消息的3日夜至4日晨，（对于日军来说）整个市区的治安一举恶化，市区内各处的抗日武装游击队进行了总暴

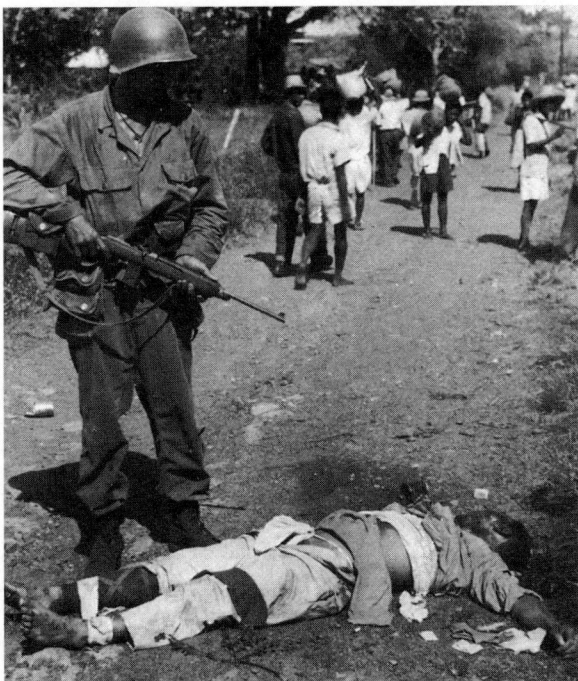

在通向马尼拉的道路上被射杀的日军狙击手。这名狙击手的技术十分优秀，已有多名前进中的美军士兵被他射中

动，他们首先在全市到处切断电话线，然后装备了自动步枪、轻机枪、手榴弹，一部分拥有迫击炮的游击集团向日军阵地发起白昼攻击。

就在这种情况下，在马尼拉市的外环线开始了激烈的攻防战。拥有压倒性火力的美军3个师，逐次向市中心压迫缩小包围圈，日军相继爆破主要桥梁企图阻止美军坦克部队的前进。主阵地所在的主要大楼被严重毁坏后，仍有日军从里面射出子弹。市区内终日被烈焰覆盖，景象异常凄惨。

经过一周交战，到2月11日，美军已经控制了市区内的3/4，日军被压迫到背靠海岸线的呈倒C字形的狭小地区内。当天，从北方前进的第一骑兵师同从南方进击的第十一空降师会师，日军被完全包围。这个包围圈是南北约12公里长、东西约4公里宽的地域。次日，在继续前进的美军前面，几乎所有主要大楼的大门、走廊、地下、楼梯、屋顶都已堆起沙袋，成为日军的据点阵地，其抵抗更加密

集。因此巷战成为寸土必争的混战，到处都升起浓烟。

在登陆吕宋岛之前，麦克阿瑟曾向参谋长联席会议放言说将在登陆4周内完全占领马尼拉。由于马尼拉巷战的进展远比当初预想的迟滞，感到焦躁的麦克阿瑟在2月16日又将新锐的第六师投入巷战中，这时已经是1月9日登陆林加延湾以来的第三十九天了。从2月中旬开始，随着交战的阵地转移到主要政府机关大街，日军的抵抗更加激烈。日军据守的地区集中了市政厅、国会大厦、中央邮局、警察署、财政部大楼、农商部大楼、马尼拉饭店、菲律宾大学等具有代表性的永久建筑物，其中农商部大楼是岩渊的司令部所在地。

隐藏在林立的大楼内部的日军的战术，与以往日军的挺身突击战术完全不同，他们始终藏身于坚固的混凝土建筑物内部，当美军接近时一齐集中射击，各个建筑物都扮演着永久阵地的角色。因此在坦克部队的猛烈炮击掩护下从半毁的建筑物大门强攻突入的美军，遭到来自走廊、楼梯、各层房间的顽强阻击，这些大楼内的日本兵一直战斗到死。当美军占领了一座建筑物时，日本兵的鲜血从走廊顺着楼梯染红了充斥着硝烟的各层。

为了排除日军的抵抗，美军只好将所有建筑物完全炸成废墟。当14日攻击马尼拉大学及其附属医院时，美军发射了野炮炮弹2091发、迫击炮弹1365发，合计3456发。然而，由于建筑物内部日本兵的死守，美军终于从2月27日早晨开始发动彻底的焦土作战——将残余日军所支配的地域全部烧光。

结果，位于马尼拉市中心的政府机关大街的大小楼房全部被彻底破坏，化为焚烧过的瓦砾堆，以此来结束日军的抵抗。这样对整个地区的地毯式炮击当然会波及马尼拉市民的住房或逃离战火之人集体躲避的楼房，从而产生了数量庞大的牺牲者。除了美军的炮火，日军还以帮助美军为理由，从美军进城之前就开始屠杀马尼拉市民。在马尼拉战役中，死亡的市民达到了9万人。

从17日黎明开始的美军4个团的猛攻，动员了8英寸巨炮，240毫米榴弹炮，155毫米榴弹炮，150毫米野炮，75毫米坦克炮，重、轻迫击炮等各种口径的火炮，在这样的集中炮火下，日军守备队据守的海岸边的政府机关大街被烈焰包围，同时被炸死的市民达到一天10000人的规模。

在发生激战的
菲律宾大学前
运送伤员的美
军卫生员

一齐前进的美军逐渐缩小了包围圈。从北方强渡帕西格河的新锐部队强行突入了几乎化为废墟的正在燃烧的五层的中央邮局，从东方开始的向卢内塔公园南端的菲律宾大学及其附属医院的猛攻则进入了第四天，双方围绕医院内的各栋建筑反复进行一进一退的殊死激战。从海滨大街强行北进的美军逼近到马尼拉饭店的近前，对该饭店进行了彻夜炮击。

防守菲律宾大学附属医院的日军主要是重巡洋舰"熊野"号沉没时获救的该舰舰员。为了攻占该医院，美军使用了各种手段。某天，以坦克为先导的美军逼近医院的前面，这时，突然有一名女性跑到坦克前，面向医院建筑物内的日本兵拼命叫喊。当日本兵露头时，美军的坦克炮瞄准日本兵连续打了三炮。这名女性实际上是游击队的一员。在马尼拉战役中，游击队非常活跃。只要日军稍微露出身体，就会有子弹不知从何处飞来。美军炮火和坦克部队的连续正面攻击，加上游击队神出鬼没的枪击，使日军死伤不断。

日军各队内感到末日已至，伤病员集体开始自杀，他们用步枪对准自己的喉咙，然后用脚趾扣动扳机，也有的集体服毒后一齐昏倒、绝命。但是，残存的日

在坦克和炮火的猛攻后，美军侦察队突入菲律宾综合医院，同隐藏的日本兵交战

军仍然依凭大小楼房继续抵抗。美军向化为废墟的建筑物内部注入大量汽油，然后用火焰喷射器将整栋建筑烧掉。到处可见陷入火海的瓦砾堆，战场俨然成了凄惨的地狱。

到了交战第二十一天，2月23日晨，以地毯式炮击实施焦土作战的美军进一步压缩了包围圈。当天，日军仍然确保着位于政府机关大街中心的国会大厦、财政部大楼等主要建筑物，南方的菲律宾大学附属医院中也仍有残存守兵继续开枪，集结于政府机关大街北方旧城塞的部队也仍在支撑。这座旧城塞是西班牙统治时期的遗迹，拥有坚固石墙的城郭，东西宽1000多米、南北长2000多米，城墙的基底部宽13米、高5米。不过，到当天为止，日军守备队的全部确保地域已经缩小到东西1500米、南北3000多米的狭小范围，作为马尼拉市防御的主要据点阵地的市政厅、马尼拉饭店、中央邮局等建筑物相继被美军占领。守军全军覆没。

当天，美军的炮击集中于马海防的总指挥官岩渊的司令部——农商部大楼和国会大厦，以及财政部大楼这三处主要的残存据点，以坦克为先导的美军包围了各建筑物，同时开始对旧城塞的日军实施总攻。在总攻中，美军在早晨的一个小时内就发射了7890余发高性能炮弹，城塞内化为火海。然后美军从北部和东部城墙突入城塞，展开近距离的混战。

在被美军坦克部队从三方面包围的马海防司令部所在的农商部大楼内，守兵连一门可称为"火炮"的武器都没有，只有机枪、步枪和手枪。2月25日，岩渊在大楼内自杀。当天，日军的防御据点只剩下这个司令部大楼和财政部大楼、国会大厦。

然而，马海防的最后据点并未因司令官的自杀而结束抵抗。国会大厦、农商部大楼和财政部大楼的残兵，分别抵抗至2月28日、3月1日、3月3日，里面的守兵均战斗到了最后一弹、最后一人。

麦克阿瑟在登陆第五十天，2月28日，终于举行了入城仪式。此时的马尼拉，变成了遍布死尸的废墟，到处留下了弹坑，弹坑底部积存的雨水中躺着散发着腐臭味的尸体。马海防全军覆没，只有极少数人能成功突围，抵达马尼拉东方山岳地带内的"振武集团"主阵地。

在马尼拉战役激烈进行期间，麦克阿瑟还派遣空降部队夺回了位于马尼拉湾口的科雷吉多尔要塞。马尼拉地区的战斗结束后，吕宋战役继续在三方面展开：美第一军向北方和东方进攻，继续对碧瑶和卡加延河谷采取攻势；第九军向马尼拉市的北方和东方进攻，扫荡斯尔拉曼德山脉；第十四军则向马尼拉市东南方面的几个省进军。

在这三方面作战中，负有攻占北部战线的碧瑶市任务的第一军拥有3个师的兵力，加上3月上旬随着马尼拉陷落被增派到北部战场的第三十七师，美军以总计4个师的兵力在整条战线同时发动总攻，企图在险峻的山路上打开突破口。

碧瑶的防御和天波高地的争夺战

1月上旬美军登陆林加延湾之后，经过一个多月平地上的战斗，日军旭、铁、盟诸兵团在2月上旬同时从吕宋平原的布阵线后退，进入刚刚在山岳地带紧急构筑的第二线阵地继续抵抗。日军第二线阵地的筑城工事虽然很不完备，但可以通过山岳地区的天然要害地形来加强，因此从战线西侧向北方碧瑶进攻的美军第三十三师在本格特道的险峻地形上受阻，作为中央突破兵团的第三十二师也在萨拉克萨克山口的险路上停止了前进。部署于右翼的第二十五师也在险峻的巴雷特山口前遭遇日军的顽强抵抗，结果这些兵团均未能取得突破，令第一军司令部愈加焦躁。

碧瑶市的本格特道是接近碧瑶最便捷的道路。2月下旬，旭兵团主力的第一线布阵于本格特道，盟兵团则在碧瑶西方及西南方的山地占领了阵地。在围绕吕宋北部最大的要冲碧瑶市的攻防战中，美军起初企图通过本格特道从南方突入该市，以精锐的第三十三师持续猛攻。但本格特道是有名的险路，这条全部路程46千米的山岳道路，经常在断崖状的山腰处呈S形，从一号营地、二号营地经三号营地，一直延伸到标高1400多米的七号营地，然后在最高点的八号营地的道标处结束，位于山顶的八号营地正是碧瑶市的南郊入口。

这些"一号营地""二号营地"之类的称呼，是在修建连接吕宋平原和碧瑶市的本格特道时，土木工事宿舍所在地点的名字。1902年，取代西班牙统治菲律宾的美国开始了本格特道开辟工程。但因陡峻的山脊斜面，工程在中途被迫中断。为了重启工程，美国引进了日本劳工，共有1400余名日本人应募参加工程。经过5年时间，于1908年终于完成了全部路程。其间，从事施工的日本劳工有511人死亡。可以说，这条山岳道路是以日本人的血汗和尸骨为代价筑成的。

现在这条险路首次成为战区，凭借一夫当关、万夫莫开的天然地形，日军防线的兵力、火力、装备虽然很差，却能在山道中途阻止第三十三师主力的猛攻。到3月末，旭兵团在碧瑶正面的主抵抗线依然完整，当然这是以守备部队的惨重损失为代价的。

　　当时的吕宋北部，美军正在从本格特道、萨拉克萨克山口和巴雷特山口三方面猛攻，双方持续为争夺尺寸之地而展开近距离战斗。但是除了向这三方面的山岳路猛攻，美军还企图开启第四条进攻路，其主攻点指向阿格诺河上游沿岸的山脊地带。3月4日，强大的美军部队突然开始前进。3月8日，进入本格特道和萨拉克萨克山口中间的阿姆巴亚邦峡谷的美军，击败了位于圣罗萨的88兵站的峰松大队。

　　从地势上看，这是在本格特道和萨拉克萨克山口战线的中间打进了一个楔子。美军继续进入拉维甘，因此方面军参谋副长小沼治夫急忙派出击兵团（战车第二师团）的营部队。为了防止这支美军直击碧瑶—阿里陶道路，小沼很快又将日比的搜索第十六联队和虎兵团步兵第七十五联队第一大队的光安中队紧急派到阿姆巴亚邦峡谷的天波。

　　美军第三十二师一二六团的一个营进入天波地区后，遭到日比搜索联队的反击。该地区是在海拔2150米的乌古山西南部与该山相连的棱线，即"天波"村所在的山岳地带。所谓"日比搜索联队"，就是日比知指挥下的搜索第十六联队。该联队在建制上隶属第十六师团（垣兵团）。1944年4月，第十六师团奉命进入莱特岛时，该联队奉命留在吕宋岛。1944年末，随着方面军司令部的战斗指挥所向北部转移，该联队也离开马尼拉北上，于1945年初进入碧瑶地区，作为方面军司令部的护卫部队，分驻于碧瑶市内及其西郊山脊地带等。

　　3月8日，方面军司令部命令日比搜索联队

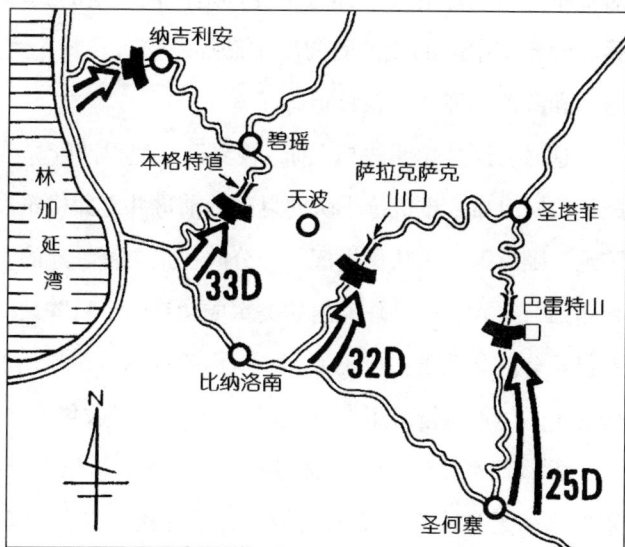

吕宋北部碧瑶周边战况图

作为"日比支队"立即出动,攻击正从旭、铁兵团的战斗境界线所在的阿格诺河上游向日军侧背进入的美军,确保天波一带的要点。接到命令后,该联队马上以主力急进。14日,该联队渡过阿格诺河上游,逼近天波高地。在此之前,虎兵团的光安中队、滑空第一联队的一个大队(兵力各为130人)进入日比联队的指挥下。该联队占领了天波高地的北方台地,同南方山脊上的美军对峙。

日比联队计划在3月21日1时发起攻击,夜袭天波高地上的美军。20日半夜,日比联队各队一齐开始攻击前进。21日1时,一发照明弹升到半空,其光芒瞬间照亮了美军阵地。随后掩护夜袭队的速射炮和重机枪一齐开始射击。美军占领的山脊所属的4个高地,从北端起分别被日军命名为春、夏、秋、冬。对日军来说非常幸运的是,美军的防御态势很不完备,工事十分简陋,阵地上只有一些浅浅的散兵壕,也未设置铁丝网等障碍物。

日军这次夜袭攻击的骨干部队是日比联队的第二中队。日军首先开始向北端的春阵地突击。虽然美军自动武器的射击越发猛烈,但在重武器的支援射击下,日军的夜袭队还是逼近了美军阵地,同美军展开了手榴弹战。由于日方的支援射击非常准确,美军的射击暂时中断,日军趁机突入美军阵地,夺取了春阵地。然后日军追击退却的美军逼近了夏阵地。该阵地的美军也在临时配属日比联队的虎兵团的光安中队的攻击面前发生动摇,接着在日军主力从侧面的攻击下丢下数具遗体和武器、弹药、粮食退却了。

这时已经是黎明的5时前,视界开始变得清晰。第二中队长吉田秀信着手整理战线,同时命令重机枪小队向夏阵地前进并立即构筑枪座,并命令第二小队攻击秋阵地。随后第二小队长指挥一个分队在来自夏阵地的重机枪的射击下从美军阵地的死角强行突入,击杀阵地内的美军成功夺取了秋阵地。占领秋阵地后,夏阵地上的重机枪分队马上出去收集弹药,从山腰处的日军死伤者身上收集了约800发99式步枪的子弹(重机枪可用),还从美军尸体附近收集了粮食、香烟、啤酒等。

虽然日军在天亮前拼命挖掘"章鱼罐",但到天亮时工事只有约半米深,不管怎么缩紧身体都会露出脑袋。日军的武器只有步枪、手榴弹和重机枪。美军炮兵开始在观测机引导下进行炮击,受伤的日军越来越多,有的日军被直接命中,尸骨无存。第二中队的2名卫生兵也不知何时被炸死了。

当天白天，得到支援的美军从仅存的最南端的冬阵地方面开始反击，炮击的弹药量也急速增加且越发集中。美军一边用自动步枪（日军经常将盟军的冲锋枪等也称为"自动步枪"）扫射一边反击过来。对于美军的反击，布阵于各阵地的山腰处的日军一齐开始射击，特别是重机枪的齐射发挥了最高度的威力，美军被接连扫倒，发出了惨叫声、哭泣声。但夏阵地和秋阵地上的重机枪小队队员不断伤亡。美军的兵力进一步增加，攻击十分顽强，被击退后又会再度反击，战斗变成了混战乱斗。

在最前线的秋阵地上孤军战斗的重机枪分队的5人陷入包围，终于全部战死。联队长日比知判断继续损耗兵力会给以后的作战带来严重影响，因此命令全体攻击队利用夜暗集结于春阵地以北的高地。至22日拂晓，日比已掌握全部部队。在月光下，日军撤回了前晚出击时的山脊。此后日比联队就潜伏在天波高地北方高地的山腰上，准备再次攻击，其间只得到一个中队（中队长山岸文一，108人）的增援，该中队是由马尼拉等地各兵科士兵临时编成的混合部队。

山岸中队到来后，日比联队加速准备第二次攻击，决定在4月10日1时以主力实施攻击。夜袭部队的部署是：新到的山岸中队担任从春阵地正面出击的突击部队，第二中队和来自虎兵团的光安中队在春阵地的左侧背展开，各队于10日1时在作为信号的照明弹在半空中爆炸后，一齐向目标高地攻击。

在此之前，美第一军指挥下的各师间的作战地境线发生了变更，天波高地的守卫任务由第三十二师第一二六团移交给第三十三师第一三〇团。该团进行了数天的严密监视和侦察，但没有发现日军部队的行动。第三十三师司令部判断没有必要让精锐部队被牵制在没有日军的该地区，将第一三〇团调往其他战线，而将第一三六团二营派到该高地。4月9日下午，部署在天波高地最前线的只有F连。

日比联队完全没有发觉美军的交接，美军也没想到日比联队会企图夺回春阵地。日比联队碰巧选择4月9日作为实施夜袭的日子。当晚，日比联队长在自己阵地的前面部署了吉田中队和山岸中队的村田机枪小队，之后以山岸指挥的中川、石田、今井三个小队从正面，以光安指挥的光安中队和配属的深津小队从左侧面以夹击态势向F连袭来。

10日2时，一发照明弹在半空中炸开，照亮了美军阵地，同时三挺重机枪和一门速射炮一齐开始射击，弹丸飞过春阵地正面攻击队的头顶，打破了山中的寂静。展开于春阵地正面的山岸中队在支援射击下接近美军阵地，遭受急袭的春阵地上的F连还在熟睡中，一时间狼狈不堪，虽然慌忙进入防线，但在日军的支援射击下无法进入反击态势。山岸中队第二小队的藤川俊彦为了打开突击路，在接近铁丝网后抱着炸弹冲上去掷出炸弹。瞬间发生大爆炸，炸开了一条突击路。

随后山岸中队通过突破口突入美军阵地内，但在其正面还有一道铁丝网，三个小队均被这道铁丝网挡住去路。这时恢复态势的美军开始反击，曳光弹从美军阵地上猛烈射来。随着时间的推移，美军的火力越来越猛，山岸中队只能等待对方火力减弱。但在来自美军阵地的猛烈射击下，处于突出状态的该中队一举死伤50余人，第一、第三小队几乎覆没。

F连的日子也不好过，他们在一夜之间就打光了带来的全部弹药，只好等待次日的空投补给。日军人数虽少，却给美军的心理造成了相当大的冲击，使其误认为对方人多势众。但日军被三道铁丝网和猛烈的枪炮火力阻挡，无法一口气突入美军阵地。

美军在反复进行空中攻击和侦察的同时，向日军头上射去雨点般的野炮炮弹。日军在白天的攻击很不顺利，只能利用夜间对付F连。激战持续了两天，山岸中队和光安中队均蒙受了毁灭性的打击。美军也在苦战中出现了很多死伤，到了11日下午，F连连长也被光安中队发射的子弹杀死。

这时，营长判断不宜再让F连蒙受更大的牺牲，命令该连撤退。该连于11日傍晚8时开始撤退。山岸中队也命令剩下的石田小队在当晚再次突入敌阵。结果，石田小队的突击开始时间与F连的撤退完全撞车。下午8点15分，山岸中队突入春阵地，这时美军已经完全消失。接着日比联队第二中队等部也占领了夏阵地、秋阵地。带着众多伤员的F连撤退极其艰难，白天几个小时的路程竟然花了22个小时，幸而日军在黑夜中无法追击。

就这样，美军于11日从天波高地撤退，日比联队重新占领了高地。但从次日开始，双方继续争夺高地。猛烈炮击继之以美军步兵的反击，部署在山腰处横洞式阵地中的日军重机枪，同美军重机枪展开了互射。不仅在白天，炮击在夜间也没有停止。在没完没了的猛烈炮击下，日军伤亡不断增加，有的联络兵也被炮弹直接命中。美军观测机的监视和战斗机的超低空扫射，迫使日军在白天一动也不敢动。

日军完全没有炮兵或空军支援，被命令死守第一线阵地。在5天中，日军因炮击蒙受了很大伤亡。15日，方面军司令部命令日比联队从天波高地撤退。于是该联队撤出该地，返回碧瑶。从3月上旬至4月16日，日比联队在天波高地为时一个多月的战斗中，战死49人，主要是第二中队的战死者。配属部队也牺牲惨重。返回碧瑶后，日比联队奉命展开于碧瑶市西方的山腰防线。这时，以碧瑶为进攻目标的美军的攻势，开始沿着该市西方的山道向日军施加越来越大的压力。

纳吉利安道的战斗

到4月，日军在碧瑶战线的抵抗依然顽强。当时美军在四条侵入路上尝试突入碧瑶，这四条道路从东至西，为本格特道、土巴山道、碧瑶西方从加利阿诺经温泉之谷阿辛通往碧瑶的道路，以及碧瑶西北方巴旺—碧瑶间的纳吉利安道（国道9号线）。其中从本格特道和土巴山道的进击因天险和日军的拼命抵抗而受阻，美军改为将加利阿诺—阿辛道作为主攻地，以第一三〇团从该道路进攻，但为虎兵团步兵第七十五联队的本间第一大队所阻，每次正面进攻都被击退。

第六集团军司令克鲁格中将见仅以第三十三师无法攻占碧瑶，便从结束了马尼拉战役的第三十七师调来身经百战的精锐第一二九团的战斗群，命令该部沿巴旺至纳吉利安的道路进击。也就是说，这次美军的主攻点指向碧瑶市西面。11日，第三十七师的攻击部队在碧瑶市西方山麓纳吉利安地区集结完毕。

这时在日军方面，山下的第十四方面军（"尚武集团"）司令部、旭兵团、盟兵团均未注意到第一二九团的进击，仍然认为美军的主攻依然是在加利阿诺—阿辛道，因此纳吉利安道方面的兵力十分薄弱。当第一二九团沿着纳吉利安道开始行动时，完全出乎日军的意料，打了日军一个措手不及。

第一二九团在几乎未受抵抗的情况下在国道9号线上猛进。经过4天猛攻，第一二九团终于突破了盟兵团的太田大队的防线，随后第三十七师主力开始从纳吉利安道猛攻，企图突入碧瑶市内。16日，第一四八步兵团突破了日军仅有一个中队防守的巴南岸。在混乱中，美军进至伊利桑前面，日军小出队的大队炮好不容易才阻止其前进。

在美军猛烈且迅速的进攻面前，大吃一惊的第十四方面军司令部急忙让留在碧瑶市内和近郊的所有部队移动到纳吉利安道沿线的山脊，企图阻止美军的前进。但这些部队的装备不足，无法顶住以坦克为先导的美军的攻势。碧瑶市也进入了进至山道中途的美军师属炮兵的射程内，市内终于也落下了炮弹。

虽然匆忙沿山道布阵的日军各队也进行了顽强抵抗，但缺乏炮火支援，除了一部分速射炮，就只有大队炮等轻型火炮，以此迎战美军的M4坦克自然是力不从心。日军在晚上陆续派出的挺身突击队也没能阻止美军的进击。

面对战况的剧变，山下的第十四方面军司令部在4月16日半夜匆忙逃出碧瑶市。恰在此时，日比搜索联队的官兵回到混乱中的碧瑶市内，很快就接到了向碧瑶市西郊山脊的第一线出动、布阵的命令。该联队于17日进入伊利桑北侧高地。

17日逃出碧瑶的山下一行，目的地是临时司令部所在地班邦。山下出发后，由参谋副长宇都宫直贤作为"尚武集团"碧瑶派遣班长指挥该方面作战。宇都宫遵照山下的指示，暂时隐瞒关于撤退的事情，命令部队死守碧瑶，战至最后一兵。伊利桑的战斗就是根据该命令进行的。

伊利桑战斗从17日开始。在美军无穷无尽的枪炮火力下，日军从山腰上匆忙挖掘的坑洞内投掷手榴弹，以图阻止美军前进。这样的战斗在碧瑶西郊的伊利桑山道反复进行。伊利桑地区位于纳吉利安道全程的80%处，对防御碧瑶的日军来说，伊利桑的山腰是最后的防线，双方在这里展开了激烈战斗。

日比搜索联队也被卷入了伊利桑地区的战斗。该联队进入伊利桑一带山脊时，以完好无损的第一中队为尖兵中队，由在天波高地一个多月的激战中损失过半的第二中队担任后卫。当第一中队向伊利桑地区前进时，能听到前线的山腰处到处响起手榴弹的爆炸声。这是担任伊利桑地区防御的日军部队中，那些身负重伤又无力独自后退的士兵在山腰的树木间用手榴弹自杀的声音。第一中队就在这样的爆炸声中抵达了伊利桑地区的山腰。这一带地形非常复杂，从公路侧面牵制从大道上前进中的美军的日军各队，全都隐藏在山腰的密林中，山上的密林是名副其实的原始丛林，行动极为困难。

美军除了在大道上前进，还有几股小部队在周边一带山坡上的原始丛林中隐秘进击。这些小部队一发现日军的潜伏阵地，马上报告给炮兵部队，引发激烈的集中炮击。此外，在复杂的山坡地形上还展开了近距离枪战。所以日军在原始丛林中移动部队时，不知会在哪个方向遭遇美军。日比联队第一中队第二小队就很不走运，在密林中前进时，突然撞上美军部队，蒙受了不小的伤亡，小队长白井明被当场打死。

伊利桑方面的战况正在急剧恶化。虽然起初美军对伊利桑方面的进攻颇为不顺，但到22日，日军的伊利桑阵地已经被击垮。幸存的日本兵向碧瑶或特立尼达地区撤退，而这时日比联队甚至未与美军开始真正的对决。在从17日至22日的战斗中，美军阵亡40人、受伤160人，日军损失500人。

从4月24日的黎明开始，日比联队第一中队主力开始同美军大部队展开近距离激战。第一中队在山腰的高台上可以俯瞰美军。然而爬上山坡的美军兵力远远超过第一中队，还有10多辆坦克支援，而第一中队虽然占据地利，兵力只有一个小队规模。此前不久，第一小队在猛烈的炮击中全灭，第二小队也在前一天在密林中同美军遭遇时蒙受了很大损失。因此，在早晨同美军主力真正进行交锋的，只有第一中队中可以战斗的兵力即以第三小队为主力的一个小队略多。

第三小队长今井敬二以自己掌握下的寡兵迎战逼近的美军，决定在尽量将美军放到近处后，利用地利大量投掷手榴弹。于是，第三小队的士兵在山腰高台上的坑洞内各自紧握手榴弹，屏住呼吸，等待一齐投掷的命令。当美军先头部队几乎全部爬上斜坡，双方距离接近到10多米，日军一举投掷了30多颗手榴弹。这些手榴弹在美军的队列中爆炸了，紧接着响起了惨叫声和怒吼声。这时

4月24日，从纳吉利安道向碧瑶市内前进的M18坦克歼击车和第三十七步兵师第一二九团的士兵。残留在碧瑶市内的日军发射的机枪弹正飞向坦克的右侧

又从台上开始了第二轮的一齐投掷。惨叫的规模进一步扩大了。

二三十人一齐投掷的效果极大，美军暂时后退，然后又在猛烈的支援火力下再次攀登斜坡，日军再次将美军放到近处，然后从头上投掷了20多颗手榴弹，和上次一样，美军的队列内再次传来了惨叫声和怒吼声。接着日军继续投掷手榴弹，斜坡上的美军终于混乱地后退。可是不久，第三小队又遭到了怒涛般的攻击。美军不顾死伤，反复突进，表现了野战师特有的锐气。在美军反复突击的斜坡上，每次以今井指挥下的第三小队为主力的日军，掷出的手榴弹都会连续爆炸。

但支援美军突击队的火力逐渐能准确捕捉到布阵于高台顶部的今井小队的士兵。特别是从近距离连射的迫击炮的炮弹如雨点般在台地上的坑洞内外连续爆炸，日军伤亡不断增加。今井也在手榴弹战中被前方30多米处美军自动步枪发射的一弹击成重伤。在不间断的炮击下，原来覆盖在第一中队头上的浓密的树枝全部被气浪一扫而光，犹如被开垦过的地面。

4月24日日落后，日比联队长决定让指挥下的部队秘密脱离战场。在联队主力脱离战场时，担任后卫的第一中队北尾小队，于25日拂晓在伊利桑北方台地阻击美军前进时全部战死。这样，日比联队在伊利桑地区为时一天的战斗中，一共有50多人战死，另有轻重伤员20多人。从24日半夜到25日拂晓，该联队从伊利桑地区转进，到25日晨集结于碧瑶东北方5公里多的特立尼达地区。

在此之前，23 日晨，宇都宫终于向全军下达了向北方和东北方撤退的命令。为防备第三十七师在日军完成撤退前即进至碧瑶北方的国道 11 号线，宇都宫在特立尼达一带部署了兵力。

4 月 25 日拂晓时，碧瑶市及其西、南地区已经看不到一个日本兵，日军各兵团正奉命经特立尼达地区向山下指定的最后的复廓阵地转进，只在后方地点留下一部兵力。在各兵团进入预定阵地之前，日比联队作为"牺牲部队"，挡在美军进攻部队面前，为友军争取时间，相邻的友军则已经不见踪影。如果日比联队长稍有犹豫，整个联队都将陷入重围。

4 月 26 日，第一二九团进入已没有日军存在的碧瑶。美军从占领伊利桑到进入近在咫尺的碧瑶之间，白白浪费了 4 天时间。据美军战史解释，这是因为特立尼达地区的日军残兵和独步第三七九大队威胁着美军的左翼，但实际上，这 2 个大队规模的营养不良且装备恶劣的日军，本不足以妨碍美军一个师的进击。正是得益于美军的停滞，宇都宫得以从碧瑶战线的各阵地和市内撤出 10000 名日本兵，并且秩序良好地进入 21 公里—安布克劳一线。

从 3 月末到 4 月 27 日，旭兵团有 2000 人战死，几乎都是非战斗损失。碧瑶陷落后，进入新防线时，该师团中具有战斗能力的兵员不到半数，火炮只剩下三四门。盟兵团的总兵力包括配属部队在内也只有 3000 多人，并损失了全部火炮。

诡异的是，美军主力在占领碧瑶后，没有立即急追败退的日军，而是在长达一个月的时间里，在碧瑶无所事事，给了日军在新防线展开的时间。

特立尼达的反坦克战

4 月 29 日，在碧瑶战线完成了后卫任务的日比搜索联队又接到了新的命令。根据命令，该联队应作为撤离碧瑶正向东方的山岳地带移动中的各队的后卫，展开于特立尼达地区的被破坏桥梁附近，迎战预计突进过来的美军，阻止其前进。

接到命令时，日比联队正准备追上其他已经从碧瑶周边一带撤退的兵团。联队全员都乘上卡车，向碧瑶东北方向的友军地带急追，从特立尼达出发后不久，卡车车队就遇到了溪谷中被美军炮兵炸坏的桥梁。令人吃惊的是，有数以百计的尸体堆积在溪谷中，取代了被炸飞的石桥，成为名副其实的"尸桥"，卡车就从这些尸体上开过去。

　　这些尸体几乎都是碧瑶市内医院收容的日军伤病患者。在美军即将突入碧瑶市内时，他们匆忙逃出医院，来到郊外特立尼达一带群集于溪谷中，结果在美军炮击下化为尸体，布满了溪谷。尸体中也有一些日本侨民。

　　4月29日，日比联队接到的命令是中止部队的撤退准备，向与撤退行动相反的方向（碧瑶市方向）返回，布阵于碧瑶市的近郊阻止美军的前进。29日晨，特立尼达战斗开始了。当时布阵于特立尼达一带的日比联队，部署在第一线直面来攻美军的，是大野直良指挥下的特别队的30多名士兵。这些士兵都是达到服役年限，获得返回日本内地资格，正在等待返回日本的船只的军人。但是战局恶化，他们返回日本内地的希望破灭了。

　　为了爆破美军队列最前方的坦克，中尉大野以下34人（或35人）布阵于公路沿线山腰处的斜坡上。他们沿着陡坡俯视公路。士兵藏身散兵坑中或岩石后面，准备一下子冲到公路上。用于破坏坦克的武器只有每名士兵一包10公斤黄色炸药。

　　忽然从西方碧瑶方向沿着公路传来引擎声。特别队所在的位置是公路上U形拐弯的转角突端。首先是一辆吉普车从公路上疾驰而来，很快便掉头返回。不久，响起了M4坦克独特的沉重引擎声。这引擎声来到特别队潜伏的路段附近。随着坦克的逼近，除了坦克引擎声，又加上了履带的嘎吱嘎吱声。特别队的队员都弯着上半身，在坑内看着眼下的公路。

　　坦克部队后面跟着表情紧张、端着自动步枪的随伴步兵。突然有一名士兵喊"我出动了"，从坑内冲出，抱着10公斤黄色炸药，滚下斜坡。五六秒钟后，先头的坦克被震动大地的巨大声响和爆烟包围。先头坦克的一侧履带被彻底破坏，那名士兵则消失得无影无踪。他是上等兵玉村平八郎，平时沉默寡言，也没说过什么豪言壮语，突然做出如此玩命之举。

美军的队列立刻震惊并混乱起来。一队随伴步兵立即跑到坦克部队的周围。不久，美军自动步枪的弹幕就包围了特别队潜伏的斜坡一带。随后美军坦克使用车上搭载的火焰喷射器扫射距离公路10多米的斜坡上的"章鱼罐"群。灼热的火带在潜伏坑内的日本兵前面蔓延，后方陡峭的山脊妨碍了他们的后退，他们就这样伏在坑内被烧焦。有几个日本兵忍受不了，从坑内冲出，遭到来自公路上的自动步枪的猛射。火焰喷射器喷出的烈焰包围了"章鱼罐"一带，为了确认坑内日本兵的尸体，美军靠近"章鱼罐"用刺刀戳刺被烧焦的尸体。结果大野特别队只有5人生还，其中一人在坑内装死捡了一条命。

在大野特别队阵地的后方，在山顶棱线另一侧的山坡上部署着一井久三指挥的日比联队第一中队，他们也同样在准备迎击从U形弯曲的公路上前进过来的美军。特别队那边打响后不久，美军坦克也开始出现在第一中队眼下的公路上。就在这时，上等兵石川荣作抱着反坦克用炸药向公路冲下去，破坏了先头坦克的履带。石川当场战死。美军的前进因此被阻止。不久，夜幕降临，第一中队接到了后退的命令。

就这样，在发生于碧瑶东北郊公路上的这场战斗中，日军以肉弹攻击延迟了美军的突破，但大野特别队战死30多人，几乎全军覆没。在碧瑶市周边的战斗中，担任后卫的日比联队在伊利桑、特立尼达两地区共有80多人战死。特立尼达战斗的次日，同样是在特立尼达周边，日比联队与美军又发生了第三场激战，日军方面的参战部队是该联队第三中队主力。

第三中队跟第四中队都是装甲车中队（第一、第二中队是步枪中队），当时尚保有8辆装甲车（所谓"豆坦克"）。但是该中队的兵力只有50多人。在中队主力布阵的地点，除了8辆装甲车，还部署了盟兵团的3门高射炮和4门高射机关炮，这些防空武器均被用于地面战斗中的水平射击。但是拥有最强火力的高射炮的工事，因为是用于对空战斗的，所以无法水平射击，日军只能用装甲车和机关炮来对付美军的坦克部队。结果，日军的机关炮和装甲车的37毫米炮的炮弹，无论命中多少发，美军M4坦克厚重的装甲板都未伤分毫，反而有2辆装甲车被M4坦克的主炮炸飞了炮塔。

第三中队陷入苦战，却没有中止炮战。美军坦克毫发无损，但随伴步兵蒙受了不小的伤亡，美军暂时停止了前进。双方陷入对峙。入夜，第三中队主力接到联队本部发来的后退命令。在特立尼达地区周边的战斗中，第三中队被击毁数辆装甲车，另有一些被击伤，兵员方面战死分队长以下18人。

4月29日，大野特别队在碧瑶东方特立尼达郊外迎战美军坦克部队时，该队的上等兵竹村新吉捡了条命，从次日开始奉命配属第二中队，进入中队长吉田秀信指挥下。半个月后，日比联队再次下达紧急编成反坦克肉攻班的命令，从各中队选拔人员编成肉攻班，每中队编成2组，每组2人，一共12人。竹村也被选中，再次参加了反坦克战斗。

新肉攻班的班长是联队副官奥田博司。队员每人发了10公斤炸药。布阵地点是俯视公路的断崖上方。垂直状的断崖，高七八米。从天亮开始，肉攻班潜伏在断崖上的"章鱼罐"中，等待美军到来。美军坦克车队果然在天亮时开来，3辆坦克后面跟着2辆装甲车，装甲车上满载步兵。不久，坦克车队进到断崖的正下方，美军军官发出了命令，全体人员开始休息，以便吃早餐。

就在美军休息时，奥田下令："投下炸药！"随后，12个简陋的炸药包被同时扔了下去。几秒钟后，在发出巨大轰响的同时，断崖下的美军部队内接连喷出了红白色的火柱，公路上瞬间变成了人间地狱。3辆坦克全部喷出烈焰，2辆装甲车也踪影全无，不知道被炸飞到了哪里。美军一边大声哭泣，一边乱窜。这情景与半月前大野特别队的惨状形成鲜明对比。

作为几乎全军覆没的大野特别队的一名幸存者，竹村忍不住探出身子仔细观看公路上的情形，但不久就被飞溅的铁片击中。灼热的铁片打中了竹村的面部，竹村的眼前立刻陷入一片黑暗。

断崖上的肉攻班士兵在投下炸药后，从各自的"章鱼罐"撤往后方，只留下处于失明状态的竹村一个人躺在"章鱼罐"内。幸运的是，不久，他被一名专门回来寻找他的士兵背回后方。后来，他接受了军医的治疗，没有被送到地狱般的野战医院，有一只眼睛在一定程度上还恢复了视力。

邦都道的战斗

继特立尼达战斗之后，日比搜索联队继续沿着从碧瑶向东北方延伸的邦都道，同企图深入该地区山岳内的美军连日进行残酷战斗。5月3日，该联队从特立尼达周边的阵地撤退，重新布阵于邦都道32公里一带的阿托克地区，同吉富、卜部指挥下的部队一起守卫该地区的公路。这时该联队的总兵力已经减少到200人左右，不过还是能守住阵地。

但不久得到新锐部队增援的美军第三十三师以团级兵力再次向公路上攻击，日军的守备各队被逐次击败，日比联队的阵地终于遭到攻击。该联队各中队的兵员均所剩不多，且损失不断增加。这时，该联队再次接到作为后卫的命令，沿着标高1500米的山岳中间的邦都道继续抵抗。

5月2日以后，日比联队战死189人。加上此前该联队在碧瑶东南方山岳内的天波高地、碧瑶西郊的纳吉利安道伊利桑地区的战斗，以及在碧瑶东郊要冲特立尼达地区的战斗，合计战死370多人。

在邦都道的俗称"32公里"地点附近的阿托克地区，日比联队布阵于山脊上抵抗美军的攻势。经过3个多月的战斗，各队的兵员均损耗严重。其中第二中队奉命从阿托克地区移动到"26公里"一带布阵，在联队主力最前线担任尖兵后卫，抵抗追击而来的美军。其第一小队第一分队在"26公里"的高地棱线上、第二分队在其东方的棱线上挖掘坑洞，阵地位于可以俯视公路的位置。2个分队的人员这时均已减半。阵地下方的公路呈S形弯曲，其中2处地点已遭

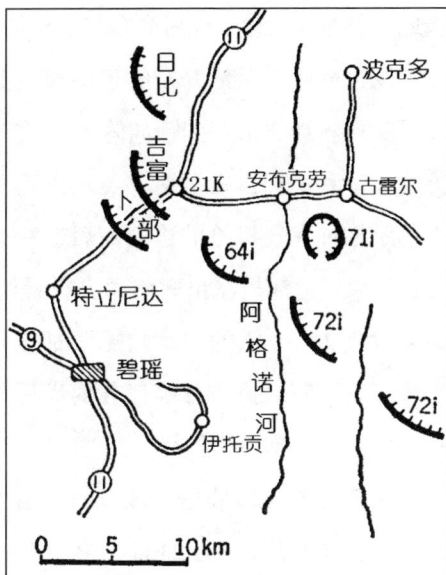

碧瑶失陷后的旭兵团与盟兵团

到严重破坏，车辆无法通行。从道路被破坏的规模来看，以日军的修复能力，恐怕需要大约一个月才能修好。

6月15日晨，在阵地下方公路上开始出现美军部队。从次日开始，美军开始用推土机进行道路修复作业，仅仅花了数小时就修好了一个破坏地点，令日军十分惊讶。由于缺乏弹药，日军没有攻击光着上半身进行作业的黑人士兵。2处破坏地点修复完成后，美军于傍晚时返回。

6月17日上午8时，在公路的S形弯曲处，出现了以坦克为先导的美军部队。另外还有一队美军从公路沿线山坡上的草丛中，向日军阵地所在的山脊攀爬。第一小队第一分队长泷村茂以下6人屏住呼吸，等待美军接近。美军终于靠近了阵前，是10人左右的侦察队。泷村下令射击，轻机枪手小川的轻机枪和其他士兵的步枪一齐开火，4名美国兵滚下山坡。

但此后美军向阵地集中射击，其中从左侧方连射的自动步枪一弹贯穿了一等兵野村的下颚，他滚下山坡，消失在下方的草丛中。分队全员拼命还击时，布阵于附近山脊上的日军重机枪开始射击，相邻的小岛第二分队也开始射击，在3个阵地的还击下，美军终于从公路上后退。但是不久，山脊阵地遭到美军猛烈的炮击轰炸。当炮击轰炸停止时，泷村命令分队全员立即冲出掩体，进入棱线上。

泷村分队士兵散开布阵于山脊线上。就在这时，他们看见了开始攀爬山坡的美军队列。当美军爬到距离阵地20多米的地方时，泷村一声令下，分队员开始投掷手榴弹和用轻机枪猛射，美军虽然立刻用自动步枪乱射，但终究顶不住连续掷来的手榴弹和轻机枪的连射而后退。美军消失在雾中时已近黄昏，一天的战斗就这样结束了。泷村派出联络兵去查看相邻阵地上小岛第二分队和机枪分队的情况，结果发现2个分队的"章鱼罐"都被炸毁了，看不见一个人，想是已全部战死。当晚，离开阵地执行分哨任务的泷村分队被炮弹直接命中。至此，该分队中可以战斗的士兵只剩下3个人。

在邦都道"26公里"地点的山岳战之后，日比联队在饥饿和热带病的折磨下继续同美军交战。6月23日，第一中队同美军发生激战。当时的中队长是原联队副官奥田博司，第一小队长是深津诚一。

23日，第一中队选拔了29名官兵组成攻击部队，在中队长奥田的亲自率领下在天亮前到达碧瑶东北方邦都道"26公里"的地点。天亮后，从远方传来坦克履带声。这时有2名美军警戒兵在往日军阵地上方的台地上攀爬。幸运的是，不久台地上一带就被雾气笼罩，美军警戒兵只进到鞍部附近，没有再往台地上爬去。

在日军眼下的公路上，美军队列最前方的4辆坦克正威风凛凛地前进，后面跟着4辆装甲车。美军队列通过日军布阵的山腰下方后，先头坦克在日军前方附近的转角处停下。随后坦克群打开了舱盖，美军开始小休。这时奥田向台地上的"章鱼罐"内的士兵下达了指示。接下来，从台地上扔下的一颗手榴弹精确地掉进第二辆坦克的舱内，奥田发出命令，日军从山腰处的坑内一齐开始射击。

美军的先头坦克立即开始反击。坦克炮向山腰上的日军阵地炮击，但炮身无法抬高到45度以上，只是胡乱掀起半山腰上的沙土。其他所有车辆和随伴步兵队列惊慌失措，四处乱窜，有的美国兵一边发出惨叫声，一边跳下南面的断崖，也有人躲在装甲车后面。可是躲在装甲车后面的美国兵遭到台地上轻机枪的扫射。逃到队列中央附近瀑布一带死角的一队美军，也遭到布阵于中央的掷弹筒的精确射击。

总之，战斗的局面是，美军的队列完全任由日军摆布。其间，除了最后尾的一台车辆掉头逃走，其他美军部队蒙受了惨重损失，几乎全军覆没。第二中队在确认完战果后就撤退了。日军敢死队的30人无一战死，向出击地点邦都道30公里附近的阵地返回。

此后长达三周的时间里，美军停止了攻击，战线处于平静状态。不过由于不断有人因饥饿倒下，日比联队不得不考虑撤退。美军也终于重新开始了攻击。美军在包括"30公里"附近的三岔路要点在内，直至"32公里"地点之间的公路上，以及山顶上构筑阵地，加大了压力。为此，奥田中队决定实施偷袭，编成了挺身突击队。

7月11日半夜，30多名挺身突击队员出发，攻击"32公里"地点的山顶阵地，在出发2个小时后，遇到一处凹地，突然遭到射击，奥田当即下令突击。于是全体队员一齐穿过凹地，但碰到前方山顶下的山坡上布设的几条钢丝（报警装置），立即遭到来自山坡上方的机枪集中射击，无数曳光弹交错乱飞，仿佛正在举行烟火晚会。

在美军枪火的包围下，30多名挺身突击队员只能紧紧趴在地上。不过，挺身突击队后来还是突破了美军的第一道阵地，但第二道阵地距离第一道阵地五六十米，处于手榴弹投掷距离外。在暴雨般的集中火力下，奥田当场死亡，其他人也四处倒下、呻吟，幸存者被迫后退。

班邦战线

当旭、盟兵团在碧瑶战线同美军持续进行激战时，为了夺取作为山下兵团的三角防御堡的东南据点的班邦（"尚武集团"计划中的防御圈呈三角形，三个顶点分别为碧瑶、班邦和邦都），美军主要在两条侵入路上同日军激战，即国道5号线西方的萨拉克萨克第一山口、第二山口所在的萨拉克萨克道沿线和国道5号线南方的巴雷特山口。

这两方面战斗的苦酷程度，丝毫不亚于碧瑶战线。日军的"巴雷特—萨拉克萨克战线"被美军称为"班邦战线"。日军的作战目的是在两个山口阻止美军，美军的目标则是夺取作为日军的作战与兵站中心的班邦。美军对巴雷特山口的主攻兵团是第二十五师，对萨拉克萨克的主攻兵团则是第三十二师。

对于美军强行突破的企图，日军在巴雷特山口的防线部署了以铁兵团（第十师团）为主力的部队，在萨拉克萨克山口则紧急部署了先前在吕宋平原的战斗中一败涂地后匆忙重编的击兵团（战车第二师团）的各队。两处防线的守军均被命令死守山口。

在萨拉克萨克道方面，为了阻止第三十二师的突破，击兵团被紧急投入该战线。击兵团出动了4350人，主要包括4个大队，每个大队约425人，加上铃木搜索联队共有5000人。击兵团几乎是疾速赶到萨拉克萨克山口后立即进入阵地。萨拉克萨克山口的地形起伏很大，断崖很多，平均海拔1400米，覆盖着密林。

这片山岳地带到处可以给守军提供利于观察的场所，山麓也极为曲折。而且击兵团对地形的观察分析能力也颇为优秀，所有曲折或起伏的地形都被利用起来构成可相互掩护的阵地。击兵团在这些阵地上部署了轻、中型迫击炮和丰富的自动武器（这对日军来说非常罕见），也就是从被破坏的坦克上卸下的机枪。

该地区布满锐利山峰、深邃幽谷，非常适合防御。日军充分利用了这样的有利地形。他们挖掘了无数的洞窟，在山脊的反斜面上构筑了退避阵地，并设置了可以最有效使用火炮的观测所。曾在缅甸战场指挥对日作战的史迪威上将偶然来到萨拉克萨克战线视察，为该地区的地形所震惊，认为面前这些无法攀登的断崖绝壁，堪称最恶劣的山岳地形，与缅甸相比不相上下。而且日军在缅甸的防御战中并没有这样复杂的洞窟，不过是使用堑壕而已。

对这样的阵地，美军的攻击方法也必然比较单一。通常向山腰的据点发动正面攻击很难成功，失败后美军等待炮击轰炸软化对方的抵抗后再次尝试，同时会以营或连进行迂回攻击，有时会成功，有时则会蒙受惨重损失。最后由于日军的防御部署，美军必须要进行正面攻击。所有的行动，或在酷热天气，或在大雨泥泞，或在雾气中进行，士兵筋疲力尽、士气低落，非战斗损失超过了伤员数量。美军的补给也很困难，伤病员的后送问题让人头疼。这里的战斗堪称山岳战和热带战中的最恶劣者，结合了第三十二师此前经历过的新几内亚丛林战和莱特山岳战的"精华"。

萨拉克萨克战线的日军无从得到

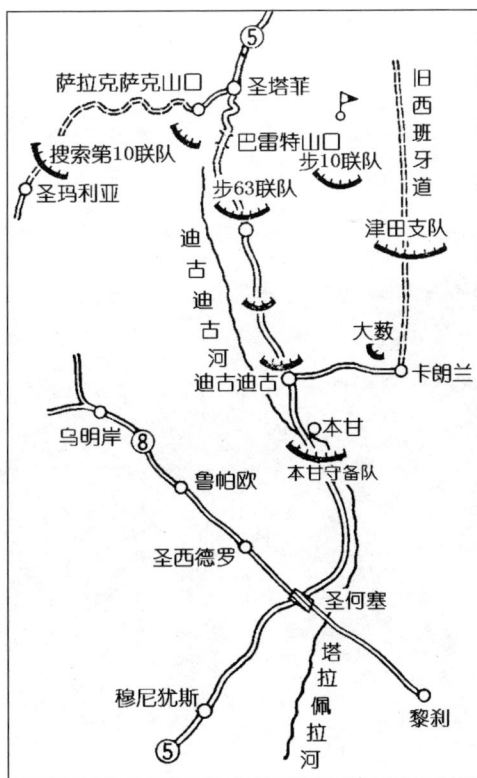

对美军进攻卡加延河谷道路的防御部署（2月上旬）

替换和休养，只能得到一定程度的补充。到4月17日为止，合计从卡加延河谷送去了4400名兵员，加上击兵团原有的兵力，8800人中已经有2500人战死。增援部队都是将河谷中各支管理补给部队混编而成，并不适合作为战斗部队。

增援部队中包括三根敏雄指挥的由航空兵编成的约1000人的临时大队。该大队没有受过正规战斗训练，却被派去增援守卫萨拉克萨克第二山口的原田部队（战车第十联队长原田指挥的部队）。

3月13日黄昏，三根大队一个中队奉命夺回天王山。第一小队担任先锋实施突击，炮弹在前后左右掀起火柱，震破了鼓膜，机枪、自动步枪等各种武器的弹丸拖着尾焰飞来，火焰喷射器喷出的火焰舔舐着地面。尽管如此，日本兵还是不要命地突进，时而卧倒，时而跃起，接近了美军阵地。他们一个接一个地被火焰烧死，幸存者的军服上也起了火。美军阵地上传来了用英语拼命叫喊的声音。日军终于突入阵地。天王山上双方尸体累累，第一小队只有8人幸存。不久，第三小队和机枪队也从后方赶到。日军拼命挖掘堑壕。美军很快开始反击，日军的步枪打得通红，就把水壶里的水浇在枪上，然后继续射击。步枪被炮弹炸飞了，就取走战死者的步枪继续战斗。然而双方的火力差距过大，日军几乎全军覆没。

天王山的争夺战反复连续进行。美军第一二七步兵团因原

萨拉克萨克第二山口一带，正在天王山山顶附近向日军射击的步兵第一二八团三营

3月27日，巴雷特山口。美军士兵在击退了日军的猛烈逆袭后不顾伤情追击日军

田、三根部队的反击，可战士兵减少到1500人，不得不由第一二八团替换。日军的情况更加困窘，精疲力竭、体力衰弱的部队无从替换，甚至不一定能得到兵员的补充。

到4月10日左右，第二山口终于被美军确保，但其东方和南方的孤立日军无法撤退，仍在顽抗。尽管第四航空军司令官富永恭次早在美军登陆林加延湾时就逃亡到台湾，第四飞行师团还是变成了临时步兵队被送到第一线。无法返回日本内地的飞行员，陆续驾驶一式战斗机或九九式军侦出击。正在攻击萨拉克萨克第一山口的美军第三十二师也遭到了空袭。4月24日，一架九九式军侦将一颗重磅炸弹扔到了第一二七团A连的周界内，直接命中了第七三二武器连的营地，造成多人伤亡，该连的补给品库存也全部被毁。

5月24日，第三十二师师长报告占领了第一山口。但这时指挥萨拉克萨克战线全部日军部队的岩仲，已根据方面军的命令开始组织部队撤退。

3月27日，巴雷特山口战死的日本兵，似乎是在投掷手榴弹时战死的

4月19日，向铁兵团右翼根本大队阵地进逼的美军火焰喷射器部队

第三十二师的3个步兵团在萨拉克萨克方面的损失为：阵亡825人、受伤2160人，合计2985人。击兵团的损失为战死4600人、损失坦克12辆和火炮7门，配属的铁兵团步兵第三十九联队第一大队的幸存者只有4人。

巴雷特方面的铁兵团也在持续进行顽强抵抗。主阵地右第一线步兵第六十三联队根本大队在3月中旬损失了2名中队长，左第一线板垣大队的阵地也在4月中旬被突破。东方妙高山的辎重兵米仓大队也在当月中旬覆灭。步兵第六十三联队所在金刚山也开始遭到来自南方和东方的攻击。面对危局，山下决定将部署在卡加延河下游防备美军空降袭击的骏兵团增援到巴雷特战线。

除了碧瑶、班邦战线的战斗，北方邦都地区的虎兵团也在同经4号线从西方进军的"吕宋北部美菲军"进行激战。在吕宋岛战役中，菲律宾游击队发挥了巨大作用，搜集情报、阻断交通、袭击小股日军等，乃至直接参与进攻作战。其中，由美国人拉塞尔·福克曼上校率领的"吕宋北部美菲军"是一支组织优秀的游击战部队，拥有8000人的兵力，但装备较差。克鲁格将军决定用这支军队来对付日军的虎兵团。

到2月下旬，这支美菲军的兵力膨胀到18000人，福克曼上校将其编为第十一、第十四、第十五、第六十六、第一二一团共5个团，并装备了缴获的日军野炮，还得到了空军的强力支援，后来更得到美军炮兵和步兵的支援，其活动超越了最初的扰乱攻击和破坏工作的任务，扩大到扫荡"北圣"（吕宋岛上有2个圣费尔南多，其中北边那个被日军称为"北圣"，以与位于其南方的另一个圣费尔南多即"南圣"相区别）、妨碍日军的11号线的通行、牵制日军或引诱其分散兵力等。

然而，在吕宋西北部战场，虎兵团成为"吕宋北部美菲军"的头号劲敌。该师团在同美菲军的交战中多次击败对方。特别是从3月末该师团部队进入4号线上最大的要点塔库波山口之后，在极恶劣的条件下（只有火炮6门、炮弹200发，且缺乏粮食）挫败了美菲军的攻击，到5月中旬击溃了美菲军中装备最佳、训练良好的第一二一团。美菲军吃足了虎兵团的苦头，游击队员们对该师团的强悍战斗力留下了极深的印象。

4月，为了加强塔库波山口方面，"尚武集团"命令当时正在吕宋西北岸的荒木兵团（骏兵团的步兵第十九旅团）向塞万提斯南下，进入虎兵团的指挥下。于是，荒木以约8000人的兵力开始沿阿布拉河南下。这次行军变成了"死亡行军"，荒木兵团的行经地区没有像样的道路，有强大的游击队在等着他们，美机也经常威胁他们。结果，该旅团未能抵达命令中指定的塞万提斯，在5月中旬到达邦都时，兵力减少到1500人。6000名日本兵因为饥饿、游击队的袭击或者疟疾而丧生，死亡率超过1942年的巴丹"死亡行军"。

龙山的战斗

由于铁兵团和击兵团在巴雷特山口和萨拉克萨克山口的顽强抵抗，美军进展非常缓慢，因此美军曾经尝试改变一部分进攻路。在巴雷特山口方面的战线，在3月下旬，美军开始从该山口东方的旧称"西班牙道"的道路北进攻击。在这条新的进攻路方面，以位于该公路中央的铃鹿山口为中心部署着"津田支队"，即在铁兵团指挥下的独立步兵第十一联队。该联队同作为主力进攻部队的第二十五师第三十五步兵团发生了激烈战斗。到4月上旬，铃鹿山口似乎已经摇摇欲坠。但是到了当月中旬，津田支队成功阻止了美军的攻势，解除了来自西班牙道方面的威胁。

但是美军的攻势继续向萨拉克萨克和巴雷特两个山口施加压力。到了5月上旬，两山口的山坡上均已布满发臭的日本兵的尸体，两个山口的失陷看来只是时间问题。为了防止美军进至阿里陶以北的日军后方兵站线从而导致吕宋北部日军粮道的断绝，日军不得不集结剩余的全部力量阻止两个山口的失陷。于是在5月上旬，正在西班牙道的铃鹿山口戒备美军从该方面北上的津田支队，接到了向巴雷特山口战线紧急出动的命令。作为该支队一翼的桥本光雄指挥下的野炮兵第二十二联队第三大队第九中队也接到了该命令。

1944年4月上旬，当第十六师团主力进入莱特岛时，该师团的野炮兵第二十二联队第三大队被留在吕宋岛。3个中队（第七、第八、第九中队）中的第七、第八中队奉命配属防御吕宋岛最北端要冲阿帕里周边一带的骏兵团（第一〇三师团），第九中队则配属死守巴雷特山口的铁兵团。

虽然第九中队本来装备了威力强大的10厘米榴弹炮，但在参加巴雷特山口战斗时损失了全部火炮，中队全员都变成了装备步枪的步兵部队，兵力也减少到30多人（编成兵员数130多人），队内军官也只剩下中队长桥本光雄一人。就在这样的窘境下，该中队仍然作为铁兵团的一员持续抵抗美军的进攻。

接到命令后，津田支队的主力——包括桥本中队30多人——立即向巴雷特山口急行。桥本中队的装备有步枪16支、不久前从游击队手中缴获的2把枪，以及手枪、军刀，有几个人只有刺刀。支队长津田占领了巴雷特山口北方4公里多的小村圣塔菲东方的山谷，然后马上决定各队的部署，命令桥本中队防御龙山。

龙山是巴雷特山口东方山脊中如波涛般隆起的群山之一，位于巴雷特山口的稍北处，是防御从巴雷特山口北上的国道5号线的要冲，当时山上覆满了树林。桥本中队名为一个中队，只相当于一个小队，实战力只有2个分队的程度。以区区30多人的兵力要在龙山建立完整的防线当然是不可能的。但桥本还是以寡兵构筑防线，以两三人为一组散布在山脊线上，形成四面防御的阵形。

从龙山向南方延伸的山脊线下去，分布在南面的山脊群被日军命名为妙高山、金刚山、天王山等。这些巴雷特山口附近的群山，在之前的战斗中完全变成了秃山。所有树木都被炸得粉碎，而被炸碎的树木带来的火焰，又使山坡上的"章鱼罐"内的日本兵遭到火攻。这种人间地狱般的炮击，在桥本中队布阵的次日就指向龙山。炮击反复进行了4天，其间桥本一再严令中队全员进一步挖深各自的"章鱼罐"。

这持续几天的炮击将原本郁郁葱葱的树木撕裂，将树叶炸飞，山坡变得无遮无挡。到了5月28日，炮击更加激烈。炮击停止时，从山坡下方传来了枪声。一小群美军步兵正一边射击，一边接近日军阵地。桥本下令在他开火之前不得射击。不久，这群美国兵接近到阵前30米处，在这一瞬间，桥本向最前方一名美军射出了第一发子弹，紧接着，各个"章鱼罐"一齐开始射击。美军中间立即响起惨叫声，他们扔掉枪支撤退。日军确认美军尸体有6具，缴获10支枪。6具尸体都是胖胖的黑人兵。这下中队全员都装备了步枪。这天再没有出现美军。

5月29日，炮击在下午3时前停止。过了大约30分钟，和前一天一样，从下方传来了枪声。当美军逼近到阵前40米处时，突然从美军的队列内掷来烟幕弹。从浓烟中看到美国兵身影的刹那，桥本扣动了扳机。全体队员一齐开始射击，美军一阵惨叫，赶紧撤退。日军确认的美军尸体又是6具，丢下的枪支仍然是10支，当然又是黑人尸体。

30日，炮击仍然从早晨开始，并且越来越猛烈，还掺杂了大口径炮弹，从山腰到山脊一带的地面都为之震动。桥本他们潜伏的"章鱼罐"内侧的土壁，被震得松松垮垮的，扑簌扑簌地开始崩塌，以至于让他们胸部出现压迫感。上午10时前炮击停止，山脚又响起了步枪的连射声。美军再一次从与昨天的方向接近，逼近到30多米处时，日军一齐开始射击。美国军又大喊着撤退。美军遗弃的尸体有4具、步枪5支。

5月31日，炮击仍然从天亮时开始，和前一天一样大口径炮弹震动着大地。经过持续一周的炮击，桥本中队的大约10人受伤被送走，还剩下大约20人。炮击在上午10时前停止，然后再次从下方的山坡处传来枪声，美军仍然以相同的战术接近到阵前，被日军击退。这天，美军遗弃的尸体有3具、步枪5支。

奇怪的是，当天下午的炮击提早结束了。下午4时多，美军步兵部队开始了第二次攻击，日军仍然采用以前的战斗迎击对方。美军再次留下尸体和枪支撤退。桥本十分纳闷美军为什么一再重复相同的失败。当天，桥本中队有6人受伤，剩余人员还有15人。

由于连降大雨，"章鱼罐"底部积水深达30厘米，泥水中还混合着从几天前开始排泄的粪尿，散发的恶臭使人丧失了正常的嗅觉。美军战斗机从早晨开始就在空中盘旋寻找扫射目标，没人敢离开坑内一步，在持续终日的炮击中出去就等于送死。炮击到晚上也断断续续。日本兵在一天中只离开坑内一次。每天都有美军步兵部队攻上山，日本兵在桥本的严令下一枪不发，等美军来到阵前极近处才开枪射击，这一战术始终不变。

桥本也在自己的坑内准备了2支步枪。他向美军开火时，因为近在咫尺，几乎不可能打不中。在命中的瞬间，身体魁梧的美国兵被从山腰的斜坡上击飞数米远。此后不久便是日军离开坑内的唯一机会，这时美军炮兵因为己方步兵部队在前进中而停止炮击，头上的美机也在近距离战斗中无法出手。日军就在枪击后的短时间内，从美军尸体上搜寻粮食或香烟，然后再次潜入"章鱼罐"。日军缴获的美军步枪太多，就收集起来送到联队本部。

6月1日，炮击依然从早晨开始。坑壁出现猛烈摇晃。美军步兵部队在上午和下午进行了2次攻击，上午和下午各遗弃3具尸体和4具尸体以及步枪而败走。这时，桥本中队只剩下9人。6月2日，龙山阵地又受到同样的炮击和攻击。美军在当天进行了 3 次袭击，但都被击退。6 月 3 日，炮击仍然从早晨开始。美军步兵部队发动了 2 次攻击，均被击退。

6 月 4 日，炮击从早晨开始。上午没有美军步兵部队的攻击。正午前，桥本中队接到联队长的命令："敌似已突破巴雷特山口一线。以后严密监视贯通该山口北上的国道 5 号线上的美军的动向，并报告情况。"不久，桥本发现自己受伤了，但仍决定留在龙山，因为既然美军已经突破巴雷特山口，那就意味着该山口北面不远处龙山的阵地将成为最前线的突出战场。这时，美机的数量明显增加，美军坦克车队正在国道上向北方阿里陶方向前进。6 月 5 日，炮击在天亮时开始。正午过后不久，桥本中队忽然接到命令："龙山守备队立即后退，同后方友军的阵地会合。"于是，桥本同部下一共 9 人都撤退到了集结地铃鹿山口。

到 5 月末，巴雷特山口终于在美军第二十五师的猛攻下陷落。在巴雷特山口激战期间，布阵于该山口及其周边一带山脊的铁兵团各队，均蒙受了毁灭性的损失。几乎在同一时间，位于巴雷特山口西方的萨拉克萨克山口防线，也被美军第三十二师的猛攻突破。就这样，山下兵团防线中的两大据点相继失守。

在巴雷特战线，美军的损失为阵亡 685 人、受伤 2090 人。相比之下，日军在巴雷特战线死亡 7750 人，在旧西班牙道死亡 2030 人，加上饿死者和萨拉克萨克战线的死亡者，日军在班邦战线一共死亡 17000 余人。美军第三十二、第三十五、第三十七师的损失总计为阵亡 1500 人、受伤 4200 人。

巴雷特、萨拉克萨克两个山口的失陷加上之前本格特道的失守，对于展开于吕宋北部山岳地带的山下兵团来说，通往北部山岳地带的三条主要道路全都被凿开大洞，美军可以大举进入对山下兵团的长期抵抗来说必不可少的兵站基地卡加延河谷流域的谷仓地带，日军以后的战斗会变得极为困难。

尽管如此，"尚武集团"仍然继续进行持久战，最后其残余部队据守以普洛格山为中心的东西约 50 千米、南北约 80 千米、标高 2500 米的山岳地带（所谓"普洛格山复廓阵地"，在基昂岸附近），直至迎来 8 月 15 日。

9 月 2 日，山下奉文率幕僚走出深山向美军投降。在基昂岸地区，日军共有21100 人死亡，其中九成系饿死、病死。

卡加延河谷

骏兵团（第一〇三师团）是师管区在名古屋地区的新设师团，于1943年2月在菲律宾以4个大队编成，当时的部队名称是"第十七独立守备队"，警备地区是以碧瑶为中心的吕宋北部全域。1944年改称"独立混成第三十二旅团"，然后在当年6月被改编为第一〇三师团。

后来新任方面军司令官山下奉文的司令部，向全军指示了吕宋地区决战指导要纲，并命令紧急制订作战计划。该决战指导纲要中明确指示了具体的兵力部署地区和各师团主阵地的设定等。其中关于第一〇三师团的指示是：

> 师团集结兵力，对企图从吕宋岛北部正面登陆之敌，封杀其获得航空基地的企图。为此在敌登陆之初，即使无法将其粉碎也应确保海岸附近要地，妨碍敌利用海岸地区航空基地。在最糟的情况下，也应据守拉罗一带阵地，阻止敌进入卡加延河谷。对该方面，军将转用有力兵团与敌决战……

师团长村冈受领命令后，立即将师团司令部从碧瑶移动到吕宋岛最北端的阿帕里。在阿帕里地区的海岸线还部署了10厘米榴弹炮。这些榴弹炮是第十六师团野炮兵第二十二联队第三大队的装备。该大队第九中队已经进入铁兵团指挥下，剩下的大队本部、第七和第八中队以及大队段列，都被编入骏兵团。野炮兵第二十二联队第三大队主力共装备8门10厘米榴弹炮，每门炮保有炮弹400发。

后来美军登陆林加延湾，南下吕宋平原占领了马尼拉市，然后美军第二十五师、第三十二师强攻巴雷特、萨拉克萨克两个山口，卡加延河谷流域的谷仓地带受到严重威胁。第十四方面军司令部为阻止美军向卡加延河谷进军，决定将部署于吕宋岛最北端阿帕里地区尚保持完整战力的骏兵团投入前线。

接到出动命令后，该师团只将一部分兵力留在阿帕里地区，其他所有部队立即着手准备南下。该师团指挥下的野炮兵第二十二联队第三大队主力也接到了南下参加迎击作战的命令。由于时间仓促，炮弹几乎都被留在阵地上。当该大队行至巴雷特山口方面行程约1/3的地点时，从南方远处传来远雷般的炮声。

实际上，在骏兵团南下队列中最先头的独立步兵第一七九大队，在抵达目的地巴雷特山口方面的第一线之前，就在该山口北方70多公里的奥利昂山口同北上的美军装甲部队遭遇。这时，巴雷特山口已被美军打通，美军冲到了该山口以北。

跟在独步一七九大队后面南下中的独步一七五大队和师团司令部也在到达奥利昂山口不久后遭遇这支美军，因此师团司令部后退至后方14公里处的圣地亚哥，两个大队则在奥利昂山口投入激战。其间，奉命南下的骏兵团没有得到任何美军情况报告，突然遇到美军，双方进入混战，两大队均蒙受很大损失，独步一七九大队长战死。

在拥有压倒性火力的美军装甲兵团面前，两大队的战力遭到迅速消耗，5天后，6月15日，奥利昂山口被突破，美军继续北上。圣地亚哥南郊出现了美军坦克车队，第一〇三师团团司令部不得不再次向北方撤退。为了避开沿国道一带北上的美军的追击，该师团退向国道沿线的山脊地带，准备以后的持久战。

正在师团先遣步兵部队和师团司令部的后方拼命南下行军中的野炮兵第二十二联队第三大队主力听到的，正是美军装甲部队北上的炮声。但师团司令部自己也正处于混乱状态下，对战况的推移茫然无知，所以跟在后面的炮兵部队也得不到准确的战况传达。

听到南方传来的炮声后不久，野炮兵第二十二联队第三大队主力就遇到了在国道上遇敌的最恶劣事态，仓促间被卷入炮战。对行军移动中的炮兵部队来说，在突然遇敌的情况下进行炮战是最仓皇的。大队行军最前列的第七中队第三小队（小队长和田松次郎）在接到敌部队出现的情报后立即开始构筑阵地以准备炮战。阵地被选在渡河点的崖上，这条河是卡加延河的支流图玛维尼河，阵地位置在图玛维尼市北方的帕拉锡古村。阵地构筑从零时开始，部署好了大炮和弹药车，到天亮时正要开始挖掘各人的"章鱼罐"。

这时天上出现了观测机，美军开始了炮击。炮击持续了30分钟左右，炮弹都飞到了该小队的后方。接着飞来3架战斗轰炸机,开始对阵地周边进行俯冲轰炸,其中一弹在大炮后方附近爆炸,气浪推倒了遮蔽弹药车的巨树,失去了对空遮蔽的弹药车完全暴露,遭到美机反复机枪扫射。弹药车上出现了无数弹痕,但车辆本身没有破裂。

之后美军从渡河点对岸用大炮和机枪向这边射击,但和田炮兵小队保持着沉默。不久,美军装甲部队出动,以装甲车为先导的车队出现在对岸,装甲车后面跟着3辆坦克。坦克成一列纵队下到河滩后开始小休,距离和田小队阵地约400米。该小队的炮口已指向美军坦克,只要一下命令就可以射击。不久,停在河滩上的坦克打开了舱盖,光着上身的坦克兵爬出来,跳到河滩上。

当时从和田小队布阵的断崖前方有小河流过,美军就在对岸的河滩上,坦克从河滩上前进的话,在抵达渡河点之前,必须经过河流弯曲形成的迂回路。坦克抵达迂回路时是日军炮击的唯一机会,因为坦克在该迂回地点会露出最薄弱的后部。

美军坦克兵仅仅休息了10多分钟,就从舱盖回到坦克内,开始向渡河点开去,坦克车队后面跟着步兵。几分钟后,先头坦克抵达迂回路。目标极为清晰,和田小队以直接瞄准发射了第一弹但没有命中,紧接着第二发命中了先头坦克的

6月12日,国道5号线奥利昂山口,支援第一四五步兵团的坦克部队

后部，坦克开始从迂回路上向缓坡滑下，滑下几米后，喷出了火柱并发出巨大的轰响。当火柱消失时，坦克变成了一堆无法辨认的废铁。正准备第三弹时，美军坦克开始向第三小队阵地开炮，炸死了来到阵地上的中队长早川一郎。虽然和田小队发射的第三发炮弹命中了第二辆坦克，但第四发才完

6月14日，奥利昂山口，遭日军伏击被破坏的美军坦克

全打瘫了这辆坦克。第三辆坦克及时后退到迂回路后方的遮蔽地内隐藏起来。

　　当天12时，布阵于和田小队东方500米处的第七中队第二小队（小队长中村才二）的1门10厘米榴弹炮也向美军装甲部队开了炮，美军坦克遭到袭击后，一炮未发即撤退。之后该小队阵地遭到猛烈的轰炸炮击，周围的树林被烧光，全部炮弹被引爆，不过人员没有伤亡。野炮兵第二十二联队第三大队长泽田武男鉴于在拥有压倒性优势美军的北上进攻面前，以区区几门火炮进行抵抗无济于事，而且各队保有的弹药也极少，便在当天半夜命令第七中队和第八中队破坏火炮，然后作为步枪队进行山岳丛林战。

　　吕宋北部的主要国道全部被美军打通后，山下指挥下的日军各部队均被迫进入险峻的山岳地带内。经过半年战斗，原部署于第一线的各兵团均损耗巨大，潜入山中后被迫彷徨于密林地带，忍受着饥饿和病魔的折磨，就连山下的第十四方面军司令部也陷入窘境。从马尼拉转移到碧瑶后，方面军司令部又在4个多月后从碧瑶撤退，山下一行经过刚刚建成的"山下道"移动到班邦。

　　5月中旬，山下一行又离开班邦深入山地，转移到班邦北方90多公里的基昂岸附近。一个月后，在美军的重压下，方面军司令部又从该地区进行第四次转进，向基昂岸西方的普洛格山东北方面的山岳地带移动。在山中行军期间，山下一步一步地走上山岳地带的小径，路边躺着士兵的尸体，尸体的伤口上落满了苍蝇。

山下一路上一言不发，只是带着沉痛的表情，默默地走路。

山下一行的最终宿营地是深山中被称为"大和村"的洞窟地区。山下在这里的日子过得倒是比较平稳，不过猖獗的虱子让他烦恼不已。虱子甚至潜入山下大腹便便的肚脐中。虽说是方面军司令部，食物也并不是很充足，山下身边的人每天都感到肚子饿，给山下本人提供的食物也粗糙，他明显感到饥饿，但始终没有发出一声抱怨。

桥本光雄指挥下的野炮兵第二十二联队第三大队第九中队也在巴雷特山口失守后，跟铁兵团的残余官兵一同向深山中转进，进入了吕宋北部山岳地带的最深处，卡加延河谷最上游的丛林内。跟其他部队一样，桥本中队也为饥饿、大雨、水蛭、蚊虫、疟疾、痢疾等所苦，还不时地同游击队或美军发生战斗。

该中队的幸存者看到溪流岸边躺着很多病患士兵，已经死亡或者濒临死亡，双眼空虚无神，鼻孔和嘴唇周围闪烁着奇异的金黄色，那是无数苍蝇组成的集团。其中有些死者的头盖骨已经被打碎，那是友军士兵在抢夺病患士兵的粮食，用枪托打反抗的病患士兵时打碎的头盖骨。在完全没有补给的山岳地带的转进中，日军军纪完全崩溃。

日比联队最后的作战计划：突袭美军司令部

奥田中队的夜袭失败5天后，在7月16日，日比搜索联队奉命向后方的邦都道54公里地点的复廓阵地预定地点撤退。通过"39公里"地点时，联队长亲率的官兵只有10多人，后续各队因为美军已进入当地周围一带，终于未能追上联队长一行，只好避开美军控制下的邦都道，沿着西方溪谷艰难北上。在这次撤退时，步行困难的士兵被留下并发了自爆用的手榴弹。

第二中队长今井是与联队本部人员分离的日比联队各队军官中的最资深者，成为各队事实上的总指挥。长达4个多月的山岳战中，联队各队一直为补给匮乏所苦，只能以山中的野草为食。在困顿至极的处境下，今井曾想跟作业队队长大野直良一起自杀。不过，他到底还是硬撑着带领部队继续在山岳中转战。

在此之前，在奥田第一中队重创美军坦克车队的6月下旬，今井第二中队也在精心侦察之后，急袭了美军的营帐，从美军阵地夺取了大量粮食。当时日军接近美军营帐时，从里面传来音乐和谈笑的声音，美军显然处于无警戒状态。日军的机枪突然开始扫射，美国兵慌忙逃出营帐，日军冲进去获取了必要物资，然后迅速撤退。日军无一伤亡，返回预定集结地点，然后分配了罐头、香烟、日用品等，吃了一顿奢华的早餐，在饥饿线上挣扎的士兵又恢复了生气。

更为大胆的是后来策划的袭击美军司令部营帐的计划。与联队本部分离，被留在敌后的日比联队官兵共有50人左右，不得不勉力"自活自战"。后来，今井召集下士官以上的全体人员开会，表示与其坐等饿死，不如跟美军拼死一战，决心以全体人员向美军突击，强袭美军的司令部，获取美军司令的"首级"。今井还告诉与会者，根据可信情报，美军司令部距离他们所在的地方只有12公里。与以往部队内任何会议不同的是，这次今井请大家表示赞成或否定的意见，也就是俗称的"投票"，在部队里遇到这种事情，对与会者来说还是第一次。结果，他们大多表示同意。

为了准备这最后一战，在作战开始3天前，他们还派出了几组野猪狩猎班。就在狩猎班准备出发时，他们得知天皇将在广播中讲话，决定全体听完广播再出发狩猎。可是，广播开始不久，他们刚听到"接受《波茨坦公告》"，广播就中断了。原来在这个节骨眼儿上电池没电了。一名士兵解开裤子，往电池里注入小便以"补充硫酸"，但没什么用。结果，狩猎班在对广播内容迷惑不解的情况下出发了。

打猎归来后，部队便着手进行急袭美军司令部的准备。这时部队的总兵力已经减少到40人左右。但半数士兵因营养不良和罹患疟疾不适合参与挺身突击行动。夜晚，可以出击的20人集合、排队。队伍刚要出发，突然下起暴雨，山道化为泥泞，行动已不可能，只好暂时推迟出击。以往每天都会飞来的美军观测机的爆音消失了，周边的山岳恢复了寂静。

队内4名军官之一大野说：战争是不是已经结束啦？但今井判断"这可能是敌人新的大攻击前的准备期的征兆"。意见不能统一。这时有人说不如问问钱仙，获得了大家的一致同意。最后由担任召唤钱仙角色的4名军官之一，第一中队长深津决定占卜结果。结果是"战争结束了"。在邦都道沿线，日比联队共有259人战死。

7月11日，麦克阿瑟宣布菲律宾战役结束，剩下的只有扫荡战而已。但实际上吕宋岛的战斗远不止于扫荡战。不可思议的是，到了战事的这个阶段，仍有一些日军部队在吕宋北部进行着令解放者头疼的顽强抵抗。例如美军第六师于7月12日占领了基昂岸之后，立即开始攻击防守附近棱线的勤兵团（第一〇五师团），企图进入阿辛峡谷，却在装备恶劣、营养不良的守兵的拼死抵抗下，开始了在吕宋战役任何时间、任何地方从未经历过的艰苦至极的山岳战，长期停滞不前。

尽管美军在一日内即向日军据守的山岳阵地发射了数千发炮弹并进行了空中轰炸，到8月上旬日军仍能守住阵地。到8月15日战争结束时，第六师第二十步兵团仅仅从基昂岸前进了3英里。最终，在经过一个多月的苦战后，美菲军没有一兵一卒能够突入阿辛峡谷。另外，战力损耗严重的虎兵团也在持续阻滞美菲军的进攻，在以白薯和野草为食的同时，不断在夜间实施挺身突击。该师团的须贝山炮中队到战争结束时，还能保有少数75毫米炮和约50发炮弹。

在菲律宾战役中，日军战死者数量庞大，虽然关于具体的人数说法不一，但都接近50万。根据日本厚生省在1964年的计算，日军在菲

7月30日，美国兵遭到日本兵近距离集中射击。这些美国兵是追击日军到阿格诺河河谷中的第一二六步兵团的士兵

律宾防御战中总计死亡498600人。美军在解放菲律宾战役中共阵亡14000人、受伤48000人，计62000人。在太平洋战争中，菲律宾人（包括游击队）死亡达百万人。

在吕宋岛的地面作战中，日军在"尚武集团"地区共死亡127300人。在吕宋战役的最初两三个月，"尚武集团"的死亡者以战死居多，后来则大都是饿死、病死者。虽然代价极为高昂，山下兵团还是将持久战进行到底，并且在相当程度上达到了作战目的，即牵制、消耗美军以推迟盟军进攻日本本土。

第4章

硫黄岛战役

硫黄弥漫的地狱

　　硫黄岛在东京南方1250公里的太平洋上，位于小笠原群岛的南端，恰好处于东京和塞班的正中间。南北最长8.3千米，东西最长4.5千米，总面积约22平方千米，是一座勺子形状的平坦小岛。硫黄岛从折钵山的山脚向北呈扇形展开，北部占全岛面积的2/3。岛上最窄处在千鸟原南部，宽约800米。除了南端标高169米的折钵山，全岛地形比较平坦。从折钵山的深棕色山顶可以眺望全岛。

　　在硫黄岛这座小小的火山孤岛上，分布着数十处喷出高纯度硫黄的小喷火口，这些喷火口很早就被开发成硫黄矿场。折钵山的山麓部犹如蝌蚪的细尾，在其左右的南海岸和西海岸是火山沙构成的沙滩。地形朝蝌蚪头部的方向缓缓隆起，那边的北方台地多为火山岩地质。岛上几乎都是不毛之地，沙地上生长着一些杂草，北方台地上生长着少许低矮灌木，是岛上仅有的自然生长的植被。由于地热和硫黄土质，地面存不住雨水。

　　关于该岛的防备，太平洋战争爆发后，日军在这里部署了海军守备队和基地航空队。相邻的父岛在多年前就已构筑了安设有大炮的要塞，目的是防止敌人用军舰进攻日本本土时将这里当作泊地。硫黄岛没有良港，也不适合作为物资的囤积、补给地，因此在军事上被认为没有什么价值。

　　然而，随着战争进入航空战时代，硫黄岛的地位迅速提高。特别是在太平洋战争后期，像硫黄岛这样比较平坦的小岛作为航空基地，或者所谓"不沉的航母"，成为双方争夺的焦点。

　　在美军反攻下，战线逐渐从南太平洋向中太平洋移动，日军大本营于是从1944年初开始加强小笠原群岛、硫黄岛、南鸟岛的防御。当年2月25日，大本营将包括硫黄岛在内的小笠原地区的防卫任务交给第三十一军（司令官小畑英良）司令部负责。

　　在第三十一军的防备计划中，规定将硫黄岛要塞化以绝对确保小笠原地区的重要航空基地。在作为该防备计划的别册的《第三十一军筑城计划》中写道："军在平时应对敌军进攻的同时，首先为了在滩头粉碎敌之登陆企图，应尽速大致完成可在猛烈炮击轰炸下掩护人员资材的筑城设施，而后继续努力补备增强筑城设施。""至迟应在本年十月完成难攻不落的岛屿要塞。"

　　按照该筑城计划，第一期（部队登陆后约一个月）进行野战筑城，第二期（继第一期之后大约两个月）完成野战筑城和一部永久筑城，第三期（第二期以后至1944年10月中旬）完成规定的永久筑城。所谓永久筑城，就是重要的掩体以高强度混凝土或粗石块建成，或者修成洞窟式，阵地的重要部分修成地下工事。该计划指示了各地区的筑城强度，其中父岛的筑城强度为乙等，母岛、婿岛为丙等，相比之下硫黄岛则是甲等。可见日军将硫黄岛作为小笠原地区防御的重点。

　　关于筑城强度的标准，"特甲"是耐抗1吨炸弹、400毫米级炮弹，也就是能够承受被这种级别的炮弹炸弹直接命中。"甲"是耐抗100公斤炸弹、150毫米级炮弹。"特乙"是耐抗200公斤炸弹、200毫米级炮弹。"乙"是耐抗50公斤炸弹、80毫米级炮弹。"丙"为耐抗15公斤炸弹和20毫米级炮弹及强力弹片。

　　硫黄岛被定为甲地区，工事的重要部分的强度为特甲，平均为甲。内地资材的分配比例为父岛三、母岛和婿岛一、硫黄岛七。按照计划，应利用海岸和内陆的断崖岩盘陡坡尽量筑成洞窟式，在缺乏可资利用的地形地物的地方使用内地资材和石材等筑成高强度的工事，在滩头的岩礁部大量设置水中障碍物使海滩歼灭容易实施。

在1944年3月上旬，在硫黄岛的部队以小笠原地区集团（司令官是父岛要塞司令官大须贺应）的第四十一、第六十七、第六十八要塞步兵队和第七要塞山炮兵队，以及海军的警备队（和智恒藏）等为中心担任硫黄岛的守备。为了增援硫黄岛，在3月下旬又编成了以8个要塞步兵队、野炮兵大队和工兵队等为基干的"伊支队"，由厚地兼彦担任支队长。

1944年5月，大本营改变了第三十一军的战斗序列，以驻小笠原群岛部队为基干新编成了第一〇九师团，师团长由栗林忠道担任。栗林于6月8日抵达硫黄岛。鉴于硫黄岛拥有最优良的机场，最具有战略价值，栗林认为美军一定会进攻硫黄岛，因此坚持将司令部设在硫黄岛而不是父岛。从6月8日开始，栗林再也没有离开过硫黄岛。

栗林来到硫黄岛后，很快就了解了该岛的防备情况。关于该岛的防备并没有清晰的计划，也没有像样的指挥系统。和智恒藏指挥海军部队，厚地兼彦则指挥陆军部队，而两军间几乎没有什么配合协调。

美军于6月15日开始登陆塞班岛。同时父岛和硫黄岛也遭到美机的空袭。据日军统计，硫黄岛在15日遭到约60架、16日遭到约100架舰载机的袭击。此后对硫黄岛的空袭成为家常便饭。

不断发生的空袭使得驻硫黄岛的日军航空兵力急剧减少。6月24日上午，驻硫黄岛的八幡部队（航空部队）以战斗机59架、舰载轰炸机29架、地面攻击机21架等迎击来袭的美机，结果有24架未归还。14时以后，航空部队又出动寻找美军特混舰队，结果未能发现对方，却有舰载轰炸机7架、战斗机10架未归还。八幡部队至此丧失了大部分航空兵力。以后登陆硫黄岛的增援部队目睹了大量日机的残骸，简直触目惊心。这时，硫黄岛周边的制空权完全落入美军手里。

塞班岛陷落后，此前只能从远在中国腹地的成都长驱空袭日本西部的美军B29轰炸机，开始从迅速完成的塞班飞行基地群，空袭包括东京在内的日本东部，日美双方对硫黄岛的争夺由此拉开序幕。

B29从塞班岛出发空袭日本本土时需要往返4000多公里，由于燃料的关系，炸弹装载量受限，护卫战斗机也无法直接掩护轰炸机，在日本上空受损、发生故障的 B29 在途中迫降于海上时，机组人员也很难得到救助，只能用潜艇和水上飞机进行救援。而且硫黄岛本身也是阻碍美军攻击日本本土的重要障碍，从硫黄岛起飞的日军战斗机和部署在岛上的高射炮对 B29 构成了严重威胁。如果将硫黄岛作为中继基地，这些问题可以一起得到解决。对于日方来说，被美军占领的硫黄岛将成为刺向日本首都咽喉的一把匕首。

日军在塞班岛陷落后认识到事态的严重性。这时硫黄岛已成为应对美军进攻的最前线阵地，是日本本土防卫的外廓地带。在这样的背景下，1944 年 7 月新设了小笠原兵团，同时该兵团脱离第三十一军隶下而直辖于大本营。赋予兵团长（兼第一〇九师团长）栗林的任务是："小笠原兵团长应与海军协同击败来攻之敌，确保小笠原群岛的要域。"

小笠原兵团的守备范围是小笠原群岛的父岛、母岛、硫黄岛、南鸟岛。塞班岛陷落后，塞班岛夺回作战部队被部署到小笠原群岛等后方要线。1944 年 6 月至 7 月，原来担任塞班岛夺回作战的步兵第一四五联队、独立速射炮第八至第十二大队、中型迫击炮第三大队、战车第二十六联队、独立臼炮第二十大队等被编入小笠原兵团，被送往硫黄岛和父岛。硫黄岛的日军兵力得到迅速加强，其间还进行了战斗序列的改编，其复杂情况，无论是日本人，还是美国人，都会为之感到晕头转向。美军战史中就明确指出日军的"指挥系统极其复杂"。

硫黄岛上的日军被划分为南地区队、东地区队、北地区队、西地区队、折钵山地区队几部分，每一个地区队都由陆军和海军部队组成。后来在美军登陆硫黄岛之前还编成了中地区队。陆军总兵力约 14000 人，海军总兵力约 7000 人，合计约 21000 人。

美军认为硫黄岛所有陆军部队在名义上由栗林指挥，所有海军部队在名义上由市丸利之助指挥，实际上有三个司令部在大体独立地活动，即第一〇九师团、混成第二旅团和海军陆战队的司令部，各地区队的陆军和海军部队也各自由陆军和海军指挥官独立指挥，也就是说，不存在真正的统一指挥。当然，栗林和市丸都命令各自的部队密切协助友军。

步兵第一四五联队本是1938年创设的第一〇六师团（熊本）的隶下部队，在鹿儿岛编成，但随着该师团的废止而解散。1940年随着第六十六步兵团的新设再次编成。1943年5月第四十六师团创设于熊本，该联队遂成为其隶下的步兵联队。之后第四十六师团主力被派遣到小巽他群岛，第一四五联队出于运输船的原因被留在鹿儿岛。这时塞班岛的战况变得不利，该联队又充当夺回作战的部队。但后来夺回作战被中止，最后第一四五联队成为小笠原兵团隶下部队，赶赴硫黄岛。

步兵第一四五联队的编成为：步兵第一至第三大队，野炮兵一个大队，工兵、通信、补给、卫生各一个中队。人员为联队长池田增雄以下约3000人。1944年7月下旬，第一四五联队开始向硫黄岛转进，10月下旬集结完毕。

打造地下要塞

虽然硫黄岛守备队不断得到增强，但阵地配备的模式仍然是旧式的海滩防御方式，在伴随猛烈炮击轰炸的美军登陆战术面前已经无甚作用。最初根据当地指挥官的观点，数量有限的火炮被部署在北方台地的丘陵或小山上，但1944年4月，第三十一军司令官小畑英良从塞班来到硫黄岛，视察了岛上的防卫体系。

小畑发现火炮被部署在北方台地后，勃然大怒，因为这违反了将敌登陆部队歼灭于海岸的滩头作战原则。小畑命令在整个海岸构筑碉堡，在其中安设火炮。于是在小畑返回塞班后，好不容易将大炮抬上高地的官兵不得不把大炮运到海岸。然而，到了7月，陆军中枢发现这样的滩头防御已经过时。其间，盟军登陆诺曼底，粉碎了号称史上最强的德军要塞。

美军也登陆塞班岛，摧毁了日军的防御。马里亚纳各岛屿的阵地在美军的炮击轰炸面前脆弱不堪。很明显，传统的滩头作战对于抵抗美军登陆没什么用处。栗林也鉴于塞班、关岛作战的失败和研究硫黄岛独特地形等的结果，决定放弃传统的海滩歼灭作战，而采用纵深防卫作战，即先任由敌军登陆，将其主力诱至岛屿中央部的千鸟机场，然后从南部的折钵山方面和北部的元山方面进行夹击，一举歼灭。

为此栗林采用了彻底的地下要塞战术，在全岛构筑洞窟阵地，用地道将各阵地联结起来，地下坑道总长达到 18 千米。在岛上的要点还修建了由 20 厘米厚的钢筋混凝土构成的迫击炮或速射炮的遮蔽阵地。在栗林的命令下，大炮也再次被抬到北方台地上。栗林的命令遭到陆军和海军的强烈反对。但栗林态度坚决，没有撤回命令。他打算避免在海岸浪费主要战力，而将战力保存在折钵山和北方台地，尽可能长时期地抵抗登陆部队并尽量消耗其力量。

日军在折钵山的山腰处和北方台地拼尽全力修筑工事。被掩蔽起来的各炮座和枪座由蜘蛛网般的地下坑道连接起来，即使美军登陆，也不会让所有火炮一齐反击。隐藏在美军意想不到的地点的炮座群，将顺次、逐次、按照计划实施反击，目的是尽量杀伤美军。至于击沉舰船等，从一开始就被放弃了。

硫黄岛的日军几乎都投入了筑城作业中。日军在硫黄岛的筑城从一开始就困难重重。硫黄烟、缺水、腹泻和大量滋生的蝇群及其传播的流行病，让日军深为苦恼，对筑城的妨碍更甚于美军的袭击。缺粮、缺水和水质不良，导致构筑阵地期间出现很多伤寒、腹泻、营养不良患者，造成作业人员不足。在 1944 年 4 月 23 日，伊支队的患者数达到 460 名。伊支队不得不同海军部队合作研究贮水方法和节水方法，规定水的使用量为每人每天 4.5 公升（包括洗脸 0.5 公升、饮用水 2 公升、做饭 2 公升），洗澡时 6 公升。另根据大本营派遣的陆海军作战部长真田 1944 年 10 月 23 日的日记，当时硫黄岛上有 3000 名患者，每天作业人员不过 5000 人。患者罹患的主要是急性肠炎、感冒和脚气。

在坑道作业中，由于地热的关系，坑道内部温度可达到 49 摄氏度，只能勉强连续作业 5 ~ 7 分钟，挖透之后也有 27 摄氏度。挖出来的土甚至能把人烫伤。坑道中充满硫黄烟，让人呼吸困难。而且因为没有凿岩机等机械，士兵只能进行手工作业。在地质是土丹岩的情况下，5 人一组轮换作业，即使拼命干一昼夜，也只能挖进 1 米。由于美军的炮击轰炸，日军还要进行阵地、机场的修复作业，为此必须使用很多材料和人员，还要派出很多人员参加元山机场的建设作业，妨碍了阵地的构筑。资材不足也造成了严重问题。在折钵山地区由于水泥不足，日军只好使用土袋利用地形构筑阵地。

总之，由于以上种种问题，硫黄岛的筑城作业的进度大大落后于计划。同样根据真田10月23日的日记，当时在硫黄岛上预定构筑的240个重机枪掩体只完成了77个，预定构筑的50个速射炮掩体只完成了10个，预定构筑的24个野、山炮掩体只完成了2~4个，预定构筑的24个中型迫击炮掩体完成了20个，喷进炮只有30厘米的混凝土掩盖。真田认为，筑城进度落后的最主要原因是材料未送达。

日军在折钵山的内部挖掘了7层坑道，均为深12米、宽2米、高2米、长12米的横洞，设置了蒸汽管道、水管、电线等，一部分洞穴用木材、飞机残骸等进行了加固，此外还修建了混凝土防弹墙。全岛都修筑了类似的洞穴阵地，从入口开始的两三米折成直角，用于抵御火焰喷射器、炮弹、气浪，还带有排水和排出蒸汽与硫黄烟的设施。

在岛屿北部有两个尤为坚固的要塞。其中之一是元山一带的阵地，这里设有中央通信所，指挥全岛的炮击。另一个是北岬南方的栗林的司令部。所谓司令部，其实是深入地下25米、全长160多米的隧道构成的洞窟，除了栗林的个人房间，还有参谋室、密码室、通信室等，共有三个混凝土造的房间。中央通信所虽然露出地面，但被1.5米厚的墙壁和3米厚的屋顶保护着，是一个长50米、宽23米的细长的建筑物，平时有10名通信兵在里面值班。

元山南方的二段岩（美军称为"382高地"）是高度仅次于折钵山的丘陵，这里设有日军的发报所和气象观测所。但该地区的主要防御阵地是二段岩东南的玉名山（美军称为"土耳其小山包"）。这里的阵地同二段岩一样坚固。

正当日军在加强硫黄岛防备的同时，美军也将进攻硫黄岛的时间定为1945年2月下旬，为此进行了种种准备。自1944年7月以来，美军一直在反复轰炸硫黄岛，并进行了几次舰炮射击。据日军统计，7月以来至12月进行轰炸的美机累计达到1669架次。不过造成日军的损失只有战死75人、重伤53人、轻伤63人。

为了攻占硫黄岛，美军准备了数量庞大、种类纷繁的物资，包括铅笔、血液、手纸、火柴、汽油、袜子、弹药、木制十字架（用于战死者的坟墓）、饮用水、焊条、垃圾箱、夹板、食物、汽车的火花塞、毯子、照明弹、狗粮、地图、

硫黄岛日军部队部署图

弥撒用的圣水、发烟筒、油漆、鞋带、按手印用的墨水、电池、碎石机、雪茄、沥青摊铺机等。光是陆战五师就准备了1亿根香烟和足够俄亥俄州大城市哥伦布消费30天的食物。

地动山摇

进入1945年，美军对硫黄岛的空袭越来越激烈。2月1日，美军在轰炸硫黄岛时首次使用了凝固汽油弹。硫黄岛守备队预期美军的登陆作战很快就会开始。2月14日，发现美特混舰队北上的小笠原兵团，命令各部队进入"乙配备"。

美军进攻硫黄岛的部队战斗兵力，包括陆战第三、第四、第五师，3个师的总兵力为75145人，拥有75毫米以上火炮168门，坦克约150辆。用于进攻的舰船多达495艘，此外还有包括旧式战列舰7艘、重巡洋舰4艘、驱逐舰15艘、护航航母11艘的支援舰艇参战，加上第五十八特混舰队和补给舰船及辅助舰船，用于进攻硫黄岛的美军舰船总数超过800艘。约75000名直接战斗兵力加上同行的海军部队官兵等，地面部队总兵力达到111300人。

2月16日拂晓，美第五舰队司令斯普鲁恩斯上将麾下的第五十八特混舰队（指挥官马克·A.米切尔中将）接近到东京东南约200公里的海上，轰炸了关东、东海地区的机场、港湾设施。17日又袭击了关东地区的机场、飞机制造厂、交通设施、船舶等。

在空袭日本本土的同时，美特混舰队在2月16日6时左右进入硫黄岛海域，航母群接近到该岛南方约80公里处，包括战列舰、驱逐舰、高速运输舰、扫雷艇、登陆支援舰艇等大量舰艇接近到该岛离岸5～16公里，包围了该岛。美军舰队规模庞大，大大小小的舰船铺满了海面，让硫黄岛上负责观察海岸、监视敌情的士兵简直不敢相信自己的眼睛，以至于有人报告说："多到遮住大海的船只包围了岛屿。"不少人都相信这些舰船是去进攻冲绳的，因为他们觉得对于硫黄岛

从老式战列舰"阿肯色"号上拍摄的在 D 日之前炮击硫黄岛的画面

这样的弹丸小岛根本用不着这么多的军舰。但是栗林相信美军即将登陆，命令全体守备队进入"甲配备"（防备敌军登陆的配备）。

2 月 16 日至 18 日，美军对硫黄岛实施了极其猛烈的舰炮射击和空中轰炸。据幸存的日军士兵回忆，轰炸机的大编队甚至遮住了太阳，使周围变得昏暗，仿佛发生了日食。三天中，美机投下的炸弹有 700 吨，发射的炮弹有 5000 吨，整座岛屿似乎都要被炸飞了。在炮击轰炸中，全岛的绿色几乎都消失不见了。岛屿南端的折钵山被炸飞了约 1/7，整座岛屿都被浓烟笼罩，让人难以想象岛上还会有活物存在。不过，日军躲藏在由洞窟式交通路连接起来的地下复廊阵地中，炮击轰炸的效果并不大。

为避免日军炮台在舰炮射击的刺激下暴露自身位置，栗林早已下令"应避免暴露炮台全貌的射击"。但事与愿违，日军炮台从 17 日开始就暴露了位置。当天上午，"彭萨克拉"号重巡洋舰靠近东海岸的悬崖下方，为扫雷艇提供掩护，日军炮兵实在经不住诱惑，北地区的 150 毫米重炮向它开了火。第一弹近了 50 米，接下来3分钟内有7发命中了"彭萨克拉"号，使该舰受到重创，战斗信息中心被炸毁，里面的副舰长也一同被炸死。连放在大炮旁边准备用于射击的炮弹也被引爆。经过船员在甲板上拼命奋战，"彭萨克拉"号上的火灾和进水不久就停止了，但船员有17人阵亡、120人受伤。

当天将近11时，近100名美国海军水下爆破队员向硫黄岛方向游去，在他们后方，由12艘登陆艇改装而成的LCI炮艇在离岸大约1000米处用火箭炮和40毫米炮提供掩护。这一情景使日军误以为美军对硫黄岛发动了真正的登陆作战，日军炮兵因此对其大举炮击，隐藏在北部和折钵山麓碉堡中的重炮对炮艇猛烈开火。一发炮弹击中了"LCI449"号艇的40毫米机关炮塔，杀死了5名炮手。30秒后，另一发炮弹击中了指挥台脚下，又杀死了12人。然后第三发炮弹命中了舰桥，炸坏了右舷。"473"号艇在折钵山正下方遭到重炮和轻武器的射击，舷侧被打出189个洞，并且发生了火灾。"450"号艇的2个40毫米炮塔被命中，数处起火，一发炮弹切断了船头的锚锁，船锚掉进海底。

在这场一边倒的交火中，12艘LCI全部中弹。"田纳西"号、"内华达"号、"爱达荷"号战列舰等用炮火和烟幕掩护LCI，轰炸机也飞向折钵山阵地。日军的炮台也拼死应战。在日军的猛烈炮火中，蛙人们仍然出色地完成了任务，且除一人失踪外，全部安全返回。但是LCI和其上的艇员损失惨重，"474"号艇倾覆，

一艘LCI上，一名40毫米炮的炮手战死在火炮上，旁边一名受伤的水手被固定在担架上

1945年2月17日上午，一艘木壳扫雷舰在岸炮火力下工作，同时一艘驱逐舰冲过来用炮火覆盖了右方远处的海滩

其他LCI艇有好几艘失去动力，不得不靠曳航移动，也有的LCI艇虽然舷侧被炸出大洞并且起了火，仍然在继续执行任务。"449"号艇死伤最为惨重，艇员中有17人阵亡、20人受伤。驱逐舰"洛伊策"号也被炮弹命中，蒙受了7人阵亡、33人受伤的损失。

日军自以为击退了美军的登陆，为此十分得意。东京的对海外广播中宣称2月17日上午日军守备队将登陆硫黄岛的敌军赶进大海，还击沉了包括战列舰在内的5艘敌舰。联合舰队司令长官丰田副武也致电市丸，称赞硫黄岛防卫部队沉着冷静，击退了敌军的第一次登陆，给敌军以沉重打击云云。日军为这一天"扬眉吐气"的炮战付出了沉重的代价。

由于日军的炮击，美军发现日军的炮兵依然强大，之前一直不为美军所知的防御阵地也暴露了。美军因此决定集中炮火破坏海岸附近的日军火炮。仅17日这天，硫黄岛守备队就损失了120毫米平射炮3门、120毫米高射炮3门、喷进炮1门、25毫米机炮6门、雷达2台等。在日军炮台暴露位置后，美军结合空中摄影、潜艇的侦察和在塞班岛缴获的资料等，首次准确判明了硫黄岛惊人的防御体系。

2月18日，登陆前三天炮火准备的最后一天，对硫黄岛的炮击达到高潮。各战列舰在上午7时45分从离岸2500米的海面开始炮击。"内华达"号和"纽约"号将海滩沙丘上的沙子炸飞，露出了隐藏在沙子下面的混凝土碉堡，之后向其发射了填装2000磅高性能炸药的炮弹，碉堡被一个接一个地破坏了。一旦有日本兵从阵地上逃出，立刻成为40毫米机关炮的活靶子。

"爱达荷"号战列舰对折钵山集中轰击了一整天，山脚的岩石和混凝土碉堡被炸得粉碎。这一天日军的人员伤亡依然不大，但防御工事和火炮损失惨重。经过三天的炮火准备，千鸟第一机场无法使用，南海岸的24个混凝土碉堡中有6个被完全破坏，折钵山麓和南部落的8个海军水平炮台也被破坏。损失的火炮计有14厘米炮等合计16门，对空对地两用机关炮10台等。

特别是南部落、折钵山地区的海军平射炮的大部分在登陆前丧失。海岸炮台因暴露位置在美军登陆前就被舰炮射击摧毁，这是日军在硫黄岛防御中的一个重大过失，对美军来说则幸运至极。如果这些炮台没有在登陆前被发现，美军在2月19日的登陆中将会蒙受更加可怕的损失。

尽管如此，日军仍有大量火炮和迫击炮完好无损，正等待着美军登陆。硫黄岛的日军兵力和火力密度非常大，特别是以日军的标准来看，硫黄岛的炮兵力量是相当强大的。猛烈的炮火加上规模庞大的地下坑道系统，这是日后美军蒙受重大伤亡的最重要原因。

2月18日，栗林认为美军登陆地点毫无疑问是在南海岸，并预计南端的折钵山同北方台地的阵地间将很快断绝联系，于是将混成第二旅团司令部附、原伊支队长厚地兼彦派到折钵山地区。硫黄岛守备队在18日夜离开地下坑道全体进入守备阵地。

噩梦一日

炮击轰炸持续三天后，2月19日晨美军开始登陆硫黄岛。硫黄岛是日本领土，在行政区划上隶属东京都，美军登上硫黄岛，就意味着美军攻入了日本本土的一部。从海上看去，岛上已成不毛之地，看不见任何生物，更没有人类存在的迹象。

6时40分，美军战列舰、巡洋舰、驱逐舰和小型炮舰（装备火箭炮和迫击炮）等接近到离岸1～2公里的海面，开始对全岛特别是南海岸、千鸟第一机场、元山第二机场和折钵山等进行猛烈的舰炮射击，很快还加上了激烈的飞机炸射。舰炮射击极为凶猛，从折钵山到第二机场，每一米的土地都遭到炮火的洗礼。西海岸2艘、东海岸5艘战列舰在最初的80分钟内进行了75次齐射，巡洋舰进行了100次齐射，直炸得地动山摇。滚滚烟尘犹如乌云一般笼罩了整个岛屿。

8时05分，炮击暂停，120架舰载机分为两个波次空袭登陆海滩和附近区域。舰载机首先投下了凝固汽油弹，海岸线上燃起了恐怖的火幕。然后飞机又用火箭炮和机枪对海岸进行了20分钟的压制。从马里亚纳起飞的15架陆军B24轰炸机也投下了19吨炸弹。

8时25分，舰炮射击重新开始，所有火炮都以海岸线为目标。登陆部队的第一波登陆艇在8时30分出发扑向硫黄岛海岸。战列舰主炮的齐射在海岸线制造了橙色的火幕。16英寸炮的炮声犹如雷鸣。在不到30分钟的时间里，8000发炮弹落在海岸。

美军的登陆地点正如栗林所预料的那样，是在南海岸（美军称为"东海岸"），这片海岸铺满黑色的沙滩，从折钵山到南码头为止，总长3500米。美军将这片海滩以500米的长度划分为7个区域，从折钵山的山麓开始，分别冠名为绿、红一、红二、黄一、黄二、蓝一、蓝二。陆战五师的登陆地从折钵山麓开始向北延伸3个区域，任务是一口气突破岛屿中央到达西海岸之后形成登陆部队的左翼，再以一部进攻折钵山。陆战四师则将进军岛屿的中央部占领东码头附近的高地。从日军的角度来看，美军登陆地区在南地区队翁浜正面、中地区队南海滩

登陆日，一群陆战四师的士兵正在向第一线前进中。右方前景躺着一名陆战队员

正面、折钵山地区队二根浜正面。

　　首先登陆的是陆战队的8个步兵营和1个坦克营。根据既定计划，近9000名登陆部队分为10拨，将在45分钟内完成登陆。8时59分，第一拨登陆部队开始靠岸。最初的几拨登陆部队没有遇到什么炮火。

　　9时07分，第三拨登陆部队的1200人上岸，5分钟后，第四拨的1600人也到了。后续部队也将陆续抵达。日军开始向登陆部队零星射击。在登陆地附近，日军正严阵以待。陆战队第一拨登陆后的30分钟内，日军一直未发起有组织的反击，只有偶尔射出的炮弹和软弱无力的小口径自动武器火力。日军的沉默让美军十分迷惑，甚至有人觉得日军悄悄撤出了这座岛屿。

　　但事实证明这只是幻想。在最初的战斗中，陆战二十八团一营C连的托尔本·M.托斯滕森中士和一名下士攻击了一座碉堡，向里面投掷了三四颗手雷，随后那名下士进入碉堡内，不久又拿着滴血的刺刀爬上第二座碉堡并站在上面。就在这一瞬间，中士被另一座碉堡射出的子弹杀死。登陆部队开始向西海岸前进时，迫击炮弹和小口径炮火开始猛烈袭来。上午10时30分左右，陆战二十八团一营的部分兵力已经进抵西海岸。这时，8个步兵营和1个坦克营均已登陆完毕。

登陆日下午，硫黄岛的海滩上挤满了损毁的登陆艇和两栖车辆等装备及其零件

　　虽然陆战第四师、第五师的登陆部队起初的登陆非常顺利，但是在开始登陆一个小时后，当登陆部队从海岸越过通往内陆的斜坡时，突然遭到日军的猛射。放弃了滩头作战的硫黄岛守备队终于开始了真正的反击。街道长作指挥的混成第二旅团炮兵和南、中、折钵山地区队以及海军南、千岛、折钵山残存炮台等，集中大炮、迫击炮、重武器等火力，给美军登陆部队造成很大损失。

　　特别是折钵山炮台的12英寸榴弹炮等炮击，打得坦克部队焦头烂额。陆战队员在如同被磨碎的咖啡豆般的火山灰堆积而成的硫黄岛海滩上行动困难，而且在猛烈的火力下站立即等于自杀，只能趴在洼地里等待射击暂停——而他们卧倒的地方可能埋着地雷。子弹甚至从已被破坏的碉堡的残骸中飞来。海岸的桥头堡陷入严重混乱，身经百战的陆战队员们，在日军的顽强抵抗面前也一筹莫展。受伤的士兵不断被送上船。最先登陆的8个步兵营到中午时，死伤1/5至1/4。

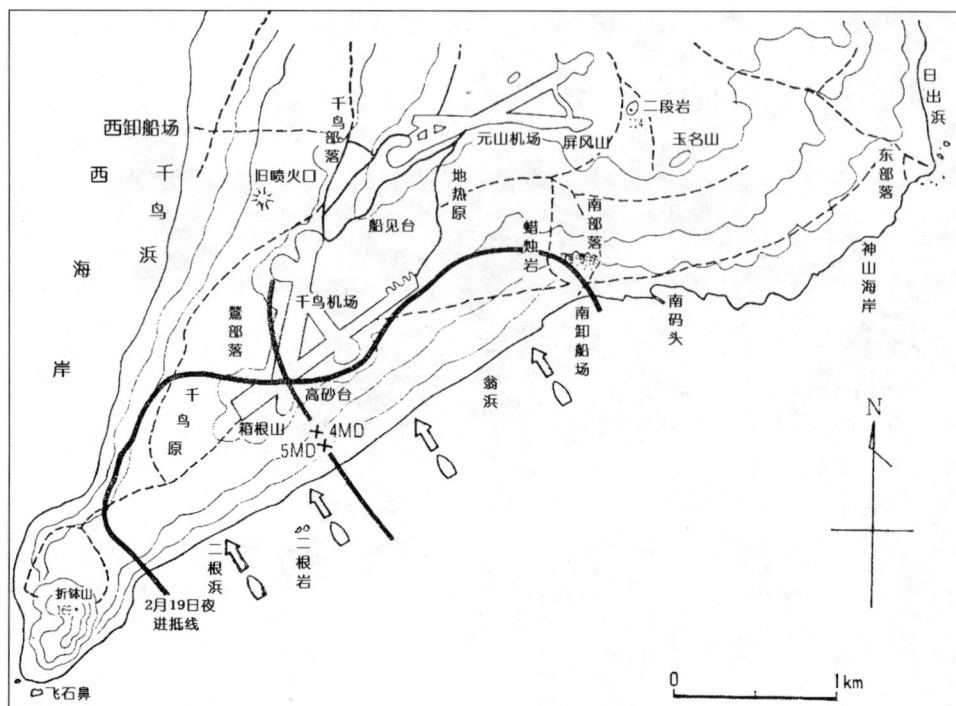

2月19日美军海岸堡线

　　日军的大炮也遭受惨重损失，折钵山的重炮在登陆开始不久便全部沉默，北侧山岗上的大炮也销声匿迹了。部署在岛屿最窄部的小口径武器和自动武器大部分都被消灭，但北方的中口径火炮、迫击炮仍在猛烈射击。

　　由于猛烈的炮击轰炸，日军各地区队本部同第一线各中队间的有线电话线被切得支离破碎。好不容易埋设的被覆电线也被炮弹炸弹炸了出来。离开坑道出去修理电线的士兵也一去不回，出去进行口头联络的传令兵也相继战死。大队以下的部队相互之间的通信联络还不到一个小时就断绝了。因此各队的现场指挥官不得不根据自己的情况判断，对肉眼可以确认的范围进行射击。

　　中午，栗林下令喷进炮（火箭炮）开始射击。日军的喷进炮有200毫米和400毫米两种口径，前者从炮筒中发射，后者则从木质的发射台上发射。虽然射程和精度都很差劲，但巨大的火箭弹还是带来了极大的恐怖。当火箭弹在海滩上落下时，一大片地方的人员和物资都会被炸烂。巨大的爆炸声和看似恐怖的杀伤力使美军陷入恐慌，海滩上的混乱甚于上午。

在中地区队（以原光明指挥的步兵第一四五联队第一大队为基干，守备地区为千鸟机场东南海岸至西北海岸，包括千鸟机场）正面，由于美军压倒性的舰炮射击和飞机炸射，日军连头都抬不起来，不得不直接向逼近的美军冲锋，因此损失不断增加。

美军在登陆开始仅仅两个小时后，11时半，就占领了从南方的折钵山麓到北方3000米的南卸船场附近，深1000米至七八百米的桥头堡地区。折钵山的日军重炮已经在美军的炮火准备中遭到毁灭性的损失，但守兵利用残存的武器顽强抵抗，使美军进展困难。进攻硫黄岛的美军地面部队指挥官、第五十六特混舰队司令霍兰·史密斯中将，本来预计5天即可占领硫黄岛，还有些人认为作战只需要两三天。但与很多人的乐观估计相反，栗林以下的日军守备队据守地下洞窟阵地展开持久战，给美军造成重大损失。

到19日傍晚，美军已有约20000人登陆，占领了折钵山北麓—千鸟浜附近—千鸟机场南部—蜡烛岩—南部落一线。天黑时，地面已经布满了陆战队员的尸体，让活着的人毛骨悚然。

19日这一天，美军特混舰队的606架舰载机出击26次，在对地攻击中合计消耗了124吨炸弹、2254发火箭弹、100发新式凝固汽油弹。考虑登陆地区面积和发射炮弹口径，在登陆日对硫黄岛的舰炮射击的炮火强度甚至高于冲绳登陆战。

美军在登陆第一天的伤亡情况为：阵亡501人、战伤死47人、受伤1755人、失踪18人、战斗疲劳症（PTSD）患者99人，合计2420人，相当于登陆人员的8%。此外还有约15辆坦克、20辆水陆两栖装甲车、100艘以上登陆艇被毁。"5天占领硫黄岛"的幻想完全破灭了。

折钵山的陷落

天黑后，陆战队员们紧张地防备着通常在夜间出现的日军的"万岁冲锋"。这种自杀性攻击一般不会给美军造成多大损失，但是日本兵那种不要命的疯狂劲头给美军造成很大的心理压力。然而，这一夜却在平静中度过。在硫黄岛上，栗林严禁守备队进行无益的攻击，要求守备队贯彻持久战的基本方针，名副其实地死守硫黄岛。在白天基本看不见的日本兵的确会在晚上出来活动，但那不是美军通常称呼的"万岁冲锋"，而是抱着"一人十杀"念头的对美军阵地的袭击。

由于硫黄岛守备队有多达95%的官兵战死，少数幸存者对战斗的回忆也比较零碎，关于日军在硫黄岛的作战过程缺乏详细的记录。在资料不足的情况下，本书对于日军的作战过程尤其是登陆日第二天以后的作战过程，只能做简单介绍。

20日晨，硫黄岛海岸遍布尸体，其凄惨程度为太平洋战争中所罕见。许多尸体支离破碎，有的尸体被切成两半，有的尸体的手臂和腿相距数十米远。

当天，美军从早晨开始全线攻击，主要攻击日军最大的阵地折钵山和北方的千鸟机场。陆战队的战术基本上一成不变。晨7时左右，吃早饭，之后开始前进，下午4时日落前停止，返回原阵地。夜间，美军不断发射照明弹，并拉上铁丝网，在沙袋垒成的阵地内警戒着日本兵的夜袭。

在硫黄岛上，从被称"章鱼罐"的散兵坑到墙壁和顶棚用混凝土加固的司令部坑道，日军挖掘了超过1000个地下工事。白天，日本兵从地下坑道中开枪和开炮，一般不会出现在地面上，只有到夜间才到地面上活动。日本兵利用坑道四处游动。经常发生的事情是，当美军发觉日本兵从这处洞穴射击时，却又遭到来自另一处洞穴的射击。美军总是搞不清楚日本兵究竟藏在何处。

当美军往洞里投掷手雷，以为日本兵已经被干掉后，别的洞穴又飞来子弹。美军因此情绪低落，内心充满了受挫感。日本兵的狙击非常准确，美军中弹的地方几乎都在头部。在进攻时，美军不敢对任何一个隐藏在前面的地下坑道掉以轻心，因为一旦有坑道成为漏网之鱼，里面的日本兵就会潜入被破坏的坑道内从背后攻击陆战队员。到了早上，美军经常会发现周围布满了战友的尸体。

陆战队在一天中的前进距离经常只有几码，有时甚至只有几英寸。然而，就是这么点儿距离，也要付出高昂的代价。美军就这样一点一点地前进着。陆战队的死伤率非常高，例如陆战四师第二十四团一营A连的250人最后只剩下7个人没有死伤。

从20日开始，美军投入了强大的坦克部队，主力是M4谢尔曼坦克。硫黄岛守备队虽然也有坦克，但是与美军坦克相比，身躯矮小且十分脆弱，几乎等于无防备状态，根本无法相提并论。陆战队员甚至发现，用自己的勃朗宁自动步枪（BAR）的穿甲弹就能对抗日军的坦克。

当然，差距巨大的不仅仅是坦克，任何种类武器的火力强度，两边都是不可同日而语的。例如，日军的重机枪必须一发一发地很小心地射击，而美军的重机枪像下雨一样泼出无数子弹。当日本兵从工事的小小缝隙中伸出枪口射击时，美军发射的红色曳光弹接连从这缝隙钻进来。

日本兵只好用木棍挪动枪口，拉动绑在扳机上的细绳一发一发地开火。大阪山的陆军迫击炮拥有的弹药量只有中队250发、分队50发，所以即使发现美军出现在射程内也不能随意射击，只有在确认了对方的人数在排以上之后才能射击。即使美军逼近到眼前也不能轻易射击。一周后炮弹打光，迫击炮手只好扔下迫击炮转入步兵战斗。

折钵山的守军是拥有1700名兵力的折钵山地区队，包括陆

一辆两栖登陆车被迫击炮弹直接命中。画面中央的喷火坦克也被击中，向右方喷出巨大的火球

军的2个大队1060人和海军的640人。在20日的战斗中，在美军压倒性火力面前，折钵山地区队逐渐被逼退，后退到地下坑道中。厚地在当天白天被炮弹炸死，到当天傍晚，折钵山地区队的残存兵力已由美军登陆时的约1700人，下降到约800人。到20日傍晚，折钵山方面已经丧失了第二线阵地。

原本应该连接折钵山与元山之间的地下道路尚未完成，因此折钵山陷于孤立。而且部署在折钵山山上的海军14英寸炮和12英寸炮，在美军登陆前就向美军舰艇开炮，因此在美军的炮击中损失惨重。这些都导致折钵山的陷落时间比栗林预想的更早。如果折钵山与元山之间能在地下连通起来，日军就可以适时从元山向折钵山增派兵力，使美军更难攻下折钵山。

在北边，南地区队努力确保元山机场西南端—地热原南方台地—南部落—南码头一线主阵地前缘，以火炮迫击炮的火力、重机枪的交叉射击、步枪火力等拼命阻止美军前进，并企图夺回蜡烛岩（采石场）一带。但千鸟机场在当天中午就被美军占领。到20日傍晚左右，美军已经进抵鹫部落西北方千鸟浜—千鸟机场北端（船见台）—蜡烛岩—南卸船场一线。不过随着美军的推进，伤亡人数也直线上升。在最初的两天中，美军伤亡人数为4574人。

以第一四五联队第一大队为中心的中地区队残存部队，20日夜在全线实施了挺身突击以扰乱美军，但栗林命令中地区队转进到大阪山炮台一带，因此原光明大队长掌握陆海军的残存兵力，一边抵抗美军的追击，一边撤退。

折钵山方面的战斗，在21日和22日继续进行。岩石构成的折钵山反复遭到舰载机的轰炸和舰炮射击。炮击轰炸暂停后，美军步兵部队一边摧毁洞窟阵地的入口，一边爬山。地面上不见日军踪影，却不时地有日本兵从洞窟入口冲出来实施肉搏攻击，因此攻击部队进展十分缓慢。美军坦克前进到日军地下坑道的入口前约10米处实施火焰攻击，折钵山地下洞窟中的7个洞口因为炮击被封闭，美军还用凿岩机从坑道上面钻孔，再通过孔洞投下黄磷。

日军的损失越来越大，到22日傍晚，折钵山地区队的现有兵力已经减少到陆海军合计约300人，折钵山麓几乎完全被美军包围。23日（登陆第五天）上午，陆战队员从北侧登山道接近折钵山山顶，经过与山顶的少数几名守军交战，于10

时20分在折钵山山顶上竖起了星条旗。作为硫黄岛最高峰的折钵山，落入了美军之手。

地区队长松下久彦和独立步兵第三一二大队长长田谦次郎，决定突破包围圈，同混成第二旅团主力会合，从被封闭的折钵山山脚的地下洞窟内部，成功打开三个洞口，留下一部分人员在洞窟内以爆破弹药，陆海军约300人的主力离开洞窟出击。出击部队从23时左右开始，分散潜入美军战线，但在前进途中被美军发现，有120人在折钵山地区战死。长田以下残余人员的主力，仍然突破美军战线，从鸎部落方向向千鸟机场杀去，但在途中几乎全军覆没，只有军曹水野庄八等25人同玉名山、狮子岩一带的混成第二旅团主力会合。

持久战与总反击

在南地区，美军从2月21日晨在猛烈的舰炮、炮兵的火力准备和飞机炸射后，开始攻击前进。到当天傍晚，美军进抵千鸟部落南端—船见台南端—南部落北侧—南卸船场东侧一线，日军硫黄岛主阵地南翼的一角被美军蚕食。

21日晨8时，两天前刚编成的"第二御楯特别攻击队"（所谓"神风特攻队"）的32架飞机从千叶县的香取航空基地出发，包括舰载轰炸机"彗星"12架、舰载攻击机"天山"8架、零式舰载战斗机12架。途中，攻击队在小笠原群岛的八丈岛基地进行了补给，之后在下午4时多飞抵硫黄岛附近上空。然后特攻机分成五波向美军舰船实施了突击。这次袭击取得了成功，美军护航航母"俾斯麦海"号被击沉，阵亡217人。大型航母"萨拉托加"号被击伤，阵亡、失踪123人，受伤192人，36架舰载机被烧毁或被迫抛入海中，另有6架迫降在海上，一共损失了42架飞机。另有其他一些舰船也遭到了攻击。

这次特攻鼓舞了硫黄岛守备队的士气。不过，"第二御楯特别攻击队"的编成是根据第三航空舰队司令长官寺冈谨平的命令，而不是根据大本营的命令。这时大本营实际上放弃了硫黄岛。在美军登陆前，大本营就将注意力集中于冲绳和本土的防御，硫黄岛则成了弃子，粮食、武器、兵力的增援当然就更谈不上了。不过为了鼓舞国民士气，大本营在持续宣传硫黄岛方面的战果，但宣传内容甚为夸张，还在新闻影片中使用了事前拍摄的表现突击训练情景的电影胶片冒充硫黄岛守备队的战斗实况。

为了增强战力，美军逐渐投入了作为预备队的陆战三师的部队。到24日，该师主力登上硫黄岛。25日，加强了态势的美军在全线攻击前进。日军在以反坦克壕和地雷等作为障碍物的同时，还经常先发制人集中野炮、速射炮等的火力射击坦克群，使美军蒙受了很大损失，但美军一点一点地前进，逼近了元山炮台南侧—测候所西侧—屏风山东侧一线。

26日，双方反复争夺元山炮台、屏风山，到当天傍晚，元山机场和西地区队第一线的大半已落入美军之手，地热原、南部落、采石场、屏风山一带等都已被美军占领。

这些陆战队员隐蔽在一个弹坑里面时，不幸被一发日军炮弹直接命中

　　27 日，美军终于占领元山炮台山顶，紧接着海军炮台高地也被占领。美军进至雾岛部落—元山炮台—二段岩西侧—屏风山东侧—玉名西南侧一线。

　　海军部队的指挥官市丸利之助用无线电向大本营报告："硫黄岛战斗的特点是战斗中敌军在地上，我军在地下。"美军虽然占领了元山机场，但守备队仍据守地下阵地，令美军颇为头疼，美军于是用火焰喷射器攻击洞窟内部，一旦发现入口就进行爆破，将其封闭。

　　栗林根据既定计划，命令部队在玉明、东山、北部落、標流木各地区复廓阵地进行战斗。于是步兵第一四五联队长指挥以第二大队为基干并集结了西地区队残存兵力的部队。另外，大队长安庄宪珑以下 50 人左右的第三大队向玉名山地区转进，同第二旅团主力会合。

　　2 月 25 日至 27 日的战斗，是硫黄岛战役的关键阶段，日军的损耗达到了约1/2，第一线兵力降低到 1/5，火炮和弹药也减少到约 1/3。特别是野炮和中型迫击炮的弹药只有当初保有量的约一成。美军也损失惨重，陆战四师的某个排换了 5

这名陆战五师的陆战队员，在将弹药和电话线送往前线时被射杀

个排长，该师二十三团E连则换了7个连长。结果美军缺乏富有战斗经验的指挥官，战斗力逐渐降低。

2月末至3月，美军夺取了大阪山、二段岩等据点，逼近了玉名山、东山方面。玉名山地区周边的日军继续同陆战四师激战，同已经失去坦克转入徒步战斗的西坦克联队的幸存者一起，防守玉名山和海军司令部。到3月4日，日军残存兵力还剩4100人。陆战四师的战斗力到3月6日已经降到40%。

被孤立在玉名山的混成第二旅团长千田贞季，决定同南方群岛海军航空队司令兼硫黄岛警备队司令井上左马二一起，在3月8日晚以陆海军残存兵力约800人发动总反击，企图突破元山机场和千鸟机场杀向折钵山。反击部队分为两波。左第一线是独立步兵第三一〇大队和独立机枪第二大队等的残存兵力，中第一线是第二工兵中队、第三〇九独立步兵大队和海军部队等的残存兵力，右第一线为第一四五联队安庄第三大队等的残存兵力。此外还有第二线兵力。

8日当天，栗林接到了混成第二旅团预定实施总攻的电报报告后，立即回电："必须中止玉碎攻击。"因陆海军之间断绝了联络，井上没有接到这一命令，结果玉名山的海军部队在8日晚单独发动了反击。反击部队以匍匐前进隐秘接近美军阵地，在警报声响起前发动了突击。美军阵地上立刻陷入混乱。一部分日军冲进了美军阵地，甚至杀进了二十三团二营的指挥所。急忙发射的照明弹照亮了战场。陆战队的机枪、步枪、迫击炮向日军开火，日军继续前进。双方进行了一夜的残酷近战。到9日天亮时，参加反击的日军几乎全部战死，井上也一命呜呼。

千田虽然在栗林的严令下暂停了总攻，仍不死心，又决定在9日实施总攻。9日18时，旅团炮兵开始射击，发射了剩余的全部弹药。半夜，察觉到日军夜袭企图的美军在各处同日军展开肉搏战。在挂在半空中的照明弹的照耀下，可以看到一群群日本兵在枪林弹雨中爬行、翻滚，到处都能听到惨叫声。四处传来日本兵呼唤卫生兵的叫声，但美军无意为受伤日军提供帮助，因为过往的经验告诉他们，呼喊"卫生兵"的日本兵很可能在欺骗他们，目的是寻找机会杀死美国兵。

因此，美军对于这些叫喊声无动于衷，继续攻击日军。日军不要说夺回折钵

北海岸

N

28/2

北部落

3月中旬

天山

北地区队

桌岩

北机场

一文字山

大阪山

元山

硫黄丘

万部落

东山

3月上旬

东海岸

西地区队
23～26/2

元山机场

屏风山

玉名山

东地区队

22/2黄昏

千鸟部落

南地区队

南部落

西海岸

喷火口遗迹
鸳部落

千鸟机场

南码头

神山海岸

折钵山地区队

南海岸

19/2晨

M4D　M5D

22/2

19/2黄昏

M3D

23/2

折钵山

3月1日以后的部署

0　　　　　1　　　　2 km

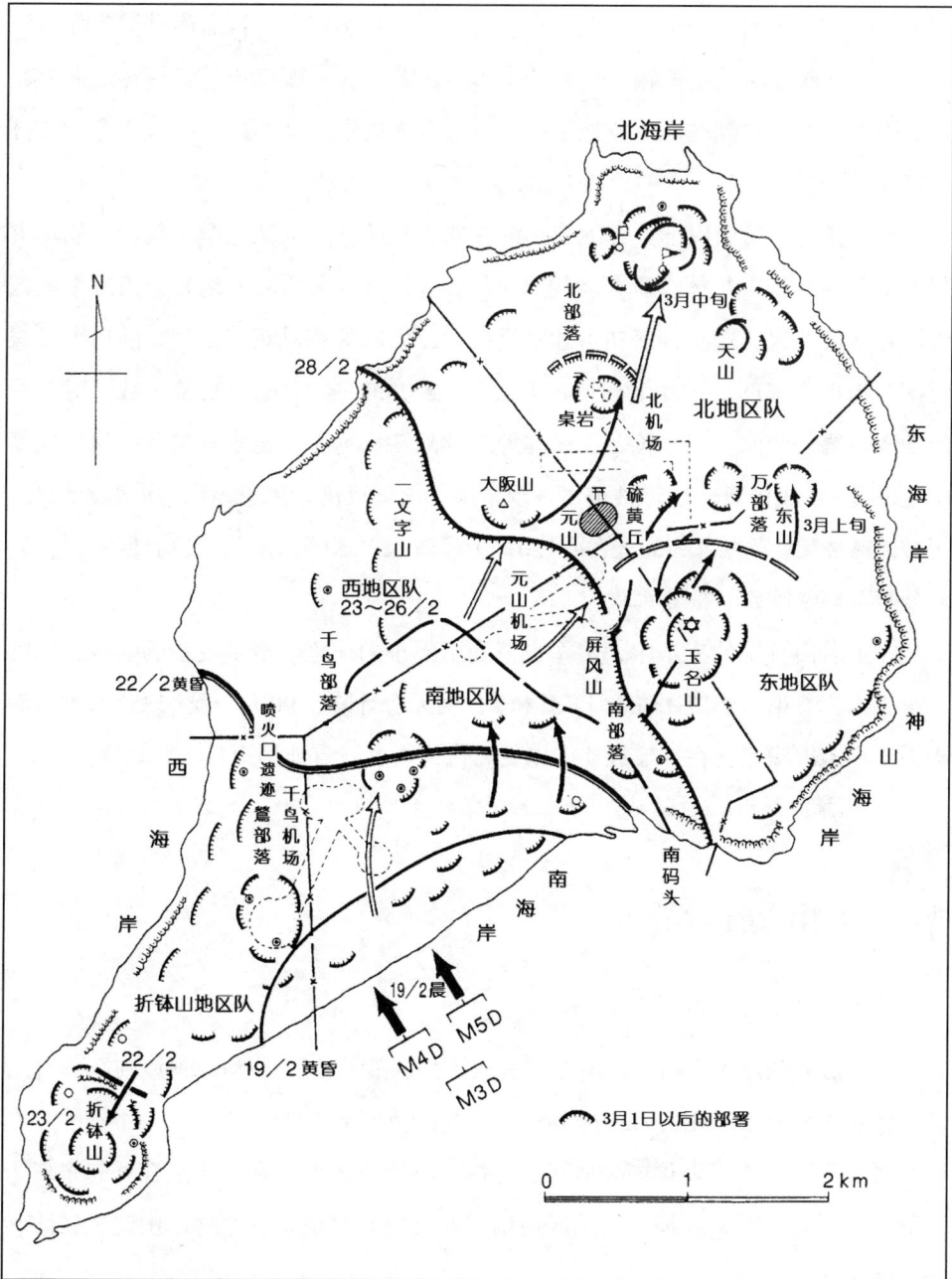

硫黄岛作战经过图（1945年2月至3月）

山，连前进一步都十分困难。一些日本兵即使突破了美军的第一道防线，也会遇到更多的有美军据守的坑洞。在美军前线的后方是指挥所，再后面是勤务部队和预备队，这些部队均已挖掘了良好的工事。因此，这一次变成了日军在地面上充当活靶子，而美军藏在地下原地不动，一旦有人走近，就用猛烈的火力把对方打成碎片。

到天亮时，千田以下大部战死，第一四五联队安庄大队也全军覆没。战场上留下了数百具日军尸体，幸存者约100人后退到玉名山的旧阵地和神山海岸地区重新开始持久战。这些人起初由独立机枪第二大队的相马正三指挥，随后由武藏野菊藏指挥。该部日军加上伤员，人员合计约200人，开始进行游击战，对美军的劝降也置若罔闻，以步枪、手榴弹等继续战斗。为了获得水和粮食，他们反复实施夜袭。4月19日，坑道被美军发现，遭到火焰攻击，坑道内化为火海，约150人被活活烧死。幸存者约60人在4月20日凌晨转入"玉碎出击"，此后便各自行动。武藏野在濒临饿死时被美军收容。

在玉名山日军的反击中，美军也蒙受了不小的伤亡。遭到夜袭的陆战第四师的第二十三、第二十四团在3月8日和9日两天合计阵亡90人、受伤257人。虽然损失不小，但毕竟比在进攻战斗中以更高代价一点一点地消灭日军要划算。

栗林兵团的最后战斗

千田旅团的反击失败后，美军就进入了扫荡战的阶段。然而即使在这个阶段，美军依然伤亡惨重，死伤者多达3885人，包括阵亡者1071人。

栗林兵团长为了强化剩余地区的防御，将標流木地区和北地区合并起来作为北据点，由自己直接指挥。右地区由第一四五联队等负责，左地区由北地区队和当地海军部队负责。

得不到补给的日军在与可得到无限补充的美军的战斗中愈加处于劣势。3月

陆战队步兵在谢尔曼坦克向日军据点或洞窟喷火时进行机动

10 日，参加东京大空袭的 B29 轰炸机在硫黄岛上迫降。后来美军更是在已被占领的这座岛屿上部署了大批 B29，对全日本进行轰炸。3 月 10 日，美军在一天内就俘虏了 111 名日军，不过，这些人都是失去知觉或者无法活动的伤兵。

到 3 月中旬，硫黄岛守备队的幸存者被逼退到靠近海岸的最后的北部阵地。为了消灭坑道内的日军，美军用尽了各种手段，用坦克攻击、投掷凝固汽油弹和炸弹，从洞窟的通风孔插入炸药。14 日，美军基本排除了日军的有组织抵抗，举行了标志着占领全岛的升旗仪式。不过，即使到了这时，在岛屿北部和东部的一隅，仍然残存着栗林兵团的据点。

在美军举行正式升旗仪式的同一天晚上，步兵第一四五联队在北部落的工兵队洞窟内焚烧了军旗。15 日，海军部队指挥官市丸同栗林兵团司令部会合，日军在北部阵地的残存兵力还有 900 人。另外混成第二旅团的残兵还有 500 人，他们白天藏在岛屿东侧的地下坑道中，夜间沿着海岸向北方移动，企图同北部阵地的日军会合。但混成第二旅团最终没能达到目的，在16日和17日遭到美军的猛烈炮击，全军覆没。他们最后藏身的位于温泉浜的坑道距离栗林所在的兵团司令部坑道只有300米远。

16日，美军的包围圈进一步缩小。西竹一指挥的战车第二十六联队残兵在东部遭到扫荡。当天下午，陆战第三师抵达岛屿北端。17日夜，栗林以下的兵团司令部和第二十七航空舰队司令官市丸以下的海军司令部向大本营发去诀别电报。在电报中，栗林表示将以全员进行最后的反击。大本营根据电报内容在3月21日宣布硫黄岛守军在17日半夜全员实施了总攻，并宣称美军自登陆硫黄岛以来至3月16日为止共损失约33000人。

不过，实际上3月17日夜栗林并未实施总反击。相反，栗林仍然命令进行持久战。3月25日半夜，栗林、市丸带领400人对西部落一带的美军实施了最后的总攻。这并不是一次"万岁冲锋"，而是经过精心策划的，以制造最大的混乱和破坏为目的的行动。参加这次行动的日军都携带着良好的武器和补给品，包括美军的武器和口粮。他们隐秘地接近美军的营地，避开美军的阵地和巡逻队。自3月14日美军宣布硫黄岛上的有组织抵抗已经结束以来，美军多少放松了警惕。当日军接近营地时，美军还在营帐中睡觉，丝毫没有察觉到大难临头。雪上加霜的是，遭到突袭的美军不属于一线战斗部队，而是属于工兵、高射炮、野战后勤部队、陆军航空队等单位。

26日拂晓，5时15分左右，日军突入美军营地，开始了约3个小时的敌我难分的混战。日军分成梯队从三个方向发动进攻，在美军营地中大肆破坏，他们推倒或砍坏帐篷、用步机枪开火、投掷手榴弹、挥刀砍向美军，甚至攻击了野战医院的救护车。有的美军还在睡梦中就被杀死在板床上，有的美军刚从帐篷里冲出来就被打死。日军装备了许多美军武器，包括勃朗宁自动步枪、M1步枪、巴祖卡火箭筒等，使美军难以识别敌我。

有些美军用手枪迎战日军，但是一些日军也装备了美军的11.4毫米口径手枪。除了受过严格野战训练的陆战队人员能够冷静地应对日军的袭击，其他单位的美军在混乱中到处乱窜，甚至比日军更令人感到可疑。而参加袭击的日军是久经战

在陆军第二十一战斗机大队的营地内发生的激烈肉搏战中丧生的两名日军

火的老兵，纪律优良，注意保持隐蔽，不似以前许多次夜袭战中的日本兵那样狂呼乱叫。不过随着越来越多的美军勇敢地加入战斗反击日军，日军的攻击逐渐受到遏制。

天亮后，危机迅速结束，日军全军覆没，留下了262具尸体。栗林以下大部战死，不过，栗林、市丸的尸体未被找到。战斗结束后，美军找到了40把军刀，这表明参加这次战斗的日军军官和高级士官占有相当比例。美军也伤亡172人。日军有组织的抵抗至此彻底终结。但是，残存日军仍然潜伏在地下进行游击战，一直活动到战后，最终有1000余人成为俘虏。

在硫黄岛战役中，日军死伤约21000人，美军死伤约28000人。这是太平洋战争中美军损失大大超过日军的罕见战例。对于双方官兵来说，硫黄岛是一处名副其实的地狱战场。

硫黄岛战役中日美两军的损失如下。

日军			
	陆军	海军	合计
战死者	12850人	7050人	19900人
战伤者	736人	297人	1033人
合计			20933人
美军			
	陆战队	陆海军	合计
战死者	5931人	890人	6821人
战伤者	19920人	1945人	21865人
合计			28686人

硫黄岛战役中，日美两军战力的比较如下。

	日军	美军
兵力	20933人	61000人
步兵营	9个	27个
坦克	23辆	3个营（约150辆）
地面火炮	陆军5个大队多 148门 （包括喷进炮 40门） 海军 23门	陆战队14个营 168门
飞机	特攻机总计75架	总计4000架以上
舰炮射击	无	合计14250吨

第 5 章
冲绳战役

孤独前哨

　　1945 年 4 月 1 日晨，冲绳宜野湾。气温 24 摄氏度，微风吹拂。这天是星期天。在嘉手纳、读谷两机场的正面海岸登陆的第一批 16000 名美军，正在紧张地等待着日军的反击。过了一个小时仍然没有听到从日军阵地传来的枪炮声，这令美军深感疑惑："敌人在哪里？"正在平静的海滩上构筑桥头堡的美军，很快就想起今天是愚人节。一名陆战队员不禁说道："怎么回事，这简直跟麦克阿瑟元帅的登陆一样嘛！"士兵开始有种参加大演习的感觉。

　　与美军登陆后不久便遭到猛烈反击的硫黄岛不同，守备冲绳岛（或称"冲绳本岛"）的第三十二军始终隐藏在坚固的地下阵地中，一动不动。除了人工开凿的地下阵地，天然洞窟和冲绳特有的龟甲墓也被利用起来。第三十二军将司令部设在首里城的地下阵地（深 30 米，进深 1000 米）中，主力部队也在其附近做了有重点的部署。

　　第三十二军的主力包括 2 个师团和 1 个旅团，即第二十四师团（山兵团）、第六十二师团（石兵团）和独立混成第四十四旅团，以及军炮兵队。守备军的最高首脑是第三十二军司令官牛岛满。参谋长是长勇，下面实际策划作战的是高级参谋八原博通。拥有恐怖杀伤力的军炮兵队由第五炮兵司令官，堪称炮兵战术的权威的和田孝助指挥。

此外，部署在小禄机场周边的约10000名海军陆战队由陆战专家大田实指挥。日军方面的战斗兵员共有116400人，其中陆军86400人、海军约10000人、防卫队约20000人。第五炮兵司令部直辖的炮兵包括迫击炮在内拥有约200门火炮，加上第二十四师团炮兵队，独混第四十四旅团炮兵队、海军炮等，第三十二军拥有的炮兵力量相当强大（虽然无法同美军相比），这是美军在冲绳战役中遭到重大杀伤的主要原因之一。进攻冲绳的盟军拥有548000人的兵力。

日军冲绳防御战的目的，是尽可能长时间地抵抗美军，迫使其付出高昂代价，为本土决战争取时间。登陆地点附近的读谷（北）、嘉手纳（中）两个机场任由美军占领，即使美军在海岸上建立桥头堡、陆陆续续将兵员和武器弹药送上岸，日军也不向其发动攻击。

第三十二军于1944年3月22日正式成立，负责西南群岛地区的防务。第三十二军起初直辖于大本营，但随着本土防卫态势的整备，该军在5月5日又进入西部军隶下。后来在"捷"号作战准备阶段的7月15日又被编入台湾军（后来的第十方面军）。第三十二军自始至终都希望直辖于大本营，但最终被编入了最不希望隶属的台湾军隶下。这对该军造成相当大的打击。

将第三十二军编入第十方面军的理由极为薄弱。第十方面军对第三十二军提供的帮助甚少，后来还形成了台湾同冲绳互争兵力的形势，这种隶属关系对第三十二军来说实在是一种不幸。由于海上和空中的相互联络无法确保，日军的岛屿作战难免变成孤立作战，因此上级司令部能尽的责任也只限于作战准备阶段，第十方面军之于第三十二军也不例外，前者所能提供给后者的也只有粮食特别是大米的补给而已。

在大本营制订的"捷"号作战计划中，"捷二号作战"是冲绳、台湾方面作战。将冲绳和台湾划入同一个作战中，这给以后的作战指导造成了混乱，导致第三十二军莫名其妙地成了第十方面军的下属部队，这不能不说是大本营的一大过失，给冲绳作战带来了非常不利的影响。如果第三十二军直辖于大本营或在西部军隶下，很可能会避免后来第九师团被抽走。在本质上，第十方面军对于第三十二军欠缺上级司令部的责任观念，仅仅是名义上的隶属关系，却没有同生共死的一体感。与其说是上下间的关系，不如说是并列的关系。

第三十二军原来的作战计划，是让3个师团占领预想中的美军登陆地点（嘉手纳、糸满、牧港的沿岸），将战车第二十七联队和军炮兵队等部署在岛尻地区，将海上特攻部队部署在庆良间列岛和冲绳本岛，在美军登陆前夜让这些特攻部队强袭对方的运输船队。当美军主力登陆时，首先以部署在其正面沿岸的兵团极力阻止对方扩大桥头堡，然后机动集中军主力，在美军登陆第二天的前半夜统一使用全部炮兵火力对桥头堡实施摧毁射击，接着从后半夜开始以军主力实施攻击歼灭敌军。为此军人和冲绳县民都被动员起来，从事机场建设和地下坑道阵地的修筑，忙得不可开交。

第六十二师团起初被部署在中头地区，该师团登陆冲绳后马上开始着手修筑阵地，为了弥补反坦克阵地、地下坑道阵地的交通壕乃至坑道内战斗的弱点，设置了斜射、侧射的武器，构建了分离对方步兵与坦克的火网以及同友军火炮的联系阵地等。但在9月中旬，该师团突然接到军令，被迫将半数师团人员用于修筑南机场，师团长、参谋部、各部队长对此均悲愤失望，向上级提出应以阵地构筑为优先，但徒费工夫。

11月，正当第三十二军推进决战准备时，大本营突然决定从该军抽出一个师团转用于台湾方面，这从根本上动摇了冲绳作战的基础，引起了从军司令部到各兵团长及其幕僚的极大愤慨。

第九师团（武兵团）的抽出是日本方面在冲绳作战中的最大失误。1944年7月24日，大本营下达了"捷"号作战准备的命令，加强冲绳的防卫被当作最优先事项。到9月末，在该岛已完成了三个半师团（第九、第二十四、第六十二师团，独立混成第四十四旅团）的战备。其兵力符合军参谋长长勇通过事前调查所计算的需要兵力。但是10月20日莱特作战开始后，大本营陆续从中国东北、关内战线以及中国台湾向菲律宾方面派遣兵团，同时因美军潜艇的袭击，兵力和装备在途中蒙受了很大损失。

在菲律宾担任现地指导的大本营作战课长服部卓四郎面对急迫的战况，担心无防备的台湾会被美军以奇袭轻易占领，决定从菲律宾或冲绳中的一处抽调一个兵团到台湾。他认为冲绳在以后总会有办法，但菲律宾等不起。于是，11月4日，服部将相关人员召集到台北举行会议，希望就事先内示的关于抽出第九师团一事获得承认，并讨论具体的实施要领。除了服部，参加会议的还有第十方面军参谋长、参谋副长、高级参谋、作战主任参谋、第三十二军作战主任参谋八原博通。

会议一开始，八原就宣读了牛岛的意见书，核心意思就是反对从冲绳抽出一个兵团。八原宣读完毕便缄口不言，会场为沉重的气氛所笼罩。除了方面军作战主任参谋市川表示希望尽早向台湾增强兵力以外，无人发言，会议以不得要领而告终。方面军的态度十分暧昧，也不清楚方面军究竟是默认服部的方案，还是同意第三十二军的意见书，抑或对两者均持保留态度。实际上，方面军在内心里是将防卫台湾作为最优先事项，为此宁可从冲绳抽出兵团。结果，大本营和方面军对冲绳的价值判断均出现失误，第九师团被从冲绳抽调转用到台湾。

11月10日，大本营决定将驻台湾的第十师团抽出派往菲律宾，并从冲绳抽出一个兵团以填补其空缺。这样，第三十二军必须决定调走第九师团和第二十四师团中的任意一个。17日，牛岛上报大本营，表示决定抽出第九师团。虽然第九师团是最精锐的师团，但第二十四师团的炮兵力量比较强大，而这样的装备正是冲绳作战所急需的。

作战课长服部虽然想为冲绳填补第九师团调走后的空缺，但在确定派遣新兵团之前一直非常谨慎，没有明确表态。对于第三十二军来说，在第九师团被调走之后，是否有一个新兵团来填补空缺，这对于制订防卫计划至关重要。但相关的内示迟迟不来，为了不耽误作战准备，第三十二军不得不在11月末下达以现有兵力为基础的新作战命令。1945年初，服部总算准备将姬路第八十四师团投入冲绳，1月22日就此事上奏，并立即向第三十二军发去电报。

这时距离抽出第九师团过去约90天，其间第三十二军不得不再三改变阵地编成。第三十二军刚为将要派遣第八十四师团的好消息而高兴，却在次日收到了中止派遣的电报，终究是空欢喜一场。中止第八十四师团的冲绳派遣，是大本营第

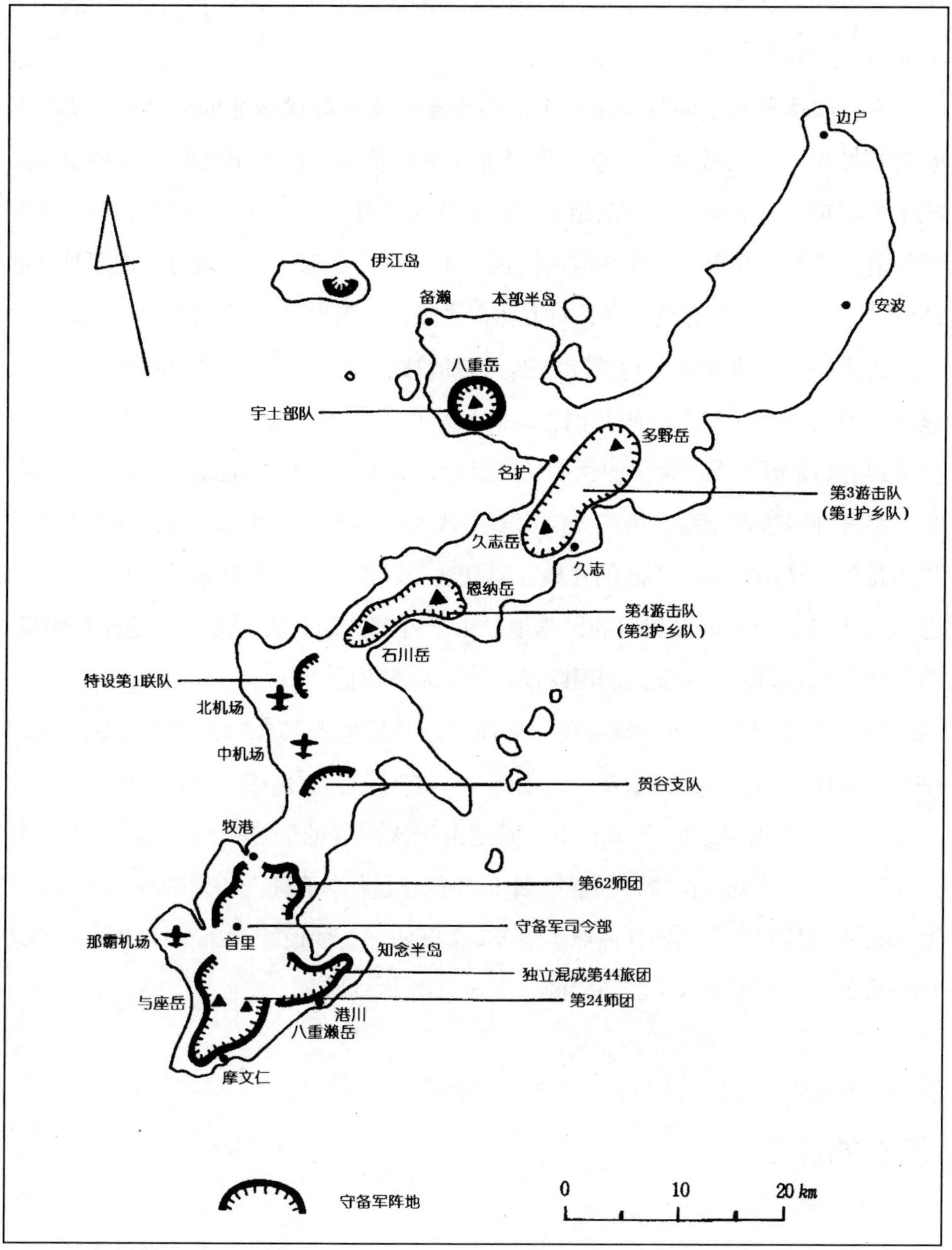

伊江岛
备濑 本部半岛
八重岳
宇土部队
名护 多野岳
第3游击队
(第1护乡队)
久志岳
久志
恩纳岳
第4游击队
(第2护乡队)
石川岳
特设第1联队
北机场
中机场
贺谷支队
牧港
第62师团
守备军司令部
那霸机场
首里 知念半岛
与座岳 独立混成第44旅团
港川 第24师团
八重濑岳
摩文仁

边户

安波

守备军阵地

0   10   20 km

冲绳守备军的部署（1945年3月）

一部长宫崎周一独断采取的紧急措施。宫崎是彻底的本土决战主义者，完全无视服部的苦心，固执己见。由于第八十四师团派遣的中止，第三十二军对上级司令部特别是大本营失望至极。

中止派遣第八十四师团表面上的理由是考虑到船舶运输的危险性，实际上是吝惜抽出本土决战兵力，或者说轻视冲绳的价值。由于第九师团被抽出，第三十二军对作为上级司令部的第十方面军失去信任。1945年3月中旬，第十方面军作战主任参谋井田正孝在冲绳访问第三十二军司令部时，发现对方的眼神冷冰冰的，显然对方面军充满怨气，对方在言语间也流露出对方面军的不信之感。

话说回来，第九师团竟然能安然无恙地被海运到台湾，运输船队免遭损失，这在当时美军潜艇和特混舰队虎视眈眈的环境下实属"奇迹"，可以说是美军一大失误。如果第八十四师团的派遣果真成行，美军确实不大可能再犯这样的失误。

第九师团被调走后，第三十二军多次改变阵地部署，各部队被迫放弃自登陆以来排除各种困难苦心筑成的阵地，而且这一时期用于构筑阵地的资材、工具也已极为不足，即使可以利用既设阵地，由于各部队的兵力、装备的差异和作战、战术能力的不同，要全面地利用既设阵地也是不可能的。

11月末决定的新部署是：在冲绳南端的岛尻的原第九师团守备地区部署第二十四师团，东半部的知念半岛部署第六十二师团，原由第二十四师团守备的嘉手纳地区部署独混第四十四旅团。但是由于该部署的弱点，到1945年1月末第三十二军再次改变了部署，独混第四十四旅团主力南下进入知念半岛，第六十二师团负责包括北、中机场在内原本需要2个师团守备的地区，2个机场所在的平坦的中头地区部署了第六十二师团的独立步兵第十二大队。

悲剧的序幕

在美军登陆冲绳本岛之前，3月26日，美军第七十七步兵师就登陆庆良间列岛，拉开了冲绳战役的序幕。美军攻占庆良间，是为接下来要进行的冲绳登陆作战确保水上飞机基地和舰队的泊地。庆良间列岛由散布在冲绳本岛西方30多公里的若干岛屿组成，在行政上被区分为渡嘉敷村和座间味村。

第三十二军准备在美军登陆冲绳前夜从背后强袭运输船队，为此在庆良间部署了特攻部队（海上挺进基地大队和海上挺进战队）。但在美军登陆庆良间之前，这些部队的主力被转移到冲绳本岛，留下的只有特攻队员的一部和600名朝鲜劳工，地面战力十分微弱。因此只能依赖以约300艘特攻艇实施的攻击了。

特攻艇是以胶合板制成的长五六米的小型舟艇，艇首装载炸药，战斗方式是以全速向目标冲撞自爆。也有的特攻艇是在驾驶员的后面装备炸弹，当接近敌舰时将炸弹从船尾丢下引爆。不管哪一种都是要抱着必死的心来操作的，所以驾驶员得到保证会在战死后被特晋两级。不过，这些东西基本没使用就报销了。

第三十二军原本判断美军将在登陆冲绳本岛之后再登陆庆良间，结果被打了个措手不及。部署在座间味岛、阿嘉岛和庆留间岛、渡嘉敷岛的3个海上挺进战队几乎都没能实施海上特攻，不得不在亲手破坏特攻艇后，躲进山中。

为了将盟军阻挡在日本的南大门——冲绳，除了海上的特攻作战，日军还从空中用"神风特攻机"实施了特攻战术。3月末，从九州等地的基地出击的特攻机不分昼夜地攻击在庆良间近海准备登陆冲绳本岛的美特混舰队，使美军蒙受了很大损失，航空母舰"埃塞克斯"号、"富兰克林"号、"大黄蜂"号、"企业"号以及战列舰"内华达"号均被击伤。

3月26日上午8时多，第七十七步兵师第三〇五团开始登陆阿嘉岛。到3月29日，美军就占领了整个庆良间列岛。其间，美军的损失为阵亡31人、受伤81人。相比之下，日军的损失为战死530人，121名官兵和1195名以上的平民被俘。3月28日，正在座间味岛进击中的美军士兵，在一处洞穴中发现了被勒死的12名女性的尸体和1名被活埋的女性。冲绳战役刚开始，平民的悲剧早早上演。

3月27日上午，美军第三〇六团登陆庆良间列岛中最大的岛屿渡嘉敷岛。这时岛上驻有赤松嘉次指挥的海上挺进第三战队。美军登陆后，战队长赤松将战队本部撤退到西山高地的复廓阵地，装备的特攻艇也被该战队亲手破坏。28日傍晚，在渡嘉敷岛北端露营的美军第三〇六团的士兵听到了多次响起的爆炸声和人的呻吟声。次日早晨，美军发现在狭小的山谷中散乱着超过150具尸体和一些濒死之人。其中在一条毯子下面，父亲把两个孩子和父母跟自己绑在一起自爆了。庆良间列岛因集体自杀而死亡的平民达到约700人。庆良间列岛的悲剧，是冲绳战役这场巨大浩劫的缩影。

日军在庆良间一败涂地，但3月30日宣布击沉美军舰船30艘、美军死伤33000人。31日早晨，美军第四二〇炮兵营在位于庆良间和那霸之间的无人岛——神山岛（庆伊濑岛）登陆，架起了24门155毫米炮，此后便不分昼夜地炮击冲绳岛。由此南部冲绳进入美军大炮射程内，军司令部所在的首里也受到极大威胁。

可与之对抗的只有部署在长堂西侧高地的15厘米加农炮2门和小禄机场附近的一部分海军炮台，而且在开始射击后发现实际上打不到神山岛，根本束手无策。在船舶工兵第二十六联队联队长佐藤小十郎的命令下，少尉西冈健次以下约50人（半数是糸满的渔夫）的敢死队，在4月8日晚搭乘9艘小船对神山岛实施了挺身攻击，声称战果为爆破了3门火炮和2挺重机枪，使美军的炮击沉默了3天，敢死队的生还者只有10多人。

3月31日下午，美海军舰队结束了登陆冲绳前最后的舰炮射击，向"北·中机场"西方的渡具知海岸前进。冲绳本岛的攻防战即将打响。此前，3月25日，发生了一件十分怪异的事情。当天大风多云，首里山顶的广场上出现了一个身穿琉球传统服装的发疯的女人，她仰面朝天，一边念着咒语，一边挥舞双手不停地跳舞，似乎在预告人们即将大难临头。

4月1日上午8时，无数满载士兵的登陆艇一齐劈开波浪，如海啸般向嘉手纳海岸前进，不到半小时，第一波就顺利登陆。几乎没受到抵抗就登陆成功的美军在嘉手纳海岸一带迅速建立桥头堡。当天上午11时半，美军占领了作为主要目标的读谷和嘉手纳机场，并马上着手整修机场。嘉手纳机场当天就可以供飞机迫降。这两座机场是冲绳的男女老少在日军的要求下花费数月，不眠不休，呕心沥血修建而成，被美军收入囊中。

美军开始登陆作战时，牛岛满和长勇等第三十二军首脑表现得很轻松，他们在军司令部所在的首里城的高台上，手握望远镜，观看美军在北方20公里的嘉手纳海岸登陆。虽然巴克纳中将率领的美第十集团军主力在防备着预料中的日军的"万岁冲锋"，但在山上观战的日军首脑毫无发动此类攻击的打算。此时牛岛和参谋们充满自信，毫无不安与疑惑，有的人在谈笑，有的人边抽烟边轻松地眺望着。数月以来，日军在首里北方地带构筑了坚固阵地，准备好将美军引诱到这里然后予以痛击。情况正在如日军预想的那样进行。第三十二军只需静静地等待美军南下。

大本营和第三十二军之间围绕冲绳作战，从一开始就产生了分歧。大本营坚持以海空军在海上歼灭进攻冲绳的美军。但是第三十二军认为，自从塞班、莱特战役惨败以来，日本海空军便已徒有其名，而且美军的综合战力据估计在守备军的二三十倍以上，如果正面对决，实无胜算，决定凭借可"嘲笑敌之炮击"（长勇之语）的地下要塞采取奇袭战术。

对于美军的"物量战术"，第三十二军依靠洞窟阵地作战，在敌坦克或步兵接近阵地、支援炮击停止的瞬间冲出洞窟进行近战。日军最怕的是美军的"骑马攻击"，即美军以猛烈的火力封杀守军从地下阵地冲出战斗的机会，将其封锁在洞内，并从洞窟阵地上方部署狙击手。在这种情况下，好不容易修成的地下要塞就完全失去作用。为了防止这种情况出现，日军尽可能地设置多个出口。然而美军会将坦克开来向洞窟内喷射火焰、投掷炸弹，使守军损失不断增加。

美军在登陆嘉手纳海岸的第二天即进入中

在距前线仅仅50米的地方被美军发现的冲绳少女正在食用美军给予的食物

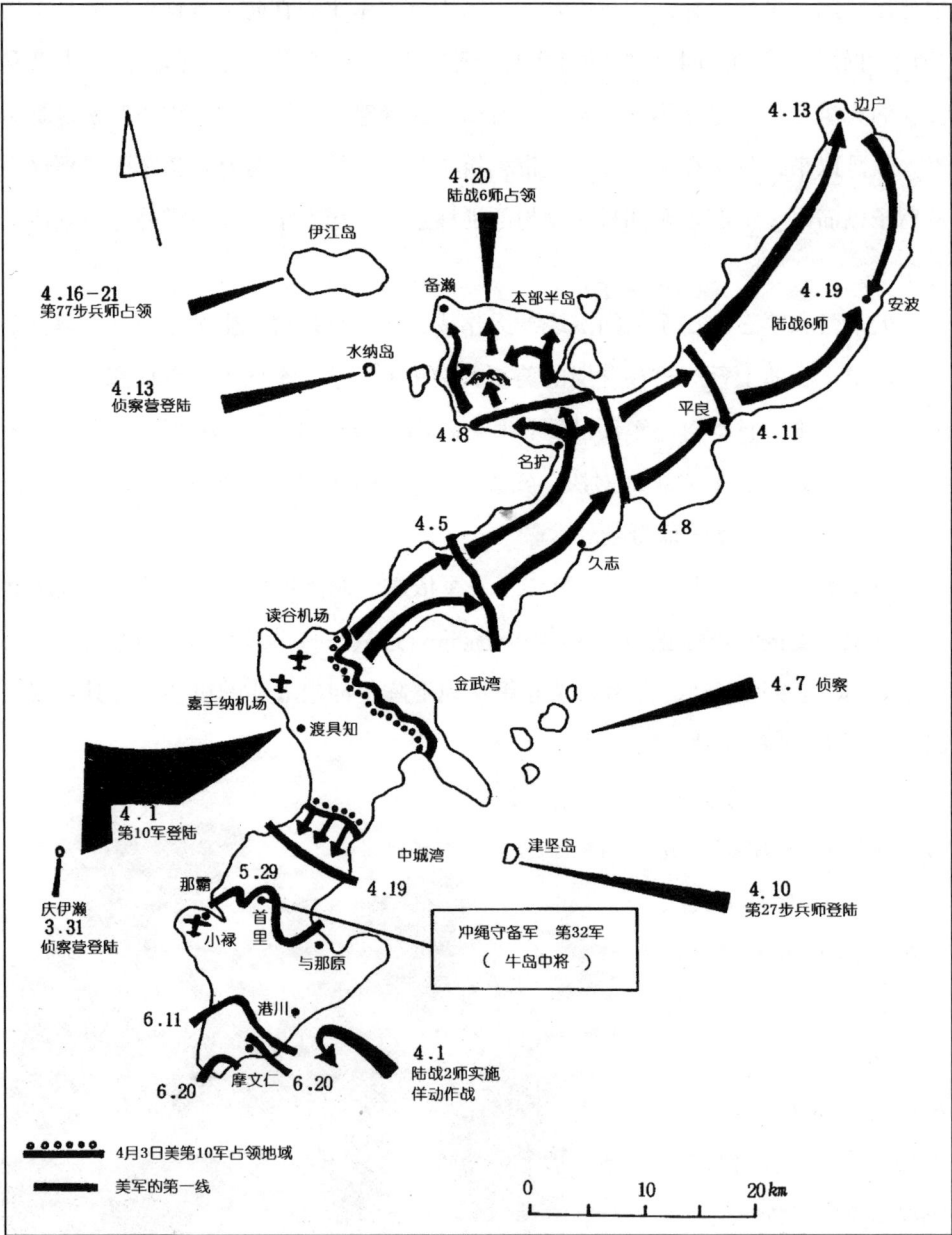

4.13 边户

4.20
陆战6师占领

伊江岛

4.16-21
第77步兵师占领

水纳岛

4.13
侦察营登陆

备濑   本部半岛

4.19   安波
陆战6师

平良

4.8   名护   4.11

4.5   4.8

久志

读谷机场

嘉手纳机场   金武湾

渡具知   4.7 侦察

4.1   津坚岛
第10军登陆

庆伊濑   那霸   中城湾   4.10
3.31   5.29   4.19   第27步兵师登陆
侦察营登陆   小禄   首里
与那原   冲绳守备军   第32军
（ 牛岛中将 ）

6.11   港川
摩文仁   4.1
6.20   6.20   陆战2师实施
佯动作战

⬤⬤⬤⬤⬤⬤ 4月3日美第10军占领地域

▬▬▬▬ 美军的第一线

0   10   20km

美军的登陆与进攻

134

城湾沿岸一带，将冲绳的北部和南部切断。途中，美军在岛袋和桃原附近遭到日军抵抗，伤亡约100人。不过这仍然不能算是真正的战斗。美军察觉到日军主力被部署在南部，一边南下，一边准备面对"真正的"战争。

美军进击速度之快大大超出预期。第三十二军事先已在北谷和桃原地区部署了第六十二师团独立步兵第十二大队（贺谷大队），该大队奉命迎击以破竹之势迅速进击的美军，但在压倒性火力面前处于明显劣势，被迫撤退到岛袋一带，接着又转移到普天间，向主阵地所在的幸地后退。不管怎样，该大队完成了迟滞美军前进的任务，达到了引诱美军来到主阵地前的目的。

美第十集团军主力（第二十四军）在3日结束了右转弯，以第九十六步兵师为右翼（西翼）、以第七步兵师为左翼（东翼），展开于伊佐—喜友名—野嵩—中城遗址一线，大体上完成了南下态势。

美军的冲绳进攻作战本来分为三个阶段：在第一阶段中，美军将占领南部冲绳和完成初期的各项整备作业；在第二阶段中，控制伊江岛和北部冲绳；在第三阶段中，占领西南群岛的其他部分，为进攻日本本土做准备。但进击之快出乎预料，巴克纳司令在登陆第三天变更了作战进程，命令第三两栖军向冲绳北部进击。

于是该军所属的陆战师开始以"蛙跳战术"进攻。预定在登陆后第十一天占领的胜连半岛，在第五天、第六天就占领了。美军在冲绳本岛上进展十分顺利，几乎未受到激烈抵抗，觉得迷惑不解，甚至怀疑日军已经转移到了台湾。

真正的战争

冲绳战役前，第三十二军因为第九师团被抽出用于防守台湾，导致兵力大大减少，遂放弃防御中头地区北部的读谷、嘉手纳两座机场，将防线从中头南部收缩到岛尻地区，形成了以首里为中心的全周防御态势。第三十二军当初的方针是在北正面进行持久防御，对于在岛尻地区登陆的美军则以攻势歼灭于登陆地点沿岸。部署的重点在岛尻南部。

在北部正面担任持久防御的是第六十二师团。该师团是1943年6月以独立混成第四、第六旅团为基干，在华北山西省编成的反游击战用的治安师团。虽说是丙装备的三级师团，但在1944年的大陆打通作战第一阶段的河南作战中，其表现不输野战师团。该师团的编制不同于一般的野战师团，下辖2个步兵旅团（第六十三旅团、第六十四旅团），旅团辖4个独立步兵大队，没有师团直辖的炮兵部队和搜索部队等。独立步兵大队由5个中队编成，装备有联队炮（41式山炮），实质上是轻型装备的小型联队。

该师团的官兵以预备役、后备役兵为主体，平均年龄超过30岁，即俗称的"老人部队"。相比之下，第二十四师团以现役兵为主体。不过从大陆的实战经验来看，这些老兵拥有很强的战斗能力。该师团作为纯粹的步兵师团，行动迅速，反应机敏，擅长防御。各步兵大队能够像步兵联队一样单独进行各种战斗。

这些久历战阵的老兵在冲绳的坑道阵地防御战中，在臼炮、高射炮、重炮、迫击炮、速射炮、重机枪等部队的支援下充分发挥了战力。转进到冲绳后，该师团在当地通过防卫召集增加了4326名兵员，使总兵力从约8300人增加到12686人。

4月4日，美军登陆第四天，防守位于嘉数北方约1公里的大山的日军前进阵地的第六十二师团独立步兵第十三大队第五中队第二小队队长鲷家荣发觉，伴随坦克的约一个中队（连）规模的部队出现在阵地前方。当天早晨，雾气蒙蒙，视野不良，鲷家以为这支部队是在前方同美军战斗的贺谷支队（以独步第十二大队为基干）正在后退。但很快他就感到不太对劲，用双筒望远镜仔细观察，确认对方是美军侦察部队（属于第九十六步兵师三八三团三营）。

美军没有察觉伪装的第二小队的存在。该小队从极近距离向几乎毫无警戒的美军实施急袭射击，美军留下一片死伤者，然后后退。东方神山的第五中队主力也遭到坦克支援下的美军三八二步兵团的攻击。该中队主力打坏了一辆坦克，自身损失轻微，守住阵地。当天同美军交战的除了独步第十三大队，还有同该大队一起作为北正面第一线部队，在东侧与该大队相邻的独步第十四大队的各队。这标志着以首里为目标的美军开始了真正的攻击。当天，日军的重炮也开始向美军射击。

　　4日深夜，第五中队根据大队长原宗辰的命令撤离前进阵地，移动到嘉数南方的当山成为大队预备队。神山、大山都是前进阵地，守军在白天进行激烈抵抗后，在夜间撤退，接下来美军将会接触日军的主阵地。5日，第九十六步兵师发现日军的抵抗极为坚强，特别是三八三团在85高地（美军称为"仙人掌岭"）前铩羽而归。第七步兵师也被独步第十四大队正面的前进阵地161.8高地（美军称为"平纳克尔"）挡住。

　　在防御北方的石兵团中，防御北正面的步兵第六十三旅团，将从嘉数北方约1公里的85高地至我如古、南上原一线作为主阵地带前缘（第一线）。不过这并不是一条连贯的线，而是以中队为单位的独立据点式阵地。其中独步第十三大队的阵地编成是：在85高地的第三中队的后方的大谢名、宇地泊部署了第四中队，在嘉数高地这个可以全周防御的复廓阵地部署了本部、第一和第二中队、作为火力支援部队配属的独立迫击炮第八中队，即是以中队为独立单位重叠配置的纵深阵地。

　　但是，独步第十三大队的主阵地前缘经过3天战斗即被突破，9日美军就冲进作为复廓阵地的嘉数高地。这三天中，第三、第四中队被全灭，为了夺回主阵地前缘，而在8日夜实施反击的第五中队也损失惨重，丧失了有组织的战斗能力。在这一系列战斗中，日军还损失了宝贵的反坦克武器，配属第二十二大队的12门47毫米速射炮只剩下2门。

　　原因首先跟主阵地左翼端的形状有关。85高地和第四中队阵地向美军方面突出。而且跟相邻的独步第十四大队的正面不同，阵地周边是平坦的地形。85高地从美军的攻击方向上来看，其比高不过15米左右，因此在遭到炮击轰炸的同时，还受到了最令日军头疼的步坦协同的包围攻击。

　　其实85高地和第四中队阵地，是日军为了防备美军在牧港以南登陆而选择将这里作为阵地。在独步第十三大队西侧，面向西海岸担任守备的是步兵第六十四旅团。当美军在该旅团正面登陆时，这两个阵地就可以填充部队的间隙，发挥右翼的侧防阵地的功能。

在第九师团被抽出之后，第三十二军不得不两度变更部队的部署，第六十三旅团用于阵地构筑的时间只有50天，因此北方战线的防御准备很不充分。实际上日军虽然拥有强大的重炮兵群，但在4日奉命开始射击的只有1个大队12门，主力要到9日以后才能结束从南方的移动，以全力进行支援炮击。因此在主阵地的战斗开始的阶段，无法对整个北正面进行有效的支援。

从4月6日开始，日本陆海军航空部队在联合舰队司令长官的统一指挥下，开始了"天一号作战"（海军称为"菊水作战"），对游弋在冲绳水域中的美舰船群实施了大规模特攻攻击。4月6日的特攻攻击是规模最大的，约500架特攻机从九州各地的飞行基地起飞，横冲直撞了一整天，结果有约61架特攻机成功突入美军舰船，造成了前所未有的严重损失。为恐惧感所侵袭的美军将特攻机称为"绿色的大熊蜂"。在冲绳战役中，"菊水作战"共实施了10次，击沉美军舰船36艘。为此损失的特攻机有海军的983架、陆军的932架，合计1915架，损失的人员有海军2545人、陆军1844人，合计损失4389人。虽然代价如此高昂，却没有击沉一艘战列舰或一艘正规航空母舰。

登陆后一周，向冲绳本岛南部进击的美第二十四军终于查明日军主要阵地的位置，因此该军下属第七、第九十六步兵师开始在全线猛攻日军主阵地带。

嘉数高地是冲绳战役前期的战局的焦点。从嘉数高地可远望从嘉手纳海岸纵贯本岛南北的中头公路和宜野湾公路，这样，美军南下进军首里时经过的三条道路中，有两条处于嘉数高地的瞰制下。因此该地成为第三十二军主阵地带的重要据点。

嘉数高地的形状是东西约1000米的平缓山冈，由标高92米的东高地和标高70米的西高地构成，西高地的顶部可分为南北两处。日军将东高地和西高地分别称为"嘉数北侧高地"和"嘉数西侧高地"，美军则分别称为"嘉数岭"和"西嘉数高地"。美军接近嘉数高地时的最大障碍，是从高地北侧流过的比屋良川。该河河幅狭窄，水量不大，容易徒涉，但两岸形成了凹下40米左右的溪谷，不仅车辆无法通过，在战斗行动中的徒涉地点也很受限制。而且溪谷中生长着茂盛的树木。

由于这样的地形，在使用坦克的情况下，坦克只能在宜野湾公路上通行，步坦炮的调整和协同比较困难，而且宜野湾公路在经过比屋良川的桥梁后不久便在嘉数高地和西原高地之间形成了上坡的隘路。因此，攻占嘉数高地的最好方法，应该是单独以步兵实施奇袭登上高地，然后在炮兵支援下确实占领之。这也正是美军在初期攻击嘉数高地时采取的战术。

在日军方面，独立步兵第十三大队和配属的独立迫击炮第八中队在嘉数高地地下挖掘了栖息壕（坑道），并在南坡设置了"逆袭口"。在高地棱线上筑有少许混凝土制的机枪碉堡或掩盖枪座、监视哨，在反斜面上设置了战斗设施，形成了反斜面阵地。在反斜面的台脚部还修筑了枪座或战斗壕以控制比屋良川的徒涉地点。对独步第十三大队来说比较幸运的是，在最后的部署转换之前，他们就已经在该地区构筑了阵地。虽然当时的战斗正面是在海岸方向，但与其他部队相比，该大队用于构筑阵地的时间还是比较充裕的。

7 日和 8 日，攻击独步第十三大队的阵地群的第三八三步兵团，派出一营在舰炮和炮兵的掩护下对嘉数高地发动了小规模攻击，均被日军击退。4 月 9 日拂晓，第九十六师三八三团让一营、二营并列前进，在未进行炮火准备的情况下悄悄从正面登上嘉数高地，打了独步第十三大队一个措手不及。一营的 A 连、C 连进入了嘉数东高地的棱线，三营的 L 连则登上了嘉数西高地。只有 I 连落在对岸。

大约在日出前后，日军发觉了美军的攻击。首先一座碉堡向 A 连开了火。嘉数东高地的独步第十三大队第二中队、西高地的第一中队用轻机枪、掷弹筒和迫击炮射击棱线上的美国兵，迫击炮中队和重炮兵也沿着比屋良川构成了弹幕，切断了美军的后续兵力。狭窄的棱线上可供展开的土地面积甚少，A 连、C 连的密集人群暴露在射击下。两连难以忍受，请求允许后退，但团部的回答是："将会派去增援，必须死守。"

B 连冒着猛烈炮火前来增援，最终只有 40 人抵达高地，却立即被困住。结果三个连都被赶下嘉数东高地。L 连虽然确保了嘉数西高地的北峰，但遭到第一中队来自三个方向的攻击，只有 3 名士兵没有受伤。更倒霉的是该连还遭到了己方舰炮的误射。16 时多，他们在己方烟幕弹的掩护下撤退。三八三团蒙受了阵亡、

美军步兵正在向日军的地下阵地投掷炸弹

失踪、负伤合计326人的损失，幸存者也不适合战斗，一营丧失了战斗力。

第九十六师的点子非常好，但对比屋良川地形的分析不透彻，高地上的兵力过少，炮兵的支援也效果不佳，因此进攻部队没能顶住日军的反击。日军方面，步兵第六十三旅团长中岛将作为旅团预备队的独步第二七二大队增援到嘉数高地。该大队原属独立混成第四十五旅团（守备石垣岛、八重山）。

10日，美军再次发动攻击。从西面发起的攻击进展顺利，右翼部队（三八一团二营）几乎无抵抗地占领了嘉数西高地的北峰。中央和左翼的攻击则困难重重，中央部队勉强到达嘉数高地鞍部，但在这里再也无法前进了。在嘉数西高地上，独步第十三大队进行了猛烈反击，美军损失不断增加，逐渐丧失了有组织的战斗力。美军又将三八一团一营增援上去。美军的兵力比昨天更多，而且新配属的独步第二七二大队在10日拂晓才进入部署，因疲劳加之对战场不甚适应，表现比较差劲。结果日军没能像昨天一样击退美军。

11日，从高地西部进攻的美军在独步第十三大队第二中队和新配属的独步第二七三大队第二中队的抵抗下受阻。12日的战斗情况也差不多，作为攻击前锋的三八一步兵团一营在从棱线上向嘉数东高地前进时遭到"空前猛烈的"集中炮击而受挫。

防守嘉数的日军在双方炮击时躲藏在安全的坑道式的栖息壕中，因此日军炮兵无须担心会伤到自己人。这就好像将自己的阵地当作砧板，以来自周围的火力将阵地上的敌人粉碎。不过日军火炮的数量有限，也不能长时间持续射击以免被美军观测机发现，因此日军炮兵也没法将高地上的美军消灭。就这样，三八一团的2个营拼命地确保着嘉数西高地。

从4月4日和5日开始，大本营和作为上级部队的第十方面军企图干涉第三十二军的作战，督促该军发动攻势妨碍美军使用北·中机场，以帮助特攻机完成任务。对第三十二军来说，这等于是要他们将既定的战略做一百八十度大转弯，对此予以委婉拒绝。但是大本营和上级部队又要求第三十二军"立即向北·中机场方面突击"，并愤怒地表示如果该军不立即出击，将"失去达成任务的机会"。

随着战况恶化，首里的地下司令部内的空气也越来越紧张。第三十二军首脑在上级压力下想发动攻势，对坚决主张持久战略的作战参谋八原表现出露骨的反感。4月5日傍晚，长勇召集所有参谋征求关于可否实施积极攻势的意见，其实是在强迫各人对自己的攻势方案表示赞成。结果航空参谋神、情报参谋药丸、通信参谋三宅、后方参谋木村、作战参谋助理长野均表示支持，但八原坚持持久防御不肯让步。长勇认为"少数服从多数，幕僚会议的结论是赞成攻势"，决定取得牛岛的批准后转入攻势。八原内心非常不满。

就这样，第三十二军改变了作战方针，决定在4月7日夜转入总攻，将美军击退到北方。但是，第三十二军因为接到在那霸南方海上有3艘航母、50艘运输船在接近中的报告，担心主力从首里附近冲出，美军的新登陆部队从背后攻占首里，因此不得不取消了这次总攻。

不过，在这次总攻中止不久，第三十二军在第十方面军的强烈要求下又变更了命令，再次下令在8日实施总攻。但是这次也因为接到了有3艘战列舰、90艘运输船出现在那霸南方海上的报告而取消了。就这样，第三十二军司令部在冲绳战役中围绕"持久战抑或积极攻势"的问题反复更改方针，最后走向失败。

在第三十二军恢复战略持久态势的4月8日的早晨，美军开始攻击宇地泊—嘉数—我如古—南上原—何宇庆—线的主阵地。在大本营和第十方面军的再三催促下，第三十二军再次决心转移攻势。8日当天，长勇主张从4月12日半夜开始投入至少一个步兵旅团实施大规模的夜间攻击，命令作战参谋制订计划。

八原虽然在长勇的命令下制订了夜间挺身突击作战的计划，但判断这次作战一定失败。他认为，自古以来夜袭这种作战方式通常都将目标限定为一个高地或一个村落之类，像这样在10多公里的战线上无特定目标的夜袭纯属胡来。因此在八原的指导下，这次攻势变成了使用挑选的大队实施阵前出击。

4月12日薄暮，第三十二军炮兵队实施了猛烈炮击，2500发炮弹落到美军最前线。半夜，第六十二师团独步第二十三大队、第二七二大队和第二十四师团步兵第二十二联队发动了攻击。右翼的步兵第二十二联队只有第一大队大举进攻，该大队在当晚的夜袭中找不到进击路，在徘徊中被照明弹照亮，遭到集中炮火的射击，蒙受了惨重损失。在日军左翼第六十二师团方面，配属了独步二七三大队的独步二十三大队（山本支队）奉命从嘉数正面出击。

不过独步二十三大队的山本重一对攻击比较慎重，只是派出了数组挺身突击队。至于独步二七二大队，则在13日3时多以大队全力实施攻击，结果在嘉数西高地北坡被美军火网逮住，惨遭全灭。日军的这次反攻一无所获，不仅使炮兵浪费了宝贵的弹药，还使步兵第二十二联队第一大队和独步第二七二大队这两个正规步兵大队遭到重创。美军事先从俘虏那里获得了日军的信号表，因此根据在当天黄昏发射的日军信号弹的颜色和形状，知道日军会进行全线夜袭，所以反击异常准确。第三十二军不得不恢复原来的持久态势。

13日，长勇得知反攻前八原曾指导第六十二师团作战主任，说只需派出若干挺身突击队即可，因此勃然大怒，一度想撤掉八原的作战主任一职，其他的青年参谋也抽泣不已。

在冲绳本岛北部，4月13日，陆战六师进抵本部半岛的前端，同时第二十二陆战团占领了冲绳本岛东北端的边户岬。接下来该师开始集中力量进攻八重岳，经过艰苦的战斗，到18日，美军击溃了守卫八重岳阵地的宇土武彦指挥的拥有约3000名兵力的国头支队。4月19日，第三两栖军基本完成了对北部的扫荡作战。在北部的作战中，美军共阵亡236人、失踪7人、受伤1061人。

攻占八重岳后，第七十七步兵师奉命攻占伊江岛。4月16日登陆该岛后，经过异常艰苦的战斗，到21日美军才占领全岛，付出的代价为阵亡239人、受伤902人、失踪46人，日方死亡4706人、被俘149人，包括大量当地平民。在该岛的战斗中，由居民组成的女子救护班、女子协力队、青年义勇队、防卫队等也协助日军战斗，甚至背着婴儿的妇女也参加了战斗。

许多平民参加了挺身突击队，带着竹枪、手榴弹、炸药箱等突入美军阵地。因此平民的死亡人数非常多。美军在检查日军尸体时一开始以为都是战死的军人，但后来发现其中有许多是身穿军装的非战斗人员。其中还有人穿着美军的军装。

正当伊江岛守备队在拼死抵抗时，冲绳本岛中部战线也迎来了美军的总攻，

美军士兵正在劝说躲藏在龟甲墓中的平民投降

第六十二师团在嘉数、西原的丘陵地带抵抗如怒涛般涌来的美军，双方展开了一进一退的混战，战斗陷入胶着状态。

不祥之丘

13日白天，第六十二师团为了强化战线投入了预备队。除了先前的独步二十三大队，独步二七三大队（和独步二七二大队一样原属独混四十五旅团）主力、第二十四师团步兵第二十二联队第三大队（17日解除配属返回原队）也被配属给独步十三大队。

12日以后战线比较平静。在头两个星期的战斗中，第六十二师团指挥的10个步兵大队中，有7个大队的战力减半，完好的大队只有独步第十五、第二十一、第二十二大队。14日以后，美军休息了4天，其间，美军一直在为下期进攻做准备，向前线部队集中了武器弹药，还派遣了增援部队。15日，美军投入了新锐的第二十七步兵师，该师负责从嘉数到牧港的战线西翼。

独步二七三大队在16日夜企图夺回嘉数西高地一带，但以失败告终，该大队的战力降低到一个中队左右。第六十二师团司令部打算替换战力低下的独步十三大队和独步二十三大队。但在4月19日，战局发生剧变，因此未能实施替换。

根据第二十四军司令霍奇少将的命令，该军将在4月19日清晨6时40分发动总攻。霍奇少将计划突破首里周边的日军阵地，占领那霸—与那原一线，命令第七师在夺取何宇庆西方的178高地之后，南进确保与那霸和那霸间的道路，并命令第九十六师向首里正面的心脏部位突进。

为了突破日军的首里防线，美军在这次总攻中使用了能想到的一切战术，连日军擅长的夜间奇袭攻击也尝试了。新到前线的第二十七步兵师想出了一条妙计。该师师长看到第六十二师团发放给官兵的文件中写着："敌人虽然会在夜间炮击，但几乎不会尝试夜袭。"他们决定将计就计，在步兵第六十三旅团和六十四旅团的接合部所在的牧港实施夜间隐秘渡河，从西面包围嘉数高地。该师在登陆冲绳之前曾经进行了彻底的夜袭相关训练。

这次夜袭比预想的顺利。18日至19日夜间，美军渡河和架桥时，日军完全没有察觉。虽然从嘉数西高地上可以用重机枪火制牧港，也可以设置炮兵观测点，但10日以来美军拼死确保着嘉数西高地，因此该高地没能成为美军在牧港渡河的障碍。随后第二十四军主力也出动了，第二十七步兵师第一〇五步兵团负责攻占嘉数高地。该师还使用了坦克，而之前由于地形的关系，九十六师一直对坦克的使用不太积极。坦克部队奉命突破宜野湾公路的隘路，攻击嘉数村，美军判断强大的日军预备队正部署在嘉数村。

19日清晨6时，美军对日军主阵地全线开始了大规模炮击，27个炮兵营计324门各种大炮发出怒吼，在40分钟内向日军阵地发射了19000发炮弹。这是名副其实的"铁之暴风"，直炸得岩石破碎、大树裂开、山容大变。此外还有11艘舰艇的舰炮射击和650架飞机袭击了日军背后。首里遭到139架飞机的猛烈轰炸，拥有五百年历史的首里城的城墙也被炸塌。

美军炮兵表现出了优秀的技术水平，实施了被称为"TOT"的同时弹着射击和火力的机动。324门大炮发射的炮弹，在同一时间大体集中于同一区域，这一束火线持续移动席卷了日军阵地。

6时20分，炮击的弹着点向纵深延伸了约450米，造成第一线的步兵连开始前进的假象，其实这是自一战以来就在使用的射程的延伸与步兵的假突击相结合的诡计。6时30分，炮击再次返回前线。这次也是假装突击开始，企图引诱日军离开地下坑道来到地面，然后用炮击消灭之。但是日军没有上当。在这次太平洋战区最大的炮击中，在强度堪比混凝土的珊瑚礁下面构筑的日军地下阵地安然无恙。

炮击轰炸过后，美军步兵部队以坦克为先导开始前进。然而，日军一步也不肯退却，拼尽死力顽强抵抗。在嘉数、何宇庆、棚原等阵地发生了名副其实的激战。在守军的顽强反击下，美军进展十分缓慢。最大的挫败发生在嘉数高地。由于在嘉数高地屡屡受阻，美军士兵愤愤地将嘉数高地称为"不祥之丘"。

4月19日嘉数守备队的兵力包括：独步第十三大队（1个中队程度）、独步第二十三大队（半个大队、2挺重机枪）、独步第二七二大队（1个小队程度）、独步第二七三大队（1个小队程度）、独立机枪第四大队（6挺重机枪）、独立速射炮第二十二大队第三中队（2门47毫米速射炮）、暂编迫击炮第二大队（8厘米迫击炮，定数48门）、野战高射炮第八十一大队的一部（2门7厘米野战高射炮）。直协重炮兵包括野战重炮兵第二十三联队第一大队（12门15厘米榴弹炮）、独立臼炮兵第一联队的1个中队（8门32厘米臼炮）。

炮击过后，二十七师第一〇五步兵团一营并列3个连下到比屋良川的溪谷中，开始攀登对岸，目标直指嘉数东高地。但在这一瞬间，日军的火线从台脚部和高地上飞来。在猛烈的射击下，一〇五团前进不得，雪上加霜的是又遭到猛烈的炮击。

8时30分，美军坦克部队单独在宜野湾公路上前进。为了让步兵前进，坦克必须绕到嘉数高地的背面。以第一九三坦克营A连为基干的30辆坦克首先在隔开嘉数高地和西原高地的鞍部因地雷和路障而瘫痪了3辆。在通过鞍部时向右拐可以进入嘉数村。为了防备日军的阻击，各辆坦克的车长关闭了舱盖从车内通过潜望镜观察外面。但是从潜望镜的狭小视野中很难发现位于陡坡顶上的通往嘉数村的道路口。

结果坦克部队搞错了通往村落的道路，在公路上一直前进。而在85高地战斗中损失了大部分速射炮的独立速射炮第二十二大队，残余的2门47毫米速射炮正在武田藤雄指挥下，埋伏在前方公路东侧（西原高地南侧），严阵以待。武田等待坦克队列通过一半时，在200～300米的距离上集中瞄准坦克后侧面开火，打坏了4辆坦克。之后坦克车队终于找到了通往嘉数村的道路，进入了化为瓦砾的村落。

其间又有一辆坦克被高射炮的水平射击打坏。然后在村落内又有14辆被日本兵的肉搏攻击和联队炮的直射等破坏。在一片混战中，有的坦克被扔进没有拔掉安全栓的手榴弹，坦克内的乘员慌忙逃出，日本兵则跳进坦克内搜集丰富的战利品，还当场美美地喝掉了一罐果汁。最终，这支坦克车队中只有2辆坦克、6辆M7自行火炮平安返回己方战线。

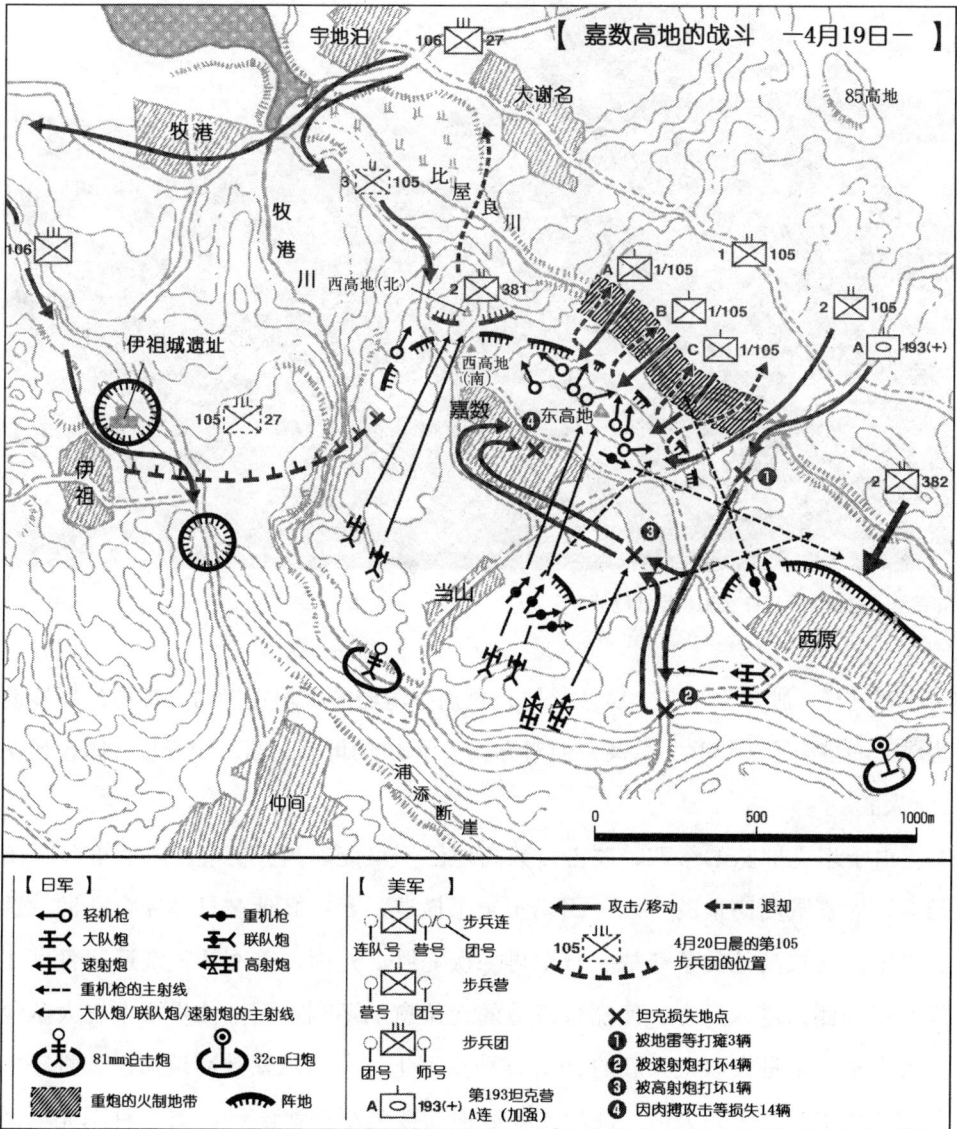

嘉数高地的战斗（4月19日）

向首里进击的美军正在实施步坦协同战斗

　　就这样，独步第十三大队队长原，只拥有薄弱的反坦克能力，却通过巧妙地构成火网将美军步坦兵力分离，使对方损失了22辆坦克。第一〇五步兵团也死伤158人。

　　由于坦克部队的惨败，攻占嘉数高地已不可能。当天傍晚，一〇五步兵团乃至防守嘉数西高地的三八一团均实施了撤退，嘉数高地被日军完全夺回。这一次围绕嘉数高地的争夺战，日军再一次完胜。然而，美军从牧港迂回日军主阵地带的侧面进入后方，使嘉数高地的地位愈加不利。而且独步第十三大队也损失惨重。正是在取得大胜的19日，独步第十三大队从嘉数高地撤退，将守备移交给独步第二十三大队。此后该高地逐渐被美军蚕食，到22日，日军完全撤出了嘉数地区。

　　虽然美军在总攻中伤亡惨重、饱尝苦头，但日军也不得不逐步后退。23日，第三十二军为了整理战线命令部队后退，将第二十四师团投入北方战线以重建防线，将该师团部署在右翼地区。在左翼部分的首里复廓阵地整理战线的第六十二师团，这时还有 5000 名兵力，其中未受伤者只有 2000 人。

无谋反攻

美军于 4 月 19 日开始总攻时，第三十二军还保持相当强的战力。第六十二师团虽然损耗严重，但第二十四师团主力健在，此外，独立混成第四十四旅团主力、和田指挥的第五炮兵队，大田的海军根据地队，也战力完整。从 4 月 22 日开始，第二十四师团主力作为增援部队，利用夜暗，用了两三天赶到防线上，投入首里攻防战。

这样，日美两军对首里的攻防又进入了新的阶段，美军对新防线的进攻依然伤亡惨重、进展缓慢，特别是围绕前田高地双方展开了异常血腥的战斗。但是在这一时期，第三十二军首脑中又出现了关于实施总反击还是实施持久战略的意见对立。参谋长长勇和青年参谋们认为，投入全军转入总反击的时机已经成熟，极力主张转入攻势。但八原认为"应该把持久战坚持到最后"，不肯退让。

4 月下旬，军司令部内的杀气越来越重。美军的轰炸炮击也逼近了司令部坑道附近，硝烟涌入坑道内，吓得坑道内的日军惊呼："是毒气攻击！"他们慌忙戴上了防毒面具。随着战局吃紧，坑道内的日军越来越无法忍耐被动地等待败北和死亡。在美军的猛烈弹雨下，日军胸中憋着一股怒火，对漫长乏味的持久战感到厌倦。日军平时就受到"攻击是最好的防御"的攻势至上的训练，认为如果转入攻势就可以取得胜利，避免"玉碎"。对此，八原视为"盲目主观的迷妄结论"。

但是，支持攻势方案的人太多，长勇就是急先锋。4 月 29 日晨，长勇握住正在洗脸的八原的手说，"我们一起死吧"，边流泪边恳求八原同意攻势方案。就这样，第三十二军终于决定在 5 月 4 日晨发动乾坤一掷的总反攻。

第三十二军的反攻计划十分大胆，颇具野心。其步骤是歼灭作为进攻首里的骨干军团的美第二十四军，然后夺回美第十集团军司令部所在的普天间阵地（其实该司令部并不在此处）。按照计划，船舶工兵第二十六联队（原来是用舟艇运送登陆部队的专门部队）主力和海上挺进队的兵员约700人，将在5月3日日落后，从那霸沿岸分乘快艇和独木舟在大山附近实施反登陆，从美军背后进行奇袭攻击。

同时另一队约500人也将从与那原出发，在中城村津霸附近实施反登陆，使陆战一师和陆战六师陷入混乱，使军主力在首里防线全线发动的反攻容易成功。第三十二军首脑对这次作战极为重视，牛岛命令各部队指挥官集中全力，"各位应至少杀掉一名美国佬"。

5月3日晚，在首里地下司令部牛岛的起居室内，举办了预祝战胜的庆贺宴，第三十二军隶下部队的所有将官齐聚一堂。这时，反登陆部队正在向出发地那霸和与那原前进中。在司令部坑道内摆满了出自专业厨师之手的美味佳肴，并有盛装的女性殷勤招待。将军们在酒精的刺激下越来越开心，笑谈明天的总攻"必胜无疑"。但八原的心中预期反击一定失败。

不出所料，从那霸出发的反登陆部队被陆战一师发现，在白昼般明亮的照明弹下成为大炮的活靶子。从与那原出发的数百名日军，途中在中城湾被发现，几乎全军覆没。反登陆作战完全失败。

上午4时50分，日军的数百门火炮一齐开火，炮火之猛前所未有，天地为之震撼。当时第五炮兵司令部还剩约1/2的兵力，概况如下。

野战重炮兵第一联队（联队本部 弁岳）：15厘米榴弹炮10门。

野战重炮兵第二十三联队（本部 石岭）：15厘米榴弹炮12门。

独立重炮兵第一〇〇大队（本部 长堂）

独立臼炮兵第一联队（本部 泽岻）：98式臼炮6门、9厘米迫击炮4门。

独立迫击炮中队的全部9个中队配属第六十二师团。

在一天之内，日军炮兵发射了13000发炮弹。第二十四师团作为第一线攻击兵团，其3个联队全部展开于第一线突进，战车第二十七联队也首次上阵。独立混成第四十四旅团则进入首里东北。神风特攻队也袭击了美军舰队和读谷机场。

5月4日上午5时左右，美军在幸地和翁长村附近看到2个火球升上天空。这正是日军总攻的信号，紧接着日军的猛烈炮击开始。但是在上午8时前，美第七师就击退了日军的进攻。日军选择了错误的战斗地点，冲向缺乏遮蔽物的开阔地时遭到美军大炮的猛击，退路被切断，像野鸭一样被美军射杀。离开工事现出身形的日军，遭到美军的集中炮击、坦克蹂躏、自动步枪乱射。美军还在日军必须经过的地点制造出弹幕，阻止了日军的进击。

美军的火力优势过于巨大——在总攻期间的夜晚，可以看到双方发射的炮弹拖着红线在夜空中交错乱飞，其中美军发射的炮弹的火线看起来十倍于日军——日军的攻击无异于飞蛾扑火。结果，日军的多数攻击部队未能抵达美军阵地，反而陆续有部队全灭。村上指挥下的第二十七战车联队的坦克，被炮弹炸出的无数坑洞挡住去路，没取得什么战果就全灭了。在冲绳战役中首次暴露在露天的日军重炮，也成为美机的攻击目标。就这样，地面攻击完全失败。"神风特攻队"在5月3日至4日夜间的攻击倒是击沉、击伤了17艘美军舰船。

5日下午6时，牛岛叫来八原。这天本来应该举行战胜庆祝会，但牛岛说"我决定中止攻击"，承认总攻失败，表示要"以最后一兵和可以行走的岛民战斗到最后一人，在冲绳南端只要还有尺寸之地就将持久战进行到底，为本土决战的准备争取时间。今后一切都将托付给你，请按照我的方针放手去干"。长勇则说："冲绳作战失去了一切成功的希望，我军的败北只是时间问题。"

日军的总攻虽然中止，付出的巨大代价却无法挽回。5月4日和5日这两天，美军第七、第七十七步兵师共死伤失踪714人，担任进攻的陆战一师则伤亡649人。相比之下，日军仅战死者就超过5000人，

在弁岳附近战斗中被破坏的日军坦克

这些官兵是守备军的精锐。第三十二军的战力减损严重，第六十二师团的战力下降到1/4，第二十四师团下降到3/5，独立混成第四十四旅团下降到4/5。第三十二军的炮兵也实力大减，有59门火炮被完全破坏。因弹药消耗过巨，以后重炮的射弹量被限制为一天1门10发。

寸土必争

日军的总攻失败后，美第十集团军司令巴克纳中将下令5月11日发动全线总攻。战线被扩大为从安谢川河口到与那原方面。总攻开始后，美军在各处遭到日军顽强抵抗而陷入苦战，战斗的激烈程度相比以往的战斗有过之而无不及。在第六十二师团左翼的天久台地区，似乎正以席卷之势突破日军战线的陆战队，遭遇独立混成第四十四旅团的顽强抵抗，新加入战线的陆战六师在糖块山一带被卷入了战史上罕见的血腥攻防战，日军战线的危机得以被该旅团挽救。

冲绳战役中，巴克纳的基本作战方针是在对日军防线整个正面保持压力的同时逐次攻占其阵地，消耗日军的兵力，最后以致命一击瓦解其战线。在日军的防御阵地依然坚固的情况下，这样的作战方式，不仅进展缓慢，而且伴随对己方力量的消耗，而日军得以在前线部队耗尽之前令其撤退投入预备队重新建立防线。

由于第三十二军总反攻失败，第十集团军司令部判断日军耗尽了预备战力，打算通过这次总攻一举击溃日军防线。为此，将第三两栖军所属的陆战一师和陆战六师全部展开于右翼（西部）战线。从安谢川北岸经首里高地带的北缘到与那原西北的运玉森（锥形山）北麓，从西至东，依次展开了第三两栖军的陆战六师、陆战一师、陆军第二十四军的第七十七步兵师、第九十六步兵师。这一次第十集团军的作战计划，不同于以往的广正面的平推，而是在战线中央部施加压力的同时，在东西两翼突破日军战线，企图将首里的日军主力双重包围。陆战六师在那霸方面的迅速突破尤其受到重视。

　　第十集团军司令部认为陆战六师的战斗区域即战线西翼，正是日军战线的弱点，因为向那霸进军的必经之地——安谢川和安里川之间的台地——虽然受到首里高地带的瞰制，但是乍看起来是一片平坦地形，缺少可作为防御据点的地方。在台地南端虽然存在几处稍微凸起的地点，但看起来不足为惧，而且如果夺取了这些地点，还可以用于瞰制日军的后方联络线。这些凸起之一，在美军的作战地图上被标注为"TA7672G"，后来被称为"糖块山"。山上视野良好，在晴天可望见庆良间列岛，当地人称为"庆良间山顶"。

　　陆战六师从 5 月 2 日开始向南部战线开拔，途中与一些陆军官兵擦肩而过，后者筋疲力尽，面色沉重。同陆战六师交接的第二十七步兵师还有许多战死者的遗体没有被收容埋葬。在陆战队员看来，二十七师的军纪不佳，可以说是濒临崩溃。5 月 7 日至 9 日，陆战六师接管位于稍早南下参战的陆战一师右翼的战线。

　　5 月 10 日，陆战六师开始攻击，第二十二陆战团作为前锋渡过了安谢川。因攻击正面狭窄，陆战六师起初只投入了这一个团。二十二团一营在攻击安谢村东北的低矮棱线时吃尽了苦头，在重巡洋舰"印第安纳波利斯"号和坦克部队的支援下，一营最终在 11 日以惨重的伤亡占领了该高地。防守该地的日军独立第二大队等部后退到西南的天久台，受到二十二团三营的攻击。

　　到 12 日下午，三营已经基本控制了天久台。当天担任二十二团／陆战六师的攻击前锋的，是配属了一个坦克连的二营。当天中午，目标地区"TA7672G"出现在二营的正面。这座小丘东西约 270 米，比高 15 米。当时二营的 3 个连中，F 连担任侧翼的掩护任务，E 连因日军的炮击难以移动，结果，能够攻击这座高地的就只有 G 连的 150 多人。

　　该连开始攻击后，一头撞进了日军的火网。除了重炮炮弹，速射炮、轻重机枪、步枪都开始射击，令美军最为头疼的掷弹筒的小型榴弹也悄无声息地从头上落下。一辆 M4 坦克被 47 毫米速射炮的侧射击穿，2 辆被航空炸弹改造的地雷炸瘫。

　　虽然初次攻击受挫，但还是有 5 名陆战队员登上了高地的山顶。15 时重新发动攻击后，连长和一排排长均受伤，被派来增援和救助伤员的两栖装甲运兵车也遭到痛击。G 连死伤了大部分干部，不得不在坦克连的掩护下撤退。G 连在这场战斗中损失了86人。

13日，陆战六师的进攻由前一天追击战的形式，改为在炮击轰炸支援下的强袭。第二十九陆战团三营也被配属给第二十二陆战团。在前线从西至东依次展开了二十二团三营、一营、二营和二十九团三营。按照计划，各营将前进到二十二团三营的进抵线所在的同一条线上，即台地南端。跟昨天一样，攻击目标被限定为"TA7672G"。这次攻击将不会在战线上形成突出部，这相当于表明陆战六师已经放弃了迅速突破的做法。

11时15分，攻击开始，美军遭到极其准确且控制协调优秀的日军炮火的打击。后来前线的陆战队员甚至描述说日军可以把炮弹打进牛奶瓶中。"TA7672G"前的小丘即查理山上的日军，也开始向美军射击，而之前该处日军一直最大限度地隐匿阵地，展现出了优异的射击纪律。结果美军以加强了的步兵营实施的正面进攻遭到失败。

14日，二十九团主力在二十二团的东侧展开。副师长亲自来到二十二团二营营部下发了师的书面作战命令，催促该营进攻："该营立即开始进攻，应不惜一切代价实施攻击。"这时二营营长伍德豪斯已经了解到"TA7672G"并非单独存在，而是包含三个互相支援的山丘，他给"TA7672G"取名为"糖块山"。

糖块山被日军称为"安里52高地"，同时日军也使用"52高地地区"一词，即把这片防御地区作为"面"来防御，而不是像美军当初那样把糖块山当作一个"点"。防御该地区的是此前一直被第三十二军作为预备队控制着的独立混成第四十四旅团的主力——独立混成第十五联队，该联队还配属了独立速射炮第七大队和独立第二大队等部，作为独混第四十四旅团的右地区队，布阵于以糖块山为中心的三座山丘[高地1、高地3（女王山）和糖块山，另外在高地3东侧还有一个被称为"查理山"的小丘]和台地南端的凸起（马蹄山），另外还以真嘉比村为中心构筑了阵地（查理岭和半月山）。真嘉比村与糖块山隔着一道轻便铁路所在的路堑。因此发动攻击的陆战队不仅受到糖块山高地群的射击，还遭到来自真嘉比阵地的侧射。而在真嘉比方面，如果越过北侧的棱线即查理岭，就会暴露在来自糖块山高地群的射击下。在马蹄山和半月山的反斜面上有日军的迫击炮阵地。

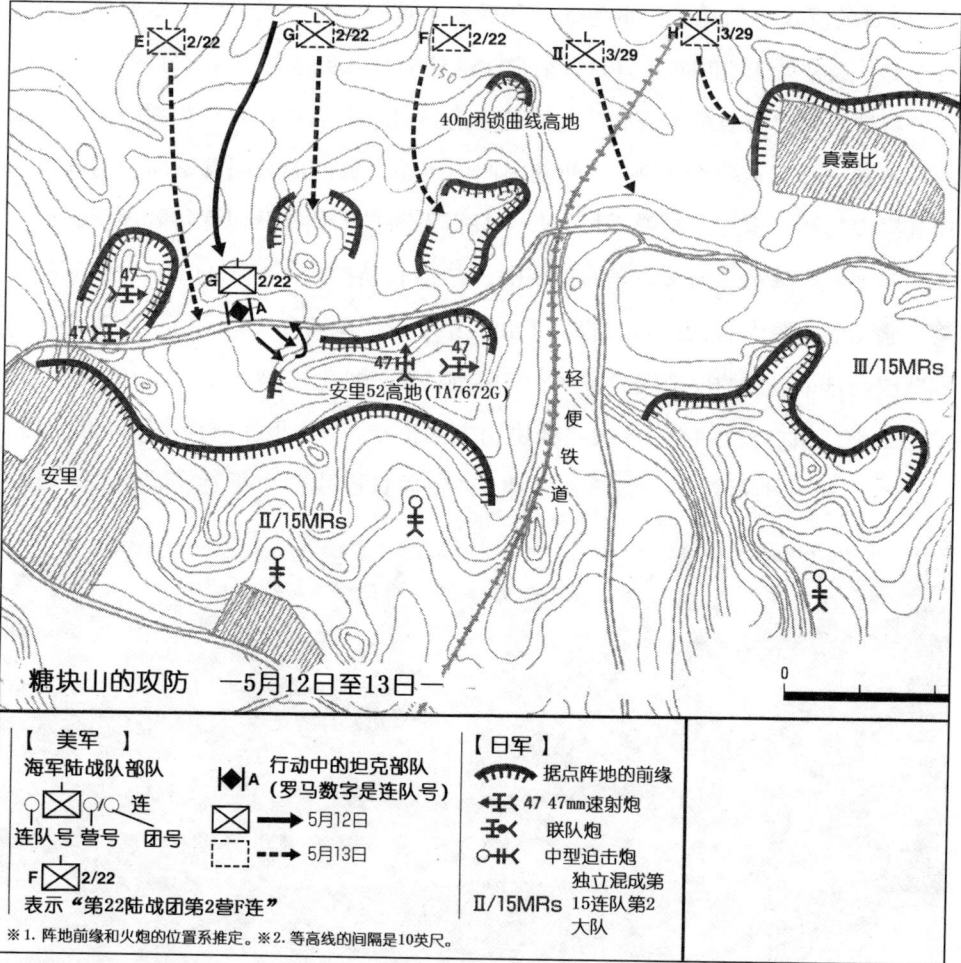

糖块山的攻防 —5月12日至13日—

E ⊠ 2/22
G ⊠ 2/22
F ⊠ 2/22
II ⊠ 3/29
H ⊠ 3/29

40m闭锁曲线高地

真嘉比

47 王
47 王
G ⊠ 2/22
A
47 王
47 王
安里52高地(TA7672G)

III/15MRs

安里

II/15MRs

轻
便
铁
道

0

【 美军 】
海军陆战队部队

连
连队号 营号 团号

F ⊠ 2/22
表示"第22陆战团第2营F连"

行动中的坦克部队
（罗马数字是连队号）
⊠ → 5月12日
⊠ ---→ 5月13日

※ 1. 阵地前缘和火炮的位置系推定。※ 2. 等高线的间隔是10英尺。

【日军】
据点阵地的前缘
47 47mm速射炮
联队炮
中型迫击炮
独立混成第
II/15MRs 15连队第2
大队

糖块山的攻防（5月12日至13日）

155

独立混成第四十四旅团不仅拥有旅团炮兵队，还得到了主观测所设于首里的野战重炮兵第一联队、临时编成海军炮大队等的密切的炮火支援。从安谢川到安里川之间的台地均在日军炮兵的射界内。不过由于第三十二军的各炮兵队在5月4日和5日的反攻中消耗了大量炮弹，此后炮击被限制为一天1门10发炮弹。因此日军炮兵经常无法适时向良好目标射击，这使陆战队免遭更加毁灭性的损失。

巧妙组织的独混第十五联队的阵地也有自身的弱点：在西翼相邻的天久台被美军占领（15日被完全占领），西侧因此向美军开放。而且同首里周边的阵地相比其纵深较浅。再加上炮弹不足，日军只得不断投入预备队以保持阵地。起初由独混第十五联队第二大队防守的糖块山，在13日新投入了海军的山口大队和特设第一旅团的伊藤大队，15日又投入了独混第十五联队第一大队，等等。这些增援部队成为日军宝贵的反击战力，多次将陆战队从阵地上击退。

二十二团二营在14日再次向糖块山方面进攻，F连担任前锋。行动开始后，一排和三排分别抵达了高地1和高地3，随后G连残部也抵达了高地3。15时

糖块山的日军洞窟阵地

15分，伍德豪斯中校接到了继续攻击的师命令。师部还派出了二十九团的K连前往增援。

16时，三排在炮击轰炸和坦克的支援下向糖块山前进，却像割草般倒下，3辆坦克也被速射炮击中，攻击彻底失败。同时从高地1前进的一排则下落不明。日落在一片混乱中降临。这时美军弄清了一排已经到达糖块山山上。来到前线的副营长小亨利·考特尼少校为了增援一排，决定实施夜间攻击。虽然在冲绳战役中，美国陆军多次实施了夜袭，但海军陆战队基于以往岛屿战的经验，通常不会进行夜间攻击。虽然军官们都反对夜间攻击，但考特尼固执己见。为了隐匿己方的行动，还请求中止发射照明弹。19时30分，他们开始向糖块山前进。途中，他们同一群撤退的陆战队员擦肩而过。

到达糖块山后，他们发现占据山顶的是日本兵，他们先前碰到的正是一排的残兵。从山腰到山脚一带，考特尼的队伍同日军发生了激战。如果不能到达棱线，他们必定会被日军从上方击溃。在得到了伍德豪斯中校送来的弹药和最后26人增援队伍后，考特尼告诉部下："我们将要进行'万岁冲锋'！"

23时30分，在支援炮击和照明弹的光亮中吹响了哨子，陆战队员一齐开始前进。在山顶一带展开了激烈的手榴弹战，陆战队员甚至能听到日本兵投掷手榴弹时发出的吆喝声。在糖块山山上和来自附近阵地的日军的火力打击下，美军不断伤亡，考特尼少校也战死了。营部了解的情况是生存者只有8人。15日2时30分，K连终于奇迹般平安抵达糖块山。

日军对糖块山的陆战队持续了一夜的反击只是一个局部。天亮后，在火炮迫击炮的支援下日军开始了主反击。支援反击的炮击又准又猛，一发炮弹命中了二十二团一营的指挥所，营长托马斯·迈尔斯少校、第六坦克营C连副连长战死，全部3名步兵连连长和坦克连连长均身负重伤。

陆战六师在8时用炮兵和舰炮的弹幕暂时挡住了日军的反击，但日军终于撕开正面宽800米、纵深约1000米的口子，将美军战线切断。虽然向糖块山上增加了二十九团D连的一个排，但凭这点儿兵力根本无法顶住日军的反击。陆战队员终于不顾死守的命令开始撤退了。二营在10日渡过安谢川时，定员数为996人、实有人员686人，到15日因战死、受伤或罹患战斗疲劳症减少到286人。

16日，陆战六师改变了作战方针，决定首先集中攻击半月山。夺取了半月山后，就可以在该山的掩护下攻占糖块山。但在日军的炮击、大量手榴弹攻击和交叉火力的打击下，二十二团和二十九团的攻击部队再次败北。二十二团已经筋疲力尽，被撤出糖块山的战斗，团长也被更换。前线的陆战队员早已疲劳过度，白天遭到炮击，晚上还要防备日军的夜袭，肉体和精神上均极感痛苦，而且身体总是被雨淋得湿漉漉的。

日军士兵也疲劳至极，但能躲在地下阵地中，多少能保持衣服和装备的干燥。有的陆战队员看到身穿干燥衣服的日本兵的尸体，不禁生出了羡慕之情。被炮弹反复耕犁过的战场上，有很多尸体没能被收容，降雨断断续续，战场被两军官兵的腐烂尸体和从个人掩体洒向周围的排泄物覆盖，空气中充满了无烟火药的气味和腐臭味，蛆虫和苍蝇大量滋生。

17日，二十九团单独进行攻击，采取和昨天一样的方针。没有得到增援的真嘉比阵地被占领了大半，从东往西，A、H、I三个连成功占据了半月山的北坡。但是E连在向糖块山前进时，在到达轻便铁道的路堑的瞬间遭到炮击，二排遭到毁灭性打击。从西方进攻的F连一排也遭到独混第十五联队第一大队第二中队的伏击而被击溃。

半月山的三个连到傍晚因忍受不了日军的炮击终于开始败退。E连的残部虽然还守在糖块山的东侧山脊上，但面临着日军的反击。这时碰巧有一名炮兵部队的通信兵跟E连在一起，这名一等兵连吼带骂地向炮兵的射击指挥所请求炮击，于是12个炮兵营上百门火炮的集中火力阻止了日军的反击。

18日，第二十九陆战团也即将到达极限。不过日军的战力也消耗极大。前一天的进攻虽然表面上一败涂地，但日军的火炮、迫击炮阵地逐次被破坏，炮火大大衰减。二营营长威廉·G.罗布中校决心从糖块山两翼强行进攻。D连担任攻击的先锋，2个坦克连提供支援。很快就有6辆坦克被反坦克炮和地雷破坏，但2个坦克连总算绕到了糖块山的两翼，进入了可以实施包抄攻击的位置。

这时炮兵开始了火箭炮齐射，炮兵和装甲兵的协同攻击战术为步兵突击创造了良好条件。8时30分，D连的两个排，一边踏过战友的遗体，一边冲上糖块山。坦克部队绕到糖块山的反斜面，向发现的洞口射进炮弹。其间，D连主力越过糖块山的棱线，同坦克互相配合破坏日军的坑道和掩体。

虽然D连大体上占领了糖块山，但马蹄山的日军迫击炮猛烈打击着糖块山。傍晚，罗布中校命令F连向马蹄山前进。日军从23时左右开始反击，压力集中于F连，该连最后在次日2时30分左右撤退。结果该连作为糖块山上的D连的前哨承受了日军的反击。日军的反击非常猛烈，糖块山山上一度到处展开近距离战斗。

然而，日军的战力正在耗尽。山口大队在16日全灭，独混第十五联队野崎第一大队也损耗严重。19日天亮后，D连仍然确保着糖块山。陆战队终于占领了这座山丘，从上面可以望见已化为一片废墟的那霸市区。

与战术比较保守的陆军不同，美国海军陆战队作为强袭登陆部队，倾向于以迅猛雷厉的作风速战速决，宁可蒙受更大的牺牲，也不愿意采用陆军那种耗费时间的攻击方法。但是由于军官们的战术能力，特别是对地形的理解能力不足，陆战队的糖块山之战成了一场逐次投入兵力的拙劣的进攻战。虽然作战目的是"迅

冲绳传统民居在美军坦克的攻击中遭到严重破坏

速突破那霸"，但实际上陆战队拘泥于眼前小小的战术目标，他们本可以在夺取天久台后以其为观测所牵制安里川的两岸，然后从西侧面攻击日军阵地。

在糖块山之战中，陆战队的军官、士官、士兵之间的亲密纽带发挥了重要作用，使战斗团队能有效地运行下去。军官能够身先士卒，激励即将崩溃的士兵继续战斗。但与此同时，陆战队的指挥官在这场血战中没有表现出足够的创造力、观察力与判断力。从第十集团军发动总攻的5月10日，到占领糖块山的19日，陆战六师的损失为死伤2662人、战斗疲劳症患者1289人，而参加战斗的2个陆战团的定员数合计为6824人。即使在冲绳战役中，这样的代价也是骇人听闻的。陆战六师以极其高昂的代价攻占了糖块山等阵地，但马蹄山和半月山仍在日军手里，血战远未结束。美军迅速突破那霸已无可能。

大雨中的撤退

尽管损失惨重，陆战六师仍然继续进攻以图攻占首里高地。对美军来说，占领首里高地的关键，在于攻占泽岻和大名一带的丘陵地带。为了攻占该地域，美军展开了坦克和步兵部队的协同作战。经过反复激战、受挫后，陆战六师于5月13日在臼炮、舰炮射击的支援下进至泽岻台上，接着开始攻击大名高台。

15日，陆战一师的部队开始接替陆战五团。2天后，3辆自行火炮和12辆坦克直接轰击守军阵地。日军则以反坦克炮和重机枪激烈反击，美军难以前进。然而，美军反复攻击大名的岩山地带，用大炮、手雷、炸药、凝固汽油弹等一切手段攻击日军阵地，终于在5月21日确保了大名高地的台上。

泽岻和大名的丘陵地带被占领，占领首里就只是时间问题。包围首里高台地带的美军，立即向首里的第三十二军司令部射击。在军司令部内可以不分昼夜地听到炮击轰炸声、尖锐的坦克炮声和凄厉的机枪射击声。

5月17日凌晨，第七十七步兵师第三〇七步兵团隐秘地向石岭的丘陵地带进击。石岭地区位于首里东北侧，首里就在其后方不远处，这里由战车第二十七联队守备。为了占领石岭高地，美国陆军又一次实施了夜袭。天亮时，日军还不知道美军已经在高地上构筑了阵地，有的人刚走出洞穴就稀里糊涂地被打倒。甚至有 10 多人还在熟睡中时就被美军刺杀、枪杀。但是不久，日军使用了包括大炮、臼炮、迫击炮、机枪、步枪等一切武器向美军实施反击。

结果，缺乏经验的美军新兵变得惊慌失措，有人在目睹自己的指挥官中弹后无法扣动扳机，向其他士兵呼喊："快干掉那个日本兵！"也有人在发现日本兵就在跟前后扣动扳机，却发现忘了装填子弹。担任夜袭石岭的第三〇七步兵团 E 连，在激战中，240 人中有 156 人死伤。然而，日军的损失更数倍于美军。经过极度血腥的拼杀，美军终于守住了石岭高地上的阵地。

在首里周围的日军阵地中，被美军称为"巧克力糖"的高地（日军称为"西部 130 高地）是最坚固的阵地之一，这里也是首里攻防的关键。这座高地从平地上突然升起，酷似浅底盘子上放着一块巧克力糖。

第七十七步兵师对该地区的猛攻一再碰壁，但到 5 月 20 日，日军在"巧克力糖"高地的抵抗被彻底粉碎。步兵第二十二联队虽然拼命应战，终究未能恢复阵地。不过在首里正面，村上指挥的战车第二十七联队利用尚未修完的首里机场的跑道阻止了美军坦克部队一口气突入首里市内。但这不过是日军的回光返照罢了。

5 月 21 日，倾盆暴雨突然侵袭了战场，道路被冲毁，美军的补给断绝，这天降大雨对日军来说有如"天助"。在这一时期，八原考虑了向南部的喜屋武半岛地区撤退的方案。5 月 21 日晚，第三十二军全体参谋和各师团的参谋在军司令部就撤退计划展开了讨论。次日，牛岛决定向喜屋武地区撤退。

自 5 月 22 日牛岛决定将军司令部转移到喜屋武地区以来，第三十二军一直在研究后退作战计划。美军冒着大雨不断渗透，对首里的压力越来越大。长勇决定在 5 月 29 日夜让第一线部队主力后退，部署到八重濑岳和与座岳一线。

5 月末，冲绳的梅雨接近结束，但突然下起暴雨。在暴雨的掩护下，第三十二军各部队开始从首里撤退。27 日晚，第三十二军司令部开始离开首里城地下坑道，向南部撤退（首先前往津嘉山的临时战斗司令所）。美军观测机在

26日下午发现约20000人正从首里战线一带南下，但误以为是平民在移动，没有实施攻击。但第二天美机发现有卡车和坦克部队南下，于是立即引导炮兵和舰船进行炮击。

巴克纳中将命令第三两栖军、第二十四军向日军施加强大压力，阻止其在新阵地巩固态势。29日，陆战一师进攻首里城，发现日军主力已经转移。就这样，在大雨的掩护下，牛岛成功撤出了大部分兵力，将新司令部设在首里城正南方14.5公里处布满岩石，可俯瞰海岸的绝壁上的洞穴中。然而，冲绳平民在这场撤退中付出了高昂的代价。陷入恐慌状态的数万平民追随军队向南逃去，途中被炮击轰炸大量杀死，泥泞不堪的路边留下了成千具尸体。

即使撤退到南部也并不安全。平民相信跟军队在一起比较安全，然而日军常常把他们从各地的自然洞窟中驱赶出去。虽然如此，在很多地方，还是能看到平民和部队不得不躲在同一个洞窟中。各地发生了许多悲惨的事情，例如为了制止婴儿的哭声，母亲不得不捂住孩子的嘴和鼻子，导致孩子窒息而死。此外，日军在撤退时不得不丢下约10000名无法收容的伤员。伤员纷纷用手榴弹、炸药、药品自杀，无力自杀者则躺在原地慢慢死去。

冲绳战役中，用钢盔代替脸盆洗脸的美军女兵

162

成功南下的日军陆军人员约有3万人，炮兵队各部队也在6月初在真壁、米须一带集结完毕，当时的战力为（概数）：15厘米榴弹炮16门、15厘米加农炮2门、高射炮10门（用于反坦克）。

5月30日，美军完全占领首里市区，突入市内的美军发现市内的建筑物几乎全部毁灭，只剩下混凝土构筑的教堂和学校的一部分。10000名劳工用了8年时间才修成的首里城的巨大城墙已经被1000磅炸弹等集中攻击夷为平地。巴克纳中将对麾下部队占领棘手的首里防御阵地感到狂喜，对幕僚们说："大功告成了。"

那霸也在5月25日被美军占领。化为废墟

已经化为废墟的首里城，剩下的只有坐落在焚烧过的树木之间的一部分石墙

美军士兵正在仔细瞄准隐藏在被炸得只剩下外壳的首里教堂中的日本兵

的那霸几乎变成一座空城，除了少数平民，看不到一个日本兵。6月1日，美军突破识名地区的日军阵地，向国场的北方台地扩大了战线，从背后包围了首里（不过首里已经被美军占领）。同时，从与那原方面进击的第三十二步兵团正在威胁与那原—那霸一线，意图切断首里与南部的联系。如果切断成功，日军向喜屋武方面南下的退路就会被截断。第三十二军首脑的南下正是在这千钧一发之际完成的。

魂断摩文仁

第三十二军撤退后的军司令部新址在摩文仁。5月29日，先行前往摩文仁的后方参谋木村和情报参谋三宅，报告第三十二军司令部："摩文仁的洞窟无法发挥军的战斗司令所的机能。"可是摩文仁已被指定为第三十二军最后的防御阵地。这一报告激怒了第三十二军首脑。结果，牛岛以下的军首脑无视该报告，分乘野战兵器厂的木炭汽车于次日零时左右从津嘉山出发，当天抵达摩文仁，在89高地（摩文仁岳）山顶下方的自然洞窟中安顿下来。

摩文仁岳的东北部有八重濑岳，其右后方还坐落着糸数高地。摩文仁的西北部则屹立着与座岳。从海岸边的摩文仁到具志头、港川分布着数十米高的断崖，形成了天然的要塞。东西约8千米、南北约4千米的喜屋武半岛，成为第三十二军残存兵力对抗以破竹之势攻来的美军的最后的决战场。

6月5日前，第三十二军主力部队完成了向喜屋武半岛的撤退。同时美军也在加紧向南部追击，准备进攻南部的八重濑岳和与座岳的丘陵地带。巴克纳中将命令第二十四军和第三两栖军在6月4日同时进攻与座、大里、米须一线。4日，攻占了那霸市一带的陆战六师登陆小禄半岛，开始了历时10天的血腥的小禄战役。防守该半岛的是大田实指挥的冲绳方面根据地队的海军部队。到13日，日军的有组织抵抗结束，大田实和幕僚在当天零时左右一同自杀。在小禄战役中，美军付出了1000多人伤亡的代价。日军战死约4000人。

6月13日，陆战队员正在将潜伏在甘蔗田中的日军败兵驱赶出来

穿着平民服装的日本兵被从地下坑道中熏了出来

在冲绳战役的最后阶段，撤退到冲绳本岛南端狭隘一角的日军即将迎来"玉碎"的结局，所有的顽强抵抗不过是在争取时间而已。在冲绳南部，从喜屋武岬到港川附近，大大小小的美军舰船黑压压地挤满了深蓝色的大海。炮击集中于摩文仁的山冈，来自空中的炸射越来越激烈，地面上美军步兵也以M4坦克为先导逐渐缩小着包围圈。

日军的损失与日俱增，在从6月初开始的半个月中，日军平均每天死亡1000人左右，到了6月19日就增加到2000人。三天后更是增加到4000人以上。到6月16日美军完全占领了右翼战线的八重濑岳。军司令部急忙命令第六十二师团司令部赶到摩文仁确保右翼战线，也就是让正防御喜屋武半岛西南大海正面的第六十二师团移动到另一侧的东部陆地正面。

17日，美军攻占战线左翼的与座岳，摩文仁的军司令部失去了最后的屏障。18日拂晓，第六十二师团长藤冈挑选作战上需要的最低数量的人员，准备向摩文仁转进。然而山城的师团坑道从昨天开始就遭到美军的"骑马攻击"，师团司令部附大桥清辰指挥剩下约30人的兵力实施攻击，好容易打开一条血路，使师团长能够向摩文仁前进（6月22日2时，藤冈、步兵第六十三旅团长中岛德太郎在摩文仁自杀）。18日晨，美军突破了摩文仁和山城中间的平坦地区，到达了海岸线。

在这一阶段的战斗中，虽然双方的伤亡比愈加悬殊，但美军依然要付出很多牺牲。特别是在6月12日至17日的国吉岭之战中，第二十四师团步兵第三十二联队及其配属部队表现出色，陆战一师伤亡竟超过1000人，坦克被击毁击伤21辆。在这一时期，为了劝说日军投降，美军散布了数十万张传单，并定时中断炮击用扩音器劝降。在冲绳战役的前70天中，第十集团军管辖下的俘虏平均每天只有4人，但在6月18日增加到50人，19日更是有近400人主动投降。

就在美军胜利在望时，第十集团军司令巴克纳中将于6月18日下午，来到真壁附近的陆战二师八团前敌观察所观察陆战队最后的进攻情况时，一发日军炮弹（根据日方资料，开炮的是位于真壁的日军野战重炮第一联队的2门150毫米榴弹炮，一说是47毫米炮）击中了岩石的下部，接着又落下几发炮弹。珊瑚石碎片击中了将军

的胸部，10分钟后将军去世。不
久前，陆战六师第二十二团团长罗
伯茨上校曾警告巴克纳中将："来
自日军阵地的侧射很厉害，请暂缓
视察前线。"但在发出警告一个小
时后，罗伯茨上校也被狙杀。此外，
第九十六师副师长克劳狄乌斯·伊
斯利准将也在次日被日军机枪射杀。

6月21日下午，暂时接替巴
克纳中将的盖格少将，宣布美
军占领冲绳岛。冲绳本岛上持续
82天的血战至此结束。

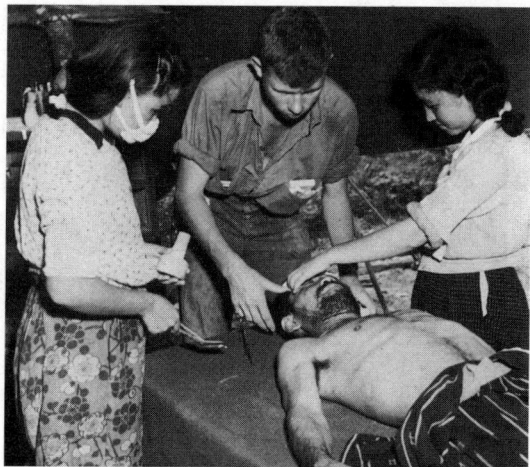

6月29日，位于冲绳本岛南部的美军野战医院中，作为
美军卫生员助手为居民进行治疗的女学生

这时摩文仁的第三十二军司令部洞窟内，军首脑依然健在，但摩文仁村和司
令部所在的89高地均已落入美军之手，司令部坑道的入口也受到喷火坦克和爆破
组的攻击而被破坏。23日4时多，牛岛和长勇在靠近海岸的洞窟出口附近切腹自
杀。三天后，八原被俘。不过，冲绳岛上的战斗并未完全结束，仍有日军部队坚
持战斗。

北乡格郎指挥的第二十四师团步兵第三十二联队残部，潜伏在第九师团修筑
的国吉地区的洞窟阵地内，又坚持了两个多月。8月28日夜，第三十二联队焚烧
了联队旗，29日，联队长北乡以下300人向美军投降。

人间惨剧

在冲绳战役中，双方都付出了惨重代价。日本方面死亡188146人，其中本
土出身军人65908人、冲绳县出身军人军属（含防卫队员）28238人、"战斗协力

者"55246人、一般平民38754人。包括冲绳县出身的军人军属在内，日军共死亡约94000人。美军方面阵亡（含失踪）陆军4675人、海军陆战队2938人、海军4907人。舰船和飞机方面的损失，日军损失16艘舰船、损伤4艘，损失飞机7830架。美军沉没舰船36艘、损伤368艘，损失飞机763架。

冲绳县民在这场战役中蒙受了巨大牺牲，除去军人军属，死亡的平民多达约94000人。包括出征的军人和在南洋方面的开拓者等，冲绳县民在这场战争中一共死亡近15万人，约占总人口的1/3。相比之下，日本本土非战斗人员的死者总数为156000余人。有些平民系死于"友军"之手。

日军经常疑神疑鬼，怀疑平民中有奸细。参谋八原就曾听说有一名冲绳女性因被怀疑是间谍而被捕，理由是她在首里郊外用手电筒给敌人发信号，当然这一点并无确凿证据。这名女性最后在军司令部坑道的后面被用竹枪刺杀。这绝非个例，冲绳本岛及附近岛屿上有很多平民因间谍嫌疑被日军杀害，以至于有的平民害怕日本兵甚于害怕美国兵。

在冲绳战役中，约25000名县民男子以防卫队或义勇队的名目被配属给各部队。其中包括以中学高年级学生、师范学校学生为主力组成的铁血勤皇队1685人，其中很多人在战火中丧生。例如县立工业学校的94名学生作为铁血勤皇队员被配属给和田孝助指挥的第五炮兵司令部通信队，在战役中有85人（90%）战死；县立第一中学有371人在筱原指挥下编成了铁血勤皇队，被配属给电信第三十六联队和第五炮兵司令部等部队，其中210人（57%）战死（包括筱原以下20名教职员工）；冲绳

6月17日，正在接受美军讯问的铁血勤皇队员

师范学校男子部的所有职员、学生都被动员参加铁血勤皇队，直属第三十二军司令部，该校被动员的386人中有224人（58%）战死，包括校长野田贞雄等18名教职员工……

由高中女学生组成的"姬百合部队"（随军护士）543人也被配置在前线。部队名称源自那霸郊外安里的女子师范和第一女高被称为"姬百合学校"。这些女学生也牺牲惨重，特别是纯真无邪的女学生相信了日军的宣传，惧怕被美军俘虏，很多人因此自杀。6月18日，被解除动员的姬百合部队的女学生27人在企图从地下坑道中逃出时，遭到美军急袭，全体死亡。战后在现场建立了"姬百合之塔"。姬百合部队的悲剧故事，因小说《姬百合之塔》和由该小说改编的多部同名电影而广为人知。姬百合部队的悲剧是冲绳战役这个大悲剧的象征。

日本高层的指导者认为在日本本土成为战场的情况下，除了军队，老幼妇孺也应该齐心协力，献身"皇土防卫"。在八原看来，在现代科学化的战争中，特别是在地域狭小的岛屿作战中，将手持竹枪的非战斗人员投入炽烈的战火中有害无益，只会妨碍战斗部队的行动。但牛岛等人认为冲绳岛只是日本的一部分，冲绳岛的战斗不是日本的最后一战，应该在冲绳岛付出一切牺牲以利于本土决战。

结果冲绳成为本土决战的预演，指导者的理想在这里被付诸实践。1944年8月31日，牛岛对各师团长、旅团长和司令部员进行了训示，在7项训示内容中，其中第一项是关于贯彻"现地自活"。所谓"现地自活"，就是"活用现地物资，虽一草一木亦应将其战力化"，其实就是掠夺平民的粮食。在冲绳战役中，日本兵经常持枪夺走平民的食物，有时还会杀害平民。

冲绳战役的悲剧性不仅在于两军官兵的大量死伤，更在于千万平民惨遭涂炭，老幼妇孺皆不得幸免，未死之人也饱尝创伤。冲绳本为古琉球国兴起的开化之地，岛民天性平和、淳朴善良，却因为被绑在"大日本帝国"的战车上而被卷入全面战争的旋涡，美丽的海滨胜景变成了满目疮痍的人间地狱。究其实质，日军的冲绳作战是以牺牲无数"皇民"的生命为代价来保卫"皇土"，并不在乎"皇民"的死活。

第6章

伊洛瓦底会战

缅甸方面军的内线作战

在1944年日军的英帕尔作战遭遇惨败后不久，东南亚盟军最高司令蒙巴顿中将为了1945年攻占缅甸全境，制订了两个新作战计划。

1.首都计划：以英军第四、第三十三军迅速渡过钦敦江进行追击，在瑞保平原与日军决战。

2.吸血鬼计划：在仰光方面的登陆作战。

这两个作战计划是以至迟到1945年初获得来自欧洲的资材为前提的。然而因预期德军在1945年春之前不会崩溃，欧洲战场的作战资材难以被及时送到东南亚。但是蒙巴顿中将决定在实施首都作战的同时，在1945年雨季结束后开始实施吸血鬼作战，计划实施如下几个作战。

1.实施首都计划，夺回加列瓦—瑞保—抹谷—腊戌一线以北的缅北。

2.为了尽速解放正被冻结在阿恰布方面战场的2个师以上的部队及其管理部队，扫荡阿恰布的日军，夺回阿恰布。

3.为了在1945年雨季前在克拉地峡（马来半岛北部的最窄处）建立海军和空军的前进基地，在当年3月以2个师在该地实施登陆作战。

4. 1945年雨季后实施吸血鬼作战。

5. 对马来半岛实施一次登陆作战。该作战的实施不受雨季影响。

不久，1945年1月盟军的陆军司令部进行了重编，斯利姆中将被任命为东南亚盟国地面部队司令，接收了第十一方面军司令部。结果，进入斯利姆中将指挥下的部队有第十四集团军（第四、第三十三军）、第十五军、兵站司令部（11月后改编为后方管理部队）、英国第三十六师（当时配属缅北战区司令）、锡兰陆军司令部（指挥印度洋群岛各守备队等）。此外，斯利姆中将还对缅北战区的美、中、英部队和从中国进入缅甸的中国远征军部队行使指挥统制权。

其中第四军除了第五印度师、第十七印度师，还新加入了第十九印度师。其中第十九印度师于1944年11月末在锡当附近渡过钦敦江。

以第十一东非师为先导的第三十三军于12月2日在加列瓦附近抵达钦敦江。12月3日，第二十印度师在茂叻和加列瓦北方渡过钦敦江，第二师也在12月9日利用加列瓦的桥梁渡过了该河。接下来第十四集团军将实施首都作战计划。

时任第十四集团军司令斯利姆中将希望在瑞保平原与日军决战，在这里捕捉歼灭日军。因为瑞保平原在旱季适合装甲部队活动，日军背后还有伊洛瓦底江、钦敦江，在这里进行会战对盟军有利。因此，斯利姆决定将第十四集团军集中于瑞保平原，命令各部队避开丛林战，准备在平原和缅甸中部的丘陵地带作战。

然而，缅甸方面军无意在瑞保平原同盟军战斗，相反却向伊洛瓦底江（也译"伊洛瓦底河"）南岸的腊戌—曼德勒地区后退，企图在这里重建兵力，强化缅甸南部的防卫。该方针在9月下旬即已决定。

1944年9月下旬，日军第十五军因英帕尔作战的失败丧失了大半战力，而第三十三军也必定将在近期从云南战线后退，日军的铁路运输在盟军压倒性的空中优势下也处于麻痹状态，汽车部队数量很少，各兵团也都蒙受了严重损失，缅甸方面军不得不在这种情况下进行广范围内的内线作战。

1944年10月末，缅甸方面军向各军内示了方面军作战指导要纲，命令各军准备实施以下三个作战。

1."断"作战：继续实行以切断妨碍中印地面联络为目的的作战。（第三十三军）

2. "盘"作战：在马德亚北方高地、实皆桥头堡和木各具附近坚守阵地，于伊洛瓦底江畔击溃来攻之敌，确保该江南岸要域。（第十五军）

3. "完"作战：击溃向印度洋沿岸来攻之敌。（第二十八军）

根据作战指导要纲，缅甸方面军的各兵团需要尽速转移态势、重建战力、构筑阵地、确立补给体系，准备下期会战。然而，各军特别是第三十三军方面的战况与方面军的预期相反，方面军虽然抽出了第二师团，但第三十三军（第五十六师团、第十八师团）还是逐渐陷入困境。

在发现日军无意在瑞保平原寻求决战之后，斯利姆判断日军企图在伊洛瓦底江畔而不是在瑞保平原决战，于是着手制订新的作战计划。斯利姆的新计划的目的是在曼德勒、敏建地区歼灭日军，然后趁余势夺回仰光。具体方法是以第三十三军（配属第十九师）为助攻军团，先于第四军在曼德勒的北方和西方渡河，牵制尽可能多的日军师团，其间作为主攻军团的第四军秘密通过密达河谷南下，突然出现在木各具确保渡河点，然后以装甲和空降部队向敏铁拉突进，两军相呼应歼灭日军。

木各具南侧是日军第十五军和第二十八军的战斗地境线，是两军接合部的薄弱之处。当第四军在木各具渡河之后，即进入了缅甸中部平原的沙漠状地形，这里正是适合装甲部队活动的绝佳地形，而且距离敏铁拉仅有120公里。曼德勒是缅甸的第二大城市，缅甸方面军深信"制曼德勒者制缅甸"，对曼德勒给予了极度重视。然而，斯利姆敏锐地认识到敏铁拉才是实质性的要冲。

敏铁拉是日军第十五军和第三十三军的后方管理中枢，设有主要的补给基地、弹药囤积所、医院等，以及5个机场，并且是多条道路和铁路经过之处，是日军的命门所在。当敏铁拉遭英军进攻后，日军为了确保重要的联络线，需要往这里派遣大量兵力，那样势必形成决战，而这场决战正是斯利姆最为期待的。

1944年12月19日，斯利姆向两军军长下达了作战命令：为了歼灭曼德勒—敏建—稍埠的日军，将以第三十三军从瑞保平原向东方和南方进攻，以第四军经密达河谷在木各具附近渡河，继而向敏铁拉突进占领该地，同第三十三军相呼应歼灭当地的日军，之后进抵兴实达（仰光北方130公里）东西一线，在雨季前一举占领仰光和毛淡棉。

第十五军的"盘"作战

1944年10月末，在缅甸方面军向第十五军内示了作战指导要纲后，该军即开始以此为基础制订作战计划。

11月28日至12月4日，第十五军向祭、烈、弓各兵团下达了盘前期作战的命令，即向伊洛瓦底江畔撤退的命令。

第十五军在12月26日左右向各兵团指示了"盘"作战计划。其指导要领为："第十五军以第十五（祭）、第三十一（烈）、第三十三（弓）各师团为第一线，部署于马德亚、敏务、敏建、木各具附近，同时以第五十三师团（安）为第二线，控制于皎施附近。此外，以第三十一师团的一部在实皆附近，以第三十三师团的一部在敏建附近，在伊洛瓦底江前岸各自形成支撑点。由此在伊洛瓦底江两岸充分利用自然障碍，乘敌半渡时转入攻势击溃之。"第十五军将依情况实施以下四个攻势。

1.一号攻势：反击由敏务方面来攻之敌。

2.二号攻势：反击由恰克达伦方面来攻之敌。

3.三号攻势：在实施一号攻势、二号攻势之前，对由曼德勒上游地区渡河来攻之敌实施反击。

4.四号攻势：对由军左翼方面来攻之敌，大致从敏建以南地区实施反击。

根据该计划，安兵团在各号攻势期间，需要作为攻势兵力使用，勇兵团（第二师团）也要根据情况提供增援。勇兵团和狼兵团（第四十九师团）担任方面军的战略预备队。

第十五军预计英军将首先以有力一部在曼德勒北方的伊洛瓦底江上游方面开启攻势，因此预定在实施其他攻势之前，首先实施三号攻势。然而，因为判断英军主攻势将在曼德勒西方地区进行，一号和二号方面才是第十五军的主作战。也就是说，第十五军判断英军将首先进攻三号方面，之后进攻一号和二号方面，因此该军将以全力集结于一号和二号方面实施反击。即使四号方面出现危险，也没

〔注〕 1．实线为日军
2．双线为英军

A　集团军
C　军
D　师
B　旅
TKB　坦克旅
TKR　坦克团
REC　侦察团

14A（预备5D）

吉灵庙

密达河

钦敦江

甘镇　　IVC
33 B　　17D
　　　　255 TKB
甘高
7D

提林　　114 B

28 B　　包城

密且

列塞

色漂　　稍埠　　乔克巴当

伊洛瓦底江

第二八军

268 B

XXXIII
C　耶乌

254
TKB

2D

6D

穆河

蒙育瓦

20 D

32 B　100 B

80 B

敏务

敏建

木各具

良乌

东达

98 B

64 B
62 B　19 D

瑞保

5 B

3TKR　马德亚
2REC

4 B　萨耶

曼德勒

阿巴

皎施

文敏

敏铁拉

塔拜因

皎苗

伊洛瓦底江

一五师团

三号攻势

五三师团

第三三军

启苗

敏格河

格劳

一号攻势

二号攻势

三号攻势

四号攻势

伊洛瓦底战线双方形势图（1945年2月1日）

英里
0　　25　　50

174

有兵力可以派往那里。因此第十五军向方面军提出将第二十八军部署到第十五军近旁，减轻第十五军左翼的负担。2月8日，方面军变更了第二十八军的作战地区，将波巴山一带划入第二十八军的作战地域。

然而，英军在1月中旬向曼德勒北方的塔拜因、新固一带进攻，因此，"盘"作战比方面军预计的早一个月时间拉开序幕。当时缅甸方面军的兵力情况如下。

1.第十五军（1月下旬至2月中旬）

第十五师团（祭兵团）　　　4000人

第三十一师团（烈兵团）　　6290人

第三十三师团（弓兵团）　　4300人

第五十三师团（安兵团）　　4853人

2.第三十三军

第十八师团（菊兵团）　　　7190人（2月1日，另有住院患者8122人）

第五十六师团（龙兵团）　　6445人（2月6日，含在队患者833人）

3.第二十八军

1月末该军全部的战力如下：

人员　　　　　　　　　　　40000人

马　　　　　　　　　　　　1400匹

火炮　　　　　　　　　　　130门

大、小发动艇　　　　　　　15艘（可动者1/2）

住院患者　　　　　　　　　3500人

作战地域外后送住院中的人员约2000人

4.方面军直辖

第四十九师团（狼兵团）　　11778人（另有住院患者1557人）

[第二师团（勇兵团）　　　　不久被转用于印度支那方面，故省略]

据此，第十五军投入伊洛瓦底会战的兵力，实动人员（4个师团合计）共计20000人。而且第十五军的担任正面从望龙山脉经曼德勒至敏建、木各具附近共有约400公里。也就是说，兵力密度为平均1公里约50人，虽然比第五十五师团担任的阿恰布正面的1公里15人要多，但兵力上还是相当微弱的。

因兵力不足，日军的伊洛瓦底战线缺乏纵深，而且半沙漠状的地形也对日军不利，这片地区在旱季除了河岸，几乎没有水，利于机械化的英军活动。因此，在英军大举进攻面前，日军将难以抵挡。这样窘迫的局面与缅甸方面军宏大的决战计划形成了鲜明而讽刺的对比。

相比于缅甸方面军总兵力约10万人（半数是后方部队），英第十四集团军的兵力为人员26万、坦克装甲车约400辆、直接支援的飞机600架（含美国空军）、后方飞机1200架。就在这样悬殊的实力对比下，从1945年1月中旬到3月末，日军倾尽全力在伊洛瓦底江畔同英军展开决战。

1945年1月初，第十九印度师在曼德勒北方进抵伊洛瓦底江。不久，英军开始猛烈攻击祭兵团的前进阵地加普耶特（步兵第五十一联队第一大队，不到200人）、皎苗（步兵第六十联队第二大队）。在阻击了几天之后，加普耶特守备队撤退到东岸，皎苗的部队则在向南方转移阵地的同时，继续在西岸进行抵抗。

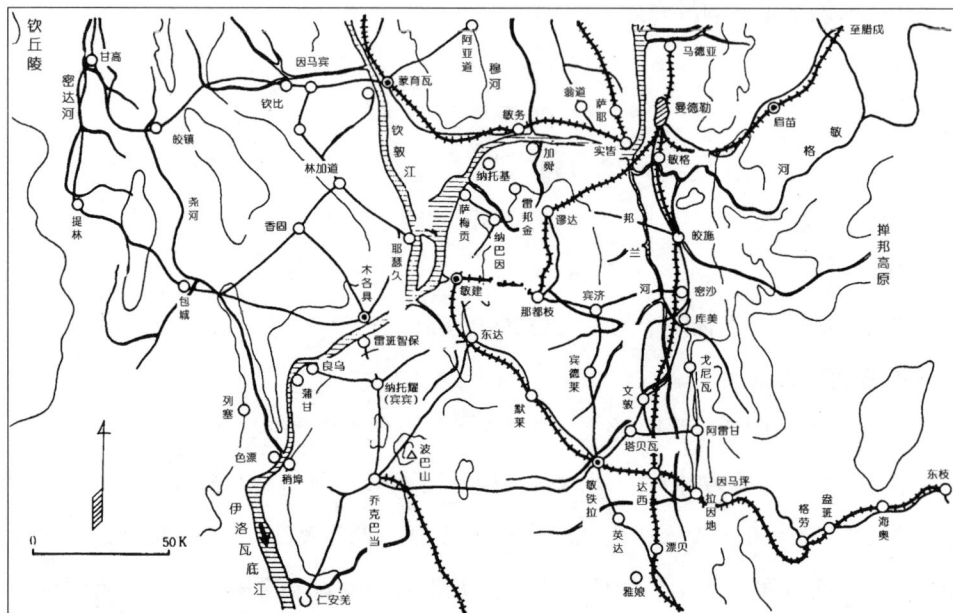

伊洛瓦底江南岸地名图

　　第十九印度师在1月14日左右开始从塔拜因、皎苗附近实施渡河攻击。从塔拜因方面渡河的是该师的一部，兵力不是很强大，因遭到守备该方面的步兵第六十七联队第三大队（本多大队）、步兵第六十联队第一大队（吉冈大队）的反击，桥头堡的扩大被遏止。但是从皎苗附近进攻的是第十九印度师的主力，而且兵力不断增加，到19日，第六十四旅和强大的坦克部队已经完全移动到东岸，桥头堡的扩大非常顺利。其间，从缅北的卡萨方面南下的第三十六师一个旅也在逐渐接近塔拜因。

　　对于英军的进攻，安兵团、祭兵团互相配合在新固附近和其北方地区实施反击。1月20日和21日两天中，两师团集中全部炮兵火力，对英军桥头堡进行了数次攻击，均以失败告终，相反，可以观测英军渡河点的高地全部落入对方之手。

　　该两师团的战力均降至4000人左右，所谓"师团"，实际上只相当于以一个步兵联队为基干的支队程度的战力。而且在对方制空权下以劣势的火力战斗根本无法在英军渡河途中将其消灭，只能努力在伊洛瓦底江东岸阵地进行抵抗以阻止对方的进击。

　　接到第十九印度师主力从皎苗方面开始渡河的报告后，第十五军司令官片村四八在1月20日晨下令发动三号攻势。为了实施该攻势，第十五军从其他方面向曼德勒北方方面新投入了安兵团的步兵第一二八联队、以弓兵团的步兵第二一五联队主力为基干的柄田支队、野战重炮兵第五联队（15厘米榴弹炮10门）。

　　第十五军在发动三号攻势的同时，向该方面增强兵力以图击溃第十九印度师，但战况非但没有好转，反而在持续恶化。英军已经在皎苗对岸建立了坚固的桥头堡，且拥有完全的制空权。1月25日以降，祭、安两师团发动的攻击均遭失败，且丧失了1/3的战力。第十九印度师也蒙受了很大损失，暂时不能进行积极作战。

　　三号攻势本非"盘"作战中的决定性作战，事前第十五军也没有通知方面军，发动后也没有取得预期的成果，且英军在该方面的攻势看起来不过是伴动作战。而且当三号攻势方面陷入困境时，曼德勒西方的情况变得紧迫起来。因此，第十五军司令官片村在1月29日决定中止三号攻势，转换为准备一号和二号攻势。

于是安兵团主力转进到曼德勒南方的皎施。在新固以北方面，祭兵团合并指挥安兵团的步兵第一一九联队进行孤军战斗。3月初，第十九师的装甲部队从桥头堡出击开始沿伊洛瓦底江畔南下，祭兵团无力阻止装甲部队的前进，只能勉强迟滞其向曼德勒突进。3月8日，英军开始攻击曼德勒北侧的佛教圣地曼德勒山。

就在上述情况下，1月中旬英第三十三军主力各部队在曼德勒西方伊洛瓦底江北岸向江岸附近移动兵力，在各处开始了渡河准备。22日，第二十印度师占领梦瓦，25日部署在敏务的烈兵团的前岸部队（烈兵团步兵第一三八联队第一大队）遭到第二师的攻击后撤退到南岸。

部署在敏务东方约20公里北岸的伊瓦特治的烈兵团步兵第一二四联队第九中队（88人），在1月31日遭到M3坦克支援下的英第五旅的攻击，2月2日再次遭到攻击，但该中队一直确保阵地到2月4日夜，最后幸存者仅有10多人。

1月末，英军开始攻击弓兵团步兵第二一三联队第二大队守卫的萨梅贡对岸的前进阵地。特别是2月初对纳贝周围的近藤中队的攻击尤其猛烈。然而，近藤中队击退了廓尔喀营的攻击并给对方造成很大损失。该中队的防御战斗得到了部署在伊洛瓦底江东岸的2门山炮的支援，后者的精确射击让英军颇为头疼。

2月1日以后，在第十一轻骑兵团装甲车部队支援下的第八十印度旅，开始攻击守卫木各具附近史雷贡沙洲的弓兵团步兵第二一四联队第一大队（50多人）。该大队在平坦的土地上构筑了完全地下式的坚固阵地。该大队多次遭到装甲车的"骑马攻击"。但支援该大队的1门山炮按照事先协定向友军阵地发射瞬发榴弹，在未伤害友军的情况下，使英军陷入混乱而撤退。第八十旅的任务是扫荡沙洲，在遭到日军猛烈反击后，便留下一部兵力监视日军，主力向敏务正面转进。

按照计划，第二十印度师将利用第十九印度师在曼德勒北方的渡河作战的牵制吸引效果，于2月12日夜开始在曼德勒西方的敏务开始渡河攻击，而敏务正面正是烈兵团和弓兵团的接合部。24小时之后，第四军第七师将从木各具南方的良乌正面渡河确保桥头堡，一旦完成桥头堡，第十七印度师、第二五五坦克旅将实施渡河，向敏铁拉全速突进。第七师则负责确保后方联络线。此外，第二师将等到渡河资材足够使用时在曼德勒西方渡河。

第二十印度师第一〇〇旅的先头部队第二边境团在12日夜开始从敏务西方的沙邦贡渡河，虽然渡河因风大浪急发生混乱，不过还是在没有受到很多抵抗的情况下，建立了正面2000米、深900米的桥头堡。

同属该师的第三十二旅在下游基贡的助渡河与主渡河行动同时实施，但从一开始就不太顺利。由于发动机故障船只被冲向下游或者翻船，日军的炮火也很准确，结果白天的渡河无法进行。14日，总算渡过了一个团。这个桥头堡的目的是阻止日军从南方对第一〇〇旅的主桥头堡造成妨碍，减轻其压力。

担任第十四集团军主渡河作战的第四军第七师，于1月17日集结于密达河谷甘高地区，1月20日，第四军命令该师尽速行动，至迟到2月15日在稍埠—木各具间的对岸建立适宜的桥头堡，以利于第十七师向敏铁拉前进。于是该师将第三十三旅定为最初的渡河部队。

守备良乌正面、直面第十四集团军主攻正面的，是弓兵团的步兵第二一五联队第二大队（大队长音田孝二，不到100人），不过实际抵达良乌的只有本部、第七中队、第八中队和机枪中队（2挺重机枪），不过六七十人，兵力只相当于配属2挺重机枪的一个小队而已，也没有任何火炮支援。该大队于13日凌晨抵达良乌后，大队长音田将1挺重机枪和第八中队部署在河岸台地，主力在村落北侧的宝塔小丘上占领了阵地。

2月14日拂晓，第七师第三十三旅开始在良乌渡河。第二南兰开夏营的先头连在3时43分出发，5时15分抵达南岸。4时半营主力出发，但引擎无法开动，几乎所有渡船都不得不通过用手划船或者曳航来前进，到日出后，6时多，才接近对岸。布阵于河岸台地的音田大队的第八中队和重机枪，向英军的舟艇群集中射击，日军的机枪子弹像泼水一样打来，英军陷入绝望状态，人员伤亡严重，2名连长阵亡，数艘渡船被打沉，其余渡船不得不匆忙撤退，有些士兵是游泳返回的。这次渡河彻底失败，最先登岸的一个连被孤零零地留在对岸。

不过太阳升起后，因遭到来自对岸的猛烈炮击和飞机炸射，河岸台地上的守兵后退到后方的主阵地。在旅长的命令下，第三十三旅在空军、炮兵、坦克的支援下，于9时45分在上游不远处再次开始渡河并取得成功。当天上午，旁遮普营

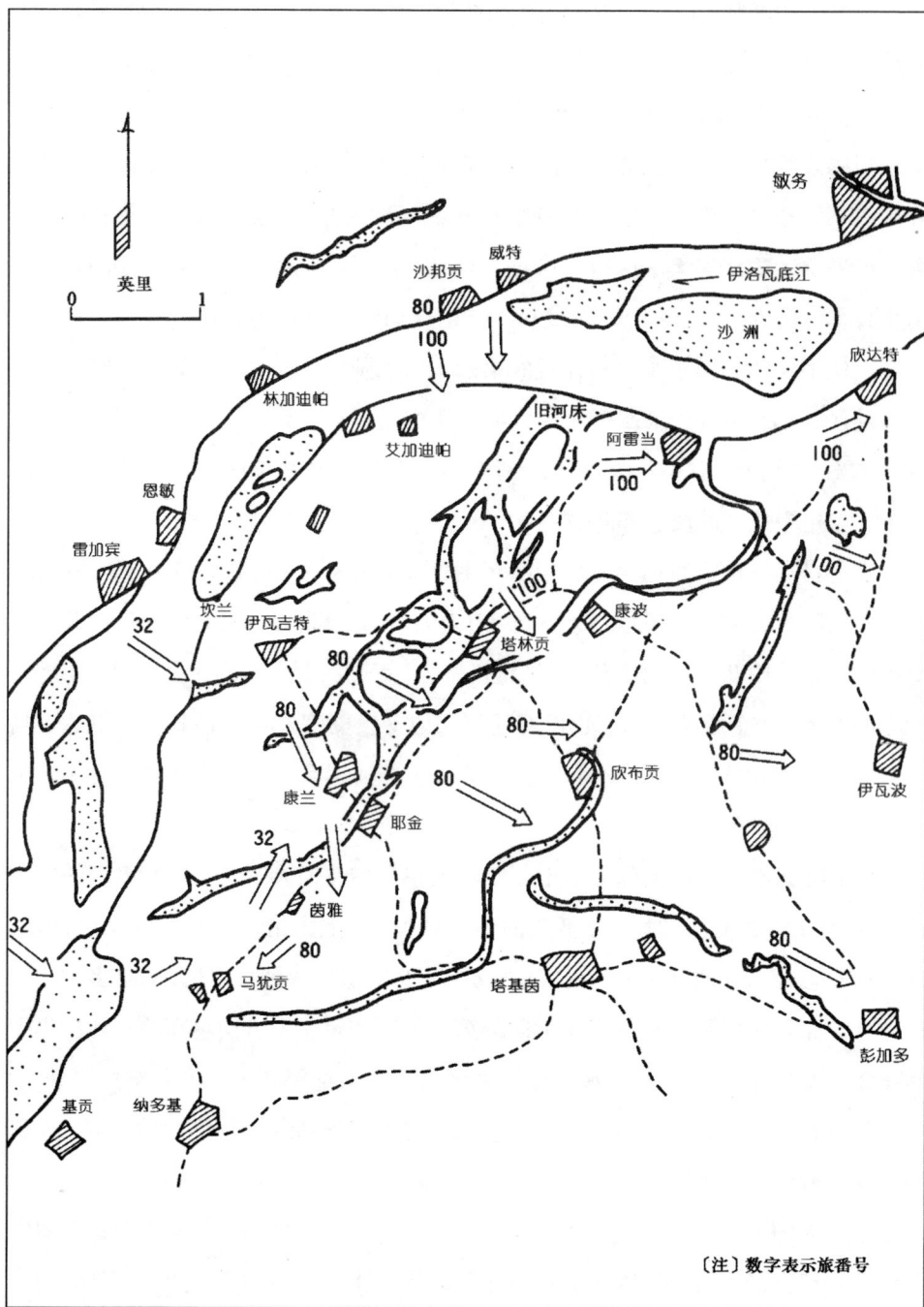

第二十印度师的伊洛瓦底江渡河作战（1945年2月13日）

全部抵达对岸，14日全旅渡河完毕。到18日为止，第七师的2个旅、支援武器和第一一六中型坦克团的2个营均已渡河扩张了桥头堡。

14日下午到傍晚，英军开始攻击音田大队的各阵地。晚上，音田大队的残余官兵死守着2个洞窟。15日上午10时多，英军坦克（第一一六坦克团的谢尔曼中型坦克）在步兵（第一缅甸团）随伴下，逼近到第八中队的洞窟前300米，向洞窟入口炮击，破坏了入口。接着，英军一边用自动步枪射击，一边突击过来，守兵趁飞机停止攻击，立即从后方的出口冲到洞窟上方的棱线阵地上战斗，用2具掷弹筒击退了英军。

接着飞机再次开始攻击，守兵又急忙进入洞窟。如此重复了数次。大队本部的洞窟被坦克炮弹直接命中，并被投进了手雷，洞窟内硝烟沙尘弥漫，伤员呻吟不止，大队长也受了伤。到傍晚，英军留下洞窟阵地，向良乌村落方向突进。晚上，音田大队的幸存者埋葬了战友的尸体，撤出了洞窟。音田大队在良乌的战斗中有大队长以下21人战死（音田在被送往东达野战医院的途中死亡）。

2月14日4时，锡克营在蒲甘使用民船开始了助渡河。接近对岸时，机枪子弹如雨点般飞来，缅甸船夫吓得蹲在船底，一动不动，船只开始漂流，结果又回到了原处。第二拨正要出发时，2名印度国民军的军官拿着白旗乘渡船过来，告诉英军蒲甘的日军已经北上，印度国民军希望投降。接着，英军搭乘3艘渡船兵不血刃地占领了蒲甘。

英军在敏务正面（2月13日拂晓）和良乌正面（14日）发动大规模的渡河攻击后，在良乌方面的情况还没有被传达到第十五军的情况下，军司令官片村十分重视英军在敏务正面的渡河，在2月16日下令发动一号攻势，即以烈兵团（配属安兵团步兵第一二八联队和野炮1个大队）在右，以弓兵团[配属青叶支队（以勇兵团步兵第十六联队主力、野炮2个大队为基干）]在左，在军炮兵和战车第十四联队等支援下向河岸的英军发动攻势。

战车第十四联队是第十五军唯一的机动打击部队，但在1月31日，该联队在皎施遭到约30架B24的轰炸，损失了修理中的坦克和自行火炮10多辆。结果该联队的战力，无论是人员还是装备，都只有通常情况下的1/3。

在敏务的第三十三军桥头堡实施伊洛瓦底渡河的斯图亚特坦克

第二十印度师第一〇〇旅在敏务正面渡河后，桥头堡及其附近地区分属烈兵团和弓兵团的战斗地域，但在两师团的反击中，两师团的第一线相互之间完全没有联络，变成了各自为战，对桥头堡的攻击当然不可能成功。

日军从15日开始向敏务正面发动了激烈的反击。当天早上，日本第六十四飞行战队的13架战斗机攻击了敏务，击毁了一些英军舟艇。此后日军反复实施夜袭，日军的轰炸机和战斗机也进行了夜间轰炸。

面对英军压倒性的空军和炮兵，日军对英军桥头堡的反击只能限于在夜间进行。战车第十四联队也只能在夜间活动。19日，英军的2架飓风式战斗机在搜索日军坦克时，通过坦克履带的辙印发现了伪装起来的日军坦克，遂招来整个中队的飓风式战斗机，用40毫米加农炮和火箭炮攻击日军坦克。坦克一辆接一辆地发生爆炸，喷出黑烟，燃起烈火。这一天，战车第十四联队损失了将近10辆坦克。此后，该联队留下一部坦克协助烈兵团的攻势，主力被转用于敏铁拉方面。

烈兵团方面，能够投入反击的兵力太少，烈兵团步兵第一二四联队长尾第一大队和西田混成大队（由步兵第五十八联队和步兵第一三八联队编成）总共约600人，根本无力击退第二十印度师的登陆部队。长尾大队在康波同英军反复争夺。24日，长尾大队对康波的夜袭得到野战重炮、轻型坦克支援，依然失败。

西田混成大队在阿雷当正面同英军进行了2周多昼夜不分的苦战，于2月下旬被解散编制，所属单位回归原队。配属弓兵团的勇兵团青叶支队总兵力达2700人，是弓兵团指挥下实力最强的一支部队。该支队于2月5日从敏铁拉出发，13日半夜从敏建出发赶往敏务方面。

13日下午，伊瓦吉特的柄田联队（弓兵团步兵第二一五联队）第一中队，利用从河下刮来的大风，纵火焚烧渡河英军所在的芦苇滩，同时在沙滩上架好轻机枪等待对方逃出。第三十二印度旅的第九/十四旁遮普营的一个连，在遭到日军火攻后慌忙从芦苇滩中逃出，突然遭到轻机枪的迎头痛击。幸好风向改变，该连才免遭覆灭。然而，第一大队利用火攻效果在14日拂晓发动的攻击完全失败。

15日夜，青叶支队龟冈第一大队同柄田联队冈本第一大队一起，突入并占领了康兰、伊瓦吉特，但天亮以后在英军炮火下无法确保只好后退。两大支队均损失惨重，其中青叶支队损失了约200人。冈本大队参加战斗的军官则全部死伤。之后两大队连夜攻击卡兰江、塔林贡的英军，但损失惨重且均遭失败。

18日，在第七轻骑兵团的2个营支援下的第四/十廓尔喀营确保了塔林贡，之后与在坦克、炮兵支援下的日军反复争夺。23日夜，青叶支队的小林第三大队终于夺取并确保了塔林贡。26日，英军开始总反攻，康兰和塔林贡两据点在当天均落入英军之手。28日，第八十印度旅进抵南方的耶金—茵雅一线。

部署在纳多基、基贡一带的弓兵团柄田联队第三大队（约150人），从14日开始以夜袭反击在基贡北方实施助渡河的第二十印度师第三十二旅登陆部队。特别是15日晚，第十二中队奉命向英军的桥头堡实施强袭攻击。参加攻击的兵力为包括配属机枪小队（1挺重机枪）在内计40人。按照计划，反击部队应在16日凌晨3时，紧跟在山炮、联队炮的支援射击后，从右端突入英军阵地，但支援射击的炮弹未能打到对方阵地，相反，战场被英军发射的照明弹照得如同白昼，日军遭到迫击炮的猛烈射击，损失甚为惨重。

然而英军也吃了不小的苦头。由于日军炮兵的妨碍，白天渡河非常危险，因此第九/十四旁遮普营的剩余兵力改在夜间渡河，但该部队开始渡河时正好遇到日军开始在江边反击，渡河部队逼近了从背后侵入英军阵地的日军的左侧背。大吃一惊的日军立即以重机枪射击舟艇，在曳光弹的飞舞中，船头飞散、人员落水，6艘渡船被击沉。接着重机枪改变射向开始向台上的英军射击，英军纷纷被扫倒。

然而这挺重机枪也成为英军的集火目标，射手接连死伤，且很快耗尽了子弹。在激战中，英军的反坦克炮也遭到日军蹂躏，第一北安普敦团的团部也受到威胁。然而在英军的猛烈反击下第十二中队的强袭最后以失败告终，损失为23人战死和十多人受伤，无伤者仅有7人。17日夜，第三大队对英军桥头堡发动了总攻。但英军已经设置了声音探听器，察觉了夜袭部队的接近，结果各队的攻击无一例外全遭挫败，这次总攻惨淡收场。

24日，柄田联队经过6天的准备后，倾尽全力再次实施反击，结果仍遭失败。基贡桥头堡的第三十二印度旅也损失甚重，且补给不足，因此在3月5日以后随着战况的进展，撤出了该桥头堡，与北方的主桥头堡会合。基贡战线的战斗至此结束。经过两周的战斗，弓兵团的兵力消耗超过1000人。但英军认为企图全力阻止英军将两个桥头堡连成一片的日军部队，是第二十师所面对的最强的日军集团。

这时双方部队都开始从伊洛瓦底江畔的战场向敏铁拉战线转移。柄田联队冈本大队在28日被直辖于第十五军向文敦急进，弓兵团的作间联队（步兵第二一四联队）则作为作间支队被转用于敏铁拉战线。第八十印度旅也在3月5日参加敏铁拉战线的作战。敏铁拉成为风暴的中心，正在吸引双方将越来越多的部队投入真正的决战。

2月24日夜，英第二师以第五旅为先导开始从曼德勒西方的加舜对岸渡河。最初渡河的第七伍斯特郡团刚出发就遭到自动武器和迫击炮的射击，17艘渡船被打沉，部队被迫返回北岸。之后，第一卡梅伦营在东方1.5英里处冒着日军的枪炮集中火力，强行渡河，蒙受了52人的伤亡。25日，英军集中空军、炮兵火力施放烟幕，在黄昏前将后续2个营送到对岸。26日，桥头堡被进一步扩张，20辆"李"中型坦克也过了河。同第十九师和第二十师的正面不同，该方面的日军在河岸进行了最初的抵抗后便显得很被动，几乎没有实施反击。

随着敏务和加舜两渡河点的确立，烈兵团陷入困境，不得不从实皆桥头堡抽调步兵第五十八联队主力等转用于加舜正面，同时步兵第一二四联队的长尾大队等也被转用于加舜正面。在弓兵团指挥下的青叶支队，也向敏务正面的阿雷当等发动攻击，但始终没有同第一二四联队取得联络。3月初，长沼重炮联队、战车第十四联队一起被从烈兵团的加舜正面战线转用于敏铁拉战场。英军第二师和第二十师在3月6日连成一片，烈兵团的伊洛瓦底南岸战线在重压之下，开始迅速崩溃。

第二十印度师主力和第二师在突破了日军的河岸防御后，立即向曼德勒—敏铁拉公路冲去。3月6日以后，英军坦克部队突破了烈兵团的战线，蹂躏了重

在伊洛瓦底渡河作战中，旁遮普第十五团四营在良乌登陆

炮阵地，9日，急袭了庞友的师团司令部。就这样，烈兵团的整个战局变得不堪收拾，已经无力阻止英军的迅速进击。3月30日，作为第十五军军需品囤积地的皎施，也落入英军之手，日军失去了宝贵的军需品。烈兵团各部队穿过英军的间隙，在4月上旬到达皎施东方的掸邦高原的山脚。该师团在伊洛瓦底江畔的战斗就这样结束了。

随着烈兵团战线的崩溃，弓兵团被深深孤立在敌后。该师团从3月末开始突围转进，终于在4月初到达掸邦高原西侧山麓。该师团在撤退中带出了许多伤员、汽车和上千辆牛车，阵容比较齐整，与其他师团的凄惨狼狈状况形成鲜明对比。

曼德勒的陷落

3月上旬，英军坦克部队突入马德亚，8日开始攻击曼德勒山。但是日军祭兵团的步兵第六十七联队已经先一步占领了曼德勒山，该师团主力因此得以在市区占领阵地。

曼德勒是缅甸中北部的中心，是水运和陆运的要冲。宏伟的宫城（达弗林要塞）坐落于曼德勒市区，拥有坚固的城墙、建筑物、地下室等，日军在防御战中充分利用了这些设施。

曼德勒市区的驻军原本只有兵站地区队和军补给诸厂组成的后方勤务队，可谓不堪一击。但在英军坦克部队的先遣队整理好对市区的攻击态势之前，祭兵团的步兵部队就出现在北郊，这使日军得以在英军坦克部队冲进市区之前就进行了防御部署。祭兵团的防御部署是：步兵第六十七联队被部署在市区北郊丘陵地区（曼德勒山），步兵第五十一联队被部署在东郊，西面部署了步兵第六十联队。宫城则作为最后的抵抗据点。

日军各队还在匆忙部署中的9日，在市区北郊完成攻击准备的英第十九师就开始攻击曼德勒山。曼德勒山标高250米，是一座隆起于市区北郊平地上的孤丘，

曼德勒山

从山上可以俯瞰曼德勒市区，是一处极重要的战略要点。步兵第六十七联队主力在曼德勒山的宝塔、岩山处构筑了工事，准备抵抗到底。

9日早晨，在市区北郊的平地上，黑压压的英军部队以坦克为先导开始前进。轰炸机编队开始俯冲轰炸宫城北门一带，城墙在浓烟中崩塌。英军从三个方向包围了曼德勒山之后，其一部又开始麇集于市区的北门一带，使曼德勒山被四面包围，成了名副其实的孤丘。

不久，英军开始猛烈炮击曼德勒山，整座山丘都被红白色的火柱和黑褐色的爆烟覆盖。英军坦克也接近到山下向山上猛射。这座佛教圣地突然变成了布满焦土的人间地狱。

在猛烈的炮击过后，英军步兵开始一边用自动步枪扫射，一边攀登山坡。当他们抵达半山腰时，日军的重机枪开始向英军头上倾泻子弹。双方在山腰一带展开了激烈的近距离枪战，英军步兵前进受阻，终于开始后退。但此后英军再次在坦克炮和迫击炮的支援下开始前进，并用火焰喷射器和汽油桶焚烧日军阵地。

然而，尽管英军反复实施了彻底的焦土作战，仍然不能扑灭日军的抵抗。日

曼德勒宫城的城墙

军在寺院的大小建筑物中和混凝土造的道路上到处开凿枪眼，以准确的射击将英军击倒。一进一退的激战持续到傍晚，随着夜幕降临，英军攻击部队集结在山麓准备次日的攻击。

争夺曼德勒山的激战持续到11日，当天半夜，祭兵团司令部命令步兵第六十七联队主力撤到曼德勒市区。在英军重围之下，步兵第六十七联队主力奇迹般地穿过英军部署的间隙进入市区。此后，祭兵团缩小了防线，步兵第六十七联队主力被部署在宫城东门外侧，同步兵第五十一联队一起防备英军从东方和东北方的进攻，步兵第六十联队主力被部署在宫城西门和南门的外侧，宫城北门部署了古北光太郎指挥的师团卫生队。12日，英军占领了曼德勒山。

10日，英军开始攻击曼德勒市区，遭到日军的顽强抵抗。在攻城战中，英军以重炮破坏城墙，以B25进行轰炸，反复进行渡濠攻击等，却屡屡受挫。10日上午，在宫城西门附近，步兵第六十联队所剩的唯一一门联队炮在20米的距离上用破甲弹射击前进中的坦克，将先头的坦克打瘫、打燃，后续的坦克慌忙撤退。11日以后，英军坦克多次企图强行突入宫城北门，但大门被牢固闭锁，即使炮击也无法将其打破。一部分英军士兵竟然爬上附近的城墙，日军发现后立即将其从城墙上击落。

皇宫拥有坚固的城墙和建筑物，在宫城外侧也有很多用石头或混凝土筑成的坚固建筑物。在市区战斗中，日军利用坚固的建筑物抵抗突入市区的英军，同坦克部队在50米至100米距离上对峙。当英军在坦克炮和迫击炮的掩护下前进时，守备队以建筑物为掩体向随伴步兵射击并投掷手榴弹，阻止了英军的前进。坦克在市区也不能自由活动，难以充分发挥作用，且反复遭到日军的肉搏攻击，被迫向后退去。在市区到处发生着近接战斗，双方陷入混战。就这样，从3月10日开始的市区战斗中，祭兵团各部队在硝烟和瓦砾中固守阵地，阻止了英军突入市区中心。

然而经过一周激战，到3月17日，守备队各队的战力均损耗严重，祭兵团名

激战中被破坏的曼德勒宫城

义上是一个师团，实际战力已不到1300人。该师团已经做了"玉碎"的精神准备，连师团通信队密码班也被发给反坦克炸药准备实施反坦克肉攻。而这时英军也一筹莫展，似乎正在陷入令其头疼的日军持久抵抗。就在这样的困局中，第十五军司令官片村在18日命令祭兵团撤退，这令交战双方都得到了解脱。

19日夜祭兵团主力撤出曼德勒。之后该师团主力在向敏格南方撤退途中在敏格渡河点附近遭遇英军蒙受了很大损失，不得已改为向东前进企图在上游渡河，结果于20日半夜在敏格桥东方十余公里的塔莫库斯村突然遭到拥有坦克的英军部队的攻击，遭受了惨重损失。师团长山本清卫、师团参谋长林正直以下各部部长和师团长身边的士兵，急忙躲进村落南侧的一座宝塔内，然而在愈加激烈的枪炮声中，跳弹击中了宝塔内的混凝土，宝塔内开始出现伤兵。不久，师团长山本也被炮弹破片命中头部，不省人事，师团司令部陷入混乱，师团通信队密码班也在接到焚烧密码本的命令后，不得不在M4坦克的炮口前进行密码本的焚烧作业。

在祭兵团主力即将覆灭的危急时刻，该师团所属野炮兵第二十一联队第二大队的3门火炮在弹雨纷飞中，直接瞄准坦克进行零距离射击，在千钧一发间击毁了打头的坦克，这辆坦克随即喷出红褐色的巨大火柱，后续坦克随之被迫停止前进。日军炮兵还向在茅草从中前进的英军步兵部队进行零距离射击，将步兵队列打得支离破碎。就这样，仅仅3门火炮就将祭兵团主力包括师团司令部从覆灭的命运中解救出来。之后该师团奉命进入掸邦高原准备以后的战斗。

致命的进军

1945年1月16日，缅甸方面军决定将"盘"作战作为方面军的主作战，因此将集结一切战力以增强第十五军的兵力。为此将视情势变化动用方面军的机动预备兵力。当时归方面军直辖的师团有勇兵团和狼兵团。但由于早已被抽出兵力，两兵团分别只有本来战力的2/3和1/3左右。

　　方面军本来的方针是将勇兵团从集结地推进到敏铁拉一带，准备参加一号攻势和二号攻势，以及视情况可能参加四号攻势。至于狼兵团则控制于勃固一带以因应沿海方面的情况等。在1月16日发动"盘"作战后，1月25日，缅甸方面军命令勇兵团向敏铁拉前进。但不久，2月上旬，南方军下令将该兵团转用于法属印支的西贡方面。缅甸方面军大吃一惊，连忙向南方军要求推迟抽出勇兵团，但毫无用处。1月27日，勇兵团留下当时正在敏铁拉构筑阵地中的青叶支队（步兵第十六联队野炮兵第一、第二大队主力）和被配属给第三十三军的一刘部队离开缅甸。

　　勇兵团本来被预定为伊洛瓦底会战中最重要的机动攻击兵团。敏铁拉因为是战略上的重要地点，特别是为了防备英军的空降作战，该地的防卫当初由勇兵团担任。随着该师团被转用于法属印支，当地没有了可担任防卫的战斗部队。

　　2月初，方面军改变了以往的方针，制订了"以军主力实施前岸攻势"的作战计划，打算从实皆（曼德勒西南的伊洛瓦底江对岸）桥头堡方面发动前岸攻势。第十五军随即开始制订前岸攻势的计划。然而，不久，英第三十三军主力便开始在敏务方面发动渡河攻势，日军的前岸攻势计划完全成为空中楼阁。

　　2月13日拂晓，强大的英军开始从敏务附近横渡伊洛瓦底江。14日拂晓，第七印度师开始从木各具南方良乌附近渡河，但第十五军对此未予重视。烈兵团主力同战车第十四联队一起，对从敏务附近渡河的第二十印度师连日连夜地反复攻击。弓兵团也在烈兵团左翼，以柄田支队、青叶支队等实施攻击。然而，两师团的攻击均告失败，第二十印度师的桥头堡逐渐被扩大加强。

　　第十五军司令官于2月16日下令发动"盘"一号攻势。安兵团根据军命令出动，但由于命令朝令夕改，该师团陷入疲于奔命的状态。2月21日，师团主力（欠2个联队，兵力不足3000人）搭乘汽车向集结地北进转入河岸部署，但因第十五军接到"南方良乌方面拥有坦克的强力敌军渡过伊洛瓦底江，正在东岸扩大桥头堡中"的情报，该军为了阻止该方面之敌向敏铁拉方面的突进，在22日夜对安兵团取消了原来的命令，而令其赶往良乌东方约50公里的东达。接到命令的安兵团连忙撤出部署地，于23日夜乘汽车从谬达出发向东达急进。

1945年2月23日，第十七印度师第六十三旅的情报军官正在敏铁拉地区检查日本兵的尸体

2月22日晨，英军坦克部队开始攻击刚刚占领了奥茵村（波巴山北麓）的勇兵团左京大队（勇兵团步兵第十六联队第二大队，原八莫守备队骨干）。向敏铁拉突进的英军部队在这里遭遇了日军的最大反击。左京大队兵力约450人，装备2门大队炮，反坦克战斗器材很不充足，也没有无线机。虽然该大队已在村落周边建立了圆形阵地，用数小时修建了各种掩体，但村落一带全是平地，只有少许草丛和灌木丛。

22日晨，英军装甲部队向左京大队发动了攻击，后来还实施了航空攻击。村落在转眼间被烧毁，日军的大队炮和重机枪也在瞬间被坦克炮破坏。但英军坦克因突进过快与步兵分离，日军趁机进行了决死的肉搏攻击。第六中队的兵长细野忠将10公斤炸药扔到坦克履带下，将坦克爆破烧毁，自己也被炸得粉身碎骨。还有一些人爬上坦克进行肉攻。英军坦克营营长所乘坦克的驾驶员也被炸死。

惨烈的战斗持续到傍晚，以英军坦克部队向集结地后退而告终，双方损失均重。左京大队战死63人、受伤29人。由于没有无线机，左京大队无法把紧急敌情报告给上级部队。

24日下午，安兵团中率先抵达东达附近高地的搜索联队，从高地上目睹了坦克、卡车合计约2000辆的大装甲部队，一边卷起漫天沙尘，一边经东达附近向敏铁拉方面前进的骇人景象，随即以电报向师团司令部报告。安兵团主力在26日半夜才到达东达附近，已经来不及阻止英军装甲部队了。

敏铁拉是缅甸中部的避暑地，景色优美，敏铁拉湖横跨市区，砖砌的住宅、商店、别墅鳞次栉比。敏铁拉同时也是交通要地，道路往北通往曼德勒，往南通往仰光，往东经达西通往格劳，往西通往仁安羌的油田，并有从达西通往敏建的铁路经过。

当时敏铁拉驻有机场部队、防空部队、兵站部队、兵站医院等。24日，缅甸方面军的各军参谋长以下主任参谋，正聚集在敏铁拉参加三军参谋长会议。在这次会议上，第十五军参谋长吉田权八说明了前岸攻势的要领。在一号攻势已经发动，日军损失惨重、连连受挫的情况下，实施前岸攻势已无可能，但在这次会议上，无论是第十五军，还是方面军，都对这次作战的胜利表现出信心。

虽然安兵团向第十五军报告了敌大装甲部队从良乌方面向敏铁拉进击的情报，但奇怪的是，该情报在这次会议期间没有收到。原来第十五军对于"坦克、自动货车计2000辆之敌正向敏铁拉前进中"的情报中的"2000辆"感到怀疑，为了确认，费了不少工夫，因此25日该情报才送达第十五军在威斯的战斗司令所召开的参谋长会议。

这时，已经从良乌附近的桥头堡开始突进的英第四军第二二五坦克旅和机械化的第十七印度师正在持续前进中，于2月26日抵达了敏铁拉西机场。

风暴的中心

1月27日，勇兵团留下青叶支队和一刈部队离开缅甸，2月1日青叶支队被配属给弓兵团，前进到伊洛瓦底江畔。之后，缅甸方面军在2月10日下令将狼兵团的吉田部队（以步兵第一六八联队为基干）转用于敏铁拉。这是为了取代青叶支队在敏铁拉构筑阵地。吉田部队于23日从腊戍出发。

吉田联队在出发时分为三个梯队。吉田联队长率领的第一梯队在26日半夜抵达敏铁拉，接着山炮兵第四十九联队第二大队也抵达了该地。但吉田联队的第二、第三梯队在抵达敏铁拉附近时遭遇包围敏铁拉的英军，没能冲进敏铁拉。

从良乌附近的桥头堡出发的英第四军机械化兵团于2月24日白天到达东达，第四十八旅留下一部在该地攻击安兵团，主力则继续前进，25日进入默莱，26日抵达敏铁拉西机场并立即占领了该地。27日一整天，英军都停留在该地进行燃料的空中补给、后续部队的集结、对日军防御情况的侦察、攻击计划的制订等。第九十九旅也从当天开始通过空运抵达西机场。当时敏铁拉作为日军的兵站基地，拥有如下部队：第二野战运输司令部（司令官粕谷留吉）、兵站勤务部队、通信部队、野战补给诸厂的各支厂、兵站医院、第五十二机场大队、第八十四机场大队、野战高射炮第三十六大队、兵站残兵、青叶支队的残留兵（约200人）等。

以上部队共计4000人左右（准确数量不明），但从部队的性质和武器装备来看，其战力极为贫弱。尽管如此，粕谷还是在被派来敏铁拉的第十五军参谋成濑的协助下尽一切努力加强防御。粕谷首先着手将可以战斗的人员紧急编为战斗部队。正在兵站医院住院的约700名患者中的约200名重病患者被后送，可以步行的约500人被编成了患者集成部队。补给诸厂的人员和兵站关系部队的人员被编成临时警备大队，辎重部队也被编成辎重混成部队。青叶支队的残留兵被编成青叶部队。但这些部队的武器只有步枪、机枪、掷弹筒，战斗能力十分低下，且无反坦克能力。

敏铁拉周围有东、西、南、北、奥马特耶（敏铁拉北方约20公里）五个机场，其中北机场是防御的重点，这里部署了第五十二机场大队、野战高射炮第三十六大队等，该机场西北方还部署了第八十四机场大队主力。除了高射炮，北机场还部署了约100门高射机关炮。粕谷希望将这些武器用于市区周围的防御，但这些部队已经被决定要转用于泰国、印度支那方面，因此遭到第五飞行师团的拒绝。

就在这种情况下，吉田联队第一梯队在2月26日夜抵达敏铁拉，这是被部署于市区周围的部队中唯一的战斗部队。该部随即被部署在湖西地区，布阵于第一〇七兵站医院的西侧。然而，其战力只有联队本部、第一大队、第二大队本部、

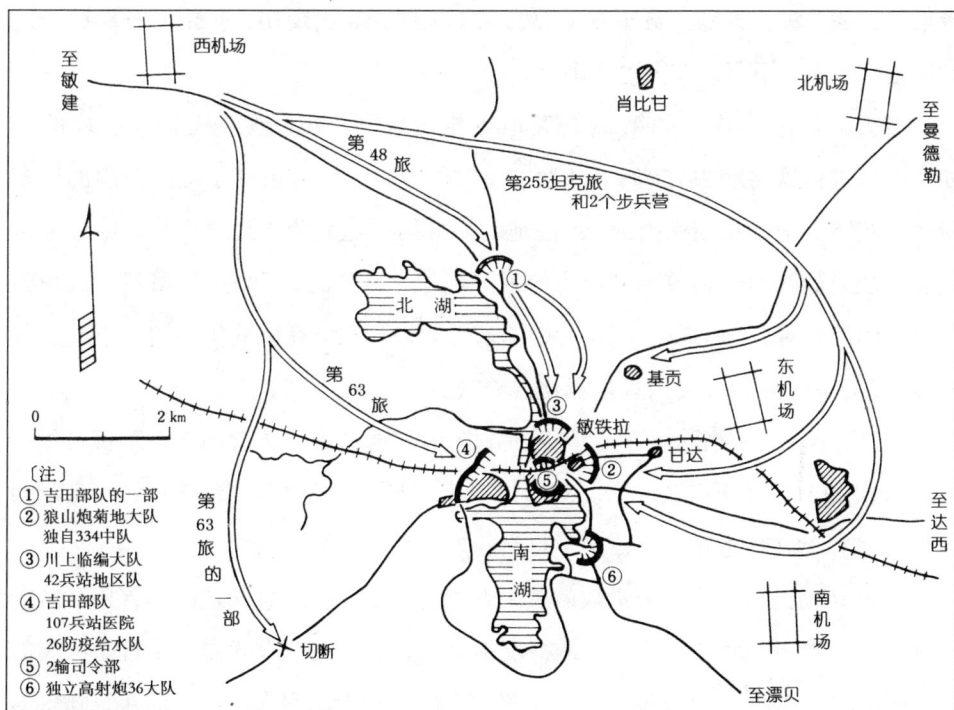

〔注〕
① 吉田部队的一部
② 狼山炮菊地大队
　独自334中队
③ 川上临编大队
　42兵站地区队
④ 吉田部队
　107兵站医院
　26防疫给水队
⑤ 2输司令部
⑥ 独立高射炮36大队

敏铁拉的防御

第四中队合计400人。配属的狼兵团山炮兵第二大队于3月1日拂晓抵达敏铁拉，被部署在湖东地区。

27日一整天，英军都在西机场一带进行攻击准备，同时对北机场进行猛烈轰炸，日军的高射机关炮几乎全灭，高射炮也损失惨重。28日晨，英军在炮击轰炸的同时，开始攻击前进，从三方面向市区接近包围，对据守市区的日军完成了包围态势。其中第二五五坦克旅从北方向东方迂回，突入占领了东机场，第四十八旅沿敏建公路从北方、第六十三旅从西方逼近了敏铁拉市区。

3月1日晨，第十七师师长考恩少将下令总攻开始。在猛烈的飞机炸射和部署于北湖西北侧地区的炮兵团的炮击下，美丽的市区化为瓦砾，清澈的湖水变得浑浊不堪，许多鱼儿翻着白腹浮在水面上。英军坦克和步兵紧跟在炮击后面开始攻击前进。日军守备队利用建筑物、地隙、掩体等，以地雷、轻机枪、重机枪等进行抵抗，战斗极为激烈。英军发动攻击后不久即开始出现伤亡。由于日军的抵抗和地雷、地隙的阻碍，攻击进展困难。

当天，从东方攻击的第二五五坦克旅占领了860高地，从北方进攻的第四十八旅进抵铁路北方100码，从西方进攻的第六十三旅破坏了医院院内的许多掩盖。布阵于敏铁拉湖东南的799高地的柳町高射炮大队（野战高射炮第三十六大队）从早晨开始遭到数十辆坦克的猛烈炮击，该部的2门高射炮虽然多次命中坦克，但坦克对此满不在乎，高射炮弹毫无效果。在坦克炮的集中射击下，大队长以下38人相继战死，2门火炮也化为碎铁。

晚上，大部分英军坦克和步兵后退到圆形阵地内进入防御部署，防备日军的夜袭。3月2日，英军继续攻击。对于英军从北方进行的攻击，部署在铁路南侧的日军75毫米炮在极近距离上命中了打头的2辆坦克，另有1辆被地雷破坏。

上午10时左右，从西方进攻的英军在坦克支援下攻入湖西地区向吉田联队的阵地扑来。吉田联队还是第一次进行反坦克战，仅有的"重武器"不过是配属的1门野炮、2门步兵炮和数挺轻机枪。树荫下的几辆卡车起火，医院的建筑物冒出黑烟，湖西地区一带化为凄惨的战场。在战斗中，曾有不要命的病患兵冲出工事刺杀了廓尔喀兵，竟将对方步兵吓退。然而面对"巨大坦克"的攻击，守兵到底是毫无办法。吉田联队以及与其一起战斗的第一〇七兵站医院的患者集成队在白天的战斗中均遭毁灭性打击，吉田也在下午2时左右战死。

敏铁拉野战医院"玉碎"

　　该方面的英军在扫荡了监狱和医院后，在堤道上遭到隐蔽在砖砌的废弃房屋中的日军75毫米炮的射击，2辆坦克被命中。由于狙击手和轻机枪的猛烈射击，步兵无法保护坦克，结果这2辆坦克被"肉攻班"用炸药和燃烧瓶攻击，其中一辆彻底报废。在市区的战斗中，日军的速射炮对英军坦克完全不起作用，炮弹只是被装甲板弹开。这时，敏铁拉市区变成了人间地狱，一栋完好的建筑物也没有留下，在成千发炮弹的洗礼下，连太阳也被滚滚烟尘遮挡。2日夜间，守备队的大部向南方和东方逃出。

　　3日，日军几乎被完全压制。不过吉田部队残部和山炮兵第四十九联队第二大队（3门火炮）等在湖东地区继续抵抗。在令人窒息的炮击轰炸后，英军坦克接近了山炮阵地。在坦克接近至250米距离后，山炮突然开火，首发即命中头车，采用德国技术制造的破甲弹使坦克燃起熊熊烈火。3辆坦克中有2辆被完全烧毁。

　　但在坦克群的集中射击下，2门火炮被完全破坏。这时，日军阵地仅剩下湖边的一隅。下午，仅剩的一门山炮在不到100米的距离上向坦克射击，打瘫了3辆坦克，但众寡悬殊，仅剩的那门山炮也在集中炮火下被消灭了。虽然川上大队、

敏铁拉南湖的风景。这里是狼山炮兵菊池大队激战之地

吉田联队第二大队、青叶部队、辎重混成中队等的残存兵力仍利用掩盖继续抵抗，但已经无甚作用。

夜晚，日军各部的幸存者纷纷逃走，粕谷也在3日夜逃出了敏铁拉战场。到3日晚，英军完全占领了瓦砾遍地、惨景满目的敏铁拉。日军在缅甸最大的兵站补给基地就这样陷落了。英军的损失为6辆坦克（无法修复）和死伤约200人。日军守备队战死约1200人。

缅甸方面军当初判断正在向敏铁拉突进中的英军兵力为一个装甲旅和一个步兵团，决定以作为方面军预备队的第四十九师团（狼兵团）处理，第十五军则不受影响继续进行伊洛瓦底会战。2月26日，方面军命令第四十九师团长竹原三郎将战斗司令所推进到敏铁拉，合并指挥吉田部队（现有兵力约400人）和敏铁拉当地的兵站等各部队，将"2月20日左右从木各具附近渡河进入的以坦克50乃至70辆为基干的敌装甲部队"击退至伊洛瓦底江以西，以使第十五军作战容易。

当然，这完全是痴人说梦。以战力低下的只有400人的一个步兵联队和由后方兵站、住院患者等拼凑成的兵力，根本无力将拥有"数十辆"坦克的英军击退至伊洛瓦底江以西，何况英第四军在2月15日以后的5周内渡江的车辆数包括坦克、自行火炮在内有10000辆以上，21日从良乌出发向敏铁拉突进的机动打击部队拥有的车辆也达到约3200辆，包括坦克、装甲车二百数十辆，而绝不是缅甸方面军以为的"以坦克50乃至70辆为基干"。

而且英军装甲部队正在进入敏铁拉，勃固的狼兵团司令部无法先于英军抵达敏铁拉。师团长竹原在3月1日抵达敏铁拉南方23英里的漂贝，而英军装甲部队正在蹂躏敏铁拉的日军阵地。敏铁拉在3月3日就完全落入英军之手。之后第十五军司令部得到了各种情报，军作战主任酒井建议应在伊洛瓦底江方面转入守势，军的主攻势转换为敏铁拉方面，但遭到田中的反对。

但在2月27日的会议上，由于刚就任第十五军参谋辻政信的强烈主张，与会者一致同意将军的主攻转换为敏铁拉方面。第十五军立即向方面军参谋长提出从根本上改变前岸攻势的构想，首先歼灭敏铁拉之敌。27日半夜，收到方面军的回电："敏铁拉之敌不足为惧，不必为战场的一点儿波澜一喜一忧，贵军应毅然迈

英日两军的激战刚刚结束时的敏铁拉湖畔（英军素描）

向'盘'作战。"

收到这样的回复，就连一向目中无人的辻也呆住了。第十五军于是回电："敏铁拉的情势剧变究竟是否为战场局部的一点儿波澜，可由事实证明。军无法将此一现实视为一点儿波澜而予以轻视。"

第十五军不顾方面军的意图，制订了敏铁拉会战计划，并迫使方面军予以承认。该计划的要点是：

1.中止伊洛瓦底江畔的攻势。

2.主攻势指向敏铁拉。即以第十八师团和第十五、第三十三师团的步兵各一个联队、野战重炮兵的主力攻击敏铁拉。攻击开始时间定于3月10日。

敏铁拉战场是完全不利于一般步兵师团进行反坦克战斗的平原地形。日军的重炮和野山炮炮弹以及47毫米速射炮，虽然从近距离上向坦克侧面射击有一定效果，但无法持续射击。日军却被迫在这片平原上同英军展开决战，这让斯利姆大喜过望。

3月1日晚，辻来到菊兵团（第十八师团）司令部，向该师团传达了第十五军命令，要点如下。

1.第十八师团应尽速击破进攻敏铁拉之敌。

2.配属第五十三师团步兵第一一九联队（约500人）、第三十三师团作间支队（步兵第二一四联队约300人，弓山炮第二大队火炮3门）、战车第十四联队（中型坦克3辆、轻型坦克4辆）、独立速射炮第十三大队（47毫米速射炮）、长沼重炮部队（野战重炮兵第三联队主力96式15厘米榴弹炮5门、野战重炮兵第五联队第四中队4年式15厘米榴弹炮1门、野战重炮兵第九大队92式10厘米加农炮4门、野战重炮兵第二十一大队38式、4年式和96式15厘米榴弹炮各2门）。

菊兵团（欠以步兵第一一四联队为基干的大塚支队）为了夺回敏铁拉，从掸邦高原北部向敏铁拉方面急进。菊兵团的主攻方向被定为敏铁拉正北方宾德莱——敏铁拉公路沿线地区，理由是可以利用有利于反坦克战的地形地物和容易切断英军的地面联络路默莱公路。

3月初，弓兵团步兵第二一五联队冈本第一大队（兵力约130人），奉命确保文敦南方10英里的塔贝瓦村南侧三岔路以阻止敏铁拉的英军装甲部队北上，掩护菊兵团的前进。当地几乎全是平地，缺少植被，只有一些树木，而且土地坚硬，构工困难。

根据第十七师师长考恩少将的攻势防御的方针，敏铁拉的英军装甲纵队应主动攻击为了夺回敏铁拉从各方面前进过来的日军，将其各个击破。因此这些装甲纵队沿着主要道路向各方向对约17英里的范围进行扫荡、巡逻等。

3月4日，伴随坦克从敏铁拉出发的英军，开始猛攻冈本大队在塔贝瓦三岔路附近的阵地。英军攻至公路东侧的第二、第三中队阵地，但配属该大队的1门10厘米榴弹炮以准确的射击阻止了坦克的突进。5日，英军发动了更大规模的攻击。英军坦克迂回日军右翼向日军的右侧背突进过来，日军炮兵虽然拼死抵抗，射击准确，但终于遭到坦克蹂躏，10厘米榴弹炮阵地被摧毁。

接着坦克群又将攻击重点转移到第四中队和机枪中队的阵地，日军缺乏反坦

至敏建

至宾济

宾德莱

至曼德勒

默莱

文敦

奥加雷

敏同池

肖比甘

西机场

6英里道标

4英里道标

湖东台

北机场

桑提

东机场

桃马

敏铁拉

南机场

金鲁

达西

甘吉

甘登

良延

塔娘金

英达

0

30km

漂贝

雅娘

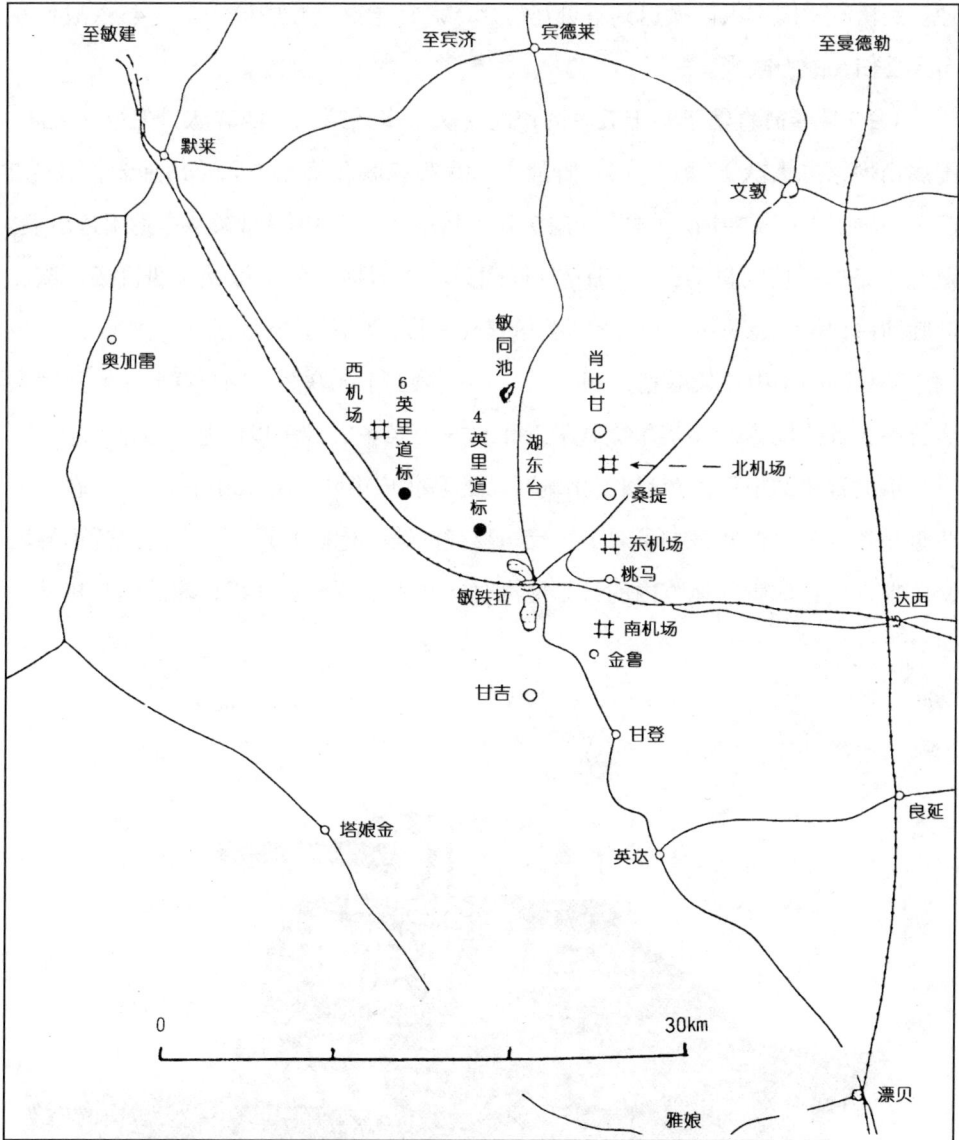

敏铁拉一带概要图

克武器，虽然拼死战斗，只是徒增损失。肉搏攻击班虽然用反坦克地雷和手榴弹攻击了坦克，但并无效果。下午3时，坦克突入日军阵地内，大队长决定放弃阵地。到傍晚，冈本大队撤退到塔贝瓦村北端。在这次战斗中该大队有43人战死和多人受伤，战力减半。

3月2日奉命直辖于第十五军的作间支队（步兵第二一四联队，欠第一大队、配属山炮第二大队）（炮3门）、野战重炮兵第三联队第三中队（15厘米榴弹炮2门）、特别炮兵第二中队（野炮1门）和工兵小队，于3月3日夜从东达附近出发，避开大路通过夜间机动，于3月7日拂晓兵不血刃地占领了敏铁拉西机场。该支队随即占领了敏建—敏铁拉公路8英里道标一带，切断了公路。

菊兵团的集中比较顺利，3月7日，步兵第五十五联队（山崎联队）和兵团主力分别在敏铁拉北方20英里文敦附近和北方22英里宾德莱以南基本集结完毕。

根据日军的记录，7日晨，山崎联队的联队炮中队（41式山炮2门），在文敦附近曼德勒公路西侧打响了对英军反坦克战的第一炮。当坦克从台上逼近山崎联队阵地，向台地脚部地隙内的日军炮击时，暴露了侧面和底板，联队炮趁机从侧

日本兵所画的谢尔曼M4中型坦克。这种坦克在1945年缅甸中部平原的战斗中发挥了巨大威力

面射击命中了车体中央部油箱的下面，用这种方法接连打燃了2辆M4坦克（英军无此记录）。8日下午，英军装甲侦察队在宾德莱南方道标13英里地点遭到步兵第五十六联队池岛第一大队和步兵第一一九联队的伏击，损失不小，2辆装甲车被独立速射炮第十三大队的速射炮击中起火，变成了两堆焦黑的烂铁。初战得胜，菊兵团内产生了轻视英军坦克的风气，为以后的悲剧埋下了伏笔。

　　9日，菊兵团命令步兵第五十六联队（藤村联队）占领6英里道标一带以切断作间支队占领的西机场与敏铁拉之间的交通。该联队以池岛第一大队配属联队炮中队、速射炮中队（37毫米）作为先遣队于10日晨占领了6英里道标一带。在出发前，大队长池岛俊一非常清楚在10日晨迎战敌坦克前没有足够时间挖掘工事，向师团作战参谋建议（因联队长藤村耳聋，难以与之交谈）在第一晚机动到6英里道标北方2公里的棱线、第二晚占领6英里阵地。但在通话途中，辻在电话里严令道："敏铁拉的战况十分急迫，必须迅速行动。"

敏建道6英里道标一带

6英里道标一带都是平地，缺少可以利用的地物，只是到处生长着灌木。虽然池岛大队马上开始构筑防御工事，但黏土质的土地像石头一样坚硬，构工迟迟没有进展。而且该大队同联队本部、支援炮兵也联系不上。

10日上午10时左右，从敏铁拉方向开来的以17辆坦克和乘车步兵为基干的英军支队急袭了池岛大队。这时池岛大队连卧射用的掩体都未能修成，炮兵也没有准备好。日军虽然以37毫米炮打坏了2辆装甲车，但对M4坦克毫无效果，在沙漠状的平坦开阔地上也无法进行肉搏攻击，陷入了孤军苦斗。英军还得到了从敏铁拉开来的坦克部队的增援，攻击更加猛烈。钢铁与肉弹之间的血战持续终日。池岛大队死伤惨重，大队长池岛、联队炮中队长等相继受重伤。

当天早上，师团情报参谋木村才太郎在师团战斗司令所听到从南方传来激烈的炮声，却没法用电话机跟部队联络上。根据在中国战场的经验，木村分辨出了坦克炮在近距离交战的独特射击声。他判断出池岛大队正在6英里一带同坦克近距离激战，立即叫醒熟睡中的师团长中永太郎和其他幕僚，报告了这一情况，但大多数人都不肯相信。军参谋辻怒喝道："太荒唐了，这种事情没法相信，赶快去确认！"

在有线和无线通信都中断的情况下，木村带着传令兵和通信兵（携带通信线路和电话机）从战斗司令所出发前往6英里一带。木村刚走不久，辻就判断战况进展顺利，11日以后正是确立有利态势的良机，因此下达了亲自起草的师团命令，指令藤村联队占领敏铁拉湖北侧4英里道标附近，切断来自西方和西北方的英军补给。

木村在下午3时左右到达6英里道标北方2公里的台地，看到10多辆M4坦克正在近距离上倾泻猛烈的枪炮火力，并有喷火坦克交替实施火焰攻击。他还看到在西方雷因多村东南方道路边的凹地内排列着数十辆汽车，其前方棱线附近站着两三百名英军，最前方有几名军官。他立即利用携带的电话机和电话线联络上了山炮部队，要求后者向6英里一带的坦克和密集部队两个方向射击。在山炮的射击下，那群英军密集部队撤退，英军坦克也被迫暂时后退。（最后英军坦克部队在傍晚时撤回敏铁拉）

　　不久，木村找到了距离师团战斗司令所竟然只有数百米的藤村联队本部。联队长藤村仿佛两耳不闻战场事一般，正在工事中悠闲地烧香。见木村来到，藤村装上助听器，听取了战况说明，然后命令联队作战军官大川代理第一大队长，算是草草做了处置。

　　木村回到师团战斗司令所时，中永太郎正在和辻一边谈笑风生，一边喝着小酒。木村立即报告了第一线视察情况，并提出了关于 11 日作战指导的意见。然而，中永太郎对他的报告和意见感到厌恶。辻也对木村训斥了一通，甚至威胁要用军刀劈了他。在去年 9 月，辻曾邀请木村到第三十三军司令部食用被俘美军飞行员的人肉，但遭到木村断然拒绝。木村因此事得罪了辻，后来，辻在八莫、瑞丽江、敏铁拉等战役中对菊兵团进行了蛮横且苛酷的指导，使该师团受到很大损失。在 10 日的战斗中，池岛大队战死 310 余人，遭到了毁灭性打击。

　　藤村联队根据前述辻起草的师团命令，于 10 日夜进入敏建公路 4 英里至 6 英里道标一带，工兵联队也占领了第二线阵地。11 日 11 时左右，4 英里道标一带的

3 月 10 日中午，池岛大队阵地

第一线阵地遭到从敏铁拉方向攻来的20多辆坦克和乘车步兵的猛烈攻击。这时，日军的第一线阵地只有卧射程度的工事，第一线的大川大队虽然拼死战斗，仍然被坦克突破阵地，公路被打通。接着坦克又袭击了第二线的工兵联队主力的阵地，工兵阵地也因土地坚硬难以构筑工事。

虽然工兵反复对坦克实施了肉搏攻击，但为随伴步兵所阻未能成功，一举死伤二百数十人。英军坦克轻松地蹂躏了工兵阵地之后，又逼近了雷因多附近的第三线阵地。这时，雷因多附近的47毫米速射炮和15厘米榴弹炮破坏、打燃了数辆坦克，但损失了速射炮的大部和1门15厘米榴弹炮。在雷因多北侧棱线的师团炮兵的支援下，第三线总算没有被坦克突破。

激战在日落时结束。藤村联队又战死第一大队长大川以下100余人。经过这次战斗，藤村联队、工兵联队和独立速射炮大队的战力都剧减到1/3以下。几天后，藤村联队在17日再次与英军交战，又有220人战死。就这样，该联队在这三天的战斗中一共战死630余人。

中师团长根据到11日为止的教训，决定占领敏铁拉北湖的东北台地（湖东台），然后推进攻击。湖东台的最高地点在默莱公路和宾德莱公路的交叉点（3英里道标）附近，湖东台以此为顶点、以北方敏同池东西一线为底边形成了等腰三角形。湖东台虽然面积不是太大，但却是可以压制东机场和市区的战术上的要点。而且在台地的南北有地隙，敏同池和敏铁拉湖也形成了障碍，有利于防守。英军已在湖东台最高点附近布设了铁丝网、部署了守兵。

攻占湖东台的任务由山崎联队担当，攻击发起时间定为12日傍晚，战车第十四联队和野战重炮兵第三联队也将提供协助。这时战车第十四联队只有3辆中型坦克、4辆轻型坦克。12日傍晚，日军重炮首先实施急袭射击，接着坦克在炮声中隐秘接近，然后向英军倾泻猛烈的枪炮火力，一边破坏障碍物一边冲进英军阵地。山崎联队的第一线步兵也跟随坦克冲了过去。惊慌失措的英军很快放弃了抵抗。

就这样，在步、坦、炮的密切协同下，日军攻击部队几乎毫无伤亡地攻克了英军阵地。日军缴获了不少1：25000的优质彩印地图，对菊兵团来说是无价之

菊兵团与英军坦克激战的敏铁拉郊外的平原

宝。菊兵团立即开始加固湖东台的防备，努力将其打造成要塞般的阵地。

14日下午，第十五军接到紧急情报："在伊洛瓦底南岸突破我第三十一师团战线的敌装甲部队正在向谬达突进。"本来菊兵团正在研究以两晚推进攻击阵地、夺回东机场的战术。但由于该紧急情报，军参谋强硬主张"在15日夜一口气突入东机场占领之"的方案，并得到师团长的同意。

东机场第一次攻击的部署是：山崎联队为东机场攻击部队，步兵第一一九联队（辻联队）为北机场攻击部队，藤村联队和作间支队为湖东台守备部队，重炮兵和师团山炮兵联队支援对东机场的攻击和攻占后的确保。攻击开始时间定为3月15日日落时，突入时间定为16日1时。

根据之前默莱公路切断作战的教训，为了阻止天亮后预想中的敌坦克的反击，需要一整晚（10个小时左右）的时间来完成人员、火炮、武器的掩体工事。然而根据上述部署，即使夜袭取得成功，也没有足够的构工时间，难免重蹈覆辙。

山崎联队在15日傍晚开始行动，16日4时突入了东机场，占领了其一部。然而突入时间太晚，没有构工的时间，果然重蹈了10日、11日藤村联队的覆辙。天亮后，在英军坦克与步兵的协同攻击下，山崎联队陷入苦战，炮兵的支援也因为通信线路切断和雾霭而无法顺利进行。在蒙受了惨重损失后，山崎联队被迫撤出机场，攻击彻底失败。不过，奉命攻击北机场的辻联队未受抵抗即占领了该机场。

但山崎和辻两联队阵地的间隙宽超过2公里。16日下午，英军的步坦混合部队从该间隙前进到肖比甘村正面，一边进行火力侦察，一边绕着村落转圈。这时，部署在村落南端附近的日军47毫米速射炮，在约百米距离上瞄准M4坦克的侧面射击，打瘫了一辆坦克，但紧接着速射炮和炮旁的官兵被后续坦克的炮火消灭。

在发现英军将要反攻湖东台正面之后，菊兵团在16日夜急忙整理了湖东台方面的战备，并利用在16日战斗中缴获的M4坦克进行了肉搏攻击集合训练。

英军从15日开始冒着日军野战重炮的炮火，从帕莱尔空运来第五印度师第九旅。当天有1架飞机中弹，但有54架飞机着陆成功。16日夺回东机场后，有1架飞机被重炮炮弹命中，造成22人死伤，但有28架强行着陆成功。到18日，第九旅的空运基本结束。

由于湖东台的长沼重炮部队对东机场的压制，英军不得已改为空投补给。英军的补给品不足，伤员也无法后送。

各自为战

因苦于日军炮兵阻碍补给，英军在3月18日和19日两天大举出击，企图消灭湖东台的日军炮兵。英军从东西两正面夹击湖东台，一路从东机场东北角出击攻击湖东台的东正面（第九十九旅和坦克一个连），一路从湖西地区出击攻向湖东台的西正面（第六十三旅和坦克两个连及炮兵），另以一部在敏同池北方切断菊兵团的后方联络线。

在湖东台的东翼，藤村联队第二中队（渡边中队）将肖比甘村西北侧的深两三米的地隙作为阵地，面向东南形成了天然的坚固步兵阵地。日军计划以步兵阵地的牵制射击，将M4坦克引诱到地隙一线，然后从侧面以野炮的穿甲弹将其击毁。为此，野炮第五中队（伊藤中队，野炮1门）被部署在湖东台东南麓的略微隆起的灌木林内，距离野炮第六中队（藤原中队）主力的阵地（肖比甘村南端附近）数百米。

18日下午，肖比甘村南端附近藤原中队主力的2门野炮向从东南方攻来的10多辆英军坦克射击，瞬间打瘫了两辆，但紧接着野炮就被坦克炮的集中炮火打得粉碎，炮旁的中队长以下34人也全部死伤。

随后，这队坦克继续强行攻击湖东台台端的日军阵地，但被渡边中队的牵制射击吸引到该中队阵前，排成一列横队。伊藤中队趁机紧急变换阵地后，向坦克开炮，用穿甲弹击穿了坦克的侧面，转眼间击毁了4辆M4坦克，随后又打瘫了3辆（英军记录称损失4辆坦克，应为无法修复的坦克数）。此后，再无英军坦克向该正面攻来。

当天，守备湖东台西正面的作间联队也在重炮的掩护射击下确保了阵地。

19日，英军第六十三旅的最左翼迂回敏同池西侧，强袭了野战重炮兵第二十一大队的炮列。该大队第二中队损失了一门4年式15厘米榴弹炮，但英军坦克也在池畔被击毁，逃出车外的坦克兵被日军炮兵的步枪射杀。英军坦克北进，同长沼重炮联队激烈对战，甚至有未爆的坦克炮弹飞进加农炮的炮口中，被炮闩挡住。英军坦克还急袭了宾德莱公路五六英里一带的日军重炮段列，没有火炮的段列兵被消灭，宾德莱公路被英军切断。但日军湖东台守备队在重炮的支援下阻止了六十三旅的右翼的攻击。19日傍晚，全部英军出击部队撤回敏铁拉，这次宏大的夹击作战就此落幕。菊兵团挺过了这一重大危机。

从3月7日首次反坦克战以来，到3月18日为止，菊兵团累计战死580人、负伤426人、失踪536人，损失47毫米反坦克炮5门、37毫米反坦克炮3门、联队炮1门、大队炮3门、野炮2门、90式野炮1门、4年式15厘米榴弹炮1门、96式15

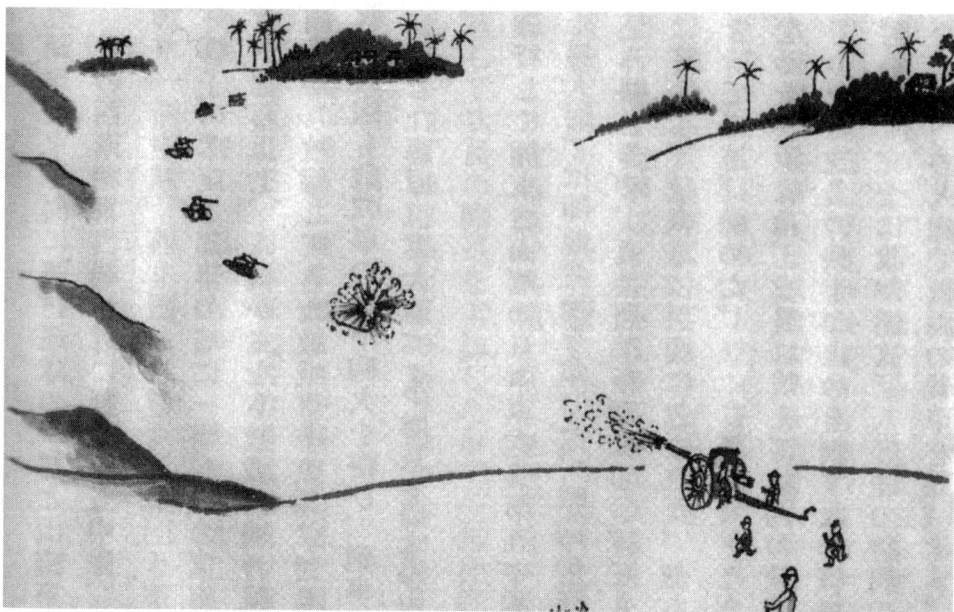

在肖比甘村击破山炮兵第十八联队第六中队的M4坦克逼近了第五中队的火炮，双方展开对决（左侧是湖东台的台地，正面是肖比甘村）

厘米榴弹炮2门、10厘米加农炮2门、自动货车10辆。3月20日，各步兵联队的兵力情况为：步兵第五十五联队约900人，步兵第五十六联队约400人，步兵第一一九联队约500人，作间支队约300人。

这时在第十五军方面，曼德勒于3月19日陷落，祭兵团正在突破重围向掸邦高原山麓地区后退中。在伊洛瓦底江南岸，英军装甲部队正在追击退却的烈兵团向皎施进击，其一部向宾德莱、文敦袭击，当地的菊兵团辎重兵联队车辆部队、野战医院、弹药和粮食堆放所等后方部队暴露在其攻击下。因此中师团长在3月19日夜将战斗司令所推进到敌前1公里、湖东台最高点（203高地）附近。

另外，狼兵团主力（步兵第一〇六联队，山炮兵第一大队、骑兵联队等）从3月4日左右开始通过铁路运输逐次到达漂贝。吉田联队已经失去战斗力，步兵第一〇六联队[联队长十时和彦，1944年6月在京城（首尔）编成]成为狼兵团攻击战力的骨干。

3月8日，十时联队主力在漂贝北方5英里的威特莱特村及其南方约1.5公里的良韦村等地，同随伴10多辆坦克的第四十八印度旅部队发生激战。英军首先攻击了布阵于威特莱特的第一中队、山炮兵第三中队等部。在猛烈的炮击下，守兵好不容易修成的阵地全部被破坏。山炮兵中队的2门山炮在约80米距离上从侧面射击在曼德勒公路上南下的英军坦克，击毁1辆、打瘫1辆。但2门山炮随后被坦克炮破坏，14时左右，英军坦克蹂躏了第一中队和山炮兵中队的全部阵地。

15时半左右，一部分坦克开向联队本部、第三中队、联队炮中队、速射炮中队、山炮兵第四十九联队（宇贺部队）主力等部所在的良韦，其中1辆坦克被联队炮破坏。在当天的战斗中，日军有2门火炮被破坏，死伤约200人，英军损失了1辆坦克，另有2辆瘫痪。这是英军第一次发现日军使用了二式破甲弹。这种破甲弹是使用德国提供的技术以化学方法而不是物理方法贯通装甲板，可以从正面击穿M4坦克的装甲板。在缅甸方面军的各师团中，基本上只有狼兵团装备了这种炮弹。

之后该师团主力制订完成了《敏铁拉附近敌装甲部队攻击计划》，根据该计划开始北上，13日上午10时，联队寺岛第一大队到达敏铁拉南方9英里的密雅村附近。安东第三大队在夜晚进抵其北方2英里的甘登附近。14日晨，布阵于甘登南侧丘陵的安东大队，遭到伴随坦克的英军部队的攻击。该处丘陵上草木稀疏，土质坚硬，构工困难，虽经彻夜作业，但到14日天亮时安东大队也只修成了坐姿下深不及肩部的散兵壕，而且阵地上没有任何反坦克火炮。

战斗开始后，第一线阵地的2门大队炮和重机枪乃至轻机枪相继遭破坏，日军只能以步枪和手榴弹应战。肉搏攻击班的攻击也毫无效果，坦克如入无人之境，阵地内一片混乱。英军坦克和步兵轻松地蹂躏了第一线的全部阵地，步兵还用火焰喷射器焚烧阵地，最后英军留下日军的累累尸体撤退。在6个小时的激战中，安东大队死伤大队长以下240人。

方面军参谋长田中新一于14日夜来到狼兵团战斗司令所，对师团长强烈要求尽早攻占敏铁拉，特别是迅速占领东机场。然而，关于菊兵团的东机场突入计划他们一无所知。在这样的外线作战中，最重要的各攻击部队间（从师团到大队以

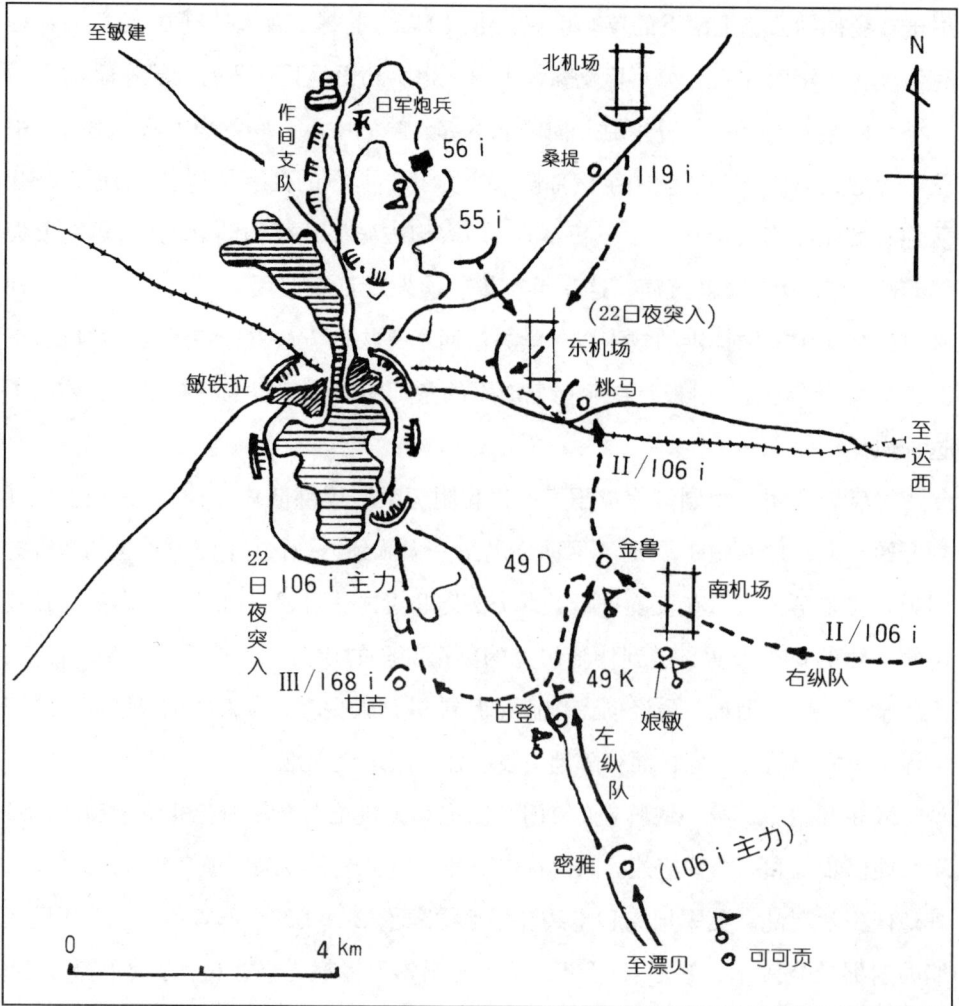

至敏建

北机场

作间支队

日军炮兵

56 i

桑提

119 i

55 i

（22日夜突入）

东机场

敏铁拉

桃马

至达西

II／106 i

金鲁

49 D

南机场

22
日
夜
突
入

106 i 主力

II／106 i

III／168 i
甘吉

甘登

49 K

娘敏

右纵队

左
纵
队

密雅

（106 i 主力）

0   4 km

至漂贝

可可贡

第十八师团、第四十九师团敏铁拉攻击概图

下）的协调配合经常付之阙如，这是这次会战的一大特征。

3月18日，寺岛大队奉命以夜袭占领金鲁西北方约5公里的769高地的炮兵阵地和其南方约2公里的729高地。当晚该大队从金鲁出发向769高地前进，但途中弄错了方向，19日拂晓不得已在曼德勒公路东侧（769高地在公路西侧）的杂树丛生的凹地内占领了阵地。该大队没有时间充分修筑工事。英军在确认了日军的位置后，于当天下午开始反击。

在凶猛的炮击过后，数辆坦克带着随伴步兵向寺岛大队扑来。该大队没有一门反坦克炮，大队炮对M4坦克毫无效果，虽然大队炮和掷弹筒以曲射弹道攻击坦克后方的英军步兵取得了一些效果，但有限的弹药很快消耗殆尽。在坦克炮和车载机枪的猛烈射击下，日军死伤枕藉，阵地陷入混乱。傍晚英军坦克返回基地时，寺岛大队已经遭受毁灭性打击，战死106人。

笕第二大队在18日夜进至桃马。20日上午，两队英军坦克带着随伴步兵分别从东机场方面和达西公路方面开来展开于笕大队阵地前。日军以重机枪、掷弹筒向跟在坦克后面的英军步兵猛烈射击，有效阻止了坦克侵入阵内——英军坦克因为忌惮日军的肉搏攻击，在没有随伴步兵配合的情况下不会攻入阵地内。特别是掷弹筒在极近距离上以曲射弹道射击步兵，给随伴步兵以巨大威胁。日军的山炮、速射炮、大队炮也向坦克猛烈射击。

下午，英军向笕大队中第一线正面射来烟幕弹，构成了烟幕。在白烟掩护下，坦克和步兵撤退了。但展开于左第一线第六中队正面的坦克突入并蹂躏了川口小队的阵地，黄昏前坦克撤退了，这时川口小队阵地已经是惨景满目。当天笕大队战死少尉川口以下42人，大部分都是第六中队的死者。

22日，笕大队在桃马再次遭到英军步坦混合部队的攻击。日军没有任何手段可以阻止坦克的攻击，坦克蹂躏了第六中队全部阵地和第五、第四中队一部分阵地，阵地上尸体累累，凄惨至极。这次战斗，笕大队战死第六中队长以下50人。

决战湖东台

在日军的敏铁拉夺回作战中，第十五军的菊兵团从北方、方面军的狼兵团等从南方各自行动，缺乏协调配合，效果不彰。因此方面军决定从缅甸北部抽出第三十三军司令部担任夺回作战的作战指导。

3月12日，方面军命令第三十三军司令官本多，将第三十三军的指挥交给第五十六师团长，只带领军司令部尽速转进至大和村。接到电报后，第三十三军司令部于16日赶到达西东方10英里的柚木林中的大和村。当晚，田中抵达大和村，下达了命令："第三十三军司令官应自3月18日以降合并指挥第十八师团主力和第四十九师团主力，歼灭敏铁拉方面之敌装甲部队。"然而第三十三军司令部既无通信部队，也无作战用地图。以后方面军就将第三十三军称为"决胜军"。方面军的作战指导方针也转换为"第五十六师团和第二十八军大海正面进行持久战斗，方面军以几乎全部战力集结于敏铁拉地区企图决战"。

3月18日，本多奉命指挥决胜军歼灭敏铁拉的英军、日军形成统一指挥的态势后，决胜军决定以菊兵团为右第一线、以狼兵团为左第一线，于3月22日夜以敏铁拉周围的英军阵地和装甲部队为目标开始攻击。狼兵团的主要目标是敏铁拉湖东阵地（884高地）。22日夜，十时联队主力对884高地实施了夜袭。这时英军占领敏铁拉已有约20天，在市区周边设置了铁丝网和测定过的重武器，完成了坚固的纵深阵地。特别是884高地是南正面的最重要据点，第一线还排列着坦克。结果攻击部队犹如飞蛾扑火，一头撞到火网上。

22日日落时，十时联队主力从甘登出发向884高地前进，经过甘吉后北进时，尖兵弄错了道路，与后续部队分离。结果主力纵队以行进队形遭遇英军阵地前的铁丝网。照明弹升上天空，坦克炮、重机枪和迫击炮倾泻出炽烈的火力，第一线纵队立刻陷入混乱。日军只得转入强袭，山炮被推进到廓尔喀营前哨前方15码处射击。

在各种火炮和重机枪的支援射击下，第一线中队越过铁丝网拼死突击。一部分日军突入英军第四十八旅的阵地，但为铁丝网和工事、照明弹下的防御火网所阻，仅夺取了一部分阵地。天亮时，十时联队长下令后退。但突入英军阵地的一部分士兵几乎全部战死。在884高地的夜袭中，十时联队战死128人。十时联队在向缅甸战线出动时有1886人，现在减少到约800人。此后狼兵团只能采取守势。

敏铁拉的第十七印度师师长考恩少将，沿着从敏铁拉呈辐射线状延伸的主要道路反复对日军实施反击作战，特别是在第五印度师第九旅被空运过来后，因兵力充足反击更加积极。对于英军在敏铁拉南方的反击作战，宇贺部队（狼兵团山炮兵第四十九联队）在21日至24日破坏、打燃了多辆坦克，并缴获了一辆完好无损的坦克。由于该联队的战斗，第二五五坦克旅在这几天中蒙受了空前严重的损失。但联队长宇贺武在29日受重伤后死亡。

另外，菊兵团根据先前确保东机场失败的教训，改变了攻击方法，决定在21日夜秘密将阵地推进至敌前约800米处，22日夜突入后充分构筑工事进行占领确保，并进行了反坦克战斗训练。21日夜，菊兵团按照上述战术开始推进第一线，顺利抵达预定之线后马上开始拼死构工，特别是优先构筑作为各据点骨干的野炮、山炮的掩体工事。在22日天亮前，野炮、山炮大体上覆上了掩盖，其他工事也达到了立射程度。

22日夜，在重炮和山炮的支援下，菊兵团的攻击部队排除守兵抵抗占领了机场的东南侧、中央部、西北部。英军运输机的起降在19日以后就因为炮击而停止了。26日，山崎联队在配属坦克的支援下再次夜袭了市区的外廓阵地，起初进展顺利，攻击部队占领了东北部突角的阵地，但此后攻击再无进展。27日，英军以坦克为先导进行了反击，

狼山炮兵第四十九联队长宇贺武

1945年3月23日的战斗中被狼兵团山炮破坏的M4坦克（1976年1月27日拍摄）

日军因土质坚硬无法构工，便利用夺取的英军掩盖阵地好不容易阻止了对方的反击，但无力夺取英军阵地的最高点。激战的结果，第四中队长以下92人战死。决胜军这时已无夺回敏铁拉的战力。

3月27日，以2个坦克连为基干的英军向湖东台西北正面发动了攻击，日落前撤退，菊兵团有1辆坦克、2门火炮被破坏。28日，英军对菊兵团再次发动了大规模攻击。第六十三旅以3个坦克营从西方和西北方，第九十九旅从南方和东南方攻击了湖东台的日军阵地。英军的攻击以惊天动地的猛烈轰炸为开端，台上一带烟尘滚滚，令人窒息。

猛烈轰炸过后，英军地面部队便开始攻击。湖东台的南正面因为地形的关系在突击中无法使用坦克，第九十九旅只能使用步兵突击，结果攻击部队陷入山崎联队第四中队的防御火网中，一举战死连长以下92人，英军留下累累尸体后撤退。事后第九十九旅旅长被解职。

在第六十三旅方面，一支坦克部队从西北方进入敏同池东南地区，蹂躏了菊兵团的弹药堆放所和炮兵的段列。从西方攻击湖东台中央部的坦克部队进至宾德莱公路3英里850英尺闭锁曲线的最高地点（203高地），蹂躏了作间联队配属山炮中队的观测所。山炮观测所附近的湖东台守备队本部（步兵第二一四联队联队长作间）也受到英军坦克的猛攻（当天菊兵团战斗司令所位于东机场）。

　　此时，联队长作间身边的2名肉搏攻击兵根据16日夜的肉搏攻击集合训练中学习的要领，始终隐忍不动，一直等到坦克接近至两三步的极近距离，才冲出散兵壕，将破甲炸弹固定到坦克的肩部，爆破了打头的2辆坦克，挫败了英军的锋芒，从危急中挽救了守备队。

　　当天日落之前，英军向敏铁拉返回。就这样，湖东台守备队在28日经受住了

3月28日，山炮兵第十八联队第五中队仅剩的一门火炮向英军装甲车队炮击，打坏了头车

英军2个旅的猛攻，度过了最大的危机。28日夜，在敏铁拉市内的英军司令部内展开了关于撤退还是继续攻击的激烈争论，最后第十七师师长考恩少将决定如果日军依然健在，就在29日白天撤退。然而29日晨，当他提心吊胆地站在复廊阵地上观察战线时，发现日军已经消失得无影无踪。

会战落幕

3月28日，在达西的决胜军战斗司令所召开了重要的作战会议，田中方面军参谋长等几名方面军幕僚和决胜军首脑参加了这次会议。

这时菊、狼两师团的战力已经降至当初的1/3以下，被迫处于守势。而且从3月中旬开始，第十五军的情况迅速恶化。19日夜曼德勒撤退后，祭、烈两师团的伊洛瓦底战线完全崩溃，皎施—谬达间完全被突破，从曼德勒南下的英军即将与敏铁拉正面的英军会师。弓兵团则正在敏建东侧进行孤军战斗，东达附近的安兵团的撤出也成了问题。第二十八军在伊洛瓦底江西岸的攻势也受挫，在东岸也只能勉强保持仁安羌、波巴山。特别是第十五军战线的崩溃，是对敏铁拉夺回作战最具决定性的因素。

田中虽然了解这些情况，仍然抱着一线希望。在沉重的气氛中，辻政信做了如下说明："在此前的反坦克战斗中，兵团的损耗极大，现在已经是我火炮与敌坦克肉搏的状态了。如果决心继续敏铁拉会战，必须准备在今后蒙受大量消耗。而且必须补充必要的人员、器材，特别是反坦克器材。即使如此，是否还要强行夺回敏铁拉，希望了解方面军的真意。"辻政信还表示："为了破坏一辆敌坦克，我军必须牺牲火炮1门和人员50名。残存的活动中的敌坦克不少于百辆，所以要消灭它们的话，还要损失火炮100门和官兵5000名。"

田中沉默了几分钟，终于决定解除决胜军的任务。当晚，方面军和第三十三军下达了整理战线的命令。伊洛瓦底—敏铁拉会战至此结束。

自英军渡过伊洛瓦底江以来，到3月末为止，两军在伊洛瓦底会战中的损失情况如下。

【日军】

第十五军			
	战死	战伤	合计
祭兵团	419	548	967
烈兵团	539	658	1197
弓兵团	533	993	1526
安兵团	282	376	658
军直辖部队	不详		
另有约2000名住院患者			
第三十三军			
	战死	战伤	失踪	合计
菊兵团（3月7日至3月18日）	580	426	536	1542
狼兵团（3月10日至4月13日）	4160	753	不明	4913

当然，上述损失数字特别是第十五军的数字并不完整。例如，祭兵团的步兵第六十联队在伊洛瓦底江畔至敏格河3个多月的战斗中就战死317人，占1月初联队在籍者近半数。另根据烈兵团编纂的战史资料，该师团在伊洛瓦底会战中战死约1000人、战伤约1000人。至于菊兵团的损失，根据该师团的战史，该师团在敏铁拉会战期间共损失约4000人。

狼兵团的损失特别大，是因为参加的兵员数量多，以及指挥官等缺乏在缅甸战线作战的经验，另外，该师团的损失数字包括了敏铁拉争夺战结束后进行的一系列激烈的撤退战中出现的损失。

【英军】

	战死	战伤	失踪
第四军	835	3174	90
第三十三军	1472	4933	120
第十四集团军损失合计	10414（另外两个军共有约7500人患病）		

英军坦克的损失为：被破坏26辆、损坏44辆（可以修理）。1945年1月1日至5月14日，英军损失了约30辆坦克（无法修复的数量），大部分是在伊洛瓦底会战中损失的。

随着日军在伊洛瓦底会战中失败，日军的缅甸战线开始全面崩溃。3月27日，昂山少将领导的缅甸防卫军发动起义。4月上旬，英军转入在仰光公路上的追击。面对强大的英军装甲部队的进军，战力贫弱的日军难以抵挡，即使努力建立防线，也往往被一击即破。彬马那、同古、勃固等要地一个接一个地陷落。4月26日，缅甸方面军在恐慌中放弃了仰光。尽管并非一帆风顺，但是斯利姆终于得偿所愿，在雨季到来时收复了这座缅甸最大的都市。

第7章
"芷江作战"

"芷江作战"的缘起：重庆作战的前哨战

进入1945年，在急剧恶化的全盘战局中，日军所谓"中国派遣军"的重点，除了其一直以来的基本任务，即迫使重庆政权屈服、摧毁中国抗战力，所谓"西向态势"之外，还企图东向防备美军登陆中国大陆，强化沿海战备。

当年1月，中国派遣军实施了一号作战最后的作战即南部粤汉打通作战，至1月24日终于打通了华中、华南的日军之间的联系。中国派遣军还计划进行重庆屈服作战，企图消灭老河口和芷江的盟军前进航空基地，并考虑在作战成功后以此为基地，继而对重庆发动进攻。

"四川作战"是总军（中国派遣军）司令官冈村宁次一直以来的构想，他多年来一直主张只有攻占重庆、打倒蒋政权，才能结束"中国事变"。1945年初，冈村非正式发表了重庆进攻作战的构想，命令汉口的第六方面军（冈部直三郎）和衡阳的第二十军（坂西一良）研究西向作战。

1945年1月1日制定完成的中国派遣军总司令部的"四川进攻作战计划大纲"的内容，是在"派遣军以第六方面军大体在三月下旬，从衡阳和柳州各西方正面开始攻势，在攻占芷江和贵阳一带后，军长驱向重庆和成都方面挺进，确保四川省的要域，之后打通确保扬子江沿线要域，构成对四川省的后方联络线，主要作战期限预定为约四个月"的方针下，在第一期作战中，第二十军（包括第一一六师团在内有3个师团）将"在三月下旬左右从宝庆南北的要线开始攻势，在攻占芷江一带后，准备向重庆方向挺进，时间约一个月"。

在第二期作战中，第二十军（包括第一一六师团在内有2个师团）将"在五月中旬左右从芷江一带开始挺进行动，长驱向涪州一带突进，在渡过扬子江后攻占重庆。作战时间约一个半月"。在第三期作战中，第一一六师团将同其他5个师团一起确保四川省的要域。

2月22日至25日，中国派遣军以派遣军全体参谋研究对美作战和四川作战的兵棋，冈村每天均出席兵棋演习。2月下旬，在四面楚歌、急剧恶化的全盘战局下，很明显付出很大代价攻入四川腹地的作战，在战略上毫无意义。相比四川作战，大本营更关心将中国派遣军主力集结于扬子江以北。因为关东军的实力非常低下，大本营欲将中国战场的主战部队迅速转用于华北和兵力空虚的"鲜满国境"，一举完成战线整理，但遭到总军的反对，因此只好先进行第十一军的转进，企图在第十一军完成转进后，将第二十军转进到华北的河北、山东方面。

为了确保转进部队的安全，决定发动消灭老河口、芷江两处飞行基地的作战——这与冈村的更为宏大的四川作战构想相矛盾。当时在派遣军参谋中也有人怀疑"四川作战"的价值。总参谋副长佐藤贤了也被大本营派来，试图让冈村放弃对"四川作战"的执着。但冈村坚持对"四川作战"的热情和信心。

当时以华南的第二十三军和第二十一军一部进行的南部粤汉打通作战已经达成预期目的，即将结束，由华北第十二军进行的"西峡口作战"也被认为进展"顺利"。冈村认为如果计划中的"老河口作战"和"芷江作战"顺利结束，接下来以大军从北、东、南三方面进行的四川包围歼灭作战很有希望成功。

如果能在当年秋季（中国派遣军预计的中国军队的美式化和战力恢复取得重大进展，很有可能发动总反攻的时期）以前，初夏时节先发制人，向重庆、成都前进，击败中国野战军主力占领目标地区，那么为了救援中国军队，美军有可能提前在中国登陆，相应的美军对日本本土的进攻也会被推迟，有利于本土决战的诸项准备。若非如此，则拥有百万兵力的中国派遣军将会在本土陷入危机时不得不成为只能拱手旁观的游兵。

虽然兵棋演习的结果存在一些令人担忧的问题，但总参谋副长佐藤还是认同了冈村的观点，支持冈村进行四川作战。

总军在2月上旬命令第二十军准备进行"芷江作战"。2月21日，坂西在衡阳召开兵团长会议，下达了"芷江作战"实施要领。芷江作战准备要领（第二十军）内容为："本作战称为'二十号作战'，作战目的为歼灭宝庆方面的洞口、武冈周边地区的重庆军第二十四集团军主力，并长驱消灭芷江周边的美空军基地。兵力为以第一一六师团为基干的三个师团，作战定于三月下旬开始。"

"芷江作战"被日军称为"二十号作战"，但后来因日军未能到达芷江就中止作战撤退，因此作战的正式名称改为"湘西作战"（即湘西会战，也称"雪峰山会战"）。"芷江作战"的准备可谓问题重重。虽然经过一号作战，日军对从长沙至南宁的整个湘桂沿线的侵占已于1944年12月完成，但是由于美空军连日从芷江机场飞来攻击湘桂军用公路，连日爆破桥梁、道路，日军的车辆部队几乎无法在白天行驶，致使来自后方的武汉兵站的补给陷入停滞。位于湖南、广西的第二十军和第十一军无法从武汉兵站顺利得到补给。

不仅补给困难，到1944年末，南京汪精卫政府发行的作为正规货币的储备券，在日军新占领地区内完全无法使用（储备券的价值日趋低落，到日本投降后干脆变成了废纸），因此日军很难在当地购买以粮食为首的各类物资。结果，为了准备"芷江作战"，日军在占领区内进行大规模的粮食和苦力的"征发"（实为掠夺和强迫劳作）。被迫在作战中随军的中国苦力数量庞大，据说超过10000名。仅第六十八师团独立步兵第一一五大队就"征发"了超过200名苦力。在作战期间，很多苦力都在美机的炸射下或枪炮火力下死伤，苦力逃光后，重围下的日军只好自己在艰难的条件下运送伤员，很多伤员被遗弃在败退途中。

老河口作战于1945年3月3日开始，具体作战由华北的第十二军担当，出动了步兵2个师团、坦克1个师团、骑兵1个旅团、其他独立步兵3个大队，在付出惨重代价后，4月11日总算占领了老河口机场群。

1945年3月23日和24日，总军再次召开了关于西向作战的参谋研究会，冈村总司令官也出席了研究会。在研究会中，根据对新情报进行综合分析的结果，认为中国军队的美式装备化和战力恢复提升超过预期，芷江正面的中国军队至少有25个师，并考虑到其他方面战局的推移，有必要尽速完成四川侵攻的周密准备，以强大兵力实施之。

根据这次参谋研究会，总军赋予第六方面军的任务是，尽可能从3月下旬开始作战，规模由第六方面军掌握，但作为四川作战的第一阶段，希望兵力规模尽可能庞大。第六方面军也认为为了侵占芷江，最少需要3个师团，为此需要从广西的第十一军抽出约2个师团，但由于第十一军无缩小占领地的计划，无法从第十一军抽出兵力。

"芷江作战"计划以衡阳的第二十军为主体。当时中国派遣军尚有27个师团、23个独立混成旅团。然而出于种种原因，可出动参加"芷江作战"的兵力非常有限。结果在3月中旬第二十军制订的作战计划中，作战部队以第一一六师团（岚）为骨干兵团，加上第四十七师团（弹）和关根支队（由第六十八师团第五十八旅团长关根久太郎指挥），共3个师团，但弹兵团（第四十七师团）只有一个联队能参战，第六十八师团也只能出动2个独立步兵大队，作战部队的实际兵力不到2个师团规模。

作为骨干兵团的第一一六师团，出于住院、分派遣（到司令部、本部作为勤务人员）、大量人员为了警备交替而转入新编成部队等原因，各步兵中队在作战出动前的平均人员只有100名左右。其他兵团也大同小异。从内地移动中的弹兵团主力没能赶上作战，结果只有先遣的重广支队（步兵第一三一联队）能投入进攻。

步兵第一三一联队的实力稍稍充实一些，一个步兵中队平均有110名左右。第六十八师团（桧）只能抽出步兵第五十八旅团独立步兵第一一五、第一一七大队两个步兵大队，加上从第三十四师团抽出的步兵第二一七联队编成了关根支队。但这2个步兵大队由于许多人员转属新设部队，结果在作战出动部队中兵员最少，一个步兵中队的编成人员平均只有80名。

此外在作战出动编成时，还要留下急病患者、弱兵，因此各步兵中队的人员又进一步减少。在"芷江作战"中，岚兵团（第一一六师团）的一个步兵中队的编成为80名左右，关根支队的独步第一一五、第一一七大队的一个步兵中队的编成为70名左右。由于人员减少，本来有3个小队的中队，只能改编成2个小队。

4月5日，第二十军司令官坂西召集下属的兵团长在衡阳召开会议，决定作战于4月15日开始，14日，总军命令广西省的第三、第十三、第三十四师团，和广东省的第二十七师团转用于华中、华北。这是在"芷江作战"的主力进发的前一天。但总军认为"芷江作战"可以使从广西转用兵力更加容易，并且有利于破坏中国军队的反攻准备，因此仍然决定"芷江作战"按计划实施。

从第一一六师团的出发地宝庆至芷江，在地图上直线距离约200公里，至沅江约130公里，其间耸立着标高约1000米的雪峰山系。在雪峰山系中，中国军队巧妙地利用天险构筑了纵深阵地，准备将日军引诱至山系中，以强大的兵力和美空军支援下的空陆一体的猛攻歼灭日军。另外，日本第六方面军通过侦察、情报等，得知到雪峰山系为止，中国军队不会有大的抵抗，因此打算在雪峰山系内歼灭中国野战军主力，然后乘余势渡过沅江、突入芷江。

但作战部队比当初预定的3个师团少得多，指望以这点兵力攻陷芷江未免过于乐观。实际上，作为第一线主力部队的第一一六师团的参谋们中间，就有人说抵达沅江为止还算凑合，进入沅江以西后就没有胜算了。因此第六方面军还打算在难以歼灭中国野战军、只能击破之的情况下，暂且先攻至沅江一线，然后再图后策。

根据作战计划，各队应在4月上旬完成下列任务、结束作战。

一、第一一六师团捕捉洞口、洗马潭、瓦屋塘之敌，前往沅江江岸的安江。

二、关根支队歼灭新宁、武阳、武冈之敌，前往瓦屋塘。

三、重广支队捕捉新化附近之敌，或在牵制击溃的同时前往安江。

根据计划，各兵团应击破沅江以东、白马山中的中国军队，于4月中旬集结于沅江江岸，待弹部队（第四十七师团）主力抵达后同时渡河，预定至少应在5月中旬完成作战。

宝庆（邵阳）市区的资水（1992年拍摄）

作战部队进攻时的行军队形大体分为三个纵队，作为主力的第一一六师团（岚）（配属独立山炮兵第二联队）在中间从宝庆出发，重广支队（第四十七师团步兵第一三一联队）作为右纵队从永丰出发，关根支队（第三十四师团步兵第二一七联队、第六十八师团步兵第五十八旅团）作为左纵队从东安出发，各自向攻击目标前进。三个纵队并列从4月上旬开始西进。

关根支队最初的攻击目标是新宁城（东安西北偏西约40公里），关根支队于17日将其占领。作为主力的第一一六师团（师团长菱田元四郎）的攻击开始时间根据军命令定为4月15日，该师团的进击也分为三个纵队。作为师团右纵队的步兵第一〇九联队（联队长泷寺保三郎）于师团主力出发前两天，13日夜，即从宝庆出发向雪峰山系前进。该联队的饭岛挺进队（第一大队，大队长饭岛克己）则于11日夜先行出发。作为中央纵队的师团主力，则以步兵第一三三联队（联队长加川胜永）为前卫于14日开始前进。作为左纵队的步兵第一二〇联队（联队长儿玉忠雄）于15日开始前进。

宝庆（邵阳）大道（1992年拍摄）

　　当时侵华日军开始走向末路，部队素质也不断下降，但战斗力仍然不可小觑。儿玉联队的第二大队（大队长和田健男）在4月12日晨即开始从五峰铺向洞口前进。途中，该大队的后卫第六中队突然遭到中国军队警戒阵地上的一挺捷克式轻机枪的射击，第二小队长也被击伤。该中队立即以掷弹筒还击，第二发弹丸即命中400米前方台上的机枪阵地，使对方完全沉默下来。

　　13日，该大队在经过石门司后不久遭遇中国军队的伏兵，遭到来自左侧高地的捷克式轻机枪的急袭射击。作为后卫尖兵的第六中队第一小队以掷弹筒还击，仅发射两三发即将左高地上的机枪炸飞。和田大队于19日在龙纵桥首次遭到有组织的抵抗。23日晚，和田大队占领了空无一人的高沙市（位于洞口东南10余公里，是雪峰山系的要冲）。接着25日凌晨，和田大队又从高沙市出发向洞口前进，在天亮前占领了无人的洞口市街。

"芷江作战"全盘经过要图

泷寺联队的危机

　　岚师团的各纵队中,作为右纵队的泷寺联队(步兵第一○九联队)最早遇到大麻烦,该联队的悲剧从饭岛挺进队开始。饭岛挺进队(饭岛第一大队)的编成为3个中队和1个小队、机枪和步兵炮各1个小队,共约400人。11日夜出发后,该大队避开道路在地势较高的复杂地形上前进,于16日越过雪峰山系最高峰白马山的山顶,17日下午到达目的地即雪峰山系西侧的圭洞一带,确保了这一带的要地,做好了掩护联队主力到达的准备。

　　但为日军迅速进军所震惊的中国军队,从18日开始以第五十一师的一个团猛攻饭岛大队,使该大队立即遭受严重伤亡。此后中国军队逐渐增加,分散在广阔地域内的饭岛大队受到陆空协同的猛烈攻击而陷入苦战。中国军队吹着号角突入日军阵地,四处展开了白刃战。这样的激战持续到21日。

步兵第一○九联队在"芷江作战"中遭到空陆一体的猛攻(第二大队本部保木景司/绘)

泷寺联队主力于13日夜开始行动，在19日拂晓进入雪峰山系东麓的隆回司，然后为避开该地中国军队的顽抗而迂回前进，攀上雪峰山系的陡峻道路，于19日夜占领标高1000米的土岭界抵达山上。20日该联队又从山中向小沙江前进，但遭到顽强抵抗。这时从遥远的前方，饭岛大队进入地点方向传来激烈的枪炮声，并收到了已断绝多日的电报，得知该大队正在苦战中。泷寺联队长急于解救第一大队，于20日利用夜暗改变进路，避开当面的中国军队向圭洞前进。经过艰难跋涉，总算在22日晨进入了饭岛大队一部正在占领中的山上的西端清山界（中方资料通常写作"青山界"，但日军使用的军用地图上均标注为"清山界"）。

　　饭岛大队虽然由于联队主力的抵达而得救，但后方留下了众多中国军队。后续部队自22日晨开始遭遇执拗的追击而陷入苦战。为此，泷寺联队派出第二大队前往救援，收容了卫生队、野战医院等，在24日以全部兵力集结于清山界以西。

　　23日，师团命令泷寺联队按照计划向龙潭司前进。泷寺联队以第三大队为右第一线展开于圭洞北方，同左第一线的第一大队一起开始向龙潭司攻击。浓雾散去后，该联队遭到猛烈的空陆攻击，前进极为困难。

　　中国军队在既设阵地之外，还将山系一带的要点鹿砦化，配备了火箭筒、迫击炮、重机枪等，向攀登溪道而来的日军射击。日军搬运山炮十分困难，步炮难以协同作战，美机的来袭也愈加活跃，因此重武器、行李的移动也极为困难。所以日军攻击中方阵地几乎都在夜间进行，付出了很大代价侵占的阵地也在天亮雾散后，遭到美机的炸射和烧夷攻击，日军不得不放弃阵地，躲在山腰上。

　　中国军队的手榴弹则从头上不停地落下。24日以后，泷寺联队陷入重围，各大队、中队都被孤立在山上或山腰处。由于附近山中没有可以掠夺的粮食，所以只能杀掉仅存的驮马来充饥。伤员原本被送到谷底后用担架抬走，但终于连这个也做不了，从道路上和山崖下不断传来伤员的呻吟声。中国军队同日军进行白刃战、投掷手榴弹，屡次冲入阵地内。

　　24日夜，第九中队以夜袭攻占了"松山高地"，但在天亮时遭到猛烈逆袭，中队长以下几乎全部战死，该地被中国军队夺回。25日，泷寺联队又将第二大队展开于第三大队右侧开始攻击前进，但前进极为困难。

26日，中国军队的攻击愈加猛烈，美机终日在头上飞舞，在反复实施炸射的同时投下燃烧弹、汽油桶，焚烧日军阵地。日军在白天行动极其困难。在连日激战中，第一线的战力只剩下第一大队军官以下125名、第二大队246名、第三大队175名。联队长泷寺认为如果冒进，会使部队战力更加低下，以后将难以达成任务，决定暂且整理战线。

全线受挫

在战役初期，为了将日军引诱到雪峰山系深处包围歼灭，在中央的第一一六师团、右翼的重广支队和左翼的关根支队的整个进攻正面上，中国军队都只是进行了形式上的抵抗，而日军果然被引至雪峰山系深处。

4月18日，第二十军指导参战部队：为了在洞口、花园市、高沙市、武冈西北周边地区捕捉歼灭当面的中国军队主力，以第一一六师团主力向雪峰山系地带内深入机动，从东方和北方包围，关根支队主力与其策应，以主力突进至瓦屋塘一带，在中国军队主力逃至雪峰山岳地带之前形成包围圈。为此要求部队不要纠缠于城塞的占领、中国军队小部队的抵抗，今后应以歼灭中国军队主力为重点。

为此，关根支队长关根久太郎决定以主力向瓦屋塘一带突进，进入中国军队主力背后，以一部向武冈方面前进策应第一一六师团，从西方和南方形成包围圈。

先于主力开始行动的村井先遣大队在26日进入武阳南方高地，因武阳城周围筑有坚固阵地，该大队没有攻击武阳，而是迂回过去继续前进。永里大队（独步一一七大队）在4月26日占领了武冈西南高地，开始准备攻击武冈城。但由于兵力过少，到底未能发起攻击。此外，23日作为支队主力的前卫的小笠原大队（独步一一五大队）于23日在真良附近发现了向东北方武冈方面前进的中方大部队，却没有与其交战而继续西进。

由于关根支队对据守武冈、武阳的中国军队，以及从真良方面向东北方前进的中方大部队未采取相应的对策，这成为日后小笠原大队全灭的重要原因。

26日，小笠原大队到达武阳西侧一带，开始攻击武阳城的前哨阵地，但中国军队士气旺盛，阵地坚固。为了策应支队主力的瓦屋塘攻击，该大队遂在武阳南方警戒北上中国军队的同时，迂回望鼓楼、两路口以夹击中国军队。同时永里大队奉单独攻击武冈城的命令，但从情报得知守军有一个师，以大队自身的兵力毫无办法，加上随着支队主力前进自身有被孤立、包围的危险，因此推迟攻击。

25日，第一一六师团的儿玉联队（步兵第一二〇联队）从洞口的桥梁渡河抵达资江南岸，准备以浜口第三大队攻击狗扒岩，和田第二大队则从洞口北侧渡河准备攻击会龙山。

会龙山是位于狗扒岩北方的险峻山岭，从山麓至山顶构筑有8个掩盖阵地，阵地前面布满了鹿砦，道路上还埋了地雷。第二大队长和田坚决抵制住了联队长儿玉下达的当晚即实施夜袭夺取会龙山的命令，坚持要在充分搜索情报和地形后再行攻击，为此不惜与联队长撕破脸皮。

结果，在和田的指挥下，第二大队以较小代价夺取了会龙山山顶和山麓的中方阵地，至29日完全控制了会龙山。而浜口大队对狗扒岩的攻击屡屡受挫、元气大伤。经过狗扒岩的夜袭战，浜口大队损失惨重，第九中队的攻击兵力只剩24名，其他中队也减少至30至40名。

攻占会龙山后，和田大队又以第五中队的军曹齐藤以下10余名精兵全部死伤为代价，占领了洞门阵地，至30日，日军完全开通了隧道。接着和田大队作为联队的前卫再次开始西进。该大队的任务是作为师团直辖的挺进队，经月溪—现江—江口向龙潭司背后突进，救援正在被包围孤立中的泷寺部队。

5月1日18时，和田大队从月溪出发向江口前进。出发后不久，路上斥候队（第六中队第二小队的三上分队）在道路中央遭到前方碉堡中的机枪扫射，路上斥候队瞬间全灭。此后日军面对附近的中方阵地一筹莫展，攻击毫无进展，最后和田放弃在当面军用公路上前进，改为后退之后渡过资江迂回前进。

　　加川联队（步兵第一三三联队）于24日占领了美丽的小镇山门，空空如也的街上可以看到美军驻扎过的痕迹。之后联队主力于30日到达了月溪，到此为止，该联队的进军还算顺利，但在月溪西方和北方的青岩和铁山一带，中国军队已经构筑了坚固的阵地，正严阵以待。5月初，加川联队开始攻击青岩及铁山附近的天台界，但屡屡受挫。青岩几乎完全是秃山，散布着一些碉堡，并设置了连接着手榴弹的障碍物，攻击极为困难。

　　虽然有炮火支援，但当日军突击时，中国军队的枪炮火力越来越猛，日军攻至阵前时，又遭到手榴弹的集中攻击而饮恨败退。白天战斗机在空中飞舞，哪怕只看见一个日本兵，也会用机枪扫射并投下伞投炸弹和汽油弹，流淌在岩石上、山上的汽油，瞬间变成火带，覆盖了山陵。在晚上，中国军队则用迫击炮盲射。中国军队装备了火箭筒等新锐武器，火力之猛，前所未见，相比之下，补给困难的日军的弹药量逐渐减少。提供炮火支援的野炮兵第一二二联队装备的部分山炮还是日俄战争时使用的棱镜式老式火炮，在满布岩石的山上操作极为辛苦。这种山炮每发一炮，车轮就会后退一次，瞄准很费时间。

　　在青岩的战斗中，第三大队蒙受了接近全灭的严重打击，大队长黑泽也受了伤，大队的中小队长几乎全部死伤。第十一中队的损失尤其惨重，在后来撤退时只剩下曹长以下7人。战斗是如此残酷艰难，甚至有日军士兵觉得青岩的战斗比衡阳的更令人毛骨悚然。5月8日，联队长加川准备以联队本部直辖的全部兵力实施总攻，不惜全员"玉碎"。但在当晚，正当第一线中队在等待突击命令时，联队突然接到师团的撤退命令。

　　4月27日至29日，泷寺部队继续在圭洞一带激战中，而作为军右纵队的重广支队则仍在洋溪东侧山地激战中，左纵队的关根支队则在武阳一带战斗中，两个支队都在中国军队的抵抗和反击下无法前进。

　　27日，泷寺部队根据师团命令，决定在确保要点、整理战线的同时，向龙潭司一带的中国军队攻击以呼应师团主力的进攻。27日黄昏，第六中队攻击了圭洞东南的地点，但以失败告终。

从上老隘附近看到的银角岩（1989年9月拍摄）

　　28日，在清山界方面，中国军队第十九师主力逐次增强第一线兵力，同确保该地的第十二中队（加上后方部队的战斗人员共有百余兵力）继续激战中。此前，独立山炮兵第二联队第二大队（大队长平原一男）的海江田小队已经携带一门山炮增援到清山界。在28日白天，因为弹药很少，海江田小队始终一炮未发。大约在日落时，中国军队发动了新一轮进攻。日军步兵在重压之下请求山炮进行支援射击。

　　当中国军队逼近步兵阵地时，海江田小队的山炮开始进行零距离射击直至弹药耗尽。尽管每一发炮弹都能将数人炸飞，中国军队仍然毫无畏惧地向日军步兵阵地逼近。22时左右，步兵阵地终于被攻占，第十二中队至此遭到毁灭性打击。接着中国军队又在次日晨攻占了海江田小队的阵地，导致该小队"玉碎"，山炮也被缴获。虽然泷寺联队长命令第三大队击破清山界方面的中国军队、掩护己方背后。但第三大队在29日上午7时30分抵达清山界西方一公里一带时，中国军队已经夺取了清山界的日军阵地，并正在向西南前进中。第三大队只好就地确保附近要点。山炮兵平原大队在29日傍晚开始向清山界前进以夺回山炮，但未能发现山炮，大队长平原独断决定占领清山界东侧要地银角岩以防卫后方。

4月30日至5月1日，泷寺部队继续与中国军队激战。该联队的弹药极度缺乏，只能以直协机2架投下弹药，每架仅能搭载步枪弹药和重机枪弹药各一箱而已，5月2日至5日投掷了3次。

30日，中国军队对泷寺联队第三大队正面的攻击愈加猛烈，双方在五六十米的距离上对峙，展开白刃战。第三大队的战力减少至84人，联队长又增强了第二大队以加强背后的防卫。至5月1日，该联队的"白刃战力"只有第一大队114人、第二大队213人、第三大队84人。该联队最大限度地抽出兵力投入防御，行李兵和卫生兵甚至可独自行走的患者，也起身进入阵地。

第一一六师团将加川联队的末永第二大队配属给泷寺联队，该大队在5月3日进入绢溪北方高地。末永大队就在这里，以绢溪—银角岩—清山界北方—1450米高地—圭洞北方及其南方地区—红岩一线构成环形阵地抵抗对方攻击，等待师团主力的到来。

4月29日，关根支队长根据军命令，决定以木佐木联队（步兵第二一七联队）为轴，从瓦屋塘附近一举进至洪口（瓦屋塘西方60公里，沅江河畔）一线。为此决定以永里部队（合并指挥小笠原大队）伴随本队的西进担任侧面和后方警戒并适时攻击中国军队侧背。因此命令正在准备攻击武冈的永里大队中止攻击武冈，向

关根支队的高级副官宗村正。在作战期间他代替支队长关根担任事实上的支队指挥

武阳东北高地转进。

30日晨永里大队开始行动，在中午抵达山口桥，在这里发现了中国军队的武器库。永里大队接到的支队命令要求将发现的武器弹药全部带走。为了强迫搬运武器弹药的苦力，该大队在山口桥一带停滞了2天，这对关根支队日后的撤退造成了不利影响，特别是成为导致小笠原大队全灭的重要原因。与此同时，小笠原大队于29日向望鼓楼正面的中国军队第一九三师发动了攻击，在屡遭失败后，于30日夜向六王庙撤退。

木佐木联队自30日开始从瓦屋塘突进，但遭到中国军队的激烈抵抗，战况陷入胶着状态。第三大队在5月1日拂晓占领了茶山、耀子界西侧高地，但遭到中国军队反击，双方反复争夺山顶。联队长木佐木鉴于瓦屋塘正面的战斗全无进展，决定放弃该方面的战斗，以第二、第三大队攻击茶山方面。

第二、第三大队在山顶分散占领了阵地，但联络中断，被不断得到加强的中国军队包围。虽然配属了山炮兵第五联队的一个大队，但因不熟悉山岳战斗，山炮进入阵地很不顺利，步炮无法协同。因此茶山的第三大队被孤立在山上动弹不得达数天之久，濒临全灭。该大队只能利用树木稀少的山上仅有的死角死守阵地，却遭到美机的猛烈炸射和汽油焚烧，火焰顺着岩石的缝隙扩张开来，山上化为一片火焰地狱。当日军在火焰焚烧下冲出阵地或死角时，又遭到盘旋在头上的美机的扫射。中国军队的步兵也在迫击炮和重机枪的集中射击下反复突击，同日军在阵地内展开白刃战，阵地不断易手。

日军体力消耗甚巨，在战斗中陷于不利。最后茶山的山顶在5月2日下午被中国军队夺取。第九中队在这场战斗中遭到毁灭性打击，兵员仅剩10多人，其余各中队也死伤过半，第三大队大队长牛久保也受了重伤。5月3日，战斗继续进行，第二、第三大队均陷入苦战。在中国军队的攻击下，第二大队从2日到3日一直没能在第三大队左侧展开。小笠原大队的处境也好不到哪里去，关根支队各队几乎全部陷入困境。

5月4日，木佐木联队第三大队正面的中国军队将迫击炮推进至山顶，开始向日军俯射，该大队损失剧增。趴在山腰处的第三大队官兵，以仅剩的手榴弹对抗，但反击无效，不得不带着伤员退到山脚。其间，本应提供支援的山炮已被摧毁，完全陷入沉默。当天，关根支队长正打算奋力一搏，解救茶山方面的困境，这时支队接到了军的撤退命令。

饮恨撤退

"芷江作战"作为冈村总军司令官的构想，含有四川作战的前段作战的意味，且含有将美军吸引到中国大陆来的目的。总军、第六方面军、第二十军的参谋们本来就对该作战的成败抱有深深的疑问，而这种疑问最初被证实，是在4月25日和26日所得到的中国军队以空运增援芷江的情报。

日军事前预计在日军向芷江进击后，中国军队会从贵阳、重庆方面增援芷江。根据以往中国军队的运输能力、美式化的进展程度、在湘桂作战中遭到毁灭性打击的50个师的恢复时间等，推测时间在5月中下旬。作战计划的制订也是基于此一预测。但中国军队的空运增援使第六方面军、总军的相关参谋受到很大的冲击。

4月25日，第六方面军得到内容为"相当规模的大部队正以空运抵达芷江"的特种情报，引起总军重视。5月4日，第二十军根据第六方面军的意向，决定让进攻部队避免同中国军队决战，向雪峰山系东侧一线撤退。关根支队从5月4日开始撤退，第一一六师团主力于7日向雪峰山系东麓撤退，重广支队从9日开始撤退。9日，第二十军接到第六方面军下达的中止作战的命令。

4月末5月初的战况是：第一一六师团方面，泷寺部队自4月30日以来一直在圭洞方面同中国第十九师交战，5月3日终于逆袭成功，加上末永大队的到达，至4日局势已较为稳定。加川联队从5月1日在月溪西方地区开始攻击，展开了对青岩和天台界的争夺战。儿玉联队则在3日集结于上渣坪。

关根支队主力在5月1日进入茶山一带，但遭到优势中国军队的反击陷入苦战，到3日只能采取守势。重广支队于4月30日进入洋溪，在5月2日转入防御态势。总之，第一一六师团主力方面虽然在实施攻击中，但战斗进展十分困难，处于一进一退的状态。关根支队主力方面在中国军队攻势面前不得不采取防御态势，右纵队的重广支队和中央的泷寺联队也转入防御。

与之相对，中国军队的各兵团均已美式化，近战能力显著增强，且采用空地密切协同的战术，增援部队的集中移动也较日军预计的早得多。5月1日以后，其攻击更加积极。而日军因被切断了交通，弹药、兵员无法获得补充。第一线兵团的兵力分散在雪峰山山岳地带的互相隔绝的各地，有被孤立分割之虞，第二十军也无可适时运用的预备兵力。

日军以现有兵力不仅进抵沅江河畔十分困难，而且随着时间推移有可能导致全军覆没。5月4日下午，第二十军命令第一一六师团向山门、洞口一带撤退集结，关根支队向花园市集结撤退。

关根支队长根据该命令，决定在4日日落后迅速脱离战线，向所属部队下达了命令，规定了各部队的撤退路线。但永里大队未能接到命令。支队主力在当天日落后开始行动，从白家坊南下。支队主力本来应该经唐家坊在5日2时左右抵达万福桥，在这里同从武阳北方北上的小笠原大队会合后向李溪桥进发。但支队主力从白家坊出发后不久，就在唐家坊北方4公里一带遭到中国军队的猛烈射击，南下因此受阻。

这里的中国军队的兵力至多也就一个连的规模，无重机枪和迫击炮，但关根大为恐慌，决定避开与对方交战，改变预定撤退路线向盐井直行（不再经过万福桥和李溪桥），以尽快赶往花园市。结果造成小笠原大队被孤立于敌后。后来虽然向小笠原大队拍发了关于变更命令的电文，但小笠原大队未能收到。永里大队本来可以策应小笠原大队的撤退，但永里大队并未收到支队下达的战线脱离命令，与小笠原大队之间也没有联络。

5月4日傍晚收到撤离战线的电令时，小笠原大队正在武阳北方2公里六王庙附近的高地掩护支队左侧背。此时小笠原大队掌握的兵力有3个步兵中队，加上机枪和步兵炮中队共计5个中队，连同本部和本部直属单位合计约500人。当

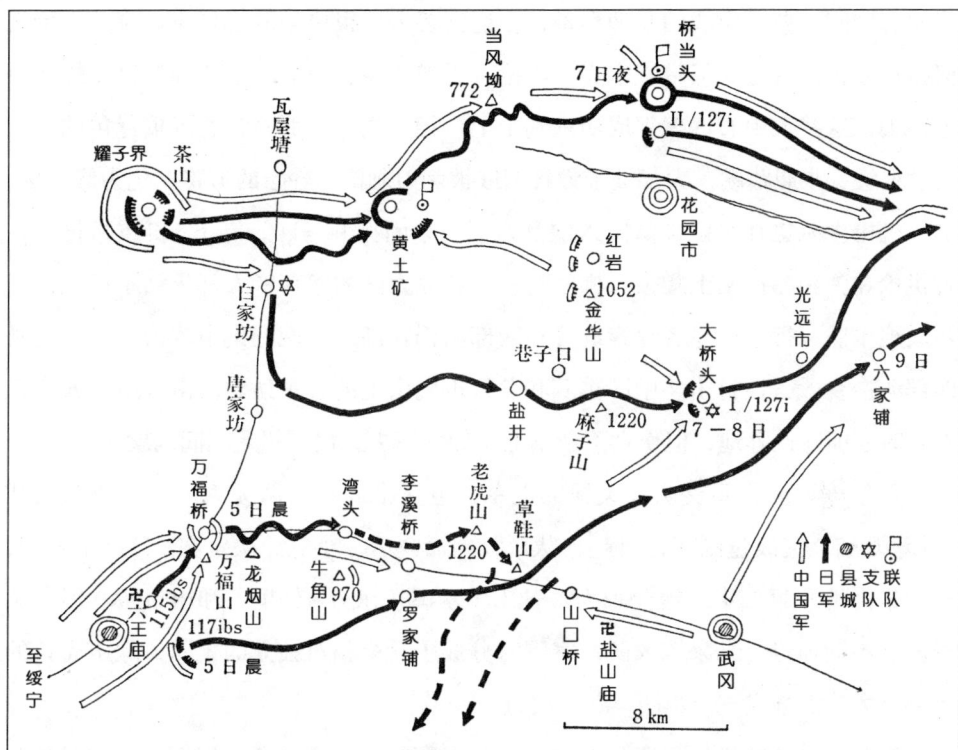

关根支队后退作战经过要图（5月4日至17日）（一）

天22时，该大队从六王庙出发前往万福桥。走过几公里后，先头来到万福桥西南五六百米的地方便停下。小笠原大队长企图与支队主力取得联络，但斥候兵均有去无回。

然而，小笠原毫无紧张之感，只是无所作为地等待着，让成一列纵队的部队长时间地在山谷中的隘路上处于休息状态，且未采取任何警戒措施，命令指示皆无，随着时间推移，队列陷入混乱，士兵坐在地上抱着枪支和衣而睡，还有人躺倒在地，盖上帐幕用来避雨。两个多小时后，小笠原命令各队向东侧高地移动，但中国军队已做好攻击准备，在日军刚开始移动时，突然从附近高地上猛烈射击，日军顿时陷入严重混乱，纷纷倒毙于弹雨中。

小笠原大队中有一些战场经验丰富的老兵或下士官，早就对大队长的消极等待颇有疑问，做了应战的心理准备，在遭到袭击后很快采取了相应对策，不待任何指示便丢掉背包，只带着水壶、步枪、子弹和装着饭盒、米盐等的帆布袋往山上冲去，这些人中有许多都成功逃到山上。相比之下，那些背着沉重背包的士兵行动迟缓、步履蹒跚，大都被子弹打倒或被刺刀刺倒。昏暗的道路上化为修罗场。

机枪中队也在马匹部队陷入混乱之后，果断抛弃马匹，卸下3挺重机枪，扛着机枪和弹药箱往山上爬去。拂晓时，小笠原大队的幸存者大都集结在山上，但步兵炮中队、行李、患者收容班等马匹部队仍在高地下遭到集中攻击，到早上马匹部队遭受毁灭性打击。中国军队和美机也向山上的日军猛烈攻击。虽然残存日军暂时还能守住阵地，但伤亡不断增加，如此下去，覆没只是时间问题。

下午该大队收到支队长关根的电令，电文中表示支队无力救援，要该大队"排除万难"突破包围网，追赶支队。收到命令后，小笠原决定在6日上午突围，第一集结地和第二集结地分别为草鞋山（李溪桥东方4公里）和山口桥。因各队分散在不同地点，结果该大队在突围时分成了几个相对独立的集团，除了先行的本部，大体上分成五个集团，各自突进。

这时各中队的指挥权实际上是由经验丰富的下士官、老兵担任，突围时各队也是以老兵为中心，只有本部以小笠原大队长为中心。但在中国军队的追击下，到6日正午左右，该大队损兵大半，军官几乎全部损失，大队处于溃灭状态，建制也乱了套，连本部也四分五裂。到7日8时左右，到达第一集结地即草鞋山南侧一带的，只有大队长小笠原以下20多人。因第二集结地山口桥一带已布满了中国军队，他们在前往该地途中不得不返回草鞋山，在这里与步兵炮中队（原有100余人）的20多人会合。不久，小笠原决定向支队的第一集结地花园市转进。

该大队第一中队和第二中队在6日上午开始突围，均蒙受了惨重损失，各步兵中队只有第四中队损失较少。到7日晨，第一和第二中队的兵力均已减少至40人左右。但第二中队随后又在山口桥附近遭到中国军队夹击，中队长以下10多人战死。

在突围诸队中，机枪中队的行动最为成功。该中队的实际指挥者为指挥班的曹长尾崎三好。开始突围后，尾崎留下重伤员率队向李溪桥前进。7日上午机枪中队抵达李溪桥后，通过收容的三号无线与支队本部取得联系，随后立即向本部

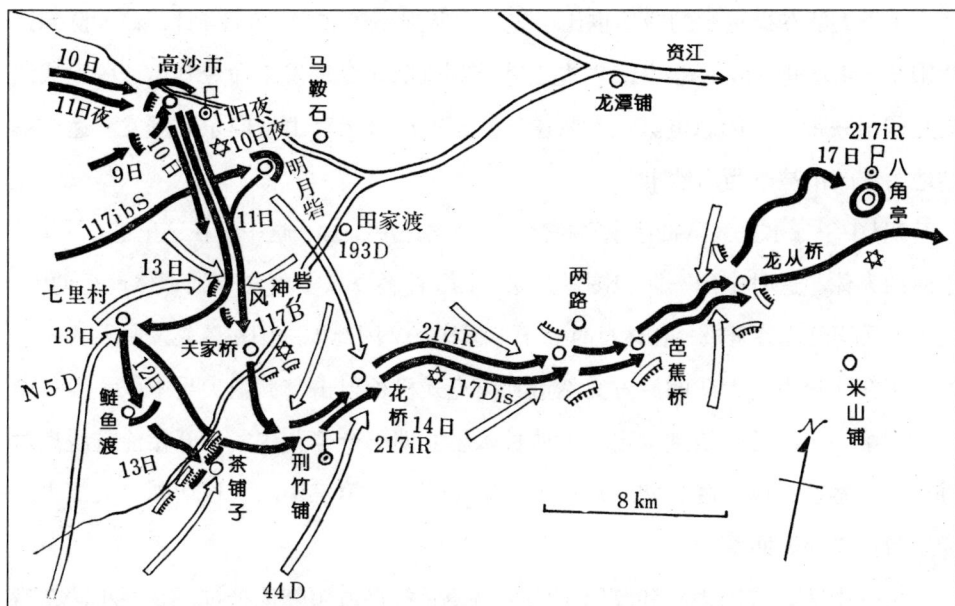

关根支队后退作战经过要图（5月4日至17日）（二）

所在的山口桥前进。从李溪桥出发时的机枪中队及配属各队人员合计有145名，武器有重机枪3挺、步枪7支等。当天下午，尾崎调整了部队的队形，改为可应对遭遇战的准战斗队形，将步枪队编成3个分队，队员均为精选的士兵，并规定：对敌人只实施突击（以步枪3个分队）；分队员倒下后，徒手的士兵接过武器弹药继续突击前进；尽量节约弹药，无命令不得射击；伤员独立行走，步行困难者自杀；等等。

从李溪桥出发后，尾崎中队遇到的第一场战斗是突袭河中沙洲上的村落，当时村落内挤满了平民，中间混有少量的中国士兵。突然之间，百余名日军发动了白刃突击，中国军民立时大乱，未加抵抗，四散而逃。此后，尾崎中队又多次与小股中国军队遭遇，每次均成功实施突击。

7日傍晚，步兵炮中队（只剩中队长以下20多人）在第一集结地草鞋山附近同小笠原大队长以下会合，至此，小笠原大队"主力"共有大队长以下50余名。大队主力从半夜开始自老虎山向花园市前进。

永里大队在撤退中的遭遇也比小笠原大队强不了多少。5月4日，该大队到达武阳东方4公里一带，到6日5时左右才接到支队司令部发来命令其迅速脱离战线向花园市一带撤退的急电。该大队遂从罗家铺通过天尊山系向东北进发。途中集结地由花园市被改为高沙市。

7日中午，永里大队抵达余家桥南方3公里一带，为了吃午饭在这里进行了1个小时的大休。这时中国军队包围了过来。因5日晨以来一直在不眠不休地行动中，大队士兵均已疲劳至极，在休息时处于半睡状态，因此被中国军队先发制人。

正在休息中，大队的后方突然遭到捷克式机枪射击，后卫尖兵中队（第三中队）和第一中队首先遭到攻击。大队长永里立即下令停止午餐，开始前进脱离对方。但刚翻过一座丘陵，便发现后卫中队（第一、第三中队）被切断，大队主力为了救援立即返回。

第一中队的吉田小队和藤原小队在遇袭后各自占领阵地抵抗。藤原小队在遭袭时正在村落附近休息，遭到急袭射击后，该小队经白刃战占领了村落西南方台地，但中国军队在优势重武器支援下反复逆袭，到夜间双方相隔数十米对峙。至9日夜，藤原小队的弹药耗尽，幸存者在当晚突出包围，但该小队损失甚大，藤原以下17人战死，加上失踪和受伤共损失20人，遭到了毁灭性打击。吉田小队则及时脱离战场，在约一周后追上本队。

作为后卫尖兵中队的第三中队的遭遇更加悲惨，该中队遭到山炮、迫击炮的炮击，中国军队在其支援下反复突击过来，该中队不断出现伤亡，最后中队长带领残存队员在配属重机枪的支援射击下突击，结果全部战死。第三中队仅有未被卷入战斗的7人生还。

永里大队的第二、第五中队在机枪中队和步兵炮中队的支援射击下企图援救第一、第三中队和行李班，但兵力合计只有200多名，且弹药很少，攻击前进受阻，为避免大队全体被歼，永里大队长在7日夜下令部队掉头向高沙市转进。

永里大队主力在9日到达六家铺，在这里收容了北上而来的小笠原大队机枪中队的一部。在当晚，该大队经过数次夜袭，突出了中国军队的包围网，在10日晨抵达明月塞（高沙市东南4公里），同支队司令部取得了联络。随后，永里大队在明月塞高地遭到中国军队的反复攻击，依靠重机枪的射击才得以击退一波又一波中国军队。但在重机枪中断射击时，一队中国军队冲过来，夺走了大队炮一门。永里急红了眼睛，带头拔刀冲过去，和日本兵一起夺回了大队炮。11日晨，该大队作为支队前卫，开始从明月塞向关家桥前进。

另外，小笠原大队主力继续以花园市为目标前进，在9日上午5时左右到达红岩南方高地。在这里，小笠原震惊地得知关根支队的集结地已被改为高沙市（而不是花园市）。当晚，该大队经彻夜转进，抵达了六坳岭。11日，小笠原仍然在六言山的山顶上。此时士兵还剩40余人，均已疲劳憔悴至极，于是决定编成4组挺进队，在夜间各自突围。其余近30人则均已受伤或体力不济，决定跟小笠原一起"玉碎"。

4组挺进队在傍晚出发，小笠原以下则在日落后下山，于21时发动了突击，30人大多战死或被俘，小笠原也被击毙，只有8人突破成功，后来与关根支队本部会合。至于那4组挺进队虽然暂时逃脱成功，但在中国军队追击下大都被消灭，只有7人幸存，身穿便衣彷徨在山野中，后来返回了日军警备地。

9日上午，尾崎机枪中队来到光远市西方，这时尾崎发现附近村落前有约100名中国士兵正在休息，其中夹杂有女兵。在对方毫无察觉的情况下，尾崎中队秘密接近村落，架好了一挺重机枪，然后尾崎一声令下，重机枪吐出了火舌。九二式重机枪威力惊人，在其突然射击下，中国军队立即撤往山中。接着尾崎中队又以重机枪射击和挺进队从背后迂回突击的办法，驱逐了附近另一队中国军队。

独立步兵第一一五大队大队长小笠原七郎

就这样，尾崎中队且战且走，到9日夜在高沙市与支队本部会合。在9日24时左右，机枪中队的人员为少尉永吉以下70余名，以及与该中队会合的本部人员、各队士兵合计70名，共计143名。处于全灭状态的小笠原大队中，只有曹长尾崎代理指挥的机枪中队全体归还。此外，担任支队司令部的直辖中队、已脱离大队战列的第三中队也有中队长以下60余人归还。除此之外，小笠原大队中返回东安地区的生存者有第一中队约20名、第二中队约35名（包括各队的会合者）、第四中队约45名（包括配属的机枪分队）。

13日晨，木佐木联队（步兵第二一七联队）本部在七里村遭到中国军队奇袭攻击，陷入苦战，连军旗都陷于危险之中，在第一大队和配属的山炮大队的救援下才暂时脱离险境。但很快中国军队在得到增援后再次转入攻势，第一大队攻击受挫。位于风神砦的第二大队也遭到中国军队猛攻，陷入撤退以来最大的苦战。就这样，该联队在13日终日处于激战中，到20时左右才总算脱离战线开始渡河，后卫到14日晨渡河完毕，该联队蒙受了很大损失。

17日，关根支队主力经龙纵桥向八角亭行进时，竟把河边的水车群错当成了追击而来的中国军队，很是紧张了一阵。关根支队主力在18日渡过资江到达桃花坪东方地区，摆脱了中国军队。此后木佐木联队又在22日至23日在芙蓉山一带同中国军队展开激战，以很大代价掩护了第一一六师团的撤退。在"芷江作战"中，木佐木联队共战死300余人，生存者大都负伤，战死者的尸体几乎都没能收容，被遗弃在雪峰山系。

泷寺联队的突围

第二十军在5月4日决定中止西向作战开始撤退，第一一六师团的参谋吉田也在当天来到位于下渣坪的儿玉联队本部，传达了师团长的意图："今后应勿积极行动以避免发生损失。"这实际上就是暗示应该撤退。但该师团实际开始撤退是在5月7日夜，比接到军的撤退命令后立即脱离战线的关根支队晚了3天。这是因为当时泷寺联队正被孤立在龙潭司北方的吴桥、绢溪、红岩一带，而为了救援该联队，加川联队一部也被包围陷入苦战，脱离战线并非易事。

泷寺联队于6日接到撤退命令，这时在中国军队包围下，所剩下的撤退道路只有绢溪—望乡山—山门这一条道路。撤退的兵力包括步兵4个大队和直辖部队、独立山炮兵第二联队，以及野战医院等。

7日，山炮的段列首先开启进路，接着配属泷寺联队的师团第二野战医院开始撤退。8日，第二大队开始撤退，在望乡山一带设置收容阵地。主力也在当天开始撤退。正在确保绢溪北方高地的末永大队，以全部兵力掩护泷寺联队通过绢溪。但重武器部队的撤退比较迟缓，有三四百名中国军队突入正在通过绢溪的部队，发生了大混战。第一、第三大队奉联队长之命返回将其救出。

此后，泷寺联队以第一大队、末永大队为前卫，第二、第三大队为后卫开始"敌中突破"。中国军队积极阻击，切断了日军的退路。由于美机活跃，日军在白天无法行动。而在夜间，带着许多伤病患者在泥泞的山麓上撤退十分艰难，患者和马匹滚落谷底后无法救出。天亮时，日军放下担架上山，防备追击的中国军队。

其间，第二野战医院于9日上午在马胫骨遭袭，经短暂交战，几乎全部战死，约300人中只有部队长及其勤务兵等数人生还。（需要说明的是，日军的野战医院的士兵配有武器，具有一定战斗能力，日军也将野战医院视为战斗单位）

12日傍晚，第三、第二大队正面都有中国军队突入。13日晨，先头的2个大队已进入马胫骨，其余主力也进入该地北侧，但后方的第二大队在望乡亭附近被中国军队切断退路，遭到包围攻击。在当晚的突破中，中国军队的攻击极其顽强，各队被分割变成各自为战，重武器、行李等也以白刃战斗。

特别是第二大队陷入重围，大队长决心"玉碎"，很多人用手榴弹自杀。泷寺联队极度缺乏弹药，只能依靠白刃战，粮食也耗尽了，只能以杂草和水充饥，士兵疲劳至极，损失甚大，战力严重衰退，不断有人饿毙。山炮兵平原大队也于13日在椒岭谷底遭到机枪、迫击炮的集中攻击和美机扫射，以至于小河也被日军人马的鲜血染红。这处山谷因此被参战者称为"地狱谷"。

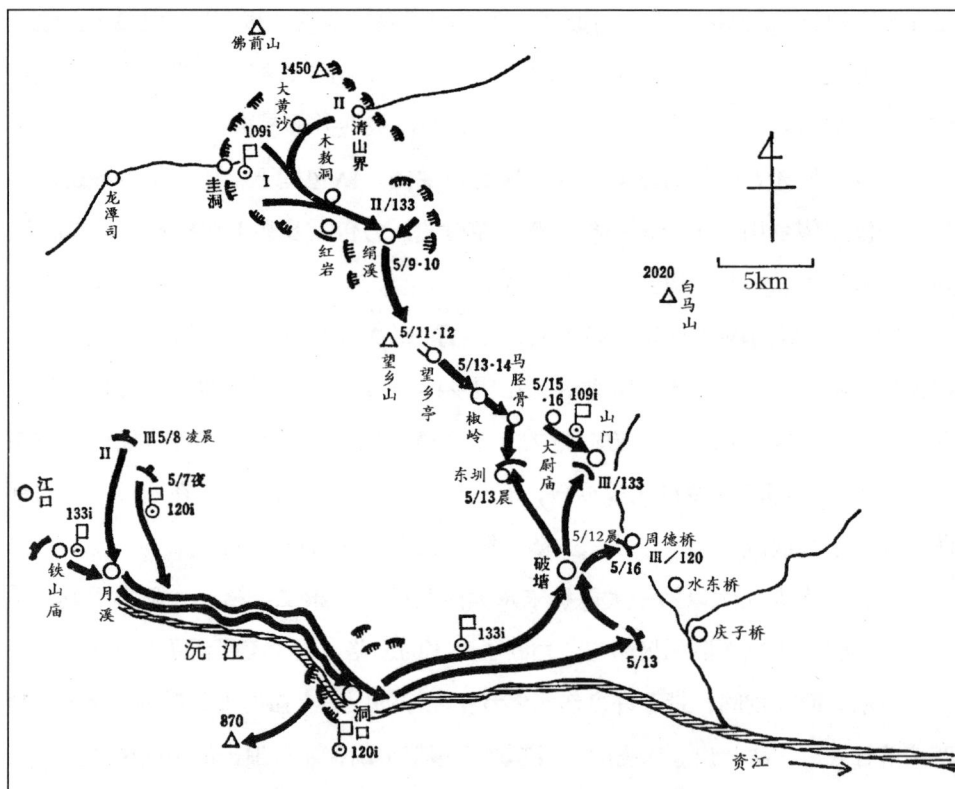

第一一六师团向山门、洞口撤退经过要图（5月6日至16日）

　　第一一六师团为了促进泷寺联队进抵山门，以主力开始攻击山门一带的中国军队。14日8时，泷寺联队接到师团发来的电报："师团为救出贵部队而以全力转用于山门方面。贵部队应尽速突破敌之重围，强行进抵山门。"但前方的中国军队部署严密，在来自山上的猛烈射击下，该联队在白天完全无法前进。

　　中国军队对师团主力的包围也逐渐加强。在14日和15日，整个师团都被中国军队包围。中国军队甚至袭击了守备山门、马胫骨附近的隘路口一带的师团辎重第一一六联队。第二十军忧虑第一一六师团的命运，在14日命令该师团尽速向和尚桥撤退。但菱田不愿意丢下泷寺联队，决定以师团全力救出该联队。当天下午，泷寺根据师团命令决定向山门突进。

14日日落时泷寺联队开始前进，沿谷底的窄路向山门突进，企图突破重围一举进至山门，先头部队（饭岛大队）在15日4时突破了山门隘路口，但天亮时本部以下主力被困在大尉庙的谷地中。这时加川联队主力已经进至山门。在当天的战斗中，山炮兵平原大队的平原大队长直接指挥一门火炮压制了向日军纵队射击的中方机枪。15日夜，泷寺联队通过迂回路突围，在16日拂晓至中午，逐渐突破山门隘路口。至16日下午，泷寺联队已全部逃出雪峰山系。16日上午6时，泷寺和加川两名联队长在东圳（山门西南3公里）会面。

全部兵力集结完毕，第一一六师团于17日开始出发，以师团司令部为中心成圆环队形，突破中国军队的包围网，中国军队的攻击依然激烈，甚至有中国军队冲进纵队中间引发了混战，因此该师团的进军速度甚为缓慢，不断出现伤亡，甚至有中队全灭。20日，第一一六师团总算到达和尚桥。中国军队有组织的追击大体上到此为止。

泷寺联队在这次作战中的战死者多达755名，生存者几乎全部负伤，该联队遭受了毁灭性打击。第一大队大队长饭岛战死，第二大队大队长也负了伤，第一线中小队长几乎全部战死，各中队所剩无几，配属各队也损失惨重。加川联队的末永大队也损失甚巨，其第五、第六中队中队长和第二机枪中队长均战死，各中队均只剩下下士官以下十数人。

和田部队的后卫战斗

和田部队（以儿玉联队第二大队为基干）在5月7日日落后开始向东方撤退，8日15时左右与联队主力会合。这时师团主力正在大湾西北3公里一带准备向洞口方面撤退。和田部队于9日晨通过洞门前进至洞口东方，在这里作为联队的右第一线，在会龙山一带占领阵地，担任师团主力的收容。

洞口是锑矿的产地，锑是军工产业的重要原料，师团兵器勤务队的寺井指示师团所有士兵，每个人都要把一块锑矿石放进背包中带走。但在中国军队追击下，败走中的士兵很快就把沉重的矿石丢掉了。

第一一六师团主力在10日夜通过洞门，在洞口东北地区集结。美机的攻击目标本来集中在山门方面的泷寺联队身上，但在第一一六师团主力和和田部队集结于洞口一带的10日晨，师团主力、和田部队也都成了美机的攻击目标。

11日正午左右，盘旋于洞口南方松林一带的4架P40发现了散开隐蔽于松林中的大河内炮兵大队，开始了猛烈炸射。从正午到日落，从芷江机场起飞、交互飞来的四五架P40，对大河内炮兵大队进行了集中攻击，该大队的人马受到很大损失，其中成为炸射中心的第六中队损失尤重，残存人员仅有中队长以下4人，森林被炸飞，现场变成了一片火与血的修罗地狱。

中国军队企图在洞口东北盆地包围歼灭第一一六师团，各师纷纷向该师团逼近，企图切断该师团的退路。12日3时，联队长儿玉命令和田部队确保洞口附近要点、掩护师团的撤退。此时和田部队的兵力包括第六、第八两个步兵中队（合计130名）、机枪中队、步兵炮小队、本部人员、配属山炮中队、工兵小队合计约500名。和田大队就以这样的兵力在这次撤退作战中担任师团的后卫大队。

13日，师团主力和儿玉联队主力已经转进，只有和田部队留在洞口，该部队的任务是在半夜前在洞口北侧占领阵地，尽可能长时间地吸引中国军队。洞口一带的中国军队越聚越多，洞口周围仿佛塞满了中国军队，同时还有数架P40协同地面部队作战，以炸弹和机关炮攻击日军。在和田的命令下，日军利用美机扫射的间隙，用杂木的树枝强化伪装网，将"章鱼罐"挖得更深，发挥了很大效果，有效降低了美机炸射造成的损失。

在13日的战斗中，和田部队的山炮、步兵炮、重机枪发挥了很大作用。但第八中队正面的中国军队在如暴风一般的支援射击下，一波又一波地攻来，终于占领了该中队所据守的西侧台地。尽管如此，和田部队通过重武器的射击阻止了对方的攻击，情况暂时缓和，但美机的攻击更加猛烈。在机枪扫射之外，P40还投下汽油桶，大队炮阵地、本部附近化为火海。令人惊奇的是，大队炮阵地的火炮和人员都安然无恙，没有损失。

由于弹药极度缺乏，下午和田命令调查本部传令兵的剩余弹药，发现平均每人持有约100发步枪弹，于是将其中的500发补充给步兵中队，并命令部队严格节约弹药，务必一发必中，在极近距离射击。

17时左右，中国军队进入本部高地的左侧背，展开完毕，正在攻击准备中，和田命令川北变换山炮阵地向进入本部左侧背的中国军队射击。在山炮的急射下，这股中国军队后退了。但很快中国军队又有一部过来。P40编队也发现了山炮的炮兵阵地，开始猛烈攻击该阵地。炮兵阵地因是急设阵地，壕沟较浅，炮手和弹药手都卧倒在地躲避炸射。令人惊讶的是，在滚滚烟尘中，火炮和人员均无损失。

18时，中国军队再次进入本部左侧背，发动了更加猛烈的攻击。但这时火炮的射击已经中断，本部阵地危如累卵。恰在此时，在附近盘旋中的美机编队突然向中国军队集中炸射。甚至在中国军队退却后，美机仍追击攻击，向后方林中的中国军队主力倾泻弹雨。在汽油弹攻击下，中国军队主力隐蔽的树林顷刻间被烈火包围。重机枪中队的山崎小队也趁机向本部的左侧背和其后方一带的陷入混乱的中国军队进行急袭射击，中国军队损失不小，此后便完全沉默下来，就这样迎来了晚上。

当天下午，和田在下令改变部署的同时，命令各队为了应对预计将在第二天开始的猛烈炸射，务必在日出前构筑完成立射散兵壕。14日上午，和田部队的第六中队遭到美机猛烈攻击。从该中队方向连续传来猛烈的爆炸声，滚滚烟尘直冲天际，并燃起熊熊大火。100公斤炸弹、十数颗伞投炸弹、汽油弹接连被投下。爆炸时仿佛发生地震，攻击的规模看起来比先前的炮兵阵地遭到攻击时还要大。然而令人惊讶的是，第六中队竟安然无恙。这是由于和田严令部队在天亮前深挖"章鱼罐"，所以才能避免损失。在当天的战斗中，日军的山炮也发挥了极大威力，击退了企图从山炮阵地后方发起奇袭的中国军队。

到12时左右，洞口北侧台地开始出现中方山炮（此前只有迫击炮），日军山炮阵地和本部高地开始遭到集中炮击。中方的山炮弹虽然在阵内各处爆炸，但没给日军造成什么损失。昨晚和田驱使筋疲力尽的士兵们挖掘坚固的"章鱼罐"，才有效避免了损失。14时左右，和田接到师团的撤退命令，命令中要求和田部队逐次向夹水江一带转进（洞口东方6公里），掩护师团后方。

下午4时左右，中方的陆空攻击再次激烈起来。美机主要使用烧夷战术，向日军阵地投下汽油弹。和田大队的阵地是直径1公里余的环形阵地。阵内的树林、村落大部分被烧成灰烬。从四周接近过来的中国军队的敢死队，紧接在炸射、炮击之后，一边用自动武器射击，一边呐喊着突入。与之对抗的日军步兵兵力只有2个步兵中队，合计130人，还有工兵、作业队各30人左右，且弹药几乎耗尽，只能以刺刀对抗。

和田部队能避免覆灭的命运，很大程度上依靠的是山炮、步兵炮、重机枪中队的战斗。相比于步枪弹（含轻机枪用弹药），这些重武器部队的剩余弹药相对比较丰富。特别是山炮中队乘中国军队射击的间隙，迅速变换目标，对突入过来的中国士兵或正在准备下次攻击中的后方集团猛烈射击，将其杀伤于阵前、阵后。依靠步炮的紧密合作，第一线兵力才能抵抗优势中国军队。当晚，和田部队脱离战线向夹水江后退。

5月13日和14日，和田部队在洞口北侧战死8人、重伤13人。和田部队于15日在夹水江北侧台地战斗一天，这时，日军步枪弹已经耗尽，以山炮、步兵炮、重机枪和白刃战击退了一拨又一拨步兵。24时，和田部队奉师团命令开始向竹篙塘北方地区撤退。在15日夹水江的战斗中，和田部队伤亡20多人，战死中队长和机枪小队长各1名。

16日黎明，和田部队到达竹篙塘北侧。天亮后，和田偶然发现并救下了一队在中国军队攻击下濒临覆灭的日军，这支日军碰巧是从师团的藤原部队（辎重联队）处受领了弹药之后，正在归队中的和田部队的弹药运输班，12头驮马满载着弹药。

得到弹药后的和田部队火力大增，机枪和掷弹筒都可以充分发挥威力，使中国军队不易接近。16日、17日和18日白天，中国军队主要以火力攻击和田部队，并未突入。17日，和田部队再次得到掷弹筒弹药的补给。

从18日17时左右开始，中国军队的行动再次积极。中国军队首先以山炮、火箭筒、重型与中型迫击炮的集中射击攻击第八中队正面。和田部队以山炮、步兵炮、重机枪的有效适切的集中射击击退了该方面中国军队的第一次攻击。

右第一线的第六中队正面也有数百名步兵攻来。与中央、左第一线的攻击不同，该部中国军队紧接在山炮、迫击炮、重机枪的支援射击后，吹着号角突击过来，一次、两次，乃至三次、四次，不断投入生力军，越过战友的遗体勇敢地冲来。然而，和田部队已经得到弹药的充分补给，阵地比较坚固，构筑了"章鱼罐"、掩盖阵地，在六七十米的距离上以重机枪、轻机枪、步枪的准确集中射击，将中国军队击退。

当晚，和田部队根据师团命令从23时开始撤退，19日上午5时左右到达庆子桥，随即在河东岸占领了阵地。19日下午，和田又展开了救援遭到包围正在苦战中的独立辎重兵联队（泷泽部队）的行动，至20日零时，将泷泽部队全部收容后立即开始前进，20日上午10时左右到达横板桥，21日晨到达白山湾。

22日下午，和田部队抵达和尚桥后，和田在战斗司令所会见了师团长、参谋长。师团长菱田和参谋长立园表示："多亏了和田部队的奋战，才能收容泷泽部队，师团主力也得以撤退。"

当立园向和田询问部下中队还剩多少人时，和田回答还有步兵2个中队均在60人以上，参谋长对此非常吃惊，表示"其他中队没有一个还剩下60人的"。（5月17日集结于雪峰山系东麓的第一一六师团的步兵部队，一个中队的"白刃战力"平均只有20多名，只有和田大队的一个中队平均尚有60余人的战力）

在此之前和田大队的第五中队、第七中队都已离开大队战列，其中第七中队在担任师团侧卫掩护师团撤退期间全灭。第七中队当初出动参加作战的有70余人，虽然是由转属者编成，但素质比较优秀。在师团撤退时，为阻止中国军队的追击，在师团最后尾前进。自洞口以后该中队作为师团侧卫数次解救了战斗司令所的危机，以中队全灭的代价完成了担任师团侧卫的任务。

起初第七中队在洞口离开和田部队的战列直辖于联队，被编入临时编成的师团战斗大队（由甲副官曾我为首的师团官兵编成），是该大队中唯一的建制步兵中队。为了掩护师团主力向周德桥方面撤退，该中队于14日和15日在岩山一带孤军苦战，完成了师团右侧卫的任务。接着为了掩护师团向横板桥—和尚桥方面撤退，第七中队进入白眉山北麓、柳山北方的无名高地。5月18日夜，岩下中队长命令构筑阵地，但该高地由岩盘构成，到天亮也未能筑成像样的阵地。

此时第七中队的兵力为中队长以下50人左右。第二天发生的战斗，是湘西战场双方无数次血腥交锋的缩影。19日凌晨开始，第七中队前方出现了中国军队。上午9时左右，一队200人的中国军队进入前方的高地。随后，为了支援正面的中国军队的突入，首先是左侧防的中方重机枪开火，接着右侧防的重机枪也开了火。当时第七中队的弹药不多，也没有配属重机枪，难以应战。接着中国军队一边吹着号角，一边从棱线上下来，同时两侧防的重武器的射击更加猛烈。

第七中队卧倒在山腰的岩石后面或浅壕中，在狂风暴雨般的来自三方的机枪火力下，很快就有数名士兵中弹。从正面斜坡上下来的第一拨50名左右中国士兵，在来自三方的猛烈支援射击下逐步逼近，中队长岩下受了致命重伤，由曹长釜本代理中队长。接着釜本也被击伤，很快死亡。

中国军队的第一拨已经逼近至阵前50米，这时，先任下士官太田丰代治下令射击。在50米距离上的射击极其准确，中国军队的第一拨留下很多死伤者撤退。太田为了缓和来自正前方的攻击而将阵地变换到山顶一带。

两侧防的阵地再次猛烈开火，第二拨也突入过来。好不容易在阵前击退了第二拨，但第七中队剩余弹药很少，且无法防御侧防的重武器，士兵接连倒下。轻机枪射手村田在企图将对方掷来的手榴弹反投回去时，被手中的手榴弹炸倒。一名中国士兵趁机突入阵地，从村田手中夺得十一年式轻机枪。两名日本兵赶紧冲过去抢回轻机枪。

激战正酣时，第七中队后方的杂草被引燃，火借风势，愈烧愈旺，渐渐逼近了日军阵地。此时，该中队只剩下军曹以下30人左右。中国军队再次吹着号角，开始第三拨突入，东西两侧防阵地的机枪也再次猛烈开火。经过这第三拨猛攻，第七中队只剩下10多人。

不久，中国军队又开始了第四拨攻击，第七中队即将"玉碎"。然而，当中国军队接近到五六十米处时，风向突然改变，大火向中国军队扑去。在强劲的风势下，大火更加炽烈，中国士兵开始发生动摇，日军趁机火力全开，不再顾及节约弹药。这时，抵达师团战斗司令所附近的日军山炮也向该中队阵地正面的中国军队集中射击，将第七中队从"玉碎"的命运中挽救出来。然而，经过几个小时的战斗，该中队实际已处于全灭状态，生还者不得不收容三四倍的战友尸体。

惨败

第一一六师团摆脱追击的中国军队，于5月下旬返回宝庆地区。重广支队、关根支队也在6月上旬返回了湘乡、东安地区。6月10日作战结束。

在进攻芷江的作战中止后，日军陆续派出救援部队。众多日军部队增援，是中国军队没能彻底消灭日军主力兵团的重要原因。为了救援重广支队，第四十七师团师团长渡边洋匆忙从湘乡出发，指挥手头的步兵第九十一联队前往第一线。虽然步兵第九十一联队帮助重广支队突出包围网，但自己在中国军队紧追之下陷入苦战，渡边又命令好不容易抵达湘乡附近的步兵第一〇五联队急赴宝庆。

第六十四师团的独步五十三大队前往警备永丰，第六十八师团的独步六十二大队从洪桥出发前往宝庆近郊的九江桥，位于岳麓山的独混第七十旅团也派出了部队（独步五十四大队、一三三大队）。全县的第三十四师团从第十一军进入第二十军的指挥下，出动进行救援作战，但在新宁附近遭遇南下的中国军队发生激战，未能抵达宝庆地区。

独混第八十六旅团（秋霜）也向宝庆进发。独混第八十一旅团（至强）（由第一野战补充队改编而成）的独步第四八五大队也接到了向前线出动的命令。5月14日该大队离开湘乡以强行军前往永丰，20日进入宝庆城。在宝庆附近，该大队目睹了失魂落魄、疲劳困惫、潦倒至极的败残兵，其中有的士兵没有任何武器。

作战结束后，日军在湖南省的情势变得更加紧张，警备地区较作战开始前大幅后退，美空军的活动加倍活跃，日军各部队在增强的空中威胁下，撤退转进行动颇为不易。

1945年4月至6月，中国派遣军第二十军（衡阳）发动的芷江（湘西）作战惨败。作为进击四川（重庆）的四川作战的前哨战，总军司令官冈村宁次不顾总军、方面军的幕僚、参谋的反对意见，强行实施芷江（湘西）作战，参战的70余个步兵中队中，只有和田指挥的步兵2个中队（以及山炮1个中队）各剩兵力60余名，其余中队都只剩下10多人。日军在这次作战中的战死者总计约2600人（不含战病死者，含后方地域警备部队的战死者）。

　　"芷江作战"在作战中途即放弃目标而撤退，这在中国派遣军的作战中极其罕见。这次作战失败的原因，在于上级司令部的判断错误，对对方战力、对方可能行动的判断失误。中国军队的丰富火力、密切的陆空协同、美式化的进展、增援部队的集中速度等都被大大低估。另外，日军兵力不足、作战准备不周、在未知的险峻山岳地带开展行动等也都是重要原因。

　　在这次作战中，关根久太郎的表现颇受非议，特别是对小笠原大队见死不救导致该大队全灭，成为其军事生涯中的一大污点。7月下旬，关根在视察前线阵地的归途中，遭到潜入敌后的中国军队伏击而身亡。

　　在作战期间，也有如和田、尾崎这样使日军免遭灾难性损失的人。无论是在进攻阶段还是在撤退阶段，和田多次抵制上级的无理命令，通过自己的指挥减少了部队的损失，并完成了掩护师团撤退的任务。日本投降后，和田同曾在洞口一带与其交战的中国军官（李上尉）谈起过洞口的战斗。据李上尉所说，当时他们把在洞口一带包围攻击的和田大队当成了一个联队的兵力。李上尉还说："在缅甸交过手的日军很弱，但这里的日军很厉害。"

　　虽然如此，日军在"芷江作战"中遭到的沉痛打击和狼狈败相无法掩盖。至强部队所属独步第四八五大队的士兵小平喜一生动地记录了日军败兵的惨状。据他描述，从鬼门关撤退回来的作战部队如弹兵团、岚兵团等的幸存者队列，看上去完全是不忍卒睹的败残兵模样，即使没有受伤的士兵也沦为营养失调的饿鬼，他们步履蹒跚、眼窝深陷，只有眼睛放出异样的光。更糟糕的是营养失调症患者还罹患了腹泻、疟疾、皮肤病等。他们的眼睛经常扫来扫去，鼻子对食物的气味极为敏感。不管什么东西，只要是能吃的，一不小心就有可能被他们偷走。沿路两侧，连蛇和青蛙都被通过的士兵吃光，不要说主食，连看上去可以食用的野草都很难找到。水牛也被杀掉吃了，尽管脚掌上的肉十分难吃。能找到的狗和猫也被枪杀吃掉了。弹药、粮食甚至衣服的补给完全没有，军衣军裤的损耗愈加严重。

以前日军对当地居民做过不少"宣抚"工作，现在这些居民带着用品避难去了，连个人影都见不到，所以连掠夺的对象都没有。部队肆意偷抢，沿路一带就好像刚经历过风暴或洪水，一派荒废景象。美空军在超低空飞行撒下传单，传递日本即将失败的信息。作战结束后，永丰至湘乡间，游兵不时遭到袭击。

"芷江作战"结束后，华南的第十一军、第二十三军的各师团放弃占领地进入湖南省境通过衡阳大道向武汉、上海等地区转移，第二十军也奉命向华北转移。美机终日徘徊于空中，即使在晚上也没有停止攻击，反而投下照明弹阻止日军转进。特别是易俗河的渡河点终日成为攻击目标，衡阳大道再次成为"地狱街道"。日军在长途行军中精疲力竭。

补充人员不仅缺乏训练，而且很多人都没有武器，还能看到竹枪部队。参加过"芷江作战"的弹兵团的士兵一眼就能认出来，他们军服破烂，有气无力，军靴声听起来十分悲哀。因为无法从警备队那里获得粮食，各部队都为了掠夺粮食而竭尽全力。道路附近根本看不到农民，也没有蔬菜可以掠夺，日军只好渡过水田地带，越过山丘，到远处掠夺。山上有便衣队或武装农民在持枪监视，不时会开枪。

战争结束前的中国派遣军，形势岌岌可危，撤退中的各部队频频遭到袭击、攻击。实际上，根据中国派遣军的转用计划，该总军没打算在武汉以西留下一兵一卒，与其说是在进行战线整理，不如说是在大陆战线的全面败退转进。而"芷江作战"，正是发生在中国派遣军筹备战略撤退、第十一军将要从湘桂沿线地区撤退到华北之际的作战。"芷江作战"是中国派遣军实施的最后一次重大战役。如果日本没有在1945年8月投降，中国派遣军必将迎来中国军队更大规模的反攻，会在更加悲惨的处境下迎来战争结束。

在这次会战中，中国军队的地面炮火支援主要依靠迫击炮火力，山野炮的使用相对较少，更无装甲部队的支援。根据《第四方面军湘西会战战斗详报（1945年4月9日—6月7日）》所附《第四方面军湘西会战弹药损耗表》，该方面军在这次会战中消耗各种迫击炮弹70000余发，消耗山炮、榴弹炮弹合计6000余发。

在很多战斗中，中国军队连迫击炮都没有。如此炮火强度当然根本无法同太平洋战场或缅甸战场的盟军相比。中国军队在湘西战场经常要以血肉之躯仰攻日军拼死防守的高地，频繁地同日军进行白刃战，不仅付出很大的牺牲，体力的消耗也十分剧烈。对中国军队来说，这也是一次来之不易的胜利。

（注：为叙述方便，文中时刻均使用东京时间）

第8章

败兵

随着日本投降，日本陆军这台可怕的战争机器终于迎来了覆亡的最后阶段。此时，它的首要任务是确定何时、如何向盟军缴械投降。

日本投降时，日本陆军的兵力以169个师团、4个战车师团、15个飞行师团（含由教育队编成的航空师团）为基干，总兵力达到555万人，飞机约9000架（本土有约6000架）。其中内地复员者有235万人，日本本土以外地区复员者为约270万人（至1950年3月）。此外，在苏军等控制地区未经复员者及下落不明者等，共约50万人。

向各路盟军投降的日军中，以向美国陆军投降的日军为最多。根据美国方面拟定的《投降总命令第1号》，菲律宾、朝鲜南部、日本本土四岛和西南群岛的日军向美国太平洋陆军投降，这些地区日本陆海军官兵数总计超过410万人，约占720万日军总兵力的57%。

日本投降之际，菲律宾的日军全面溃败，只有第十四方面军司令官山下奉文率领该方面军的数万残兵仍在吕宋北部山区苦苦支撑。1945年8月15日，吕宋的第十四方面军司令部从东京的广播中听到了停战的消息。这时，日军复廓阵地周边的美军开始撤出阵地。不久，方面军又接到了南方总军下达的停战命令，也收到了允许交涉停战的电报，但关于赋予山下奉文签字投降权限的指令迟迟未来。

一直等到8月结束，不断有日本人死去，美军也在严厉督促日军投降，因此山下奉文决定自己承担责任完成投降，在9月1日通过山间小道前往基昂岸，于9月2日在这里进行了非正式投降。9月3日，菲律宾日军的投降签字仪式在吕宋岛的碧瑶举行，山下奉文代表菲律宾全部日军在投降书上签字。吕宋岛上幸存的日本人几乎都在9月下山投降。但有很多人在战争结束后的一个月内失去了生命，也有人在不知道战争已经结束的情况下自杀身亡。

1945年9月2日，在中太平洋特鲁克岛附近海面的美军重巡洋舰"波特兰"号上，日军第三十一军司令官兼第五十二师团长麦仓俊三郎、第四舰队司令官原忠一、帕劳地区集团长兼第十四师团长井上贞卫、第三十根据地队司令官伊藤贤三，向美太平洋舰队总司令尼米兹的代表默雷海军少将正式投降。投降的日军部队包括驻中太平洋地区吉尔伯特群岛、马绍尔群岛、加罗林群岛、马里亚纳群岛各部，以及属于南方军系统的帕劳地区集团、驻帕劳群岛的西南方面舰队第三十根据地队。

9月3日，在父岛附近海面的美军驱逐舰"邓拉普"号上，小笠原兵团长兼第一〇九师团师团长立花芳夫（栗林忠道后任）、父岛方面特别根据地队司令森国造向美国太平洋舰队马格雷特海军准将投降。立花因虐杀俘虏罪名于1947年9月被关岛美军军事法庭处决。

9月7日，美国陆军第十集团军司令史迪威上将在冲绳岛主持了西南群岛第三十二军残部的投降仪式。

朝鲜南部的第十七方面军约22万人在苏军发起远东战役后被编入关东军序列，但没有参加战斗行动。9月9日，第十七方面军司令官上月良夫、镇海警备府司令官山口仪三郎向美国第二十四军军长霍奇中将正式投降。

9月12日，盟军东南亚战区受降仪式在新加坡特别市政厅举行。受降的盟军主官是盟军东南亚总司令、英国海军上将蒙巴顿。投降的日军包括：南方军隶下的缅甸方面军，第七方面军、第十八方面军，第十五军、第十六军、第二十五军、第二十八军、第二十九军、第三十三军、第三航空军，总计17个师团、2个飞行师团、12个独立混成旅团计45.2万人；海军第十方面舰队隶下的第一、第二南遣舰队，第十三航空舰队，1个根据地队、6个特别根据地队计7.6万人。此外，在香港的日军于9月16日向香港英军司令兼临时军政府长官哈考特海军少将投降。

值得一提的是，在战争结束时的缅甸方面军中，实力最强的部队是第十八师团。伊洛瓦底会战失败后，在缅甸方面军全面溃败的背景下，第十八师团成为该方面军中实力最完整的兵团，一直到战争结束时都是该方面军的骨干战力。实际上，在战争结束前，缅甸方面军为了应对9月以降、雨季开始以后的作战，准备以菊兵团（第十八师团）和严旅团（独立混成第二十四旅团）担任缅甸的防卫，解散狼（第四十九师团）、安（第五十三师团）两师团，将其兵员补充给菊兵团，以及解散方面军司令部，将其他师团撤退到泰国和法属印支方面用以强化第十八方面军的防卫。这些措施正在实行中，却迎来了停战。当战争结束时，狼、安两师团的复员正在调查准备阶段。

虽然第十八师团在敏铁拉会战中损失惨重，但此后随着患者的出院和后方整理中过剩人员归队，该师团得到了若干人员补充。在敏铁拉会战及之后的战斗中，虽然该师团所属部队屡遭英军坦克蹂躏，但由于反坦克战的特征，遭受坦克蹂躏、失去联络的部队后来大致能回归主力部队。该师团的军旗及部队长全部健在，为该师团重建战力打下了基础。5月中旬，第十八师团的兵员数甚至超过了1945年初的兵力。7月，为了支援受到英军穷追，山穷水尽的第二十八军突破曼德勒公路，该师团甚至奉命向锡当河对岸的英军主动发起攻势（锡当作战），在15厘米榴弹炮和野山炮的支援下占领了部分英军阵地。

根据《第1号命令》的规定，向澳大利亚投降的日军部队有大本营直辖的第八方面军、东南方面舰队（包括第十七军、第八舰队、第十一航空舰队），南方军直辖第二军、第十八军、第三十七军，共计10个师团、7个独立混成旅团和海上机动第二旅团、第六十五旅团、2个根据地队、4个特别根据地队，合计有陆军官兵19.4万人、海军官兵9.1万人。

1945年9月6日，在新不列颠岛拉包尔附近海面的英国皇家海军"光辉"号航空母舰上，第八方面军司令官今村均、东南方面舰队司令官草鹿任一率部向澳大利亚陆军第一军军长斯塔迪中将正式投降。投降的第八方面军约有70000人，东南方面舰队约有47000人。9月8日，困守布干维尔岛南部一隅的日本陆军第十七军、海军第八舰队残部正式向澳军第二军军长萨维基中将投降。新爱尔兰岛的独立混成第四十旅团长伊东武夫则于9月19日向澳军第十一师师长伊德少将投降。投降后，第八方面军司令官今村均被拉包尔的澳大利亚军事法庭判处十年徒刑。

9月13日，东部新几内亚的日本陆军第十八军（隶属第八方面军）的司令官安达二十三在韦瓦克向澳军投降。战后，安达二十三被拉包尔的澳大利亚军事法庭判处终身监禁，1947年9月自杀身亡。

日本投降后，苏军的远东战役并未停止。8月17日，关东军总司令山田乙三向苏联远东军司令部请求停战，但远东战役一直持续到9月2日。8月17日，苏联远东军司令华西列夫斯基命令关东军于8月20日12时以后停止战斗行动。8月19日山田乙三于长春在投降书上签字。22日，南库页岛日军签字停战，占守岛日军于23日签字停战。

至8月20日12时（苏军规定的停止战斗行动的截止时间），苏军进展仍很有限，只占领了中国东北的一小部分地区，并未给日军造成歼灭性打击。在苏军远东战役的作战地域，即中国东北、朝鲜北部、南库页岛、千岛群岛的日本陆海军兵力共计约69万，其中绝大部分部队都在日本投降后成建制向苏军缴械投降，总体来看战死者比例很低。

《第1号命令》中规定中国战区受降区域是中国关内地区、越南北纬16度以北、台湾、澎湖列岛，向中国战区投降的日军部队有陆军的中国派遣军、驻台湾的第十方面军、驻越南北部的第三十八军、海军的中国方面舰队、高雄警备府。这五大单位的投降人数分别为：陆军中国派遣军1046510人、海军中国方面舰队62555人、陆军第十方面军128080人、海军高雄警备府46713人、陆军第三十八军30081人，共计投降官兵1313939人。

法属印度支那（包括今越南、老挝、柬埔寨）在战争结束前后的态势十分复杂微妙。日军在1945年3月至4月实施了解决法属印支军的"明"号作战。在作战期间，越盟同日军的关系比较和谐。但"明"号作战结束后，驻防越南北部的第二十一师团（讨兵团）频频遭到以越南北部山岳地带为根据地的越盟的袭击，从当年6月开始中国军队也从云南越境攻击日军警备队，使日军不断受到损失。

其中6月17日至7月17日，在位于中越边境上的马龙（在河江北方）同中国军队进行的几次战斗中，讨兵团所属步兵第六十二联队第三大队就战死44人。当日本投降时，讨兵团所属部队有不少不清楚日本投降的实情，并未马上结束与中国军队的交战状态。日本投降后，越盟和中国军队仍频频攻击讨兵团所属部队，后者连续出现战死者。中日两军在中越边境的战斗持续到 8 月末。

总体来说，日本陆军从 1945 年 8 月 15 日到结束复员为止，仍然在某种程度上保持着军队的形式。通常的模式是：在本土外的部队各自被解除武装、被送进收容所、从事劳役，一部分人员作为战犯被追究责任。

分布在日本以外地区的日军部队，其所受待遇千差万别，不过基本上都是作为俘虏被处理的。其中在中国大陆，海岸线附近地域的日军部队较早进入收容所，复原的顺序也比较靠前。而在内陆的部队则吃了不少苦头。在战争末期进至湖南或广西的部队，从当地移动到上海一带的过程很是艰难，不仅官兵筋疲力尽，补给也十分匮乏，在撤退中还要收容伤病兵。

在向收容地点转移的过程中，一些小股日军部队会受到某些武装的袭击甚至被强行解除武装，但通常较大规模的部队不用担心这种事情，甚至有日军部队在遇到这类袭击时干脆架起大炮将对方轰走。第四十师团的步兵第二三六联队在从南方腹地移动到安徽省无为县时遭遇了一支武装，对方人多势众，并未发动袭击，还招待日军干部大吃大喝了一顿。宴会结束时，日军干部发现自己的手枪、军刀、望远镜等被拿走了。不过经过交涉，对方把这些东西还给了日军。

日本投降后，日军在向收容地点转移的途中发现经常需要向中国人行贿。步兵第二三六联队在从南京搭乘货运列车前往上海的过程中，每次在车站停车时都必须贿赂管理者，否则货车就不能继续前进。不过总体上来说，相对于遭受的战祸，中国人对待日军还是宽容的。根据日本人的说法，对日军表现得最为反感的其实是菲律宾的民众。

日军官兵向中国军队缴械投降后，在收容地点生活时，跟许多中国军民结下了友谊，但也发生了一些武装冲突。在中国各地的日军部队中，有一部分在日本投降后未能顺利复员。

在华北、华中沿岸地域特别是在山东地区发生了许多冲突。例如，山东省的独立混成第五旅团等在 8 月 15 日以降在各处同八路军展开了比以往更加激烈的战

日军举手投降

斗。第七十师团则根据国民党军的要求，北上进行对八路军的讨伐。在山西省，一部分日军同晋军联手，组成了新部队跟八路军作战，成了阎锡山的炮灰。第四十七师团步兵第一三一联队第二大队主力，在1945年11月下旬奉命进驻济南北方的禹城。12月31日，大队长山谷命令部队在白天撤出禹城向晏城转移，然而部队战意低下，而且在白昼撤退时容易在空旷地暴露在对方火力下，一边倒地挨打。果然，该大队在撤退时于无掩蔽之地遭到八路军攻击，立时溃乱，最后向八路军缴械投降。这是第一三一联队继"芷江作战"中惨遭重创后的又一次重大损失。从8月15日到10月中旬左右，日军在这类冲突中的战死者达到1500人以上。不过与此相比，成为俘虏后的日军因营养不良而死亡的，要远远多于死于武装冲突的人数，这是因为中国大陆经过战火的长期蹂躏，田地荒芜、劳力减少（农民逃亡、被强迫做苦力、被征兵等），粮食供应非常困难，若不是一些中国军民的善意接济，在收容地点死于营养不良的日军还会更多。

相比于关内的中国派遣军，关东军的运气非常糟糕。关东军所属部队官兵的结局是被苏军俘虏。像第三十九师团、第五十九师团这样的部队，在战争结束前被调去防御中国东北，就好像自投罗网，倒霉透顶。

自古以来胜者和败者的差别都是相似的。关于被英军俘虏的日本兵，据经历英军收容所生活的日军所述，英国人对这些日本兵极度蔑视，但对日军军官给予优待，这可能是因为他们把日军的军官看作贵族阶层。

在东南亚，驻扎于苏门答腊的近卫第二师团因为盟军没有直接进攻该岛，到战争结束时仍然完好无损，而且到完成复员时受到的待遇算是在南方各地的部队中最佳的。

驻扎于泰国或法属印支的部队也没有受到苛酷的对待。虽然也有少数人被以战犯起诉，不光彩地丢掉了性命，但大部分兵员都得到了当地民众的同情。在老挝，相比于英、法军，当地民众更支持日军，英军和法军的官兵无法在城里单独走动，必须有日本兵在场才能走路。

在战争结束时，中国的滇军也进入了老挝。滇军士兵的身上爬满了虱子，英军十分厌恶，在对他们进行彻底消毒后，发了日本兵的军服让他们穿上。这些士兵很快就返回中国，但在出发时穿着日本兵的衣服举手跟日本兵打招呼。

在南方的新几内亚的部队（第二十、第三十五、第三十六、第四十一、第五十一师团等）在山穷水尽的状态下迎来了战败。因为创痛甚巨，像新几内亚、硫黄岛这样的"玉碎"孤岛及冲绳岛上的幸存者，大都不愿提起关于战争的记忆。战后，一支遗骨收集团前往新几内亚的比阿克岛，发现化为白骨的守兵仍然守着洞窟阵地，但遗骨都没了头盖骨。他们的头盖骨都被美国兵当作纪念战胜的装饰品带走了。不过，参加比阿克战役的美军通常会对发现的日军尸体予以埋葬。

随着日本战败，旧日本军队也跟"大日本帝国"一起消失了。但是，对其中一些士兵来说，个人的战争远未结束。第二次世界大战的太平洋战场的战事已落幕，但是，这场大战对远东乃至世界政治格局的深刻影响将持续很长时间。从某种意义上说，正是这场战争塑造了我们今天生活的这个世界，我们每个人都生活在历史之中。

第二篇

社会篇

第9章

日本的天空

帝国政府教育国民如何防空袭

　　1945年留存在日本国民记忆中最深刻的景象是什么？是硫黄岛、冲绳岛上的血战，是东京湾"密苏里"号上的投降仪式，还是战败后涌入的外国占领军和破衣烂衫回国的老兵、侨民？笔者认为，1945年在日本国民脑海中永远挥之不去的景象，是来自天空的无尽毁灭之火，那是由美国的B-29轰炸机队投下的难以计数的燃烧炸弹引发的灾难。直至8月15日，日本宣告投降的那一刻，空袭才正式停止。展现在日本民众面前的是无尽的废墟荒野、成堆可怕的死尸与眼神空洞、成群结队的难民。

　　详细阐述日本社会因投降前的空袭而遭受严重破坏的情况之前，笔者认为有必要向读者介绍军部操控下的日本帝国政府，打算如何组织日本民众防范空袭。当然，这些战争狂人的防空预想，最后彻头彻尾地失败了，但通过这些组织活动表现出来的癫狂，可以更好地了解战败前的日本社会到底是怎样的结构，以及附着于这些结构之上的思想桎梏与精神狂热。

　　关于日本军部、帝国政府的防空指导，笔者手中有两份战争时期的资料，其中之一来源于战争时期太田清文所著的《战时生活读本》。太田清文当时是东京新闻社编辑社会部的一名记者，据他所说，《战时生活读本》是为了将日本"政府意图切实传达给国民，对国民进行指导"而写，也就是说，其目的是在越来越严酷的战时环境下，让日本民众知晓个人生活应该怎样符合政府的规范，以有利于"大东亚圣战"的需求。

《战时生活读本》出版于1944年1月，原稿创作至少也是1943年内的事。美国对日本的本土空袭1944年末才开始，至1945年春才显现其庞大的规模与惊人的杀伤力。那么，大规模空袭发生之前的日本人，是如何设想防空方法的呢？

《战时生活读本》的目录中有《如果遭受空袭如何防范》章节，开篇指出，"敌人前来空袭我本土是必然之事"。1943年，日本军队在太平洋战场上处境已十分不利，日本从决策层到民间对于扭转战局，使本土可以不遭盟军空袭并不抱有幻想。毕竟在当时的欧洲战场上，日本的盟友德国几乎所有城市都被炸了个遍。

《如果遭受空袭如何防范》指出，空袭所投下的炸弹、燃烧弹造成的灾害中，危害最大的是火灾，在遍布木制建筑物的日本是如此，就算是充斥钢筋混凝土的美国城市也一样，所以防空的重点就是防火与灭火。

具体而言，如果是遭遇普通炸弹空袭，那么要看运气。针对某目标的轰炸，落下的10发炸弹中能有1/4命中就算是不错的了，另外1/2落在偏离500米的半径范围内，而剩下1/4则落在偏离1000米的半径范围内，是较常见的现象。这里对炸弹轰炸精度的分析，来自日本本身的轰炸机在多年侵略战争中的经验，也来自德国方面的观察，如下。

美军轰炸对日本造成的毁灭性火灾

炸弹爆炸时将产生大量破片横飞，"爆风"即冲击波可以杀死数米范围内的人员。因此，炸弹落下爆炸的时候，无论是防空洞还是防空壕，都是拯救生命的关键。炸弹冲击波造成的玻璃碎片也是造成人员伤亡的一大因素。比较薄的玻璃门窗在炸弹爆炸威力范围之内会被彻底粉碎，其碎片足可极速飞行上百米，杀伤力形同子弹。玻璃门窗较多的人家在营造家用避难所的时候，应该将玻璃可能飞来的方向也列为考虑因素。在空袭发生时，玻璃窗不关闭，反而保持半开状态，能大大减少伤害。用较厚的布帘将玻璃窗、玻璃门遮蔽起来，也能很有效地防止玻璃破片飞散。

燃烧弹可分为黄磷燃烧弹或者凝固汽油燃烧弹，前者会产生大量燃烧磷片散落在百米范围内，引燃多处屋顶，而后者则会砸穿屋顶的同时裂开弹壳开始燃烧，火苗和黑烟很快会从建筑窗口冒出。无论是小型还是大型的燃烧弹，落在路边一般没有什么危害，但落在屋顶或穿入屋内就一定会引起火灾。基本上要在落下二三十秒后，燃烧弹本体的燃烧才会转到周围的物体上，用水浇上去并不能让燃烧弹熄灭，用细沙或其他

正在街头进行防空袭训练的日本民众。在美军以燃烧弹为主的猛烈空袭下，这样的训练意义不大

工具扑打，令其缺氧倒是有可能灭火。普通家庭建筑物中，屋顶是最容易被点燃的，然后是纸拉门、纸窗等，因此防火的一个重要举措就是在空袭前先将这些日本传统建筑中常见的易燃物挪走。

《如果遭受空袭如何防范》认为在房屋已经燃烧起来的情况下，往已经着火的墙壁、门窗等上面浇水不会有好的效果，而是要把水往屋顶上浇，一方面防止火势向上蔓延至屋顶而无法控制，另一方面水流向下也会让火势渐渐小下去。但这么一来，就需要扑火人员接近火苗，甚至站在着火的房屋上面实施扑火行动。而戴上防火头巾和防毒面具，穿上类似半身马甲的防火罩衣，就可以接近火苗而不至于受到伤害。

总的来说，《如果遭受空袭如何防范》对于进行灭火行动的民众，是以"不畏死的帝国国民"标准来进行要求的，从以下对于灭火行动的行动准则描述，就表明得很清楚：

> 在判断炸弹已经落下，敌机飞走之后，应该尽快从防空避难所出来，先调查哪里有火势，重点是屋顶以及冒烟的窗口。先努力扑灭自家的火势，然后去查看同一"邻组"的家庭是否有帮助灭火的需要。

最重要的一条要求是：

> 在灭火行动中，即使敌机来袭，要牢记眼前的火势也是敌人，必须坚持将灭火行动继续下去。大量人员集中在灭火地点周围是很危险的，因此争取短时间内扑灭火是关键。

《如果遭受空袭如何防范》提出的日本帝国政府对民众的这些要求，日后将导致惨绝人寰的悲剧。

《如果遭受空袭如何防范》的下一个章节，详细讲述如何使用防毒面具来防

日本民众将会发现，面对美军空袭造成的大火，凭借所谓战斗精神和简陋的灭火工具根本无法应对

止毒气的侵害。众所周知，毒气在第一次世界大战中造成了可怕的死伤，因此在第二次世界大战中，欧洲交战各国对使用毒气作战非常谨慎。然而，日本在1937年发动侵华战争，开局不利之后，便大量使用毒气杀伤中国军民。日本军部麾下的秘密研究机关如731部队等，在研究生物细菌武器的同时，也在研究杀伤力更强的化学武器。至今在中国东北，侵华日军没有进行处理的"遗留化武"，仍造成无辜中国人的死伤。而日本国内的"毒气岛"——大久野岛上庞大的毒气研究、生产设施，近年来才得以公开，进入公众视野。综上所述，日本是第二次世界大战时使用毒气这种"恶魔武器"最多的国家，这就难怪其在战争末期会害怕盟军方面"以其人之道，还治其人之身"了。

在详细介绍防御毒气、救治毒气受害者、如何佩戴毒气面罩之后，《如果遭受空袭如何防范》忍不住再次提醒不要丢弃灭火职责："燃烧弹与毒气弹一起落下，周围开始燃烧起来的话，毒气反而会因为火焰而失去杀伤力，因此应该毫不畏惧，继续进行灭火行动。"总之，在作者看来，遭遇敌军空袭的民众就不再是"老百姓"，而是与空袭造成的破坏进行搏斗的"皇国战士"，绝不能为了保全性命而逃生。

《如果遭受空袭如何防范》的最后一节颇费一番笔墨，其内容让人意想不到，教育国民应该如何防止有人利用空袭实施盗窃活动。作者承认"如今的时局连一双鞋也是贵重物品"，即战争所造成的物资紧缺，将让许多人起"贼心"。很多家庭的状况是，儿子上前线了，父亲出外工作了，母亲也去参加"国防妇人会"的活动了，于是家里无人的"空巢"时间大大增加，就给了盗贼更多的机会，"洋伞、袜子、干货等如今很难弄到的实用品最容易被人盯上"。也就是说，物资紧缺、普遍实行的配给制，使盗窃钱财没什么用了，偷实用的东西才有用。那么，这是真的"盗贼"，还是为生活所逼的人呢？

为了防盗贼，《如果遭受空袭如何防范》建议：

> 不管出门时间有多短，例如出去买点儿东西或者上澡堂子，都要将门窗关紧并上锁，不要将鞋子和洋伞等拿到户外乱放。就算是一双拖鞋，也要放到鞋柜里，洋伞也要收入家中。如果出门时间较长，推荐找"邻组"的邻居帮忙看家，或者推举"邻组"中比较有力的男性担当警卫，时常巡查，门上最好要上两把锁，让盗贼没有念想。

最后，《如果遭受空袭如何防范》提醒要注意利用物资不足实施"时局诈骗"的家伙。作者太田清文对"时局诈骗"究竟是怎么回事没有做过多的解释，想来就是要求民众不要因为吃不饱、穿不暖，就与陌生的人交易物资，或者听信他人宣扬日军战斗不利，一旦遭遇空袭应及早逃跑之类"虚假信息"。对于"突然出现的可疑男子"，一定要睁大眼睛防范。

日本政府重视针对一般民众进行防空袭宣传是从何时开始的呢？1943年初，日军从缠斗了半年时间、伤亡惨重的瓜达尔卡纳尔岛撤出，扭转不利战局基本无望，而1943年4月18日是美国发动"杜立特东京空袭"一周年纪念日，这也许就是心理上的分界点，日本政府开始意识到越早开始教育民众防空袭越好。

1942年4月18日，美国陆军航空兵中校詹姆斯·哈罗德·杜立特（Lt. Col. James Harold Doolittle）率领16架B-25B中型轰炸机奇迹般从"大黄蜂"号航母

杜立特飞行队的 B-25B 中型轰炸机正从"大黄蜂"号航母甲板上强行起飞

甲板上起飞，轰炸东京之后，继续向西飞行，主要在中国境内迫降。"对日本帝都的首次空袭"尽管在物质上造成的伤害不大，却让日本军部大大丢了脸面，直接导致其随后战略决策失误，终致 1942 年 6 月中途岛战役惨败。

1943 年 4 月 15 日，东京教育学习社发行小册子《4 月 18 日 / 敌机空袭体验记录》，定价不到 1 日元。这本册子可以说是一本精选集，将一年前"杜立特东京空袭"发生后主要在妇女杂志上发表的"空袭体验"文章进行了汇总。这些杂志，包括发行量很大的《主妇之友》《妇人俱乐部》等。文章有《在炸弹下的活跃表现》《邻组主妇的防空实战记》《由切身体验总结的防空必胜心得》等，由这些标题得知，日本政府与军部从一年前"杜立特东京空袭"中所得到并试图灌输给民众的教训，差不多是半年多后发行的《战时生活读本》章节《如果遭受空袭如何防范》的内容。

《4 月 18 日 / 敌机空袭体验记录》除了有对一年前"杜立特东京空袭"时"活跃当事人"的采访，还有所谓"如何从空袭中保护帝都、防空立功者座谈会"的内容，大抵都是在灌输面对炸弹不用怕、燃烧弹和毒气弹也有办法应对等日本政府希望在民众脑中确立的观念。《4月18日/敌机空袭体验记录》发行之前，在日本社会上有关"杜立特东京空袭"的讨论相当稀少，这毫无疑问是因为这起"丢脸"事件受到内务省与情报局的信息封锁。不过在1943年3月29日，情报局发行了《机密：4月18日之处置要领的文件》。这份文件开头如此道来：

> 　　将要到来的4月18日，是美军机轰炸我本土一周年的日子，推测无论国内外要禁止此事被用作宣传是相当困难的。因此对于我方而言，考虑到此事对国内外影响所及，为了不让敌方宣传有可乘之机，必须在当日举行纪念日活动等，大张旗鼓进行之。

　　也就是说，日本政府与军部是出于不想输掉宣传战的目的而放开对"杜立特东京空袭"的社会性讨论的。在那之前，至少是在日军从瓜达尔卡纳尔岛败退之前，日本的宣传机构还可以用"无往不胜的皇军正在挺进"的"好消息"充斥新闻版面，然而如今日军正在"转进"（这是败退的"好听"叫法），再想佯装一年前实际没发生什么事就很难了。因此必须掌握宣传战的主动权。

　　《4月18日/敌机空袭体验记录》中比较重要的内容是"空袭防护的体验发表会"，其后《如果遭受空袭如何防范》等针对广大民众教育的防空袭方法，基本出于此发表会。发表会是由名为"家庭安全协会"的组织主办，这是厚生省的一个从属性组织。不过，"空袭防护的体验发表会"是在1942年4月空袭发生后一年内的哪个时间点举办的，却没有透露信息。可能在1942年空袭之后很快就举办了，只不过根据情报局《机密：4月18日之处置要领的文件》所说的那样，一年后才允许公示。

　　体验发表会的主要发表者是冈本忠雄，此人是退役陆军少将，当时负责家庭防火方面的一些工作，另外还有若林忠作、织田恒雄、中野匡三等东京居民，职业大多是中学教师。看《4月18日/敌机空袭体验记录》，这些人的住所都用"某某区""某某国民学校""某某中学校"等掩盖起来，这也是当时所谓"军机保护法"的规定。关于"军机保护法"，下文详细阐述。如此掩盖住址地名，其实就

在街头一脸惊恐地躲避空袭的日本人

是不让人推测出有哪些地区遭遇了空袭——当然，对于东京市民来说，这样的掩盖没有意义。

在这些人的空袭亲身体验发表过后，时任内务省防空局指导课长的馆林三西南进行了总评，此人倒是讲了一句实在话，"如果认为下次空袭还像这次一样，那可就大错特错了，必须要动员方方面面进行准备"，督促社会各界加紧进行防空训练。

接下去就是体验发表会的重头戏了，经历首次东京空袭的体验者们向当局发出质问。回答的是防卫总司令部的陆军中佐大坪义势以及东京市的防卫课长中川。令现代人感到惊讶的是，大坪义势的回答实在是"豪迈"，与其说是在进行回答，不如说是在发表训令，而训令中又带有恐吓的意味。摘其典型言论：

就如今的条件而言，真正要做到用防空壕来抵挡炸弹，因现有物资限制，各位无论如何是做不到的。不过即使不去挖什么防空壕，炸弹也很少真的命中啊！就是因为"弹丸"是"偶尔"才会命中，所以才叫"弹丸"嘛，哈哈哈。如果真的被"弹丸"命中，那真的是前世做了很多坏事了，哈哈哈。如果碰到炸弹落下来，只要还有一点儿距离，那么就算不进入防空壕，就地趴下也没事的。

在日文中，"弹"和"偶"的发音是一样的，都是"TAMA"。大坪义势玩了一个谐音的冷笑话，也许当时在场的人感觉无所谓，一起发笑了，不过，进入1945年之后，来自空中的怒火在眼前铺开地狱场景之后，任何一个日本人肯定都笑不出来了。大坪义势继续满怀自信地宣称："无论如何，当日本遭遇空袭之时，绝对要与敌人的燃烧弹进行战斗。如果没有这样的勇气，日本就灭亡了。就算你被炸弹命中死了，变成了幽灵，也要继续进行灭火活动！"

这就是1942年日本遭遇第一次空袭之后日本当权者抱有的观念，日本民众只是用于"灭火战斗"的工具，死于空袭的牺牲者只是"前世干了坏事"的倒霉鬼。如此观念被记录于《4月18日/敌机空袭体验记录》，后来又被1944年1月发行的《战时生活读本》之《如果遭受空袭如何防范》继承，最后在1945年美军展开大规模空袭且大量使用燃烧弹之时，付诸实践。

时隔70余年，按照如今日本政坛上的"发言标准"，大坪义势这种根本没有人味的言论属于"暴言"，任何一个日本官僚说出这种话，其政治生涯就完了。不过，在日本战争年代中这是司空见惯的，而大坪义势的发言还没有结束。空袭体验者也质问为何不将空袭的真相公开发表。大坪义势的回答是：

尽管很想发表，但在日本还有不少崇拜外国人的日本人。也还有少量的外国人居住。英国人或者美国人，可能躲藏在某些暗处。也可能是其他国家的人。也就是说日本是存在大量漏洞的。因此不能对日本国民什么都说。

敌人那方面非常想知道这边的情况，但日本只要不说出真相，敌人就没办法。让敌人知道了，敌人下次就会照章办理，或者采取新的方法，但只要日本什么都不说，那么美国也就糊涂了。将来可能会有什么办法，让真相只在国内流传，而不会流传到外国去吧，不过，这样的方法要想出来，恐怕得再过一百年也说不定，哈哈哈。现在，我们只能假设告诉日本人的事情，就全部会被外国知道。

我做了整整三年防谍的工作，不得不说，我们的情报是会泄露给外

空袭过后身着防空袭防护服装上街的日本民众

国人的。空袭的真相，对于敌人策划更有效果的空袭是很有帮助的。所以不能发表真相，国民应该不要去胡乱想象，只要默默跟随政府的政策就好。

　　大坪义势的这番言论，与《如果遭受空袭如何防范》提醒大家要注意有不法分子实施"时局诈骗"可谓一脉相承。日本民众已经挨了空袭，想知道真相被说成是给政府添乱的行为，简直就要给"好奇心"强烈的人贴上个"非国民"的标签了。要放弃思考，甚至连想象力都要放弃，按照政府决定的政策与方法去做，每天吃饭睡觉工作再加训练，有了空袭就去灭火，被烧死了也变成幽灵继续灭火，这才是"帝国好臣民"。

　　大坪义势的"暴言"最后以对日本国民的极端蔑视告终："总而言之，在日本人变得更加可靠之后会告知真相的吧。虽然想告知真相，但现状就是说了真相就会被泄露。当务之急是将英美化的日本人生活进行全面清算整顿。"

　　在《4月18日/敌机空袭体验记录》的结尾，大坪义势说："本文是本人关于防空问题的个人意见，并不是作为有任何权威的责任者的发言。只是我本人与防空有关系，因此把感觉到的问题说给大家听一听，仅供参考。"这番话听上去倒是挺谦虚的，但大坪义势发表的"弹丸偶尔才会命中才叫弹丸""向国民告知真相就一定会泄露"等类似言论，洋洋洒洒一大堆，在《4月18日/敌机空袭体验记录》中足足占了40页。

相对于"军队防空"，他完全把"民间防空"轻视到无以复加的程度，是某种只需要把老百姓当成"战斗要素"往里面填充的活动。不过大坪义势的言论又是以日本军队的防空作战无论如何挡不住美军空袭为前提的，因为他甚至预见空袭的美军一定会狂扔燃烧弹。既然如此，为了将损害尽量减少，每个家庭进行充分的防空训练就非常重要了。

顺便说一件非常巧合的事。1943年4月15日，《4月18日/敌机空袭体验记录》发行，三天之后，4月18日，日本政府与军部终于决定要举行"杜立特东京空袭"一周年纪念的日子，日本海军联合舰队司令长官山本五十六，在所罗门群岛上空因座机被美军战机击落而亡。所以，这一天后来成为山本五十六的战死纪念日。

必胜防空睡衣与决战型住宅

以上就是日本政府与军部关于一旦大规模空袭降临时民众应如何作为的基本态度。按照当时一般意义上的划分，将敌人的轰炸阻挡于"国门之外"，这叫作"积极防空"。而让民众进行防空训练、挖防空壕、准备参与灭火，这属于"消极防空"。换句话说，如果民众完全信赖军队的防卫能力，就没有必要进行"消极防空"的训练和准备。但是，日本军部直到战争的最后一刻，都绝不承认民众已经对其失去信任，甚至任何意图表达这种"危险思想"的人，都可能被抓走审判坐牢。因此，在日本政府与军部的语境中，不存在"积极防空"与"消极防空"的区别，只有"军民一致协力巩固完美的防空体制"。

日本整体防空体制的确立是很早的事情了。早在发动侵华战争前的1937年4月，

身穿防空服装的日本儿童

日本政府就制定颁布了《防空法》，主管官员是内务大臣，其事务主要是内务省防空局长官，各都道府县则由各地警察部门主管。这一时期组建的与日本民间相关防空组织名为"警防团"，是将地方上的民间警卫团与民间消防团合并而来，首脑是各地方的行政长官，具体由警察部长、消防署长进行指挥。太平洋战争爆发后，《防空法》进行了强化更正，并在1943年10月再一次进行更正。

此《消防法》一以贯之，在建筑物因空袭而发生火灾危险的场合，规定国民有进行防火活动的义务，违反者将处以500日元的罚款。这在当时已经是一大笔钱了，战前东京一个咖啡店里的女招待就算拿了小费，月收入也就是30日元至60日元，工薪族几乎没有超过一个月100日元的。也就是说，面前如果有建筑物着火了，在场的任何人都不允许逃跑保命，只有事后被证明是病人、小孩、孕妇、老人以及另有紧急任务者可以豁免。而且，空袭警报发布后也不允许从家里抢救金钱和高档物品。

日本帝国政府与军部就是如此指导国民防空，而日本国民确实完全照办了。从1944年下半年开始，美军对日本组织的多次空袭，主要针对工厂区域，但正如大坪义势所言，命中率不高。不过，美军的空袭还是一点点地改变了日本民众的生活。1944年初发行的《战时生活读本》之《如果遭受空袭如何防范》所讲述的内容，到了1945年初已经是在日本民众面前真真切切的内容，他们也只能指望着这些"教育内容"带给他们生存的希望了。

1945年2月号的《妇女俱乐部》杂志刊登了一篇生活指导性文章——《必胜防空睡衣的制作方法》。睡觉时所穿的睡衣也要有利于防空，这听着就挺悲哀的，在前面加了"必胜"二字就有了一丝搞笑的意味，但当时的日本人肯定是以非常认真的态度来阅读并动手制作"必胜防空睡衣"。

这种睡衣款式上分为婴儿款、儿童款和妇女款，没有男子款。究其原因，是因为"必胜防空睡衣"的特色就是将睡衣和防空头巾连为一体，一旦晚上空袭警报拉响，穿着这种睡衣立刻往外跑也是可以的。也就是说，名头响亮的"必胜防空睡衣"真实目的是让妇女和儿童加快逃跑速度。至于男性，光着膀子逃出去当然也是无所谓的，就没必要去浪费物料做"必胜"睡衣了。这篇《必胜防空睡衣的制作方法》开头还有一段让人热血澎湃的介绍：

> 凶残的美国佬不分昼夜地持续狂轰滥炸，把我们的国土变成了一片血海。我们要以顽强的战斗精神，誓死守卫我们的皇国。为做好万全的准备，晚上我们要安心就寝，一旦敌机前来偷袭，就要立刻跳起来进入防空状态进行避难。这里，我们就为大家介绍一下这种敌军空袭下必备的必胜防空睡衣。请再检查一下你的睡衣，然后将其改造、翻新，为应对紧急事件而好好准备。

然后介绍"必胜防空睡衣"的制作方法，就是在原本睡衣上缝上防空头巾，再加塞棉花的里衬，以便跑出去也不会觉得冷。婴儿版的基本上就是"防空被褥"，可以把被褥直接一卷就带出去避难，从设计的角度来说巧妙而实用。不过美军将在3月发动的燃烧弹地毯式大空袭，将引发规模骇人的大火灾，在那样的火灾中，什么"必胜睡衣"都救不了命。

　　要说日本民众在美军日益频繁的空袭中靠什么保命，首推当然是身边的防空壕。类似大坪义势的"豪迈军人"对防空壕表示蔑视，但真正要保命还得靠防空壕。实际上，1942年的"杜立特东京空袭"虽然造成的损失微乎其微，但相当一部分东京市民开始在自家后院偷偷开挖小型防空壕。1943年战局渐渐不利，日本当局开始公开谈论防空问题，于是挖防空壕很快成为风气。

　　1944年，每个有条件的家庭都需要拥有家庭单位用的防空壕，已经成为日本社会公论。例如，1944年2月的《女性之友》杂志刊登了一篇文章，介绍所谓"决战型住宅"，并配以平面图。这篇文章的作者是当时在武藏工业高等学校任教的教授藏田周忠，在战前因对日本传统民居的研究而颇有名气。

　　"决战型住宅"的原则，是用最少的材料来建造适合一家三口居住的房子，和"必胜睡衣"一样，总体设计不得不说是兼具实验性和实用性，充分反映了日本人"狠抠细节"的性格。说是住宅，其实"决战型住宅"一半面积要划为空地，然后将大部分空地开垦为菜园，以图缓解严重的食品短缺问题。关于食品等物资的严重短缺，下文详述。

　　菜园旁边就是防空壕，看来只能住一家三口的狭小空间，用沙袋或土堆包围起来。另一半真正的住宅空间，由一间能铺下7张榻榻米（1张榻榻米是1.5平方米）的厅室和厨房间、储物间等组成。煤气使用受限制，厨房燃料推测是木炭。

　　家庭用的防空壕一般性的深度就是1米至2米。挖防空壕当然完全是手工作业，基本上都是由各家各户留守的女性用铁锹、铁铲完成的。还可能会遇到意想不到的情况，比如说土质太硬难以挖掘，或者挖得很浅就冒出水，只能自认倒霉。还有些家庭缺乏院子里的空间，就掀开住宅的木地板，往下挖一个住宅内的防空洞，一般挖完以后再安装可以开合的木门。不过，这样的防空洞如果遭遇住宅整个烧起来的情况，安全性堪忧。

　　修建家庭用防空洞、防空壕，都是在私人住宅内部，因此各家都不相同。有些家庭使用了大量的木材和水泥，在地下打造了有好几个房间、有能力支撑相当长一段时间地下生存的防空洞，引得临近的人都来参观，家主也引以为豪。

　　不过，日本"最大、最豪华"的防空洞肯定不是在民间。美军投向东京的炸弹不长眼，无论是平民还是皇室成员，都一样炸，因此一旦发生空袭，昭和天皇和香淳皇后当然也得往防空洞里躲。他们去的防空洞，名叫"御文库附属库"，其实就是防空洞，位于皇居中的吹上御苑中，用钢筋混凝土建造而成，极为坚固，面积达到631.5平方米，钢制的大门厚达30厘米。与昭和天皇和香淳皇后平时居住的"御文库"之间有135米长的地下通道连接。因此，天皇夫妇的安全可以说是万无一失，他们也就没有离开东京避难——虽然在1945年曾有在美军登陆东京湾时将天皇转移去长野县，另立"第二帝都"的计划。

天皇继续待在东京，将对投降的发生有极为重要的作用，而这一幕大戏上演的场所正是"御文库附属库"，具体来说，是其内部大约60平方米的大会议室。在会议室南面，还有一个天皇专用的休息室。1945年8月15日正午，昭和天皇中断了会议，在这个休息室中，通过广播聆听了自己录下的"玉音放送"。

拥有如此奢华防空洞的天皇，当然没有发生空袭后跑出去救火的义务，日本帝国政府与军部的头头脑脑也没有此义务，而广大只拥有小防空壕的民众是有此义务的，并且从1943年开始被不断强化"教育"。1943年内务省发行的所谓《时局防空必携》的小册子中，堂而皇之地写下所谓"防空必胜之誓言"，要求全体民众遵守。主要内容是：第一，我们都是"守护国家的战士"，必将豁出性命坚守自己的岗位；第二，我们将秉持必胜的信念战斗到最后一刻；第三，我们将做好充分准备，进行反复训练以树立信心；第四，我们将服从命令，绝不随意行动；第五，我们将互相帮助，协力进行防空。

命令民众为国抛弃性命，而非保全性命，是日本帝国实施战时"消极防空"的主旨。

日本军部的"积极防空"

至少从1943年上半年开始，日本政府与军部就以"杜里特空袭东京一周年"

作为日本陆军防空作战主力机型的双座屠龙战斗机

为契机，强化民众的"消极防空"态势。当然，军部对于强化"积极防空"也并不是什么都没有干。以空军力量狂轰滥炸他国都市，日本军队从1937年大举侵华开始就做过无数次，重庆与援华物资集散地兰州遭受了多次空袭，在东南亚地区日本轰炸机也为地面部队的开进炸开通道。但是，日本毕竟不是一个航空工业大国，这些空袭的规模与即将到来的美军空袭根本不可同日而语，对此日本政府与军部是知晓的。

要组织好日本本土的"积极防空"，总体来说需要三样东西：雷达、拦截战斗机和高射炮。但是这三样东西，除了战斗机方面日本陆海军勉强可以拼凑出一些具有世界准一流水准的机型，比如说海军方面的零式、紫电改战斗机等，陆军方面的疾风、飞燕、双座屠龙战斗机等，其雷达与高射炮的水准都很差，这是因为雷达与高射炮属于"防御性武器"，对于一味强调"进攻"的日本军部来说缺乏投资研发的魅力。1943年后临时抱佛脚拼命研发，但成果有限。

日本本土从北至南由北海道、本州、四国和九州四个岛屿组成，其地理特点是面对太平洋有绵长的海岸线，全国的大部分都市与人口都面对着太平洋，等于是没有任何纵深。日本的高射炮质量很差，极难将炮弹打到美军B-29大型轰炸机所飞行的10000米以上高空，但就算日本的高射炮质量好，因为向海陆地纵深极小，B-29飞临日本上空之后很快就能投弹，日军高射炮会因射击时间太短而难以发挥作用。军部必须想办法迅速得到美军轰炸机队来临的情报，这样太平洋上的小笠原、伊豆群岛等地就具有重要的地位了。

在决定积极推进"消极防空"态势一年之后，1944年5月，日本军部终于决定彻底强化"积极防空"态势，日本战争大本营向防卫总司令部下达了关于组织本土防卫的命令。

以粉碎敌（美军）空袭为首要任务，将重点置于航空作战，迅速做好防空作战准备。防空作战要领是：

1. 彻底集中航空、地面的战斗力，击落来袭的敌机，掩护有关加强国力的重要设施。为此航空部队和高射炮部队无须划分战斗空域。在同一空域里也可以根据各自的特点进行战斗。航空部队以必要的兵力直接掩护重要地区，并以其余兵力尽量远程捕捉敌机，争取将其击落。追击时，不分作战地区，果敢顽强地进行追击，击毁残存的敌机。

2. 东部军主要掩护皇宫以及京滨地区的军事、政治和生产中枢。另以部分兵力配置在立川、太田、常陆、釜石等地，掩护其生产设施。为了掩护京滨地区，应准备可供20个战斗队使用的机场。

3. 中部军主要掩护名古屋和阪神地区的重要生产设施。另在广岛、滨松、清水、广畑、京都等地配置部分兵力，掩护其生产设施。为了掩护名古屋地区与阪神地区，应各准备可供5个战斗队使用的机场。为了把雷达网推向前方，与（位于太平洋中的）八丈岛雷达相连接，应准备一艘装载雷达的船只，配置在离海岸300公里左右的海上。

4. 西部军主要掩护仓幡地区（包括下关、门司）的重要生产设施。另在长崎、福冈、大牟田等地配置部分兵力，掩护其生产设施。为了掩护仓幡地区，应准备可供10个战斗队使用的机场。

5. 当敌军机动部队来袭时，第一航空军可同时指挥第五飞行团，与海军密切配合，搜寻敌军航空母舰予以消灭之。

防卫总司令官东久迩宫稔彦王根据这个防空作战要领，将必要事项向各部队做了传达，作为战备和作战的依据。

研究负责东京地区防空的陆军第十飞行师团留下的记录表明，从发现美军空袭击队到战斗机进入迎击位置，时间是非常短促的：

1.通过安装在八丈岛上的雷达，发现南面200～250公里处的飞机机群。向各部队下达警戒命令。在八丈岛上空查明确实是敌机。——所需3～5分钟。

2.报告到师团，下令出动。——所需7分钟。

3.战斗机先遣机起飞。——所需15分钟。

4.战斗机根据师团的部署，抵达配备位置，在此期间保持必要的高度，通常为10000米。——所需60分钟。

日军计划的本土"积极防空"主要分成两个部分——空中部分与地面部分。指挥体系由东京的东部军、大阪的中部军和福冈的西部军三个司令部构成，三个司令部各自下辖一个飞行师团和一个高射炮集团，总体上拥有约750架战机、约600门高射炮。空中部分主要依靠防空战斗机部队，即第十（关东）、第十一（中部、阪神）、第十二（九州）三个飞行师团，而地面部分主要依靠东部、中部、西部高射炮集团（后改编为高射师团）。

日军拦截战术基

美国靠着强大的工业实力彻底压垮了轴心国。这是一名美国女工在装配一个轰炸机的引擎盖

本如下。首先通过在本土外海岛屿上的早期预警雷达站（如八丈岛警戒机）与在本土东部沿海地区部署的陆军司令部侦察机（百式司侦）、海上监视哨、地面监视哨等组成的预警网，发现美军来袭机群，在美军机群尚未抵达本土的目标前，就派出拦截战斗机实施拦截，并且通过地面警戒哨及时获知美机袭击本土上空的情况。万一美机突破日机拦截网，进入目标上空，就使用密集高射火力。日本海军所属的战斗机部队不承担除海军基地外的本土防空任务，但也会派出部分兵力支援陆军的防空作战。

以上日本军部所组织的"积极防空"态势，很快就接受了考验，并且在其后一段时间内似乎经受住了考验。时任美国陆军航空部队司令阿诺德中将是战略轰炸思想的推崇者，这种思想的核心，是通过航空兵深入敌人战略后方，以轰炸破坏敌方的补给、工业、经济、交通枢纽，甚至人口密集的中心城市，从整体上摧毁敌人的抵抗意志，从而无须占领领土就可以迫使敌人投降，结束战争。

1944年6月15日，美国陆军第二十航空队的68架B-29轰炸机从成都起飞，空袭位于日本北九州的八幡钢铁厂，投弹221吨，据日本方面统计，造成地面死亡约1000人。这是对日本战略轰炸的起点，也是日本"本土防空作战"的开始。

1944年11月1日，2架美军飞机在关东上空进行侦察，这是1942年"杜里特空袭东京"行动之后，日本首都上空再一次出现美机。尽管存在距离等重重阻碍，但阿诺德中将等不及要让日本人见识发动侵略战争的恶果。11月24日，111架B-29飞临东京上空实施轰炸，其主要目标是针对位于武藏野町的中岛飞机武藏制造厂，顺带空袭东京市内及东京港。此次行动是美军代号"圣安东尼奥1号"行动，日本史称"第一次东京大空袭"，共投下近300吨炸弹，只有16枚炸弹命中目标区，没有影响飞机制造厂的运转。

自11月24日之后，美军B-29对关东地区的轰炸常态化，每隔两三天就进行一次空袭，但造成的损失控制在日本方面可以接受的程度。事实证明，在万米高空以每小时445英里的高速投下无制导的高爆炸弹，想命中仅有几平方公里大小的日本飞机制造厂，以当时的技术而言几乎不可能。11月30日，美军又一次空袭后，第十飞行师团长吉田急火攻心，在回忆录中写下了这段话：

我在作战室的楼顶上看到雨中的神田、日本桥方面发生火灾，感觉自己没有尽到责任。然而面对雨中高度9000米以上，飞在云层上方的敌机，我军的飞机却无法在夜间穿过云层对其进行拦截，高射炮部队发射了约300发炮弹也没能击中敌机……每次拦截行动都不能给予敌军迎头痛击，作为师团长，我深感责任重大，此时我认为报复他们的唯一方式就是将他们从天上击落下来。

吉田很快下达命令，在第十飞行师团内建立特攻队，尝试使用拆掉武器、降低重量的战机将美军的B-29直接撞下来。这种自杀性战术收效甚微，无法阻止美军由80架至100架B-29组成的机群的空袭。这种拦截作战一直持续到1945年1月底。

就这样，美日双方都不甚满意的轰炸行动继续着。1944年12月31日，美军空袭了东京神田区、本乡区等区域，造成死亡5人。1945年1月1日，轰炸机又飞临下谷区、浅草区等区域，造成死亡还是5人。对于东京市民来说，1945年的元旦与前一天没有任何不同，只是少数人遭遇了厄运，绝大多数人感觉辛苦又无聊的战争岁月又过了一天。

日本人差不多适应了隔三岔五的轰炸，但美军的轰炸策略正在缓慢而逐步地改变。马里亚纳群岛上的庞大空军基地已经整备完毕，位于西雅图的波音轰炸机厂如同生产香肠一般成批出产的B-29已进入部队服役，加紧训练，驻扎成都的B-29轰炸机队也开始撤离中国，前往马里亚纳群岛与友军会合。

1945年1月3日，美军在白昼轰炸名古屋的行动中主要使用了燃烧弹，以测试用地毯式燃烧弹轰炸、全面毁灭日本城市的战术。原先在成都

B-29轰炸机飞临日本城市上空

B-29轰炸机队飞临作为日本关东地区重要地标的富士山

指挥对日轰炸的柯蒂斯·李梅少将，来到马里亚纳群岛指挥兵力日渐庞大的轰炸机集群。1月20日，第二十一轰炸机航空队司令职务正式由李梅少将接替。

巧合的是，1月20日，日军大本营也发布了指导今后作战方针的《帝国陆海军作战大纲》。其中有一段是："面对敌军的空袭时要努力压制其航空基地或者机动部队，还要进一步强化本土要地的防空态势，尝试不断摧毁敌机，以航空部队作为主体积极展开防空作战，需要立即整备所需的航空基地，还要对其进行伪装。"由此可见，日军似乎对其航空基地的安全状况嗅到了一丝"危险"的味道，但仅凭多加伪装是否就能躲过打击，没有进行深入论证。

1月27日，新上任的李梅打出第一拳。74架B-29空袭了东京，轰炸波及范围遍及东京20多个区，造成死亡539人。当天14时刚过，飞向中岛飞机武藏制造厂的B-29轰炸机中，有56架因为天气，临时将目标转向有乐町、银座地区，有乐町车站附近遭遇密集而猛烈的轰炸，B-29沿着电车线路从有乐町一直炸到银座4丁目地区，这一片东京繁华地带立即被烈焰与浓烟笼罩。这一天的空袭，史称"银座空袭"。以下引用一段当时住在杉并区的妇女栋也良子的回忆：

1945年1月27日，当日天空中乌云密布，好像这一天也将要下雪的样子。下午2点刚过，有乐町车站附近突然落下大型炸弹。当时车站门口正挤得人山人海，都是因为空袭警报跑到那里去避难，结果炸弹正巧落在那里，现场顿时化为名副其实的阿鼻地狱，尸山血海就是那样的景象。被炸死的受害者尸体被麻布覆盖，先搬到日比谷公园的空地上去，数之不尽。

虽然天空中还传来咚咚咚的爆炸声，但空袭警报错误地降格为警戒警报。我的丈夫虽然先前在避难，却因此去了公司办公室。突然飞机扔下了炸弹，落在隔一条河的泰明国民学校里，直接命中了一块大岩石，灰土和石头被炸到空中，然后落在公司建筑物上面，将公司整个压塌掩埋了。我丈夫后脑勺被钢筋混凝土击中，终于在第二天早上去世。

尽管亲戚帮忙在晚上七点左右将他从公司废墟里找了出来，表面看上去没什么事，但最终还是没挺过去。事后想，如果炸弹没有落在岩石上，而是落在河里，恐怕他就不会遭遇此灾祸了。如今只剩下遗憾。

没有被炸弹直接命中，也没有死于轰炸之后的火灾，却被石头砸死了，这位栋也先生的死亡方式可谓"霉运当头"。按照1943年大坪义势在"空袭防护的体验发表会"上的说法，栋也先生毫无疑问是"前世干了坏事"，而且是大坏事，但显然栋也夫人不能接受，她的丈夫只是听信了空袭已经完结的警报通知，急着回公司去查看情况或者工作而已。

"黎明前的时刻最黑暗"

东京已经应对美军空袭几个月时间了。家家户户都已经遵照当局的指示和教育挖好了防空壕，准备了若干沙袋和装了水的水桶，每天晚上都穿着"必胜防空睡衣"，准备随时投入灭火"战斗"。一些市民甚至习惯了轰炸。他们在去乡下购买一些食物充饥的路上，竟会停下来欣赏那些逐渐飞近的"蜜蜂"——许多人如此称呼当时世界上最恐怖的杀人机器B-29轰炸机。

B-29轰炸机队往往由东方的天际处出现，在尾部拖着一缕缕废气形成的白烟，排成整齐的队形（防御紧密队形），翱翔在满天金光的天空中，仿佛鱼群漫游过宇宙的大海。但这些优雅动人的"鱼儿"一旦往下投掷炸弹，诗意的想象就破灭了，每个路人都立刻加快了节奏，回家或者赶往就近可能提供庇护的场所——一般是由水泥浇筑的建筑。

直至1945年2月下旬，东京遭遇一次空袭而死亡的人数最高纪录也不过数百人，相对于数百万市民数而言，确实像当初大坪义势笑称的那样，死于空袭只能怪运气不好。不过，谁都不想坏运气找上自己，民间迷信开始蔓延。一种普遍的迷信说法是，如果吃饭团包青葱、红豆，就可以永远不挨炸弹炸。还有一种做法更简单，早上只吃青葱，就一定会平安无事。进入2月，又增添了新的招数，你必须通过连锁通信的方法把这个诀窍告诉某个人，否则诀窍就不灵验。也就是说，你很可能突然就接到一封信，在介绍了诀窍之后，信末要求你再给另外一个人写同样的信。很多人都照办了。

另外有一种迷信具有日本特色。据说有一对男女在一枚炸弹落到他们身边后，奇迹般得以幸免，接着他们发现附近有两条死金鱼。他们认为这两条金鱼是替他们而死的。这一奇迹到处传说，不久，全日本都很难找到活金鱼了，而且很快冒出大批瓷制金鱼出售。

东京这座城市到处是沙袋和临时构筑的隐蔽所，以及每一次轰炸增添的伤痕——化为废墟的全塌或半塌建筑物。奇怪的是，全市还出现了大量花卉。从1944年秋季遭受轰炸开始，政府就组织市民种植花卉，首先是数十万株向日葵。以至于许多东京人在战后谈起战争时期的印象，就是飞翔在向日葵上的美军轰炸机。政府这么做是为了调剂市民的生活，尽量表现出对美军轰炸无所谓的样子。因此，被轰炸状态下的东京，市容倒不算很难看。

而对于那些真正起到灭火作用的东西，很难说东京做好了准备。东京都当时有35个区，超过550平方公里市区面积，只有8000多名受过训练的消防队队员和2000名辅助人员，1117辆消防车，其中大部分是征用民车改装的，几乎没什么用。就算是真正的消防车，其救火水管也短得可怜，并且由于缺油，每辆消防车被限制只能用两个小时。东京都自来水总管道压力需要依靠电力抽水泵，无论是因为能源不足无法发电，还是电路被切断，水泵都不能使用，要灭火就只能靠人力取井水或河水。

东京古称江户，是一座自古多发火灾的城市。1923年的关东大地震造成14.2万人丧生或下落不明，200多万人无家可归，损失如此惨重的原因，就在于地震发生时正好是中午时分，家家户户都在烧木炭做饭，炭渣被震在地板上或者墙上，效果犹如燃烧弹，造成大面积火灾，同时供水管道也因地震而严重破坏，无法使用，化为火海的东京有30万幢以上建筑物化为废墟。

1945年的东京，实质是在关东大地震之后重建起来的城市，重建速度如此之快，就意味着政府并没有为再次发生类似大灾难做足准备。尽管如今的日本被当

日本民众只能利用这种简陋的手动喷水器材，在空袭后浇灭燃烧的余烬

作世界上数一数二的"防灾强国"，但日本真正开始重视防灾制度建设，要等到1961年颁布《灾害对策基本法》。

而在1945年，日本人更多的是依靠"必胜"精神而不是科学方法防灾。政府曾规划一些防火线穿过下町区，试图在大火灾发生时起到隔离作用，但因为居民反抗，这些防火线并不普及，常常到了死胡同就终止了。对下町区这些贫困的居民来说，简陋的平板屋几乎就是其唯一的财产，不给足补偿，他们是绝不会为了防火线搬走的——这种为了脚下方寸之地而拼死抗争的精神，倒是一直延续到战后的"成田机场斗争"。

还有东京市人数可怜的消防队，除了装备短缺、供水困难，其队员的训练也并不科学。他们模仿的是江户时代类似草莽英雄的"武士消防员"，因此消防队的领导人常常自己跳进火焰来激励同事，而不是进行通盘指挥。

2月25日，关东地区下了雪，东京熏黑了的街道和黄褐色的房屋上面被雪花铺上了美丽的白色毯子，令人回想起战前的岁月——也许有人会想起1936年2月26日，少壮派军人踏雪走过东京街头发动的政变。

雪下得很大，再加上从这天开始接连三天美军轰炸机较大规模的空袭，东京大部分地区交通陷入瘫痪，火车、电车都不通了，城内各个区域相互隔绝。城内到处是空袭留下的废墟，无家可归的人从冒烟的废墟中奋力挖掘还有价值的东西。每个人都认为这样的日子将会继续，也许是几个月，也许是好几年。

时钟再回拨一些。2月19日，美国海军的庞大编队掩护海军陆战队第四师、第五师在硫黄岛登陆。这个不起眼的，表面犹如火星一般的小岛上的残酷战斗将持续到3月中旬，美军死伤人数超过日军死伤人数。美军不惜一切代价夺取硫黄岛，是因为这个岛处于从马里亚纳群岛中的提尼安岛、关岛飞到东京的中途，夺取此岛，可以封闭日军预警，也可以为轰炸归来的轰炸机队提供指引与救助。

李梅的轰炸战术调整接近完成，庞大的B-29机群准备完毕，且第五十八特混舰队的舰载机空袭行动大大削弱了日本防空力量，在2月25日，东京下雪的日子，全新的空袭行动发起，美军代号"聚会所1号"作战行动出动了B-29达229架。这次空袭仍然在白昼进行，从高空投弹，不过使用的炸弹九成都是燃烧弹。

当天天气状况不佳，厚重的雨雪云层遮蔽视线，美军轰炸只能将目标转换为市区，轰炸范围遍及神田区、本所区等20多个区。燃烧弹造成的火灾，导致以神田町为中心的区域相当大面积烧毁，被损害的建筑物达到20000座。虽然死亡人数只有195人，但新战术确定是有效果的。"聚会所1号"作战持续到2月28日，随后暂时停歇。

截至1945年2月初，美军损失了从中国起飞的80架、从马里亚纳群岛起飞的78架B-29轰炸机，但日本的军事机器运转没有放慢迹象。阿诺德直接训斥李梅："放手去做，让B-29发挥威力！如果你办不到，我就换人来干！"

美军的情报机构通过对大量侦察照片的分析，发现在欧洲轰炸中让盟军轰炸机备感头疼的连装速射机关炮在日本的防空阵地上是不存在的。日本不是不存在这样的武器，日本海军就装备了二连装或三连装的25毫米机关炮，从驱逐舰到巨型战列舰都犹如刺猬一般插满了这种机关炮。但日本陆军并不拥有类似武器。直到战争末期，日本陆海军之间的武器系统仍然是泾渭分明、无法通用。因此，李梅下定决心让B-29将轰炸高度下降至只有3000米。

至1945年初，B-29机群基本都是在将近万米的高空实施白昼轰炸，而李梅将高度下降到3000米，其理由是在这个高度上进行空袭将显著提高命中率，同时由于炸弹落地的密度提高，爆炸产生的火灾将连成一片，更难以扑灭，而造成大规模火灾才是对日本轰炸取得真正效果的唯一途径。另外，高空轰炸容易受到云层影响，但低空基本不需要顾虑这点，从而增加可出击天数。但是，在白天让B-29下降到这个高度，意味着只要日军的预警系统能够奏效，日军战

李梅下定决心用新战术发挥二战中最庞大的轰炸机B-29的最大毁灭威力

斗机将从高空向 B-29 发动俯冲攻击，从而增加击落概率。

但李梅不是很担心，相对于德国空军精锐的夜间战斗机部队，日军在这方面的装备和经验都很缺乏，无论是机关炮、夜间探照灯，还是高性能雷达，数量都很少。在欧洲战场，夜间空袭基本由英国轰炸机队负责，其习惯战术是首先由经验最丰富的编队长机投下作为标志的燃烧弹，其余轰炸机追随火光标志以单纵阵陆续投弹。李梅决定采用同样的战术。

3 月 9 日，B-29 轰炸机的机组乘员进入提尼安岛和塞班岛上的活动房，听取关于当天夜间的"聚会所 2 号"任务简报。听说这次任务将在夜间，通过低空实施，轰炸机全部装载燃烧弹而不装任何高爆炸弹，而且轰炸机上的自卫武器只保留尾部机炮，其他全部拆掉，他们感觉头皮发麻。

飞行员们得知轰炸的目标不再是那个位于武藏野的飞机场，因为反复的空袭都无法精确地将其消灭，唯一可行的办法就是将为工厂工作的日本人的生活区域，提供零部件的小工厂、作坊密集的区域，整个毁灭，那就是东京的下町地区。这片到处是木制板条房的人口密集区，估计生活着 75 万人，绝大多数是穷人和低收入工人，建筑物之间的间隔只有一米多，极易延烧。日本工业生产的分散性令一次性烧死数以千计日本普通人的空袭具备了军事战略上的正当理由，下町地区遍布不计其数的小型工厂和作坊，只要还有电力和原料供应，这些小工厂就绝不会停止生产，即使所谓的"工人"中大多是家庭妇女和女学生。

美军飞行员对于杀死大量日本人没有心理负担——即使到了战后，有日本记者询问当年的美军飞行员是否有内疚之感，他们的回答往往是"请看一看你们在战争中做了多么邪恶的事情。我们当时根本没有把下面的人当人"——但可以预见一旦轰炸机飞行员因飞机坠落而落在地面上，将受到"最粗野的待遇"。飞行员得到的警告是："如果你被击落了，设法尽可能快地被日本军方俘虏，日本平民会当场就杀了你的。"尽管日军以残酷对待战俘而出名，但保住性命是第一位的。"你们将放出日本人从未见过的大炮仗"，李梅以这句话向他的飞行员小伙总结即将到来的"聚会所 2 号"行动。

日本广播协会在 3 月 9 日晚间的广播节目中提醒听众，明天有陆军节游行活动。1905年3月10日，日本帝国的"满洲军"经过前所未有的恶战，赶走了俄军，攻陷中国东北的中心城市奉天（沈阳），这一天就成为日本帝国臣民每年都要大肆庆祝的"陆军节"，至此已经过去整整40年。在广播的最后，广播员以

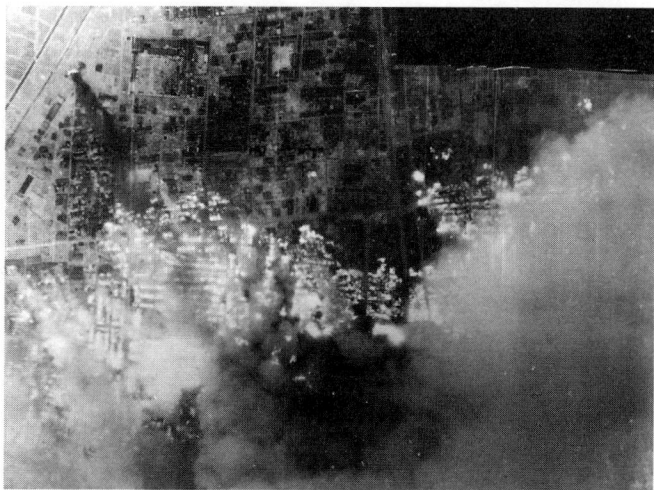

陷入一片火海的日本城市

一句陈词滥调激励听众道："黎明前的时刻最黑暗。"

1945年3月9日17时34分，关岛的夜空中升起一个绿色信号灯。随即跑道边密密麻麻排列着的300余架满载燃烧弹的B-29轰炸机纷纷开动引擎，轰鸣声直达寰宇，仿佛要将整个太平洋撕裂。B-29依次开始滑行，那些不能与战友一同去执行任务的机枪手、地勤，一道忐忑不安地看着眼前无比壮观的起飞景象。

在B-29上的飞行员一个个紧张得口干舌燥，不知道首次低空轰炸日本帝国的首都会有怎样的遭遇。经过硫黄岛时，他们低头看了看这个形状古怪的呈灰褐色的小岛。就在几天前，硫黄岛上终于修好了第一条跑道，如果归途有紧急情况，B-29可以在这里降落。不过，栗林率领残余的狂热战士抵抗到3月24日左右。

这一天的东京被新月的暗淡光辉笼罩，但是满天的星斗发出灿烂的光芒。午夜时分，B-29机群在领航机的带领下接近东京，防空警报响起。但是，已经习惯了空袭的东京市民犹如温水里的青蛙，并不觉得这次空袭会有什么不同。一些人感受到这一天北风强劲，似乎有助于火灾迅速蔓延。

时钟走过3月9日24时，进入3月10日。零时8分，B-29编队越过房总半岛，有一架轰炸机显然出于某种错误的原因，在深川地区扔下了第一枚炸弹。然而，日本东部军管区司令部没有察觉到这次爆炸。

零时15分，未遭遇任何日本战斗机阻止的美军2架导航轰炸机，飞临东京下町地区，扔下了一批1英尺长的燃烧弹，留下两条燃烧的建筑物长廊，交叉在一起构成让后续轰炸机能看得一清二楚的十字标记。当另外10架轰炸机飞来火上浇油的时候，他们的飞行员用无线电话向后方报告："投中目标可以眼见，看到大片着火。高射炮火力不猛，战斗机抵抗无。"

那些在地面上仰望的人们所见的不再是一群恼人的"蜜蜂"，而是铺天盖地的"蝗虫"。数量众多，同时也是因为从低空闯入，美军这次轰炸单单在来袭时刻的视觉、听觉震撼力便远超以往，当它们纷纷打开弹仓投弹的时候，更是将下面的日本人都吓呆了，好似巨龙从他们的头顶碾压过去。在距离地面几十米的空中，M-47型燃烧弹裂开，里面的大量凝固汽油棒到处飞散，撞击地面之后，迅速起火，向周边扩散出已着火的凝固汽油。

三个联队的B-29轰炸机，保持有条不紊的队形，一队接一队地投弹。每一队进入轰炸通道时高度都不同，因此地面打上去的高射炮弹无法把握高度，那些空中炸开的弹雾对飞机毫无威胁。至于日军战斗机，压根儿没有出现。

以旁观者的眼光看来，3月10日"火烧下町"真是一场超级"花火秀"。作为维希法国政权——这个傀儡政权在1944年盟军开辟欧洲西线战场之后被消灭——派驻日本的记者，法国人罗贝尔·吉兰在岛田以西一个安全高地观察了这场无与伦比的空袭：

明亮的闪光照亮了夜空，圣诞树在深夜开放出火焰花，然后大串烟火呈闪电形、锯齿形地猛然落下，发出嘘嘘声。空袭开始后只过了15分钟，火乘风势，蔓延到全城的木屋。幸运的是，我住的地区又一次没有遭到直接袭击（或者不如说全靠美军指挥部周密的计划）。炸弹使城市中心上空出现一大片亮光。现在显然亮光正在战斗——绿光赶走了黑暗，天空中，这儿出现了一架B-29，那儿出现了一架B-29。它们第一次以各种高度在低高度或中等高度飞行。

城市开始升起一股股歪斜的烟柱，在这些烟柱中，人们看得见B-29

的长长的金属机翼，边缘锐利，在火光的反照下亮得刺眼，它们在火红的天空中投下黑色的侧影。有时它们又金光闪闪地出现在辽阔的天空，或者像探照灯闪光中的蓝色流星，探照灯在地平线上忽亮忽闭……坑道附近庭园里的日本民众都在室外，或者立在洞口，我听见他们对这种壮观的，差不多是剧院里才有的场面发出赞美的叹息声。多么典型的日本人方式！

一批接一批的轰炸机，倾泻下无数的燃烧弹，把地球上人口最密的郊区东京的下町地区变成一个巨大的火堆。发生在日本帝国心脏的这一场浩劫，将延续3个多小时。空袭半小时后，熊熊烈火蔓延得不可控制。水基本没用了，遵照政府和军部的要求进行"消防战斗"的市民很快就抛开了水桶，企图用衣服以及被褥去盖住烈火，但这显然也毫无作用。

最终，有人意识到灾难已无法阻止，开始逃跑，于是一个人的逃跑引发一群人的逃跑，几乎就是在几分钟之内，所有人都开始逃跑——但是没有几个人知道该往哪里逃。东京市民与全日本国民一样，只接受过消防训练，从来没有逃生训练。巨大的红色火焰从四面八方升起，直接炙烤着黑色的天空。在炸弹爆炸的颤动之后，灼热扑面而来，随后听到了狂风的骇人呼啸，那是燃尽一切的火风，时速50公里或更高，人根本不可能跑过它。

日本官方对于这场前所未见的末世浩劫，用平静的语气进行了记录：

3月9日22时30分发出警戒警报，10日零时15分发出空袭警报，空袭发生于零时8分。2时37分空袭警报解除，3时20分警戒警报解除。烧毁建筑物182026栋，涉及372108个家庭，过火面积4000504坪（1坪≈3.31平方米）。

由于敌军轰炸机多架次低空入侵，进行了持续2个半小时的地毯式轰炸，东京市内广大区域发生大量火灾，秒速达到13米的强烈风力与火焰合流，造成帝都约1/4面积化为灰烬，死伤重大，出现大片修罗场景象。

政府消防队恪尽职守，与火灾进行了英勇搏斗，损失消防车93台，手动消防泵150台，水管1000根，消防队员有83人被烧死，40人失踪，警备队员死伤者500人以上。

毁灭的回忆

所有亲身经历了这场浩劫的人都不可能从记忆中抹去这段经历。许多可怕的回忆被记录在战后发行的《东京大空袭战灾志》中，以下摘抄数段：

当言问桥被火焰吞噬的时候，瞬间整座桥变成一片白光，这是真的，挤满了人的一座桥瞬间就变白了，不知有几千人被活活烧死。还有富士国民学校的周边因为强制拆除变成了空地。学校建筑主体虽然是用钢筋水泥建造的，但是木造的门和鞋柜等，还有挤入学校的避难者所携带的物品全都着了火，结果挤满学校的人们也全灭了。仅仅在学校的泳池里就死了800人。

漂浮的火灰直径足有5厘米，形成一片火灰的海洋，小孩子的整个膝盖都被淹没其中了。从浅草方面燃烧起来的火海，一下子就跨过了宽阔的隅田川，延烧到对岸的向岛。火力如此猛烈，盖在身上的被子必须紧紧用手抓住，否则一下就被吹跑了。寺庙中僧人在念经，突然本堂建筑被烧到塌落，念经声就此中断了。

还有来自加藤纯的回忆，当时他是一名记者。当听到警报声时，他留在了公寓里。他知道他明天一早必须对这一事件加以报道，想尽可能多地休息。但当听到飞机的吼声不断加强时，他意识到这不是一次寻常的空袭。没有防空头罩，他就扣上钢盔，抓了一袋应急物品跑了出去。他所在的地区正可俯视起火的中心，他看到一簇簇的炸弹在建筑物上空开花爆炸。B–29轰炸机震耳欲聋的轰鸣，盖过了烈火的燃烧声，炸弹纷纷爆炸，大地为之震颤。他感觉到了灼热，随后听到了狂风呼啸。

从红色的天空落下片片火苗，落在他的周围。一股火焰从一处屋顶喷射起来，加藤纯冲过去，帮助房主扑救。他用一把"灭火拍"扑打烈火。那拍子是在长杆子的一头系上浸湿水的布条做成的。大火当中，隔壁那所房子就像一个充满煤气的烤炉似的爆炸了。房子里的人冲出屋来找地方避难，他也随着人群跑了起来。四周的一切东西都着了火。他跑到左边的大道上，一台救火车无所作为地待在那里，救火用的水管松散地摊在一边，四周被着火的建筑物包围，可那里滴水全无。

他发现自己已被大火包围。逃生的唯一出路是隅田川上的一座桥，但那桥被隔在了一堵墙后面。一群人挤在街上，像是被施了催眠术，呆呆地凝视着熊熊的大火。一个姑娘大叫："妈，我着火了！"火舌烧着她的棉裙裤。加藤纯伸手去扑灭她后背上的火，一股大风把他刮倒在地上。他挣扎着站起来，火焰顺着姑娘的腿往上，姑娘疼得高声尖叫。加藤纯用手里的口袋打姑娘身上的火，终于把它扑灭。眼泪从姑娘妈妈的脸上流下，她俯身看着女儿，她已经死了。

街上横躺竖卧着大火烧焦

美军空袭造成的滚滚火焰

东京下町的大片街区被烧成白地

的电线杆和树木，就像是火柴一样。消防队队员招呼大家向桥上跑，否则就会被烧死。母亲把死去的女儿抱在怀里摇来摇去。火已经烧到了姑娘的尸体，加藤纯把母亲从姑娘尸体那里拉开，拖着她顺着街跑，刚好躲过紧紧在后面追赶的火焰。母亲又挣脱了他，跑回女儿那里。加藤纯的衣服冒起了烟。他跳过像是在巨大壁炉中燃烧的木头的树干，急速向前跑去，对自己的敏捷感到惊异。强烈的光线照得他什么也看不见，他张大嘴喘着气。体力忍受已达极限，他开始步履蹒跚。就在这时，穿过那翻滚的浓烟，他辨出一座水泥桥。

人们发狂地推挤着，夺路过桥，竞相逃避身后野兽般吼叫着追来的烈火。加藤纯怕挤不过桥，便往左面冲去。烈火引来一阵风，卷起一阵沙砾，火辣辣地打在他的脸上。在前方，烧着的油桶从一个工厂的屋顶上飞射出来，在空中爆炸成团团火球。这里十分危险，他又回头往桥上冲去。桥的栏杆几乎被巨大的人群挤弯了。人们都带着个人财产，有的人拉着车，有的人推着自行车。加藤纯明白过来，桥那边的人们为了逃生，也正往桥这边挤来。他想再掉头，为时已晚，已被夹在两面挤来的人群当中。

　　加藤纯感到自己似乎被钉子钉在了桥栏杆上。一阵阵风带着火星扑向惊恐万状的人群，他觉得自己完了。河两岸的房子都已烈焰熊熊。火星掉到了他前面一个女人的肩膀上，他为她扑灭了。火星又掉到他自己的衣服上，他拼命地扑灭了。附近一个男人身上着起火，但加藤纯手忙脚乱，已顾不得救他了。一个男孩儿头发烧着了，尖声喊叫着。男孩儿的父亲身上带着火，还去救儿子，但无济于事。男孩儿的母亲抱着的一个婴儿突然哭叫起来。

　　加藤纯看到婴儿嘴里有红色的东西，伸出手想掏出来。母亲从婴儿嘴里抠出一块燃烧着的火炭，用夹克把孩子盖起来，但夹克又着了火。父亲把妻子和儿子都推到河里，随后抓过婴儿，自己也跳了下去。加藤纯已被烧掉了睫毛。他感到头部灼热，钢盔已不知丢失在什么地方，他摸了摸头发，很烫。他爬上桥栏杆，纵身跳了下去。河水冰凉，他奋力浮上水面，最终因为幸运地碰到一条木筏而得救。

　　到了清晨，经过一夜炙烤的地面辐射出来的热气，使本应清爽的天气变得如同夏天。3月10日是过去全日本大肆庆祝的"陆军节"，但东京显然没有任何庆祝的兴致。下町地区变成了比火星表面还可怕万倍的地方。

　　在河岸上醒过来的加藤纯，犹如行尸走肉一般，朝着一座堆满死尸的桥走过去。他看到河水快蒸发干了，被死尸和杂乱的家具堵塞。穿着制服的人们正从河里捞死尸，然后像是市场上卖的鱼一样摆在河岸上，密密麻麻，直到摆不下，就开始叠起来。他看到被烧毁的工厂已经扭曲变形，好像融化了的糖果。到处都是尸体，有些赤身裸体，全身黝黑，有几具直立着，躬身弯腰，好像试图起跑，还有些双手合十作祈祷状，其他的坐着如在沉思，有具尸体的头颅经火烧后缩小到葡萄柚一般大小。在一个学校的院子里面，用稻草覆盖着高高垒起的尸体。空气中弥漫着尸体发出的恶臭。

　　当年15岁的赤泽寿美子，在经历了同样惊心动魄的一夜之后，在第二天清晨想到了自己学校的朋友。她看到整个城市像融化了一样，能够指路的建筑都烧没了，桥边、车站是死尸最集中的地方，有的烧焦的尸体被吹到路当中，不仔细看跟燃尽的木炭没有任何区别。到了学校一看，校舍都成了灰烬，废墟上只有一处勉强能看出钢琴形状的骨架。学校附近的小河里，河水像是蒸发干涸

也有一些美军轰炸机被击落，日本当局将其残骸照片当作宣传照片发表。这些残骸看上去如此庞大，反而令日本民众心悸

了，挤满了尸体。

赤泽寿美子在尸堆中找到了自己的老师，老师上半身还有衣服，还有人的样子，下半身全部炭化了。一旁的铁皮仓库是方圆几里内唯一没被烧毁的。大家都等着军人把门打开，希望大门另一侧有活着的亲人或同伴。后来仓库门被打开了，赤泽寿美子远远地看到肉色的手臂，开始以为是假模特儿，但是被抬出的越来越多，满满一仓库，一层叠着一层，都是尸体。

3月10日清晨，29岁，居住在向岛一丁目的寺崎治郎，同样看到了可怕的景象。人行道上好似有黑色的人体模特儿堆放，他看了老半天，才意识到那就是被烧焦的死尸重叠在一起，密密麻麻，互相之间已无法区分。有两台消防泵还处于出水的状态，但无论是消防员还是消防车驾驶员，都保持着救火作业的姿势而被烧死。这些消防员似乎是用水管垂入河中，然后将水喷向挤在桥上的人。从浅草方面延烧到向岛的火灾驱赶人们挤到了这座桥上。谁都没有想到人体本身就是可燃物，这么多人挤在一起就造成了灾难。

这场无比恐怖的"下町空袭"到底杀死了多少人？可以确定的"保底数字"是8万人，因为在东京大空袭战灾资料馆的一份统计中，东京60余处公园掩埋了当时超过8.6万人的尸体。还有统计数字是9万人、10万人乃至13万人，总之，真切的数字当时就没有统计清楚，70多年后就更不可能弄清楚了。

太多的尸体会造成防疫问题，因此除了个别人是被亲眷下葬，绝大多数遇难者根本就不去辨别身份，只能赶快集中处理掉。接下来的三个月，大量人力被政府和军队组织起来清理尸体。当时有一个小孩儿名叫星野弘，因为长得瘦小，就被安排在公园里，在小墓碑上做标记。当然，他不知道死者的名字，只写数目——200人埋在这个地方，200人埋在那个地方。他还在一个池塘里发现了一具尸体，遇到这种情况要和大人报告，由他们来清理。报告之后，对方说："小孩子你眼花了吧，那不是长着苔藓的木头吗？"但是捞起一看，就是已经长满苔藓的尸体。

为了抵御尸体腐烂，每分每秒都要抓紧，所以通常这边烧着尸体，那边就有负责伙食的人给大家煮饭，替班下来的人就端着饭碗在尸堆旁边吃，哭声慢慢就没有了，人们习惯了死亡。到了4月，各个公园里的樱花次第开放。花期短暂，没有几日，之前堆云砌雪的樱花随风飘落，算是给了埋葬在树下的几万名亡灵一个集体葬礼。

3月10日上午，回到关岛的美军B-29轰炸机群损失极小，拍摄的照片可以证实东京近半面积已经毁灭，如此巨大的成功让李梅很高兴。一些飞行员走下飞机后，大半天面如土灰，嘴里不断重复着"上帝啊，上帝啊"，因为他们在轰炸机上闻到了从地面翻腾上来的人肉烧焦后的巨大恶臭味。从此以后，对日本的轰炸任务安全系数越来越高，但美军飞行员的身心健康因被烧人肉味道污染的空气而越来越差。

美国军方事后提出的《东京地区的空袭防护与关联事项的现场报告》中，认为，此次空袭"轰炸机的数量与投弹量虽然并非最大的，但造成的破坏程度是所有记录中最高的。整个战争期间东京市内的死亡者，约九成是这一次空袭造成的"，因此，东京大空袭是造成"数十万人千方百计从东京逃走的开始"，从而可以对战争进程造成"革命性的影响"。

但是，空袭结束并不意味着爆炸结束了，因为B-29轰炸机投下的炸弹中还包括定时炸弹，或者说有些哑弹要过一段时间才会爆炸。当时家住东京有乐町的饭冢富久子，在空袭中侥幸活命，住进了慈惠医院。她看到医院中的患者大多数都睁着一对可怕的红色眼睛，那是被一整晚的燃烧烟雾熏出来的，并且所有人都在发高烧。富久子发高烧到40摄氏度，毫无食欲。有人给她找来了果汁，她喝下后感觉极为香甜，过了几十年还觉得唇齿留香。

但是没过多久，从川崎、横滨方向传来了隆隆的爆炸声，事后富久子得知，是重达一吨的定时炸弹爆炸了。医院的每一扇玻璃窗都被震得嗡嗡作响，间隔时间不规则的沉闷爆炸声连续作响，持续了相当长一段时间。富久子经过了一夜磨难，定时炸弹令她的内心产生了无比的愤怒。炸弹扔下了还不立刻爆炸，要过一段时间突然炸起来，这不是在玩弄遭轰炸的人吗？

无论这场"永远被刻录在历史上"的大空袭在日本产生了多少情绪——恐惧、悲哀、愤怒或者头脑一片空白，但在美国人看来，取得战争胜利的大门被彻底打开了。在美国只有极少数人发表了可怜被烧死、烧伤平民的言论，绝大多数人都在欢呼，《纽约时报》欢快地呼吁："上帝恩赐给我们武器，让我们把它们利用起来！"美国人真诚地相信，过去法西斯集团在考文垂、鹿特丹、华沙和伦敦犯下的罪行，如今移转到了德累斯顿、名古屋和东京，完全是罪有应得。

3月10日的东京大空袭只是大幕拉开，日本还将遭受更多空袭，而美军空袭的范围将扩散至日本几乎所有大中城市，只有那些小城市和乡村地区不在空袭名单中。

4月16日，美军B-29机群再度大规模空袭东京。以下引用当时居住在东京江东区龟户町的六户胜美的回忆。1945年，六户胜美17岁，就读于女子中学。她和家人在3月10日的大空袭中全都幸免于难，但住家被烧，只得前往郊区的小石川西丸町的叔父家里暂住。

六户胜美的叔父需要长期出差京都，因此叔父的家庭成员都与他一起去京都了。这个家中就只有六户胜美一家子临时居住，算是替叔父看家。如前所述，因为社会上物资紧张，过去看似没什么价值的东西都可能会被盗窃，家中长期无人看守肯定危险。不过，六户胜美的叔父可能想到美军会再度对东京发起空袭，而且会空袭上次没有波及的地区，因此借着工作机会把全家都带走了。

搬了家的六户胜美，当时已无学可上，与同龄的日本少女一样，成为"学徒动员"的对象，先前在一个机器工厂里工作。然而，3月10日的空袭不但烧了家，也烧了工厂，这下六户胜美就没事可做了。祖母已经被送到位于福岛县山中的村落去投奔亲戚。六户胜美的哥哥得以寄宿在海军省某位高官的家中。因此，在叔父的家中，只有六户胜美和双亲。六户胜美的父亲是药剂师，但当时日本药品极度紧缺，这个职业肯定是无事可做了。六户胜美的母亲只是家庭主妇，因为心脏病而身体虚弱。一家三口之所以不离开东京，显然是因为六户胜美的母亲不能进行长途旅行。

4月13日的夜晚无风，四周有一种可怕的寂静。晚上10点左右，响起了警报声。很快就响起B-29轰炸机的引擎轰鸣声以及高射炮连续不断的射击声，而且越来越响，好似牵扯着人的内脏。声音越来越接近，节奏也越来越激烈。突然之间，好似一道闪电突然窜入室内，啪一下，整个家中犹如白天一般亮堂，接着这道惊人的闪光又迅速窜了出去。六户胜美跑出去一看，左上方有许多照明弹正闪耀着不断下落。被照亮的建筑物是学校校舍，同时空袭警报凄厉地响了起来。六户胜美一家三口都跳入了防空壕，父女两人从入口不时伸出头来向天空张望。

从空中无比洪亮的飞机引擎轰鸣声判断，今夜飞来的是一个大编队，大地震颤的情况也与平日完全不同，让人心中极为不安。就在这时，上空传来了一阵嘎啦嘎啦的怪声，直冲耳膜，接着就是咚咚两下或咚咚咚三下巨响，人的身体被剧烈地震动摇晃，而且好像是整个人腾空再跌落。防空壕松软下来，顶上不断有土掉落下来。

六户胜美想着："这是被击中了吧？"父亲开口说："这里待不下去了，赶快出去吧！"他拉着六户胜美和妻子的手爬出了防空壕。走到外面的路上，他们看到路对面的房子被炸弹直接命中，火焰熊熊燃烧着，发出噼里啪啦的声音，眼看着这座宅邸的二层楼要整个崩塌。沿着道路走到交叉口，看见很多邻居聚集了起来，大冢、巢鸭、六义园方向的火势非常猛烈，从地

美军空袭造成的大火

上到空中都是一片火光，只有往南方的后乐园方向还是黑暗的。所有人看来都被火灾包围了，一贯处事冷静的胜美父亲脸上也现出惊慌的神色。

胜美父亲说："搬到这里来还不久，附近地理也不熟，事到如今，只好靠老天爷帮忙了，大家要有觉悟。"随后一家三口就在逃难的人流当中推推搡搡，也不辨东南西北，只顾往前走，而头上燃烧弹还在不断落下，走了半天又发现回到了原地。等到终于停下脚步时，三人发现自己站在川下停车场，而附近有刚刚接任日本首相的铃木贯太郎的府邸。

这个时候，有警备团员跑来对人群大声喊道："大家快到德川宅邸那里去避难！"走过宅邸巨大的门，看到里面已经挤满了人，杂草丛生的水池旁边，胜美一家三口终于找到了一个可以坐下的地方，并且做好准备一旦这里也被空袭，就跳到水池子里去。

六户胜美很快就看到宅邸的周围树木开始燃烧，发出噼噼啪啪的声音。强劲的风力助推着地狱之火，而美军轰炸机仍然在头顶上盘旋。这个时候，六户胜美突然脸上一凉：什么东西从天上掉了下来，难道是下雨？六户胜美摸了一把脸，然后看着手上，猛然一股刺鼻的汽油味直钻入鼻腔。这不是美军投下的燃烧弹里面的油直接落到脸上来了吗？这对六户胜美来说，这是既可怕又尴尬的回忆，但在当时也毫无办法。和胜美母亲坐在一起的一个老奶奶，嘴里不停地在念佛。而六户胜美和其他人一起用防空头巾从水池里绞水，然后将犹如下雪一般的飞舞火星努力拨开。

也不知过了多长时间，周围终于安静下来，众人都回过神来，也不知什么时候美军轰炸机已经离去。胜美一家三口除了感觉庆幸，就没别的想法了，毕竟这是自3月10日以来第二次逃出生天。胜美一家三口沿着市电大道走向远方，看到路边的樱花树盛开着。

从以上六户胜美的回忆，可以看出东京市民遭遇4月13日空袭和遭遇3月10日下町空袭时的反应是截然不同的。在3月10日之前，日本的政府和军部通过强有力的手段甚至是法律规定的形式，将所有市民都组织成为所谓"消极防空"系统中的"可消耗"资源，强制一旦空袭在附近发生，则市民都要去从事救火行动，而无视美军的空袭可能威力强大到仅凭人力根本无济于事的现实。而在4月16日的空袭中，胜美一家侥幸没有被炸弹直接命中，看到邻居家的房子正在燃烧，压根儿没有考虑救火，而是立刻离开现场，随后加入逃难的人流，这就是吸取了3月10日下町空袭的教训。

接着再引用一段回忆录，回忆者是当时家住东京的国分等。国分等的房子原本是在东京淀桥区柏木三丁目，被4月13日的空袭烧毁，于是临时搬去新宿区北新宿一丁目，结果在5月又被空袭烧毁。国分等一家，除了妻子，还有以16岁长男为首的子女五人，两个女儿已经根据日本政府的疏散令前往群马县草津。与各家各户一样，国分等家也挖好了家用防空壕，但长男身体不好，医生说需要绝对静养，紧急往防空壕里跳也做不到，于是每次防空警报响起的时候，都让他往衣橱里躲。这个做法执行了一段时间。

4月13日，国分等刚吃过晚饭，空袭警报响起，邻组组长跑着大喊"避难！避难"。国分等感觉气氛有些紧张，但似乎美军没有进行炸弹攻击，听不到爆炸声。这个时候，响起了"燃烧弹！火灾"的呼喊声。国分等判断躲防空壕或躲衣橱没用了，先给防空壕盖上盖子，再盖一层土，放弃待在家里的选项，借来一辆推车，把生病的儿子放在车上，其他家人跟在车后保持队形，混入逃难的人流之中，跑去附近的小学避难。

看到儿子的状态没有恶化，国分等独自一个人走回家。明知一旦着起火，平常接受的防空训练都没用，但毕竟是自己的家，想着就算是用水浇一下也是好的。国分等到了家门口一看，没有烧起来，但四周都是火星飞舞，加上风势猛烈，已经很危险。国分等走入家中把父亲遗留下来的座钟抱了出来。当然，按照日本的法律规定，这是个违法行为，政府要求民众一旦有空袭火灾，应该专注于灭火，而不是抢救私有财产。

夜空明亮，国分等在四周走了一圈，查看被火灾烧毁的场所。从牛入方面到大久保、柏木、东中野，都还是黑暗的，柏木地域似乎是被烧毁了一半面积。国分等从防空壕中拿出若干粮食和衣服，站在大街上被烧毁的建筑前，因为火灾，人们陆陆续续走了出来。其中一个人碰着人就高喊万岁，他经过国分等身边时高

遭反复空袭之后，东京已变得空荡荡

喊："万岁！冲绳美军已经全面投降了！太好了！"然后他强行与国分等握手，接着跑掉了。国分等一时间也有些热血上涌，想相信真有这样的"好消息"，但没过几分钟他又冷静下来：战局怎么可能一夜之间就被逆转呢？国分等经历过1923年关东大地震，当时到处是谣言，弄得军队都无所适从。如今也是同样的情况，眼见着空袭将家园毁掉，不着边儿的消息就冒了出来，似乎能给人以一丝希望。得到朋友的帮助，国分等一家搬去新宿区北新宿一丁目的一座住宅中暂住。

　　国分等当时所工作的工厂也将疏散到较为偏僻的饭田市。工厂员工的财产和家具等也陆续送到饭田，到5月26日就轮到送国分等的家财。5月25日白天，国分等已经没剩下多少的家财都被打包好，放在靠近门口的地方。这天晚上，空袭警报又响了起来。虽然有上个月遭受空袭的经验，但是这一家子的所处环境更加糟糕了。长男的病情有所恶化。国分等妻子的娘家有亲戚带着孩子前来投奔，因此国分等带领的家人达到8人之多。挖的防空壕不够大，无法防护这么多人。

国分等在空袭警报响起后立刻行动，将一家子先送到上个月被烧毁的住家里面，让长男安定躺下。这个判断是很不错的，毕竟这个家已经烧掉了，那就意味着美军不会再来此地轰炸，即使投下燃烧弹也基本烧不起来。然后国分等一个人提着一桶水，返回新宿区的住家，这里也还没有彻底烧起来。国分等想看看有什么值得抢救的，但随后就改变了主意，将一桶水往门口的打包物品上浇了下去，回头却看到火焰渐渐升腾。

看着这个住了月余的临时住家被火焰吞没，国分等发现身边也被黑烟笼罩了。他情知不妙，撒腿跑了起来，也不知道往哪个方向跑才好，总之就是凭着个人感觉没命地跑，终于跑回了家人身边。看到家人都没事，他摸着额头庆幸。一家人蹲坐在原先住家的废墟上，抬头向东面的天上望去，B-29机群嗡嗡地飞行着。地面上没有高射炮射击，空中也没有迎战的飞机，东京的夜空就这样任由美军来去自如。B-29的机翼在火光的映衬下闪闪发光。等到白天一看，周围所有的一切都已化为灰烬，昨天晚上还用过的洗澡桶被烧得只剩下铁圈。

国分等的回忆，可以反映出从大空袭之后日本民众的适应能力。日本自古是自然灾害频发的国家，日本人冷静的态度也是可以理解的。频繁飞来的B-29甚至很快在各个阶层的日本民众中获得了"外号"。日本小孩儿将其称为"小B"，小孩子普遍"感谢"B-29轰炸把学校都毁了，不用上学了。因工厂被炸毁而不再去"勤劳动员"的少年也有这么称呼的。市民阶层则称B-29为"B公""大客人""定期电车"等。

国分等一家的临时住家没有挖好供全家躲藏的防空壕，这在3月和4月都发生大空袭之后或许已经是一种常态，因为在美军投下大量燃烧弹造成大火灾的情况下，赶快逃命才有生机，待在防空壕里可能会被烤死。如果仅仅是空袭警报响起，没有发生火灾的迹象，许多日本人很快就开始无视空袭，继续做手头的事，如果是晚上干脆继续睡觉，总之不是急急忙忙去跳防空壕。

另外还有一件事似乎能证明日本人的"韧性"。在美军的空袭中，显然车站等铁路设施以及停在铁道上的列车都是重点打击对象。不过，就算是遭遇了3月10日那样的大规模空袭，东京的铁路线在第二天即3月11日仍然在继续行驶列车，

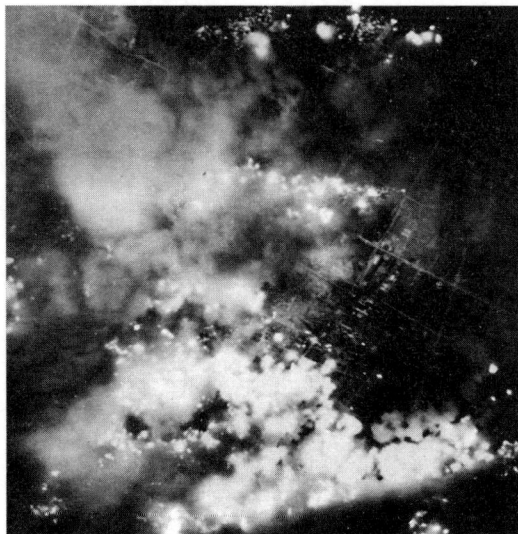
美军的燃烧弹空袭获得了巨大成功

提供交通服务。在东京过不下去的人想离开，或者市内的人想去乡下购买（或者交换）生活物资，利用铁路几乎是唯一的办法。在广岛遭原子弹暴击后也是如此，仅仅三天之后，核粉尘似乎还没有落尽，在广岛的一片焦土上，就已经有市内电车在运行了。

这种情况超出了美国人的想象。日本投降之后，美国军方在菲律宾准备好了火车头、车皮等，随时准备运入日本，以便恢复日本被轰炸到"稀烂"的铁路设施。结果美军进来一调查，发现根本无此必要，不由得大吃一惊。通过这件事，我们也能理解为何"铁路文化"在战后日本拥有堪称"崇高"的地位。因为在战争末期的日本人眼中，一切都化为焦土，几乎所有生活保障体系都停止了运转，那些列车仍然"倔强"地运转着。动画大师宫崎骏的电影《千与千寻》的片尾，历经磨难的千寻，坐上一列在水中行进的孤单电车，驶向目的地，一切都美好和平缓，其实这也折射出1945年日本民众的视角，仍然在向前开进的，并非单纯一列电车，而是"希望"。

一份战时灾害证明书

正如美军预想的，在从天而降的燃烧弹攻势下，日本都市居民纷纷乘车逃离，去小城镇或乡下避难。这就是"战时疏散"。据统计，3月10日后仅东京临时加开的"疏散专用列车"就有29列。一场遍及日本全国的人口大移动开始了。

　　战前的日本是个户籍管理非常严格的国家，即使一家老小的房子全烧光了，甚至有家庭成员死伤了，要想离开户籍原址，仍然需要得到官方同意，即所谓获取"灾害证明书"。有不少战争末期发行的灾害证明书保存到了战后，纪念一段颠沛流离、充满艰辛的时期。

　　一位日本历史周刊的编辑得到了一枚战时灾害证明书原件。1945年家住东京足利区的浅间一家，在4月13日的空袭中，家被烧毁，于是在5月得到了灾害证明书。这份证明书是一张B6（长18厘米，宽13厘米）纸，纸张质量很差，手写了以下内容：

证明书

　　足立区千住仲町90番地1号　浅间增太郎　此人因4月13日的空袭而住家全毁，特此证明。

　　昭和20年4月15日　足利区千住仲町西町会长　古川繁治郎（印章）

5月21日发行

移居地：福岛县西白河郡社村中寺　责任人：市河光雄万
食品全部份额　　　　　　　　共计8人转出

浅间增太郎	44岁（上野）
浅间梅	43岁（上野）
~~浅间和弘~~	~~20岁~~
浅间欣司	16岁（上野）
浅间好子	14岁（上野）
浅间光子	10岁（上野）
浅间尹久	6岁（上野）
	4岁（上野）
	（上野）

这份灾害证明书有几点值得注意的地方。4月13日空袭，即上文国分等被烧毁临时住宅的那场空袭中，浅间一家的住宅也被烧毁。浅间一家在5月21日得到这一张灾害证明书，在上野火车站拿到家庭全体成员的免费火车票前往福岛县，同时寄出三个家财箱子。每个家庭成员后面都有个"（上野）"，是从上野火车站坐车的意思。

然而，20岁的浅间和弘的名字后面，没有"（上野）"，名字上还被打上了删除线。从名字和年纪看，和弘应该是这个家庭中的长子。这个年纪在东京的男子是不可能没事做的，只要身体没有什么大毛病，应该被征兵了。过去日本的征兵年龄曾经是20岁，但在1943年末调整为满19岁，到了1944年10月更是调整为年满17岁就要被征兵。到了1945年，连日本的女学生都在拿着竹枪搞军训了。当然，还有另外一个可能性，就是和弘是医学院学生，或者在某大学专攻与战争直接有关的化学等理科专业。

战后日本对战时有一种"解读"，即战争中期之后日本全国进行"学徒动员"，被强迫上前线的都是"文科生"，"理科生"被保留了下来。结果，从战场归来的"文科生"愤恨不已，成为战后反战运动的中坚力量，而"理科生"利用战争期间的科学发展将日本的科学技术水平推到世界一流，奠定了日本成为经济大国的基础。这种"解读"有些以偏概全，但在战争时期一名学生如果是"理科生"，更有可能幸存，这是大致没错的。

那么，作为这个家庭长子的和弘不跟随家人前往福岛县，名字上被划线到底是怎么回事呢？4月13日发生空袭，4月15日作为地方管理者的古川繁治郎就认定这户人家可以得到免费车票，转去福岛县。之所以拖到5月才执行，显然是因为铁路的运力不够，需要排队。最可叹的一种解释，就是4月13日的空袭中，和弘身受重伤，或者本来就病弱的身体状态恶化，虽然4月15日认定的时候还活着，到5月的时候已经死去，因此从证明书上划掉了他的名字。还有一点儿希望的解释是，和弘在此期间被征兵，所以不能与家人一起去福岛县。

这份受灾证明书还透露出其他一些信息。10岁的次女浅间光子，按照这个年龄，应该在读国民学校初等科（小学）四年级或者五年级。不管怎么说，凡是在读国民学校初等科的小学生，在3月10日东京大空袭发生之后，都已经被列入"学童集体疏散"的对象。不过，"学童集体疏散"并非强迫性的，家长可以选择将孩子留在身边。浅间一家似乎非常重视一家人时时刻刻在一起。这不禁令人对长子和弘到底有何遭遇更加好奇。另外，证明书的末尾，除了一张上野火车票是用来放一些家财包裹，还有一张是给还没有名字的，年纪最小的4岁的家庭成员的。这也是战前日本的一个特色，不少小孩子

一场非疏散者欢送疏散者的大型仪式。不过大部分疏散者前往异乡并没有什么仪式，只是拿一张证明书，默默上路

在报读小学前往往还没有正式取名，只以乳名称呼。

　　1986年，历史周刊编辑将这份灾害证明书在历史周刊上加以介绍后，突然有一天有人打电话到编辑部，说看到自己家的事情上了周刊，很惊讶。打来电话的人就是灾害证明书上浅间家的次子浅见欣司。随后周刊编辑前往欣司位于东京葛饰区的家中采访，从而解开了不少谜团。

　　浅间家长子和弘是早稻田大学毕业的，当时已经被征兵，在陆军中作为见习士官服役，4月13日空袭发生时也并不在家中，后来也不存在跟随家人疏散去福岛县的问题。把他的名字写到灾害证明书上，只是一家之主浅间增太郎会错了意，以为需要将全体家人的名字都写上去，所以后来就划掉了。也可以说浅间增太郎当时处于心慌意乱的状态。

　　浅间增太郎是一名经营茶叶和纸张的商人，这两种生意在进入战争以后就进行不下去了，其商店早就关了门。作为次子的欣司从私立足立中学毕业，这是因

几乎被夷为平地的日本城市很难支撑大量平民继续生存

为根据1943年1月日本政府颁布的"中等学校令",中等学校(初中)原本四年的就读时间被缩短了,只有三年,而且欣司实际上没有等到三年中学读完,就被"勤劳动员"加入了"学校报国队",进入日立制作所的工厂干活。这样的遭遇在当时自然是很普遍的。这一家的长女好子,也在就读棚仓高等学校(高中)仅仅一年的时候,就被"勤劳动员"了。

周刊编辑最在意的是,当年10岁的光子为何在3月10日大空袭之后没有被疏散去其他地方。虽说"学童集体疏散"并非强制性的,但由于日本人的"集体性"太过强烈,除非有离开这个孩子反而使家计不能维持的情况,或者这个孩子体弱多病、有身心障碍,否则一般家庭是不拒绝"学童集体疏散"的。另外,每一名疏散去其他地方受"保护者"照料的孩子,孩子的家长要支付"保护者"10日元。当时日本的10日元与今日日本的10000日元价值相当。当然,跟照顾一个孩子相比,这笔钱无论如何不能算多。

浅间家的情况是,作为家长的浅间增太郎拒绝光子被疏散。他曾经对孩子们说："既然是一家人，死也要大家都死在一起。把女儿一个人送往疏散地吃苦，也实在是太可怜了，作为家长不能答应。"如今看来这样的选择似乎没什么，但在当时，在整个日本社会叫嚣从幼童到老人都要为"决战"做准备的情况下，实属有勇气的举动。实际上，所有小学教师都得到了政府和军部指示，要尽量动员孩童参加"学童集体疏散"，甚至带有胁迫的味道，坚决说出"不"字，绝对是需要"觉悟"的。

这或许与浅间增太郎年轻时的经历有关。根据欣司的讲述，父亲浅间增太郎年轻时喜欢读书，希望做个学问家。但浅间家世代都是做生意的，浅间增太郎的父亲称"做生意读那么多书干什么"，禁止他继续读下去。浅间增太郎考虑许久之后，想尝试偷偷去大学里做旁听生，但会被父亲发觉揪回来，那么干脆跑去大洋彼岸的美国，在那里找机会读书。于是，浅间增太郎独自跑到横滨港，想偷偷潜入一艘货船渡美，结果被发现，然后送回家去了。当然，少不了挨一顿毒打。在那之后，浅间增太郎似乎对世间的一切都失去了兴趣，只是随着命运的安排接受家业，成家生子。

从年纪上计算，浅间增太郎打算偷渡去美国的时候，日本还处于"大正民主"时期。而当他被迫因战争关闭了商店，眼看着周围充斥"英米鬼畜"的叫嚣，远超当年的无力感很可能涌上他的心头。不让小女儿去疏散地，死也要全家死在一起，把一切交付给命运，这就是浅间增太郎对走向疯狂的日本社会做出的反抗。战后，从福岛县回到东京的浅间一家，由于长子和弘身体不好，家计重担落在了次子欣司的身上。仅仅这一家人的战后奋斗史，就足够再写一本书。

我们再回到空袭下日本民众的生存状态。大规模的空袭越来越频繁，但是日本的整个社会结构没有散架。可以证明这一点的是，在东京3月10日大空袭过后，尽管"学童集体疏散"已经大规模实行，可是不久就有不少学童回到东京，参加国民学校初等科（小学）升中等科（中学）的考试。听上去这真是不要命。但首先要明确的是，参加小学升中学考试的孩子在当时的日本只占一小部分。原因很简单，战前日本的义务教育只有小学六年，升中学就得家里出钱。对于当时大部分日本家庭而言，损失一个可以出去做工的劳动力，还得支付学费，是承担不起

设在一辆公交车上的流动空袭难民登记处迎来了大量受灾者，不过他们只能登记，很难得到具体帮助

的。因此可以想见，这些不顾空袭的危险，从疏散地回来参加考试的孩童，是家庭条件颇为富裕的。

城市正在走向毁灭，数以万计的市民被烧成了难以形容的黑炭状物质，更多的人逃离了城市。而自从1943年以来推行教育民众防空的日本政府面对如此惨剧，是怎样的态度？3月11日的日本报纸上，对于3月10日大空袭这样报道：

B-29约130架　昨凌晨盲爆帝都市街

3月10日刚过零时，至2时40分，大约有130架B-29轰炸机袭击帝都，对市街进行了盲爆（无瞄准轰炸），因轰炸都内各个地方发生火灾，包括宫内省主马寮在内至2时35分进行了灭火活动。现在判明的战果如下：击落15架，对约50架轰炸机造成了损伤。

以上击落击伤B-29的战果当然是胡说八道，纯粹就是为了找回面子。到3月14日，后续报道出来了，《朝日新闻》刊载了厚生相相川胜六视察被烧毁的废墟的照片，并配发其堪称热情洋溢的声明："受灾者诸君，请把你们已经抛弃一切的义气与热情，直接化为击灭美英敌人的战力吧！"

所谓"抛弃一切"，其实就是"失去一切"，一无所有的人还怎么继续发挥所谓战力，确实是令人莫名其妙。不过，悲惨的东京市民似乎真的将要得到"神力加持"。那位"现人神"，即裕仁天皇本人，在3月18日走出皇宫，带着十余名随从，亲自视察了东京市内的受灾地区。《朝日新闻》于19日头版头条发出了天皇走在废墟旁的照片。在天皇走过的地方，死者遗体的收容工作仍在进行中，甚至监狱里的犯人也被放出来做这项工作。日本最高贵的"神"，和日本最低贱的人，就这样在废墟间和死尸间面面相觑。

3月19日，在东京都议会上宣读了对天皇亲自"巡幸"受灾地区的感激文：

> 天皇陛下以对受灾都民的忧心之念，昨18日巡幸灾害地区，亲自勘察状况，实令我等诚惶诚恐、感激不尽。我等都民无限感恩陛下仁慈，必决然奋发，献上生命全力，誓要完成圣战之目的。

> 推查战事之进展，敌军空袭必将日益频繁且严重，我们不得不考虑愈加快速地突进进入本土决战之阶段。不论此战如何艰苦，如何贫乏，如何须忍受牺牲，都必须断然向完胜目标前进。

> 鉴于本次受灾教训，痛感对于建筑物的疏开工作必须予以强化，在急速实施第六次建筑物拆除措施的同时，期望毫无遗憾地完成对受灾都民的救援，因此提出相关重要预算提案。

东京都议会面对如此规模的空袭也没别的法子，唯一有效的似乎只剩下拆房子。大空袭发生之后，那些原先打算做"钉子户"，宁死不从木造房屋搬出去的人也都醒悟过来，被烧死怎么说都太惨了。不过，时任警视厅消防部长青木大吾也指出相关工作没那么容易，其原话是："日本的家居建筑一般都是由单用

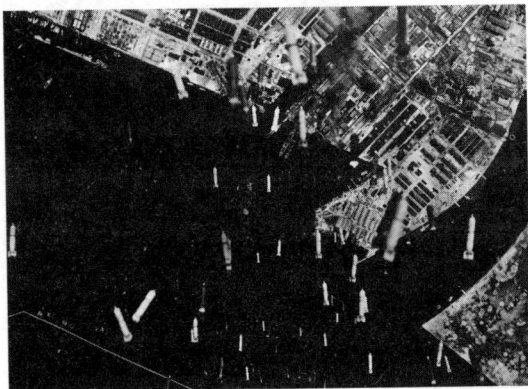
密集的美军炸弹正投向大阪的港口区域

木材组装起来的，给人的印象似乎是很容易进行破坏。"但实际上，日本木质建筑具有并不容易破坏的特质，至少是需要耗费大量人力的。

于是，东京都政府首先通过各种宣传手段，要求一般家庭先将纸质拉门和纸窗等易燃物全部自行拆除，以防止对消防活动的妨碍，防止燃烧弹造成的火焰扩散。至于拆毁建筑物的行动，开始采取奖励措施。政府出钱买下房子进行拆除，还对自行进行拆除者进行奖励，拆除之后的物资可由个人支配。

这样，拆除建筑以制造防火隔离带的工作得到了迅速推进，从东京遍及全国。据统计，1945年，日本全国有60万幢左右的建筑物于防空袭火灾的目的而事先予以拆毁。日本当时物资紧缺，几乎每幢建筑拆除之后，立刻会有人来废墟中捡东西。几根木头也好，几个钉子也罢，总之，一堆废墟很快就剩不下什么了。

前文说过，天皇去街头视察的时候，监狱里放出来的因犯还在收集死者遗体。此时东京劳动力已经严重不足。1945年3月，东京都总共关押中的犯人1758人，其中56%都被释放出来从事军需劳动，也就是说，去街头收集遗体的那些因犯，是剩下的44%里面的，要不是遭遇了如此重大的灾难，根本不会放出来。至于雇用拆房子的劳动力，东京都政府给出的最高日工资额竟达到70日元，大大超出日本政府规定的最高工资限额。由此可见，当时东京都政府对于下一次美军空袭到来是相当焦虑的。

值得一提的是，在一座城市中进行建筑物拆毁是统一行动的，1945年8月6日，广岛被原子弹攻击当天，这座城市正在进行第六次建筑物拆毁行动，在平和大道附近有大量"国民义勇军"成员和学生正在参加作业，原子弹几乎就在这个作业现场的头顶爆炸。事后一种说法称，广岛被炸身亡的人中有八成当时在拆房子，如果当天没有这项作业活动，伤亡数字可能大大减少。这个说法没有具体的统计数字证实，但广岛选在这天拆房子确实增加了很多伤亡。

此外，城市大量疏散人群，日本政府因此动起了趁机增加农业劳动力的心思。3月30日，内阁通过了《都市疏散者从事农业相关紧急措施要纲》，宣称：

> 日本本土与大陆（朝鲜、中国东北）的粮食产区交通隔绝，粮食生产面临困境，而北海道地区尚有50万町步（町步是相当于公顷的面积单位）荒地没有得到开垦，将其利用起来对于继续进行战争是当务之急。而东京横滨地区大都市的战灾疏散者数量很多，应作为劳动力挺身从事北海道粮食生产，从而增加战力，以期无遗憾地完成"圣战"。招募者是拥有真挚热情和劳动能力，至少包含一名15岁以上60岁以下男子的家庭或者单身男子。

这真是典型的"丧事喜办"，东京遭遇如此毁灭性的空袭，在日本政府看来居然是增加了很多去从事农业的劳动力，从而增加了日本的战力！按照这个逻辑，4月13日160架B-29发动的又一次大规模空袭，就增加了更多劳动力。这次空袭烧毁建筑105914栋，波及173408个家庭，过火面积507020坪。可以说，东京都大部分化为一片焦土。

而5月25日的空袭，即上文中造成国分等一家的临时住所也被烧毁的空袭，实际规模比前两次都要大，美军出动了超过200架B-29，将先前受到火灾影响较少的东京西部地域也彻底化为焦土。而且，这次空袭烧毁了日本皇宫内的明治神宫宫殿，以及大宫御所、青山御殿、赤坂东宫御所、秩父宫邸、三笠宫邸等皇族宫邸。不过，这次空袭造成的死亡人数只有4242名，伤者13706名。由此可见，从3月到5月，东京本身的人口数已经大幅降低。这座城市不需要拆房子了，因为已经没什么建筑物可拆了。

5月25日空袭之后，在东京还拥有一些土地的人纷纷将土地卖出，拿到现金就疏散去外地了。不过这些卖地的人在战后肯定会相当后悔：5月25日的空袭实际是东京在战时遭遇的最后一次大规模攻击。美军连日本皇族的官邸都炸没了，认定东京已经没有轰炸的价值，于是转向日本的其他城市。从大型城市到只有十来万人口的小城市，都开始遭到B-29机群的"问候"。

直至战败，日本遭到空袭的城市数量超过了100个，从北海道北部的根室，轰炸轨迹一路延伸到九州岛南端的鹿儿岛市。东京大空袭之后，每天晚上至少有一个日本城市的上空会有B-29轰炸机群降临。大城市无一例外，都被地毯式火攻了好几回，直到烧无可烧。

有些城市在其历史上从来没有遇到过如此规模的"天灾"，例如宇都宫市。这座城市位于东京都北方大约100公里的地方，是栃木县的最大城市和县都所在地，不过，由于栃木县本身就是以山区为主，在东京人看来很"落后"的地方，宇都宫市战前总人口不过32万。宇都宫车站是国铁东北本线的枢纽站，从这里铁路分开通往日本海和东北方向。

这座城市以二荒山神社为中心，市区分为上町和下町，还带有典型的江户时代特色。城市中部的池上町、水町之间马路是主要的商业中心，二荒山神社前的马场公园附近也很繁华，有很多饭店、电影院和露天饮食店。宇都宫在江户时代为大名户田家所拥有，将军和诸大名从江户北上参谒日光（拜祭德川家康）的途中，将此城作为重要留宿地。这座城市上一次遭到大规模打击是幕末时代的倒幕战争，市区大半被摧毁，不过随后渐渐复兴。

日本战前的常备师团之一，第十四师团司令部即设置在宇都宫，因此这个师团也称宇都宫师团。这个师团在侵华战争初期，在师团长土肥原贤二的指挥下参加徐州会战，损失很大。回到日本宇都宫休整一段时间后，该师团被编入关东军，1943年被调往太平洋守卫战略要地帕劳群岛，师团下属的第二步兵联队驻守在佩里琉岛上，与美国海军陆战队第一师等部队打了一场堪称惊天地泣鬼神的岛屿攻防战，于1944年末彻底覆灭。

1945年7月12日，美军似乎终于想起还有这座不起眼的日本城市没有摧毁，在23时12分，约70架B-29轰炸机先是通过水户市上空，随后闯入宇都宫市境内。炸弹先落在国铁宇都宫车站附近，显示轰炸的主要目标是切断这座城市的交通枢纽功能，随后轰炸范围扩展到今泉新田、今泉町乃至全市的各个町，导致市区大部分燃起大火，建筑物绝大部分被烧毁，而且速度极快，只用了20分钟整个城市就一片火海了。B-29上装载的燃烧弹甚至没有用完，顺便投向了临近的鹿沼市。13日1时20分左右，机群离去。

在这次空袭中，宇都宫市的市区面积有65%被摧毁，受灾人口47976名，其中死亡521名，受伤1126名，受灾户数9173户。市内的主要建筑物如市役所、邮政局、警察署、国铁和东武线车站、烟草专卖局、税务署、县里医院等都被烧毁，还有六所中小学校也被烧毁。这座城市有一些具有战略意义的场所，例如中岛飞机制作所的一个工厂，因此B-29的轰炸一开始瞄准了车站和工厂，但总体而言，轰炸是以摧毁人口密集居住区为目的的。

当时15岁的荒井时子在中岛飞机的一个外包工厂工作，留下了如下回忆：

听到喇叭中传来"有数架B-29正朝茨城地区飞来，航向西北"的警告声，我们立刻穿上就放在枕边的作业服，把早已准备好的紧急包裹披在肩上，但此时已经听到沉闷的飞机引擎轰鸣声，警戒警报响了起来。东面的玻璃窗上猛然出现烟火一样的亮光，父亲一边打开门做着出发准备，一边说："是照明弹！"就在这时，传来尖锐的炸裂声，车站那边仿佛有突然降下暴雨的声音。

父亲怒吼道："赶快去避难！"炸弹落下爆炸的轰鸣声清清楚楚地传了过来。我和父亲各抱着一个文件包，跑到外面去一看，对面那户人家的后面已经有炽烈的火苗升腾而起，火星扑面而来。我们原本想往北面逃去避难，但是往那边一看，赤门十字路口那里已经被烧成了一片火海，连地面都在翻卷燃烧着。在犹如白昼一般的光亮中，无数人的黑影杂乱无章地奔跑着。我催促父亲道："别管这么多了，赶快往没起火的地方跑吧，这样下去肯定要被烧死了！"于是我们都向东面跑去。

我们的目标是八幡山的防空洞。在途中，燃烧弹的碎片遍地都是，冒着烟燃烧着。跑到弥生神社附近，火势越来越大，我们改变了路线，一边回头看着正在燃烧的家的方向，一边从县厅与昭和小学校前面横穿过去。燃烧弹越来越频繁地落下，我们观察着周围的样子，实在不行的时候就在路边挖的水沟里面先伏下几分钟，然后接着逃。此时当然是顾不上全身都是水的。

　　我们还看到路上其他在逃的人头上顶着被单，不过我们急急忙忙逃出来，就顾不得这么多了，只来得及在门口穿上了鞋而已。在一块田地的旁边，突然看到B-29向着我们的方向飞过来了，一边心里想着"完了完了"，一边往水沟里面跳。总算是什么事都没有。终于跑到了八幡山防空洞那里，不过防空洞里已经挤满了人，多到几乎要把人推出来了。但我们还是一边口头哀求着，一边硬往里面挤，总算挤出一点儿地方。当时我口渴得不行，高声请求："请给我点儿水！给我点儿水！"有人回应："现在不能喝水！要死人的！"虽然不明白这算什么道理，但我也只能闭嘴了。

　　由这段回忆可以看出，日本的城市人口随着轰炸的进行，甚至在没有遭轰炸体验的情况下也做足了应对准备。无论是避难的速度，还是躲避轰炸机、炸弹的隐蔽动作，都是平常进行了训练的成果。虽然与军部和政府的设想有很大差异，但日本人以惊人的适应性习惯了每天晚上被毁掉一座城市的生活。

　　几天之后，7月20日，B-29机群轰炸了富山县的核心城市富山市，造成了夏季开始轰炸日本行动的最多伤亡数字，遇难人数达到2300人以上，不过这算得上是例外了。长野县的长野市在日本投降前2天，8月13日，也遭到空袭，轰炸目标集中在长野车站的周边，摧毁了106幢建筑物，31人死亡。B-29空袭的效果仍然受到各种因素的制约，例如天气条件，因此一座城市是否彻底毁灭，要看运气。不过，被美军重点选中的城市都不会有好运气。

　　与东京的彻底毁灭一样，日本还有一些大城市同样是不复存在了，例如横滨、大阪、神户。作为与东京紧挨着的大城市，横滨是在东京被烧得没剩下什么东西之后才被美军关注的。5月29日上午发生了横滨大空袭，火灾一直延续到午夜过后。5月30日，人们从防空洞出来一看，整个市区成了白地。毁灭性的空袭造成的死亡人数在4000人左右。

日本还有几座城市在美军看来具有战略意义，例如拥有川崎飞机工厂的明石市，从1945年1月开始被轰炸了6次，最后一次是7月6日，燃烧弹将其市区几乎烧毁。以研发生产了"紫电改"战斗机、"二式大艇"而闻名的川西飞机工厂，位于兵库县武库郡鸣尾村，所以这个

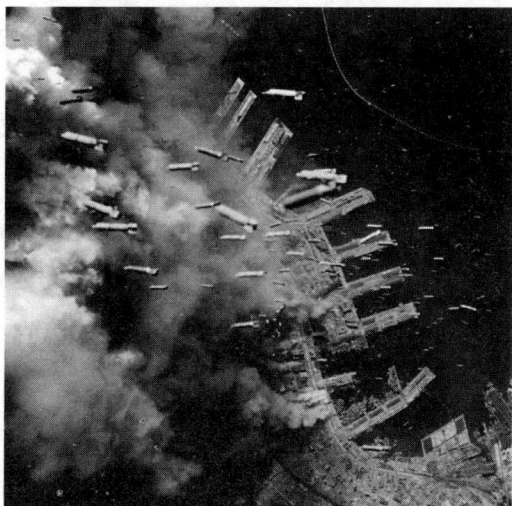

美军轰炸范围不断扩大，这是神户的港口区域正遭受轰炸

"村"也成为轰炸重点目标之一，从5月开始被轰炸了6次。

奥宫正武眼前的核爆广岛

如今，1945年日本所遇到的战争灾难，最深刻烙印在日本人乃至全世界人们脑海中的，并非东京和许多都市遭受B29轰炸机毁灭，而是广岛和长崎两座日本西部城市分别在1945年8月6日和9日遭到原子弹攻击。

日本成为人类历史上唯一遭受原子弹攻击的国家，这个重要的标签，在战后具有双重性，向世人表明一个侵略成性且极端顽固的国家最终下场能有多么悲惨，同时也在几乎所有日本人心目中形成自身是"战争受害者"的概念。借着批判核武器大规模无差别杀伤的特性，迫使日本投降的美国也被批判为残忍而缺乏道德底线，使许多日本人拒绝为本国的侵略行为道歉和真诚反省——除非美国也为使用原子弹道歉。当然，这是不可能发生的。

1945年4月25日，东京遭受第二次大规模空袭的三天前，美国陆军有关部门向新任总统杜鲁门报告说，用不了4个月，人类史上第一颗原子弹就可以进行试验，从这一天起美国高层就开始讨论是否要在这次世界大战的最后阶段使用原子弹，以及对谁、怎么使用的问题。在欧洲，纳粹德国进入了倒计时，只差几天希特勒就要在地下室里拔枪自杀了，因此对德国已无必要使用原子弹。对于日本，还在进行的冲绳战役则成为太平洋战争开始以来最血腥的战斗，美军的伤亡数字以惊人的速度蹿升。以原子弹迫使日本投降，从而避免几十万美国子弟在日本本土登陆战中流血，这是不需要多少纠结就能做出的决定。6月1日，杜鲁门总统就做出了这个决定。

美军总参谋长马歇尔和陆军方面建议用这种超级武器攻击日本的海军基地（当时还算保有一定力量的吴港）或者工业城市，并事先警告日本人，撤离所有这种目标地区。马歇尔强调需要"把我们的警告记录下来"，因为这样的警告可以"抵消责备，这种责备会在误用这种武器之后接踵而来"。

与后世一般印象相反，研究原子弹成功的科学家团体，包括奥本海默博士在内，坚决主张"在军事上直接使用原子武器，别无选择。没有什么技术示威足以结束战争"。他们对杜鲁门总统的建议是："只要做得到，马上用原子弹来对付敌人。"而杜鲁门要考虑的不仅是迅速取得战争胜利，还有在战后世界上令美国占据战略优势，乃至是霸主地位，特别是相对已兵陈东欧的苏联，美国必须有原子威慑力。7月16日，第一颗原子弹在新墨西哥州的沙漠中试验爆炸成功。几天后，杜鲁门装作漫不经心地走到苏联谈判代表的面前，透露美国已经有了原子弹，并称将用来打击日本，使战争结束。不过，斯大林对此一点儿也不吃惊，他已经得到了情报人员的事先报告。

在美国新墨西哥州沙漠爆炸的第一颗原子弹

在原子弹攻击的目标选

择目录上有一连串日本城市，是按照"军事价值"来衡量的。东京、横滨、神户、大阪等已经从这个名单上划去，因为这些城市基本已遭到毁灭，继续轰炸废墟并没有什么作用。其他被轰炸城市的工厂设备转移到京都继续生产，因此这座千年古都一度被列为第二号毁灭目标，不过，美陆军部长史汀生多年前访问过京都，知晓其巨大的历史和文化意义，遂将京都这个目标从目录中抹去。而排在第三的广岛，是日本西部的"军都"，是大量军工相关工厂所在地以及日本陆军集结向大陆侵略的出发地。长崎实际在这份目录上很靠后，还不如濒临日本海的新潟港，长崎实际只是作为攻击小仓不成的替补，而这样的情况真的发生了。

8月4日，根据总统的命令，李梅下令执行原子弹轰炸的B-29部队进行作战准备，负责投弹的是至今还珍藏在美国博物馆里的"恩诺拉盖伊"号。8月6日，星期一，"恩诺拉盖伊"号携弹起飞，得到天气预报称广岛和长崎上空天气良好，小仓上空多云，由于广岛在轰炸候选排名上高于长崎，遂向广岛飞去。

根据战后日本政府估计，8月6日当天，经过5次疏散的广岛还有约29万名居民，这座城市此前没有遭遇过大规模的空袭，有几次少量轰炸其他地方的美军轰炸机在此路过，不痛不痒地往市郊扔下过一些炸弹，损失轻微。当天早上开始这座城市正在进行新的建筑物拆毁行动，有上万名"国民义勇军"成员和学生正在参加作业。作为日本的"西部军都"，城内还有陆军第二总军官兵23000名左右，另外还有20000名左右刚被招募的新兵在城内集结。日军官兵这天早上和往常一样，在旧时广岛藩城的遗址上出操，距离原爆点只有1公里，而那些拆建筑物的学生距离更近了，几乎就在他们的头顶上。

8月6日上午8时15分，飞临广岛上空的"恩诺拉盖伊"号打开弹舱，投下了名为"小男孩"的原子弹。地面日军认为这只是一架侦察机，与过去一样对其置之不理。原子弹在广岛市中心的相生桥上空爆炸，产生一个巨大的超高温火球，恐怖大魔王降临了这座城市。10秒钟后，火球转换为蘑菇云，蹿上一万米的高空，而冲击波夷平了接触到的一切。

根据战后的统计，仅仅在爆炸中心500米内就有大约21000名死者，这个爆炸范围内是没有幸存者的，所有死者被当场烧成了木炭，甚至只留下了地面上奇怪的黑色痕迹。在广场上出操的军人几乎全部死亡，没有当场死掉的人严重烧伤，他们看向爆炸闪光的眼睛在一瞬间就瞎了，那个"五彩斑斓的火球"成了他们留在脑海中最后的景象。

首先进入广岛展开救援的是前不久才被美军舰载机群摧毁了基地的吴镇守府海军部队，在他们的眼前完全是地狱般的景象：整座城市被夷平了，连废墟都不多见，好似很多物质凭空从地球上消失了。全身烧成黑色的人们一丝不挂、步履蹒跚，犹如幽灵恶鬼般游荡，仔细看，他们的身上还闪着奇怪的光，那是超量核辐射的后遗症。路旁到处是形状奇怪的死尸，空中飘浮着气味古怪的黑色烟雾，人们当时都不知道吸入这些辐射粉尘烟雾后，会有多么痛苦的后遗症伴随他们的后半生……

这地狱场景被救援官兵报告回吴镇守府，随后有关原子弹轰炸的第一则消息通过电话送到了东京，更准确地说是送到了东京霞关海军省的防空地下室里面。在5月的东京空袭中，海军省的地面建筑也被烧了，地下室成了日本海军的中枢。所有接近日本本土的美军军机情报，通过各处雷达、监视艇、瞭望哨等汇总到这里。8月6日清晨却很清闲，各地很少有美军活动的报告。然而，刚过8时30分，从吴镇守府防空指挥所打来的电话打破了平静："就在刚才，广岛的上空有一个大闪光，然后出现了一个非常巨大的蘑菇云。传来好似滚滚雷声一般的声音。状况实在奇怪，虽然向陆军第二总军司令部打了电话，但无人回答，详细情报稍后再报告……"

这个镇守府防空指挥所，位于广岛市中心往南18公里左右地域。在海军省地下省，电话听筒被交到了海军军令部参谋奥宫正武的手里。奥宫正武是日本海军航空兵的老教官之一，战时在多个航空战队担任过参谋。此人在战后混得不错，在航空自卫队里面升至空将，也担任航空自卫队学校校长，退休后又进行战史创作，与美国学者合著《中途岛》等。他接到这个电话时，巨大的不安迎面扑来。

"你说是空袭吗？还是说地面爆炸？"

"搞不清楚是怎么回事。空中只看见两架B-29。"

"天气状况呢？"

"很好。"

奥宫正武随即打电话给陆军参谋本部和航空总军司令部，但这两个司令部的回复全是什么都不清楚。奥宫正武感觉整个东京好像只有自己在关注广岛发生的"天地异变"。但是在军令部中显然没有知识分子能够解释这个"天地异变"。奥宫正武想起一个人，打电话去海军航空本部找安井保门。他的回复是：

"这听起来有可能是原子炸弹。不过不去现场看一下是不能下定论的。"

听了这句话，奥宫正武才想起过去京都大学的荒胜博士介绍过运用原子分裂原理的炸弹，据说其理论上比普通炸弹威力大出无数倍。顺便说一下，二战末期日本军方对于原子弹的基础性研究，与过去所有武器项目一样，是分成陆军和海军不同路线走的。海军依靠的是荒胜、汤川两博士，而陆军依靠的是仁科博士。

接下来一段时间，陆军参谋本部开始到处打电话询问情况，因为广岛是陆军大本营之一。到了中午时分，从吴市发来较为详细的报告：

> 今晨8时15分左右，广岛市上空有2架B-29高速通过后，突然城市上空出现一个强烈闪光，伴随着巨响，瞬间造成几乎所有建筑倒塌，火灾四处蔓延，一片混乱。因为火灾和难民太多，一直到海田市附近，眼下都无法取得联络。

奥宫正武基本确定美军使用了传说中的终极兵器原子弹，立刻安排乘坐一架运输机前往当地察看。但因为空袭，运输机的出发有所拖延，飞抵广岛上空时已经是次日即7日傍晚。奥宫正武向下张望，看到整个城市犹如一片燃烧的草原，到处冒着黑烟。

运输机在岩国海军航空队机场降落。第五航空舰队的两位参谋高木、今村前来迎接，他们受了些轻伤，介绍了爆炸产生的闪光、巨响、蘑菇云和广岛完全被破坏的情况。

奥宫正武等一行人就成为从东京派遣到广岛的第一个核爆现场调查团，由今村带路前往广岛。越接近广岛中心，死亡地狱的气息就越浓重，眼前全部是建筑粉碎堆积的瓦砾。奥宫正武调查后得出的初步推论是，广岛所遭遇的破坏，相当于一次性有350架美军B-29地毯式轰炸大都市的破坏。日本排名前五位的大城市，东京、横滨、名古屋、大阪、神户都被空袭毁灭了，奥宫正武在空中见过这五座城市遭空袭后的惨状，再结合美军历次空袭的B-29机数，所以可以得出这样的推论。

广岛的军方和市民当然无从得知世界上有原子弹这样的武器，因此区区两架B-29飞来，仅仅被视为侦察机，对其毫无重视，甚至在原子弹投下的十几分钟前解除了空袭警报。广岛很多家庭开始做饭，许多人上街去做工作，整座城市正好处于对原子弹爆炸特别脆弱的状态。人员死伤惨重的另一个原因是，其他城市遭受空袭的几个小时后就可以展开救援工作，但在广岛，救援队直到爆炸的50个小时后才得以勉强进入。

奥宫正武发现在核爆中心点附近，由直径20厘米的原木搭建的半地下式防空壕，几乎没有受到损伤地幸存，城内的防空壕明显有受到辐射的痕迹，但没有因此发生火灾。不少用钢筋水泥修筑的建筑物被摧毁了最上层，从次一层开始没有太大的损伤。但是，木制建筑物则在离爆炸中心2.5公里之远的地方几乎被彻底摧毁。

广岛市内的幸存者，多少都带着受伤的痕迹。有一个老陆军中尉的两只手都呈现焦黑状态，显然是被辐射了，但他欣慰地掀起衬衫说："多亏我穿了一件白衬衫。"不过，原先似乎精力旺盛的带路者今村，开始渐渐出现吃不下饭、萎靡不振的情况。奥宫正武想起在东京的海军军医学校，两年内不断接受放射性治疗的患者，外表没什么症状，但肌体内部逐渐坏死，看来广岛的许多幸存者今后也会出现被辐射能量影响的症状。

在广岛车站以北的第二总军司令部，调查团得知广岛北方约17公里处发现了三个似乎是那两架B-29投下的降落伞。

原子弹爆炸后升腾起巨大的蘑菇云

这三个降落伞在当地造成了恐慌，当地人急忙把家财打包、牵着家畜逃到深山。陆军方面自觉如果这三个降落伞下面还有原子弹，以他们的技术能力是应付不了的，于是请求海军方面予以处置。

海军调查团派出不包括奥宫正武在内的四名军官，加一名陆军军官，前往降落伞落下的当地调查。经过调查，其中的一人安井描绘道：

> 到了现场，在背山村落的南侧田地中发现两个降落伞，还有一个挂在山林中的树上。一开始我们还有所警戒，用望远镜看了半天，看到降落伞下有细长的圆筒。感觉那不是什么危险的东西，就接近去看，可以判断不是炸弹。从外观上说，那是30厘米直径、长约2.5米的铝制圆筒，其一端有磨砂玻璃，重量大约两个人可以抬着走。初步判断是气象观测用的器具。在现场我们打算将其中一个锯断看看，但因为天已经黑了，就没这么干。虽然其内部看不清楚，但应该有很多电子器件，显然是用来测定爆炸风压的通信器具。我们把剩下的两个带回了第二总军。

次日，奥宫正武看到他们带回了这个东西。

日本方面所见的两架通过广岛上空的美军B-29，其中之一自然是负责投原子弹的"恩诺拉盖伊"号，而另一架是"伟大艺人"号，在原子弹投下的同时，"伟大艺人"号投下了三个降落伞，下面挂着由核物理学家研制的测量仪器，日军调查团回收了其中两个。

在返回东京之前，奥宫正武再次去广岛市中心感受满目疮痍的惨象，痛感这场战争在破坏规模和科学应用上达到了全新高度。在原子弹的爆炸威力下，日本城市多见的木制建筑全无防御能力，这意味着只要日本人还普遍住木头房子，这个国家对于这种新武器就是特别脆弱的，而将建筑标准提升到钢筋混凝土级别对日本来说则是极难的大工程。

对于还在进行的战争来说，更大的问题是，不仅仅是几百架、几十架B-29会让人恐惧，即使只有两三架B-29从空中经过，也会造成恐慌。这就意味着，只要

一名日军士兵走过广岛一片完全被夷平的区域

不是深山偏僻地带，在人多的地方，见到B-29飞来，无论数量多少，人们就只能放下手上的一切去躲防空壕。这也就意味着，美军可以用数量有限的B-29，在日本上空到处转悠，轻易封锁日本社会的运转。

这些就是奥宫正武回到东京时的感想，但显然无法立刻形成任何有价值的防核轰炸教训，更谈不上推广。奥宫正武回到东京就得到消息，8月9日美军又在长崎投下了原子弹。另外，那位带领调查团去现场的今村，在一个月后，9月6日，在别府的海军医院病死，显然，他成了过量核辐射的受害者。调查团的所有人或多或少都在战后受到辐射的影响。

8月15日日本投降之后，奥宫正武作为海军代表之一，坐上朝香宫的飞机，经过福冈前往中国上海，随后又经广州至西贡、新加坡，由皇族朝香宫代表裕仁天皇向当地日军当面传旨"停战诏书"，指示其不得抗旨，应顺从地向盟军放下武器，就地投降。十几天后当飞机飞回日本，奥宫正武从空中看到，无数盟军的战舰已布满东京湾，B-29成群结队地在空中飞舞。

对广岛、长崎两座城市的原子弹攻击并非美军对日轰炸的终结。在第二次世界大战的最后一周时间内，美军的轰炸照常继续。8月13日，长野县、山梨县都遭受了轰炸，各有数十人死亡。8月14日，山口县的下松及周边地区遭受轰炸，美军的目标是日本海军在当地的工厂设施，造成近千人死亡。不过，从8月15日凌晨开始，所有轰炸行动都停止了，全世界都屏住呼吸，期待日本正式宣告投降时刻的到来。

美军对日本的轰炸以1942年的"杜立特空袭"作为开端，至1944年下半年才正式开始，1945年3月即创造了"东京下町大空袭"这一惊人的战役，堪称人类历史上用最少兵力制造最大杀伤效果的经典战例。而这一战例的效果，又被8月的两次原子弹轰炸超越。两枚原子弹发挥了千军万马不能起到的作用，直接导致日本的本土防卫战略计划从根本上被颠覆，日本很快投降。

根据战后统计不完全的资料，1944年下半年至1945年日本投降为止，1942年日本存在的1494万栋建筑物中，有367万栋被轰炸摧毁。在东京、横滨、大阪、神户等大城市，有超过50%的建筑物被毁。

对日本轰炸造成人员死亡的总数难以统计清楚。死难者中绝大部分是日本人，也有来自朝鲜、中国的劳工，以及盟军战俘等。空袭对日本战争潜力的破坏并不如其外表看上去那么大，军事史学者一般认为B-29轰炸机在日本对外航道、海峡与内海投下的水雷，再加上盟军潜艇部队击沉大部分日本的运输船，对于降低日本的战争能力有更大的效果。日本的工厂主要是因为缺乏原材料与能源而无法开工，被空袭摧毁的工厂建筑面积仅占其原有总面积的12.5%。当然，自从美军执行燃烧弹地毯式轰炸战术以后，精准摧毁工厂就不再是其主要目标了。

1945年结束整整50年后，1995年，日本时任首相村山富士发表了迄今为止在承认二战侵略罪责上最为深入的"村山讲话"。同样是在1995年，日本发生了阪神大地震，这是战前关东大地震之后日本死伤最为惨重的震灾，而作为一场灾难而言，也是日本自1945年美军空袭之后未见过的惨状。倒塌的建筑、狼藉的街道，令从战争年代活过来的日本老人半世纪前惨痛的记忆又复活了。

但这并非简单的轮回。1945年的日本人在极端困苦而无奈的生活中忍受空袭，在战争结束后投入工作，将国家从一片废墟中重新建造起来。而1995年的日本是一个物质极大丰富的社会，是一个不久前还

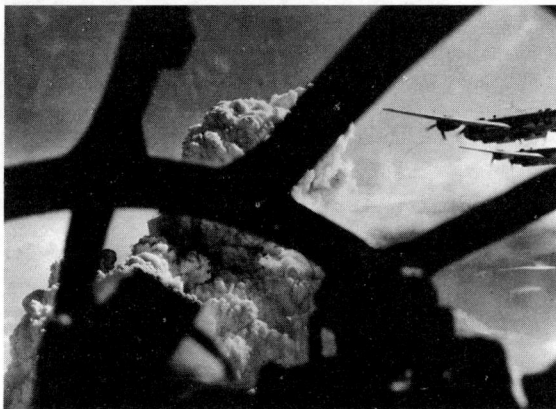

神户遭受大规模空袭后，冲天烈焰似乎比美军轰炸机的飞行高度还高

在憧憬可以"买下整个美国"的富裕国家。大地震加上泡沫经济的破灭,使日本社会反而转向了颓废化和右倾化。

一个明确的事实是,1995年的日本人几乎不可能去想象1945年的日本人过着怎样的生活。即使听老人谈起,年轻人也将其当作发生在另一个星球上的事。前文讲述了不少日本民众在空袭下的生活状态,那么,在不发生空袭时,1945年的日本人过着怎样的生活?

第10章
日本的大地

1945年的日本正月

　　如果去询问经历那场战争的日本人，1945年的日本正月即1945年1月1日，发生了什么事情，很难会得到满意的答案，因为那一年的元旦基本失去了过往浓厚的庆祝色彩，成了日本暗淡无光的战争岁月中平常的一天。

　　过去正月中令人感觉愉悦的庆贺装饰物都消失了，自然女孩儿也没有华丽的和服可以穿。根据回忆，每人一块正月年糕，加上若干小吃的家庭配给，还是有的，平民家庭享用了一顿还算不错的晚餐。美军空袭从12月31日持续到元旦凌晨，东京市民还得去躲防空。

　　当1945年的阳光出现在地平线上，往年熙熙攘攘前往浅草进行新年参拜的人流没有出现，原因很简单，浅草也是最近遭受空袭的地区之一。收音机新闻中除了再次强调"获得战争胜利的时机就在眼前"，还披露了天皇庆祝元旦的御宴菜单。播音员以无比感激的语调称天皇"思及前线勇敢作战的陆军官兵艰难困苦，将御宴的料理同样装在与前线同样的饭盒中奉上"。

　　这倒也不是新鲜事了，天皇自从侵华战争开始，已有多年在元旦御宴中食用日军野战食品。日本陆军的野战食品，包括冻干饭、酱汤、炸鸡肉、干燥马铃薯、

日本在被毁灭的同时也陷入了饥饿状态

干燥白菜等。日本海军的野战食品要丰富一些，包括冻虾、胡萝卜、木耳、炒豆腐、罐装豆子、固体酱油、冷冻鱼、干切萝卜块等。总之都是一些能喂饱肚子但没什么滋味的东西。

如果天皇真的在元旦吃了这些食物，也算得上是"与军民同甘苦"了。不过，根据战后《昭和史的天皇》披露，住在地下防空洞中的天皇当天所享用的是直径15厘米左右的大年糕，用高级酱汤与多种辅料共同烹煮，还食用了鲤鱼刺身等多道美味。等到这些吃完了，军部又恭敬地呈上用白布包裹着的白木制作的漆盒，里面是鱼刺身、红豆饭和清酒。

军部官员对这个漆盒中的食物介绍说："这是为鼓舞连日出击的特攻队员，壮其胆色的料理。"据记载，天皇与皇后看过这个"特攻料理"后，下赐给了武馆府。

民以食为天，在任何时代、任何国家这都是一条铁则。1945年正月日本天皇到底吃了什么东西这件事，之所以在新闻上会进行隐瞒，是因为日本当局知道日本民众的食物状况糟糕到了什么地步。毫无疑问，问起经历过战争的日本人对于那个时代的印象，除去空袭，基本就是"饥饿感"。

不过，"饥饿感"也不是到1945年才笼罩在日本列岛上的。1936年发生"二二六"兵变时，鼓动士兵参与政变行动的军官就高呼："现状是农民都吃不到自己种的大米！"日本从明治维新时代以来，是从城市开始进行西方化的革新，到二战时虽然可以大批量制造坦克、飞机乃至数万吨排水量的航空母舰、战列舰，但这一切都是从日本城市的生命力中产生的。

日本的农村地区长年被忽视、被遗忘。明治维新就是由中低层武士阶级作为主力的革新运动，而传统的武士本身就是大大小小的农村地主，无论东京、横滨、大阪、神户这些都市发生了怎样翻天覆地的变化，日本广大农村地区仍然是地主阶层残酷压榨农民的地狱，他们用压榨所得去购买新潮又昂贵的西方商品。

20世纪20年代的世界经济危机波及日本之后，日本农村地区遭遇的困境远甚于城市，贫苦农民家将女儿出卖甚至成为公开的产业，饿死者数量巨大。虽然日本农村的灾难相比当时的中国农村，算是规模比较小的，但也足够产生强大的外向侵略推动力——日本社会从上到下都认为，解决"农民都吃不到自己种的大米"困局的唯一出路，就是向中国发动大规模入侵，掠夺大片土地，让日本农村人口移民，所获廉价粮食可供城市人口进一步推动工业现代化。这是典型的帝国殖民主义思维主导的解决方式。

发动侵华战争，1941年对美开战之后，1945年，整个日本走到了兵临城下，几乎要被饿死的局面。前文用了很多笔墨描述美军空袭对日本造成的惊人破坏，但是，要论1945年日本国民面对的最大、最恐怖的敌人是谁，答案是没有疑问的，肯定是"饥饿"。

当没有亲身经历战争的日本年轻人问起父祖辈，战争的体验究竟是什么的时候，得到的回答通常是："没有吃的啊，就是无论何时都吃不饱。""饥饿形成的怨念太厉害了，到今天都挥之不去。"就算是一个头脑中毫无日本发动侵略战争的概念，对自身在战争中的所作所为毫无反省的日本人，"将一切都付诸了流水"，也无法忘怀"吃不饱饭"的痛苦。因此，这一类日本老人对后辈的教育，往往是反复说"不要浪费食物，你们今天能吃饱有多幸福"之类，经常就让后辈

战前的东京街道上到处都是饭店、酒馆、咖啡店，与"饥饿"二字无缘

感觉厌烦。现在的日本人就算听说1945年元旦的天皇陛下在享用精美的年糕和刺身，那又算得了什么事？

对于现在的年轻人来说，一份从战争末期保留至今的《战时食生活指南》应该会令他们大开眼界，就如同上文提到的《如果遭受空袭如何防范》是规范民众在空袭下的行为，这份《战时食生活指南》则指导民众如何利用极其有限的食物活下去，并继续为"圣战"贡献体力与精力。

《战时食生活指南》这本册子有99页纸，封面毫无装饰，就印着"战时食生活指南"一行字，出版方是"福冈县女子专门学校"。这所女校成立于1922年，是日本最早的公立女校，现在是福冈女子大学，名气仍然颇高。《战时食生活指南》首页记录，这份指南中的内容取材于1944年5月上旬开幕的"战时食生活展览"。这个所谓"战时食生活展览"，很可能也是在福冈县召开的。

1944年5月，日本军部准备在太平洋的"绝对国防圈"上与美军一决雌雄，因日本国内食物问题紧迫，同一时期就催生了一批类似《战时食生活指南》的图书发行，比如《决战下的家庭生活》（岸田轩造著）、《决战营养学》（井上兼雄著）、《决战营养问答》（桑原丙午生著）、《关于战时的食物科学》（原实著）、《决战食生活工夫集》（神奈川县粮食营团著）、《实用决战食生活》（小林完著）等。

这些指南性图书都是针对家庭主妇创作的，因为女学生要与家庭主妇一起，尽全力为日本男人的前线"决胜"提供支援。这是覆盖到每一个人，更准确地说，是覆盖到每一个女人的义务。《战时食生活指南》对"战时食生活展览"，也是这本册子的主旨，是这样进行总结的：

人人都有想尽可能多吃一些可口食物的私心，如果每个人都多吃一勺食物，就会让战斗力低下的敌人侵入进来。我们一定要抱有节约一勺米也能够回馈到战力增加的信念，我们每一个人的"食生活"绝对不是"我的"或者"个人"的事情，而是属于"公共"的乃至属于"国家"范畴的东西。只食用国家配给的食物量！只食用配给的食物！通过各种创意与研究，即使是简单的食物，也可以成为富有营养的健康食品，我们必须树立不可动摇的坚强食生活！因此，我们召开"战时食生活展览"，就是为了针对食生活的优秀调理方法，与大家共同研究探讨，一切都是为了取得这次大战争的胜利！

这段话阐明"吃饭"对于1945年的日本国民来说不是私人的事情，如果有"不忠的帝国臣民"还抱有"国家配给不够吃、不好吃"这种自私观念，不用说在1945年不容于世，早在1941年就违背日本文部省发行的《臣民之道》。这份《臣民之道》鼓吹"我们生活中的一切都要奉献给国家，奉献给天皇，才能够成为真正的生活"。所谓"生活中的一切"即一个正常人的需求，最底层、最基础就是"食生活"。所以，《战时食生活指南》中关于"食生活"的一切探讨都是在国家配给食物范围内进行的。

"战时食生活"的中心思想就是厉行节约。日本人与亚洲诸多民族一样，主食是大米，所以《战时食生活指南》反复强调的就是节约大米。对于节约大米这件事是如何有利于"圣战"的，《战时食生活指南》提出如下计算公式：

我国国民年均消耗大米8000万石（日本1石相当于中国300斤，就是一个成年人年均大米食用量），而国内年均生产6000万石，因此有2000万石的不足。这些不足只能靠输入外地大米（朝鲜、中国台湾当时被日本算作领土内地区产大米）和外国大米（泰国、越南等太平洋战争后被日本占领国家产大米）来弥补，要占用300艘万吨级货运船。

如果完全取消进口外来大米，而将所消耗资源全部转向军需材料的运输，那么多运输的煤炭可以让军需工厂的产能大增。如果是用来运送铝等金属原料，可以运来120万吨，从而制造出25000架飞机。如果是运送铁矿石，就是3000万吨，可以制造100艘万吨级巡洋舰。如果是运送石油，就能够让无数的飞机和船舶获得燃料。

想起前线的将是在极寒的阿留申群岛、极热的瓜达尔卡纳尔、塔拉瓦、马金、凯塞林诸岛上艰苦卓绝的苦，"玉碎"官兵的伟业我们如何敢忘怀？因此必须节约大米！只要取消进口外来大米，就会产生如此之多的战斗力！仅仅只需要吃一个月的芋头，就能达成目标！一个月的芋头，就是25000架战机！一亿国民进行确保粮食的战斗，让大米化为战机，化为子弹！多节约一升也好，多节约一俵也好！

这番慷慨激昂同时好似有"科学计算"在内的主张，是否符合现实？当然，如果日本完全不从朝鲜、中国台湾乃至更远的东南亚获取大米，就能够节约一部分海上运输力，这没错，但通过利用这些运输力能够获得的资源量显然夸张。即使新增的资源量很大，将资源直接等同于军工产能，就完全是在骗三岁小孩子。

一个工厂需要将生产量提高一倍，仅仅运来多一倍的材料是没用的。需要准备更多的生产设备，需要足够的技术工人，为了应对更多产量还需要根本性变革生产体制。就算是一家生产螺丝或塑料袋等简单商品的工厂，这些工作也算得上是千头万绪，不折腾上几个月的改造工程是不行的。在打响太平洋战争之前，日本海军联合舰队司令山本五十六说，一旦对美开战，只能保证一年左右的优势，就是因为他明白美国有雄厚的工业潜力，经过一年时间的动员，比如将生产民船的

属于"南满铁路"的火车，日本从中国东北掠夺的大量资源首先要通过火车运输到大连等港口，然后海运至日本本土

造船厂改为生产军舰，其军工生产力将远远甩开日本。而1941年的日本无论如何都不具备这么庞大的工业潜能，更不用说1945年的日本。

但是，只要吃一个月的芋头就能多产出几万架战机，就能赢得"圣战"，这一套主张很容易打动缺乏逻辑思维能力的日本国民。《决战下的家庭生活》《决战营养学》《决战营养问答》《关于战时的食物科学》这些出版物，也都提出了类似的主张，可以说是公认的"套路"了。

不过，日本国民被"套路"打动也不过是一时的事情。进入1945年，日本遍地都是"粮食黑市"，民众拿出积蓄或者拿出家用物品去换取一些食物。"粮食黑市"的存在本身，就说明有很多人可以获得超出国家配给范围的食物。这些人是谁呢？就是基层的小官小吏通过各种手段获得一些违规配给。这也算是一种"自古以来"的行规，日本江户时代将这些违规捞取的俸禄称为"余禄"或者"役得"，和中国古时所谓"火耗银"是差不多的东西。老百姓不会永远傻下去，既然当个小官就能捞"余禄"，凭什么老百姓就不能去黑市上弄点儿活命食呢？

但是，老百姓的这种行为完全是犯罪行为。1944年2月5日日本皇宫中举行御前内阁会议，通过了所谓《决战非常措施要纲》等十五项举措，要求日本全国在人力物力上进行最深度的总动员。与国民"食生活"相关的是第四项"关于生活彻底简朴化的觉悟与粮食配给的改善整备"：

（1）为了应对时局的突破，必须彻底将国民生活简朴化，念及前线作战官兵的困难牺牲，必须牢固坚忍生活觉悟。

（2）研究在大都市中对粮食的配给改善，特别是对青少年的配给采取特别措施。

（3）将野菜类干燥、鱼类盐渍、粮食加工贮藏等措施彻底化。

既然御前会议都已经规定了全国都必须吃干燥的野菜、盐渍的鱼，那么日本国民可以享受美味食物的所有店家当然也应该关闭。所以《决战非常措施要纲》的第七项就是"高级料理店的临时休业"。说是临时，其实是没有再复业希望的，因为这一项目下面又有五个小项，是相当彻底的措施。

（1）相当于高级料理店的店家休业，只是饮食店的店家可继续营业。必须休业的高级料理店，其经营内容如果排除了享乐性料理而转向较为适当的料理，可作为饮食店继续进行营业。

（2）所有从事艺伎娱乐相关的人员，全部休业。对于下等级的艺伎（缺乏生活保障的）另行采取措施。

（3）咖啡店、酒吧等休业，但其中不甚高级的可作为饮食店继续营业。

（4）大都市中的高级娱乐场所暂时全部关门，同时高额费用（大概5日元以上）的娱乐要进行抑制。娱乐内容应该刷新为鼓舞国民时期昂扬、战力增强的移动剧场、移动音乐会等，可进行奖励。

（5）对于人口密集地区的剧院、电影院等进行整顿，进行适当的清理，对于上映的剧目进行变更。

《决战非常措施要纲》第七项中还涉及娱乐行业。仅从食物上来说，其实日本的高级料理店在1944年整体很萧条，但不能说没有生意。战争让日本绝大多数国民赤贫化，但也有些人在迅速积累"战争财"，他们的财力完全可以继续在高级料理店中享用美食，在众多艺伎的包围中醉生梦死。但是，能够享受的人总归能够继续享受，只不过他们偷偷地享受，没有了战前所谓"成金时代"的炫耀。地位最高的天皇，在元旦清晨享受高级料理，不也对日本国民隐瞒了吗？

必胜保健食品

进入1945年，日本国民当然根本没那个心思去关心高级料理店的生存问题了，他们关心的就是自己的下一顿饭。无论是不是犯罪，他们都必须去从事"粮食黑市交易"了，因为食物从国家配给到老百姓手上之前，要经历"层层盘剥"。根据战后对司法省刑事局的高等级秘密资料《经济资料第八十七辑　关于粮食相关犯罪的调查》，1944 年 2 月以后，由于鱼类、蔬菜类的配给量显著下降，日本全国"粮食相关犯罪"数量急剧增加。

首先，农村地区生产组合职员贪污蔬菜类食物的案件增加。其次，负责批量接受单位的检查人员从中贪污的案件增加。接下来是统制组合职员根据所谓"量情裁处"进行贪污。到了下面还有町会职员、邻组长通过伪造、涂改配给账本和配给券骗取粮食。在这套体系之外，还有作为粮食配给机关的粮食营团从业者贪污、盗窃配给大米。粮食运输人那里也有不少漏洞。在鱼市场中，从事搬运作业的所谓"轻子"（搬运工）在作业中，也会盗取鲜鱼藏在怀里，干完活就直接拿回家。为了防止这些"粮食相关犯罪"，日本警察不断加强打击举措。

难以靠国家配给食物存活的日本国民，顶着"非国民行为"的罪名，将黑市的粮食价格不断推高，同样是《经济资料第八十七辑　关于粮食相关犯罪的调查》这份资料，记录了警察暗中调查的东京、大阪两地食品黑市的价格，如下（价格日元）：

配给精米 1 升，公定价格 0.45，东京黑市价 15，大阪黑市价 15。

砂糖 1 斤，公定价格 0.4，东京黑市价 15.36，大阪黑市价 18。

鸡蛋 1 个，公定价格 0.065，东京黑市价 0.5，大阪黑市价 0.5。

牛肉 100 克，公定价格 1.6，东京黑市价 5，大阪黑市价 8。

芋头 100 克，公定价格 0.085，东京黑市价 0.5，大阪黑市价 0.25。

鳗鱼 100 克，公定价格 0.7，东京黑市价 4，大阪黑市价 1。

以上是全面物资统制刚刚开始实施，1944 年 2 月至 3 月调查的情况。到了 1945 年，食品黑市价格犹如火箭蹿升，几倍到十几倍的差价只能算是"底限"。

当然，所谓食品黑市，绝不是任何一个老百姓随便走到街角就可以进去采购的。说到底，还得是有一定财力积蓄的家庭才会有"黑市商人"上门，偷偷进行推销。

对于老百姓来说，他们唯一的法子是亲自到乡下去，从农户那里，用钱买或者直接用物品交换一些食物。这属于"经济犯罪行为"，所以去乡下买食物的老百姓也得有认识的亲戚或朋友在乡下，或者有中间人介绍才行。城里人下乡，然后搬运蔬菜、米袋子等回城过于"显眼"，被经济警察抓获的"粮食相关犯罪"者也大多是这些老百姓。

现在把视线转回到1944年5月福冈女校出版的《战时食生活指南》上来。虽然要鼓吹国民全体一致厉行节约，但《战时食生活指南》除了把厉行节约的原因归结为可为"圣战"增添战力，还从日本的"光荣"历史里面寻找理由。当然这套历史是战前谁都不可以质疑，但实质是以神话传说为基础的"皇国史观"。从"天照大神采取稻穗授给皇孙"开始，把日本古籍《日本书纪》《风土记》《万叶集》《廷喜式》中历代天皇如何节约食物的段子，都拿出来吹嘘一遍，还要加上北条时赖、丰臣秀吉、加藤清正等古代"榜样"。

但是，摄入食物太少毕竟会影响人的体力和健康，特别是战争重担压在每一个人肩头的情况下，于是《战时食生活指南》接下去介绍所谓"保健食品"，通过遵照营养科学的食生活，不但减少国民的食物消耗，反倒还能让人更健康。

在城市废墟中继续生活的日本民众

将减少粮食消耗和"保健食品"联系起来，不是1945年才有的事情。至少从1941年，也就是临近对英美发动战争之前，日本从上到下就掀起了所谓"国民食"运动。这场运动首先批判所谓的"美味食物"，说无论吃起来多么令人愉悦，在人体健康方面都是百害而无一利。为了从营养学角度确保健康，就需要从"科学"

的角度来研究什么样的食物和料理法是最好的。

在当时与日本作战的国家眼中，乃至战后的日本人眼中，战时日本是一个充满了宗教性狂热情绪、毫无理智的国家，但实际上，当时的日本从上到下，开口闭口都是"科学"，连一亿国民的胃都以"科学"的名义管理了起来。

《战时生活读本》从另一个侧面来证明"战时食生活"的科学性。作者引用了大阪帝大理学部浅田教授说的故事。浅田去德国留学，借宿家庭只有一位80多岁的德国老太太，专门为浅田准备了米饭，做法是把米用热水煮成粥，在上面浇牛奶、可可粉和白砂糖的混合物。这在浅田看来，是很奇怪的米粥。

浅田告诉德国老太太如何煮普通的米饭。经过几次失败的尝试以后，煮成的米饭就变得很可口了。浅田询问为什么能做得这么好，老太太回答说，她已经总结出最初应该放几克米、多少水、煤气的火候多高等数据，最终以科学的方法完成了煮饭。作者感叹说，不愧是德国，就连主妇在厨房中也具有科学家气质，在日本这样的主妇可没有几个。

作为战争盟友，德国是日本从上到下大力推崇的"样板国家"。德国人在厨房里使用精确的测量工具，似乎是一个长久流行的"段子"，源头说不定就是像太田清文《战时生活读本》一类的战时宣传。那么，日本战时的"保健食品科学"是不是都是神棍一类的东西呢？倒也不能一概而论。其核心目的还是削减民众的粮食消耗量。

举实例看看这些日本二战末期所谓科学的"保健食品"。自古以来，日本人就通过食用鱼类

虽然严令禁止，但贩卖食物的小地摊还是在日本遍地开花

来获得大部分脂肪性蛋白质，这与大陆上的民族以猪、羊、牛等为脂肪性蛋白质为主有很大区别。二战末期，日本人也在吃鱼，没有鱼就等于不沾荤腥。不过，当时就算吃条鱼也是很麻烦的事。

《决战非常措施要纲》提出，吃鱼要把鱼彻底吃掉，鱼骨头、鱼刺都要想办法吃掉。吃小鱼的话，用油煎的办法确实可以连骨头都吃掉。但比较大一些的鱼，应该怎么处理？

第一，可以做成鱼肉炸饼。其实也就是用油煎的办法处理，事先把鱼骨头和鱼内脏都用厨刀拍碎。第二，将鱼骨头放在锅里，加盐煮成咸鱼汁。这种咸鱼汁可以代替已经难以买到的酱油。第三，用小麦粉吸取鱼血，然后加味噌汁，然后将这种小麦粉干燥，用来做面包。

经过这样处理的鱼肉炸饼、咸鱼汁和鱼血小麦粉，也不能说不能吃，拿到太平洋上去送给作战的日军官兵，说不定还是第一等的美味。

不过，进入1945年之后，以上制作法中涉及的食油、小麦粉，基本都成了镜花水月的东西。战时"保健食品"朝着越来越令人害怕的方向发展下去。《战时生活读本》中对于如何"压榨"出鱼类特别是渔获数量最多的沙丁鱼最后一点儿"营养价值"，专辟一章论述：

沙丁鱼干是宝贵的储存食品。过去鲜沙丁鱼是营养丰富的美食，其后沙丁鱼油都由国家进行利用，脱脂之后才供食用。但这样的沙丁鱼仍然营养很丰富，是如今战时宝贵的鱼类资源。

脱脂之后的沙丁鱼主要做成三种食物：食用鱼粉、压榨煮鱼干和沙丁鱼干板。但即使是这三种食物，如今数量也是稀少的，所以提供给陆海军之后，必须配给给战时条件下必要的生产部门，如军工部门日夜不停劳作的工人们，还有从事农业生产的重点地区。最后剩余的才能配给给一般家庭。

这三种沙丁鱼食物都是将生鲜沙丁鱼用清洁方法，以榨取作为肥料的油脂几乎相同的工程进行处理的，实在是营养丰富又美味，而且只需要消耗很少的劳动力，价格也便宜，且适于长期储存，所以说是极为宝贵的。

食用鱼粉可以浇在米饭上，或者直接和大米一起煮，又或者再加工成酱油等。煮鱼干则可以加工成煮高汤的材料。沙丁鱼干板则是很难见到的珍贵食品，是用很多的鱼一块进行压榨后做成的，然后将其切成板块。一见之下给人以仿佛一块大理石一般，真是美丽的食品。这种食品的食用方法非常多样，可以浸泡盐水，等泡软之后再切成细片就是下饭菜，或者可以作为天妇罗（油炸食品）或者海带卷的馅儿，或者在做中国菜的时候也可以作为调料使用。

沙丁鱼本来就是一种脂肪过多的鱼类，因此这种鱼很早以前就用多种腌制方法进行酸化脱脂处理，于是就会变成红色，这就是所谓脱脂，所以沙丁鱼完全可以作为储存食品。

《战时生活读本》中最推荐的蔬菜类"保健食品"，可以说在整个东亚地区都公认的头号储藏蔬菜，那就是大白菜。家庭储藏白菜的方法是：

在采摘购买之后将外面的叶子取下食用，而菜心则放在阳光下晾晒四五日，然后用报纸包起来在屋中吊藏。当然吊起来储藏并不只是为了通风，还可以防止被老鼠啃噬。另外还有芋头、马铃薯、洋葱等值得进行储藏。

在战时体制下，许多日本人在从事外出劳动时无法回家吃饭，同时也难以在劳动地点得到食物供应，这个时候就需要所谓"非常用携带食品"。在战争时期，"非常用携带食品"往往要携带到遥远的地方，这就需要保证食物不会很快变质。对于这样的"科学方法"，《战时生活读本》也进行了介绍。

一个好办法是使用玻璃纸袋子，这种袋子可以从日本各地的粮食协会买到，上面用点线标明应该装入的大米和水的多少，然后从两端挤压可以排出空气，使其内部基本真空，然后打结，放入热水锅中用时30分钟煮熟。这样的一包米饭就可以相当长时间保存而不变质。当然，这个袋子只要打开了，米饭就会开始变质，所以打开后就要尽早食用，而如果前期排除空气没做好，那打开了就会有一股馊味了。

制作"非常用携带食品"的材料必须有备份，并且随时可以携带，保证一家人即使在家被烧毁的情况下可以支撑半天到一天不至于挨饿。需要准备大米、梅干、味噌、碗勺和小刀——用来在紧急情况下切割一些木材，用作烹煮燃料。

不过，《战时生活读本》中介绍的食物也不全是这些看似"惨兮兮"的东西。例如，也介绍一些"果子"即休闲类甜食的制作方法。其中包括煎蛋糕，原料有面粉、砂糖、鸡蛋等。还有"樱饼"，其中的馅儿需要用到配给的马铃薯或芋头。当然，制作这些甜食的某些原料，比如面粉，到了1945年时完全就是稀罕之物。

战争末期的日本当局以"科学"的名义管理一亿国民的胃肠，大力提倡"保健食品"，其实是为了尽量压缩对食物的需求，保证军队的食物供应，并尽量令国民不因饿肚子而难以从事生产活动。因此，像《战时生活读本》这样的"教材"一定要强调所有食物都要尽可能不浪费，彻底榨干其所有营养价值。

类似的方法自然有不少。例如对于白菜、卷心菜的根芯，如果扔掉就是浪费了10%，所以应该将其细切成片后食用。当然，按照现代人的思维，这样繁复的处理会耗费时间和体力，体力与获得营养价值很可能不成正比，但在战争末期的日本，"靠毅力战胜困难"才是"科学"的精髓。

因此，马铃薯、芋头等削下来的皮也都应该想尽办法吃掉，或至少用作调味。橘子皮是应该得到彻底利用的，将其晒干之后磨成粉，然后泡热水喝。还有苹果皮，推荐和萝卜片、芋头等一起做成沙拉，或者和胡萝卜混着吃。这些做法与处理鱼下脚料、蔬菜残余别无二致。

在疏散地艰难求存

　　创作并出版于1944年的《战时食生活指南》中出现了"果子"的制作方法，实际上日本国民自1943年起就很难有这样的享受了，因为1943年开始了全国种植甘薯的大运动，宣传口号是"甜品的时代结束了，要用薯饭获得胜利"。

　　直到1943年，在日本每一个"町"或"村"中，至少还有一家"果子店"营业，所卖的甜品普遍是"烤萨摩芋"。对于许多孩子来说，能够买到几个"烤萨摩芋"装在纸袋子里享用，是人世间最暖心的事。而在1943年后，包括"萨摩芋"在内的所有芋薯类食物都成了"宝贵的主食"。街头贴出的宣传海报这么教育民众：

　　　　我们迄今为止认为大米饭是主食，这种想法应该抛弃。将甘薯配大米吃吧，这也是百姓流着汗水种出来的可口食物，心怀感激地享用吧。如今，为战胜可恨的敌军英美，已到了必须决战的时刻。配甘薯的米饭，心怀愉悦地享用吧，让自己的身体保持强健吧！

　　从正常的"营养学"角度来说，过去日本政府还给民众配给大豆这种富含蛋白营养的食物，日本民众习惯煮豆饭，这是每个小孩子都喜欢吃的。换成配甘薯以后，因为其甜味，倒也没有让孩子们讨厌。而大豆就此消失了，民众手中只剩下榨油之后的豆渣，这个如果和大米一起混着烹煮，就会产生让人恶心的油味，就不受孩子们欢迎了。

　　当时日本主要是从中国东北输入大豆。大豆除了榨取大豆油，还是制作日本人吃饭时必备调料——酱油的主要原料，但美军的潜艇从1943年开始大规模袭击日本的海上运输线，到1944年推进到对马海峡和中国附近的海上，因此中国大豆运进日本的数量直线下降，这是日本豆饭被豆渣饭取代的背景。豆渣可以忍着恶心吃下去，但不能代替酱油。

大阪遭空袭之后，难民靠分发的饭团充饥

千方百计寻找酱油代替品的日本人发现了一种在现代日本人看来很不可思议的东西——蚕蛹。蚕蛹结茧，茧被抽丝之后，蚕蛹已经死了，成了没用的东西。将蚕蛹做成调味品，其实只是颜色上像酱油，但闻着和酱油完全不同，发出一股独特的恶臭，没有人能受得了。日本当局拼命提倡各种代用食物之后，就必然会有某些骗子出来钻空子。说起来，战争末期日本各地的桑树园大多变成了农园，用来种蔬菜，养蚕业基本都停业了，日本的蚕蛹也遭遇了浩劫。

当然，并不像"蚕蛹酱油"这么奇怪且得到日本政府提倡的节约型食物，也还是有。例如，有一种日本战时食物"乌冬球"，被列在"可以代替100克大米的食物"选项之下，其材料是：

乌冬面（原料是小麦）250克，芋头、大葱少量，其他盐、油、调味料。做法是把乌冬面煮一煮变软，然后将其捣烂，将大葱用油炒后放盐，然后放入已经捣烂的乌冬面。芋头也煮熟后捣烂，放入乌冬面中。撒上可以找到的调味料胡椒搅拌。这样做出来的东西捏成任何形状，撒上小麦粉，两面用油烧。

这样做出来的"乌冬球"，由日本人在战后又试验性地制作过，不好吃，做起来费工夫。不过在战争时期，"乌冬球"肯定是相当受欢迎的食物。还有一种名气更大的食物，叫作"兴亚面包"。"兴亚"二字和"必胜"一样只是叫起来有气势，这种食物的目的仍然是让民众有一丝"吃甜食"的感觉。

　　"兴亚面包"的制作材料是小麦粉、生大豆粉、玉米粉、大米壳、胡萝卜、夏白菜以及其他可以搞到的蔬菜，制作方法没有明确记载，也许是像一般的面包那样烤制或是蒸煮，只要有材料能做出来就行。在日本战争末期所谓"决战厨房"中，用不足的材料填饱家人肚子的"绝对意志"才是最重要的。按照"保健食品科学"的提倡者的话来说：

　　　　就算价格低的食物材料也能富有高营养价值，就算是同样的材料，根据不同料理方法看上去也会有不同感觉，并且会增加营养价值，所以需要主妇们将厨房当作自己的战场，积极地运用创意并下功夫，在保证经济的营养生活的同时，还让家庭保持活力，这是作为祝福的奉公之道，热切希望所有的主妇都为此努力。

　　奇怪的是，"保健食品科学"经常提倡只要花费功夫和创意，同样的食物就会产生不同的营养价值。也就是说，一种食材里面普通的钙、铁等物质，换一种制作方法就能多出来，这能称为科学吗？

　　一位战后日本作家回忆战时生活，对所谓"战时保健食品"的回忆就是"很麻烦"。用刀背把沙丁鱼干彻底拍烂，就是他当年在厨房里被母亲交代的工作，耗费了他很多体力，得到的食物却不足以果腹。他的母亲，到战后活了很多年，生活富足了，最后因癌症死在医院里，临死前她不停嘀咕着"没营养，没营养"。她认为死在这里就是因为医院提供的食物没营养。这位作家感叹说，母亲不愧是"战争时期的主妇"。

　　这样的思维模式在战后延续了漫长的时间，其铸就当然不是一朝一夕之功。就"吃"这种行为而言，早在1941年文部省提出的《臣民之道》中就规定不属于个人生理性的欲求，而属于"为国奉献"的一部分。用《臣民之道》的话来说："我等的生活应全部归于侍奉天皇，服务于国家，这样才是真实的生活。""我个人"的概念的正当性，至少从1941年即太平洋战争开始时就已经在日本这个国家中不再得到承认，取而代之的是"每个臣民都是为天皇而战的战士"理念。

厨房即战场，也有日本传统中"常在战场"的武士信仰做基础。江户时代的武士阶层经历了社会经济繁荣时期，成天吃吃喝喝、不习武艺者遍地都是，所以才会有提倡"常在战争"，要求武士把和平时期当成战争时期来过，并且以勤于练武、身材精干、不贪美食为荣。

江户时代是武士作为统治阶级，武士拥有的剥削平民特权是他们能够提倡一种看似高尚的道德标准的基础。但战争是日本军人发动的，到最后阶段他们哄骗日本全体国民都做"武士"，要在田间和厨房"战斗"，也要拿起竹枪去抵抗美军。日本国民不可能从自己变身"武士"的迷梦中清醒过来。自明治维新之后，至少对于日本男子的"食物教育"就是从小开始的，"吃甜食"、挑食之类的"坏习惯"不断出现在政府发行的德育修身教科书中，成为被批判的对象，这些教材所举的正面例子就是"忍饥挨饿的清瘦武士拥有美德"。从根源上批判所谓"武士道"的虚假与阴暗面，不要说战争时期的日本，就算在如今看似非常开明与自由的日本，都绝不可能成为社会思潮的主流。

在简易防空壕外制作充饥食物的日本民众

3 月东京下町大空袭之后，日本国内各大都市中因房屋被烧毁而沦为无家可归者的数量急速攀升。拆毁房屋制造防火隔离带的举措，也在制造出更多的无家可归者，日本国内的人口大移动开始了。产自中国、朝鲜的粮食已经极难输入了，日本当局的目光只能转向一方面迫使民众进一步节约食物，另一方面开拓国内种植。

日本是一个自古进行深度农业开垦的国家，本州、四国、九州三个主要岛屿上几乎没有闲置空地，但是明治维新后才完全成为日本领土的北海道还有不少待开垦地。大量无家可归人口的产生，正好被日本当局视为可以利用的北海道开拓人力资源。"大日本产业报国会"于 3 月 24 日在报纸上发出"农耕义勇队紧急募集"通知，号召"战灾受害者"前往内原训练所接受开垦训练，随后将在北海道提供带有防空壕的半地下住宅和一定面积的开垦地。3 月 24 日的《朝日新闻》社评，标题为"废墟的教训"。这篇文章要点如下：

> 这么下去行吗？——国民有识之士的谏言已经重复了许多次，而在政治上却迟迟得不到解答，结果是迅雷不及掩耳的巨大答案就这样出现在我们面前，即日本城市的废墟……这废墟不但令无数国民的生活受苦，也使至今为止日本政治爱使用的形容词……都成了无意义的废话。
>
> 废墟，就是"这样下去不行"的声嘶力竭的答案。如果我们能够先于现实一步，早早推行大规模疏散和粮食的完全地下储备，这次灾害的后果就能大体上抵消。如今我们需要再加一把力，只要再加一把力，就可以超越现实。
>
> 政府派遣了灾后救助委员会，但是在议论之中，下次空袭、下下次空袭就到来了，恐怕一轮都不会停止。现在能够拯救遭灾者的就是他们自己的脚。国民现在对政府抱以期待不过是收拾残局而已，要超越现实一步，需要立即采用迅速而强有力的政治手段。

所谓"超越现实"的手段，就是驱赶被空袭毁灭了家园的城市居民依靠自己的双脚，去往乡村，甚至去往遥远的北海道，用自己并不熟悉的农业劳作手段养活自己，而不是依靠政府的救助。这样的宣传乍一看在逻辑上是完美的，市民疏散、粮食地下储存这些措施如果及早采取，能够大幅度降低美军空袭造成的惨重伤亡以及伴随而来的食物供应压力。

问题是，如此言之凿凿的"大日本产业报国会"乃至《朝日新闻》这样的媒体，在空袭造成大破坏之前的论调不是这样的，而是配合日本政府与军部的宣传，强调城市每家每户都应该挖防空壕，应该在空袭火灾发生后不逃跑，努力救火。3月10日东京下町火灾证明的恰恰是日本政府与军部对于形势判断的完全错误，但要他们认错是不可能的，错就错在没有"超越现实"。

真正的现实是日本的战争之路在1945年已经是必败的局面。真正的"超越现实"应该是立即宣布投降，而不是等到8月两颗原子弹投下之后。然而在1945年3月，面对炽烈的毁灭之火与无尽的废墟，日本国民确实大多数认同及早疏散、去乡下种田才是"巨大的答案"。毕竟，"天壤无穷，唯有必胜之一途而已"。

不过，打发中断学业的孩子、城市失业人口去乡下种田，仍然需要尊重"科学规律"，一个从来没接触过农业技术的人不可能一下子变成一个农人，而必须进行训练培养。例如，1945年3月1日日本文部省发行的第三十五号告示，宣布盛冈农林专门学校第一拓殖训练所和三重农林专门学校第二拓殖训练所将于4月招收30名至40名学员，目的是日后将学员派去"满蒙北支"从事农业开垦工作。训练期为一年。

在日本投降的4个月前才开学的农业开垦训练所，其学员当然不可能完成一年训练，但这至少反映了直到战争末期，日本当局仍然将

被疏散到农村地区的日本儿童正在搓草绳，可能用来制作草鞋

解决粮食问题的中心放在海外。道理很简单，日本是一个农业用地充分开发的国度，临时性地将非农业人口打发去农村，只不过给农村地区增加了很多张需要喂养的嘴，对于增加日本的农业产量不会有多少帮助。

5月东京都最后一次大规模空袭后，日本的国内难民数量极为庞大，他们已经不再需要政府和军部的号召，而是自动向农村地区移动，寻找落脚之地和果腹食物。但他们立刻就被农村人视为来吃白食的嘴，是"来自东京的猪猡"。以下是战后通过媒体问卷调查得到的当时被疏散到农村地区的日本人的回忆：

> 我们家在疏散地，缺乏食物是最大的烦恼。我们临时居住的地方是千叶县一幢小楼的二楼，往外看可以将整个东京湾一览无余，但当时是被划为"要塞地区"的，根据军部的命令禁止从二楼窗户往外看。在附近山上，当地人都在挖松根，目的是榨松根油。而我们这些疏散者连工具都没有，时常被当地人用怨恨的眼光注视。——东京市民松本，住家被烧后与祖母、弟妹一起疏散到千叶县。

> 我原本希望从教师养成所毕业并成为一名教师，但在1945年4月因为形势紧迫，中断学业前往一所小学赴任，并立即担负带领学生疏散的任务，疏散地是秋田县。对于到那时为止，还留着长发自诩摩登的我来说，突然就成为"孩子王"，还要带领他们到乡村艰难度日，简直就是恍若隔世的感觉。我平生第一次下到田间，一天到晚做插秧、锄草的事，让水蛭爬满脚上，走好几公里的路送东西到町学校，都是难以忘怀的经历。秋田县盛产柿子，走到哪里都有柿子，而每顿饭也必然把柿子当菜吃，吃到后来真的非常厌恶。我今天绝不吃柿子。与其说是讨厌味道，不如说那个"柿子时期"真是没有任何好的回忆。——东京市民林

> 我去往农村倒不是因为战灾，而是1944年就因为父亲疏散前往距离千叶县八街町还有好几公里远的一个村子。进了村子以后，我和母亲被分配面积三反（约一千坪）的土地，种植蔬菜。对从来没有任何农业经验的我们来说，实在是太辛苦了。母亲身上从东京带来的和服，后来也

都换成了米或者盐。还有坏心眼的人把我们叫作"东京来的猪"。不过也有好心人帮助我们，才让我们撑过了那段岁月。——东京市民青山

我们一家从大城市疏散到了有野猪出没的农村（和歌山县日置川町志原），过上了过去根本想象不到的生活。屋子里只有一盏电灯，生活用水得一大早从附近的河里挑过来，做饭时烧木柴，还得自己编草鞋，做苦力来混个温饱。做苦工一个时间单位获得的麦子比大米要多一倍。蔬菜是自己种的，鱼可以一个月吃几次，肉则得依靠自家养的鸡。到了冬天需要自己缝棉被子。那段岁月让我学习了很多很多事，也感受到了母亲的伟大。虽然那时我很有干劲，但实在是体力不足，插秧结束之后就立刻趴到床上动弹不得，基本就是这么生活的。——原谷岁子

我们在东京的家是在昭和20年4月被烧毁的，后来就疏散到母亲的娘家长野县下诹访的村庄。母亲的娘家虽然有很多人，但那时在村子里只能吃到极为粗陋的食物，留下了很多难过的回忆。记得有一次去买粮食买不到，站在农家门口哭泣。还是个小学生的妹妹被当地人欺负，我辛苦地去保护她，真是太难了。——东京市民冈野

东京上野车站，乘坐专列前往农村地区的日本儿童

欺凌是人类社会中丑恶但几乎无法摆脱的现象，而在日本，无论是战前还是战后，欺凌更是遍地都是。在和平时期，日本乡村地区的人进入城市后几乎都会受到歧视，而在战时被迫疏散往乡村的日本城市地区的人也遭到农村人的欺凌，只要开口说

话是"东京腔"，就是某种"原罪"。

对于那些以学校为单位疏散到农村地区的中学生来说，他们在疏散地上课往往持续不了很长时间，因为无论是日本政府还是所在的疏散地，都不可能提供充足口粮，这些以老人、妇女、儿童为主的城市疏散人口，到最后无一例外都得下地干活。以下引用冈野女士的回忆。

我们学校在疏散地的集中授课，连一个星期也没坚持到，就开始了下田去"勤劳奉仕"的每一天。这是我头一次经历，与被动员去工厂干活不一样的劳动辛苦。感觉最辛苦的是忍着腹中饥饿开垦田地，拿着沉重的三齿耙将作物根茎一个个刨出来。我对于这项工作特别不顺手，看着周围的人刨出好多，我就是没法把那个根刨断，干着急，而手腕疼痛得感觉要断了似的。

在开垦作业结束后，需要两人一组用扁担将肥料桶抬过斜坡运到田地上去。稍微晃动一下，粪尿就溅到身上了。所以得让身高差不多的人编成一组，与我编组的是长野县人桥爪。她虽然不高，但体格很健壮，自小在城市生活的我是完全比不上的。所以她对我说，登坡的时候她在后面，因为重量大部分都由后面的人承担。于是我在前面抬的时候，感觉意外地轻，回头看，只见桥爪为了不让沉重的肥料桶滑落下来，一边拼命承担着肩上的重量，一边死死抓着把手。

那天我们住宿在步兵队的宿舍中，从借给我们的军用毛巾里面，出现了不少虱子、跳蚤。

日本城里人疏散到农村之后，很多确实受到了欺凌，但不能一概而论，也有不少原本并不相识的人结为友人。

一段时间之后，食物配给情况更加恶化了。全体住宿生都只能依靠严重不足的配给勉强支撑，在这里我们连自己种植的菜园子也没有。吃饭基本上就是以配酱汤的高粱饭为主食，没有任何副食。对于总是空着肚子的我们来说，无论是战争还是学习的事，都抛到九霄云外去了。但即便如此，"勤劳奉仕"的田间劳动仍然在继续。

一天，来了一辆卡车，车身上大白字写着"文部省"，车上堆积着一座小山似的卷心菜。另外，从学友平冈映子的家中送来了不少大葱和味噌。我们都非常高兴，不过这样的幸福时刻也就这么一回。

冈野战后保存着当时学校教师留下的一份记录，反映了教师们为了吃饭问题而付出的艰辛。

昭和二十年7月29日（晴）现在此处有48名学生，尽管并没有达到50名学生的预定人数，但当地的粮食配给情况已经糟糕至今，生活非常困难。副食配给已经完全断绝，我们总算从东京本校运送过来200斤卷心菜和马铃薯，这实在让我们对本校感恩戴德。另外，我们从塚本商店购入了一些海带以维持生活。

正在烧制一些"奇怪食物"充饥的日本民众

继续看冈野的回忆，除了每天饥饿状况下的重劳动，她记忆中深刻的还有洗澡问题。在这个疏散地，公用浴室只有一间，极其拥挤。因为要节约燃料，所以在家里烧水洗澡的人减少，很多人选择去公用浴室。但这个公用浴室也缺乏燃料。因此听说这个浴室立了个规矩，去这个澡堂的人，都必须随身携带几根柴禾当燃料。但学生们没有见到当地人去的时候拿柴禾。显然，这是对外乡人的又一种欺凌。这些学生每天"勤劳奉仕"，但当地人没有任何给予优待的想法。

冈野为了进入这个公共浴室，也带了几次柴禾，浴室门口的人就默默收下了。后来学生们就跑到河边用河水擦擦身就结束了。当然，也有人过着"奢侈"的生活。冈野的一位同班同学，每天傍晚到远离宿舍的河边，用肥皂拼命洗头。她家里经营药局，手上有不少药用肥皂。对于其他人来说，肥皂早已是奢侈品。

冈野和同学们当时居住的地方是原先属于军队的宿舍，但在战争的最后几周，美军舰载机也开始在天空中出现，用机枪扫射地面上任何看来有军用价值的目标，因此军队宿舍就不安全了。几十名学生在 8 月初搬到了一座颇有年头的寺庙"宝持院"，在寺庙本堂的大佛塑像面前的地板上打地铺睡觉，教师则住在原先属于寺庙住持的房间。

搬入寺庙之后，生活困难的情况仍无改善。主食不断加水，怎么也吃不饱，各种植物的茎块切得越来越细。得到指示，洗脸和做饭用的水从庭院中一口古井中取，但那口井中的水是脏水，害得众人多次一起拉肚子。另一个苦恼是几乎每个人的头发上都开始有虱子。有些同学的发梢上开始出现犹如白米饭粒的东西，很难弄掉。原来那是虱子产的卵。

在战争的最后几周，酷热笼罩着日本，搬入寺庙的几十名学生都陷入了萎靡状态，总是横七竖八地躺在本堂地板上。这是严重的营养失调导致的，饥饿已经超过了界限，大家也没别的法子可想，只能继续啃着作为紧急食物的炒豆子。

转业运动

1945 年日本城市人口疏散还有"回流"现象。因 3 月至 5 月间的轰炸而疏散离开东京的少年，到了疏散地的学校，又接到动员令，于是返回城市的军需工厂做工。例如，长野县野泽高等女子学校的学生，就被送往名古屋陆军军工厂工作。

一些学生在疏散地还突然面对完全意想不到的职业需求。例如，1945 年 3 月长野县因为县内小学的教师数量严重不足，在县内数个高等女子学校中紧急设立为期一年的专攻科目，培养教师，取得县级资格认定即可成为合格教师，以补充小学的教育资源。由此可以想到，如此对策出台的背景是男教师几乎都被征上战场或从事其他职业了，甚至男学生都在做准备要上战场，那么只能让女学生紧急转变角色为女教师了。

如此大幅度的社会角色转变，在战争时期是很平常的现象，对于二战末期的日本来说，政府和军部能够将国民吃什么、穿什么、住什么通通统制管理，那么国民失去择业的自由也是理所当然的。凡是不直接贡献于战争事业的职业，其从业者都要在日本政府的指导下转换职业，为战争贡献劳动力，这就是"转业"运动。《战时生活读本》用很长的篇幅评论"转业"问题。

> 转业最初的目的是整顿过剩的小实业者，让物资尽可能进行合适的配给，后来随着时局发展，着眼于供给足够劳动力的重要任务，并承担大陆开拓的同时向南方各地域发展大和民族领域，转业者也必须做出重要的贡献。

日本民众正在排队领取山芋作为果腹主食

进行职业转换的最大障碍是什么呢？一言以蔽之，就是转业者的收入比转业前减少了，无法避免生活水准下降，这就导致诸多不满。比如有中产阶级的商人过去让子女上中等学校或高等女子学校，转业的同时其子女就被迫中止学业，就会来诉说不满。转业发生的时候可以利用"厚生金库"，得到公积金等扶植，但长久优待转业者的对策不存在。必须要说的是，转业与其说是为了收入，不如说是为了推进国策而做出的牺牲，希望转业者有这样的气概！如果期待转业后很快就能增加收入，肯定会失望。重要的还是转业者自己要有实力。

迄今为止，中央指导所在贯彻转业工作方面取得了很大的成绩。过去转业的途径是根据工厂的申请，将适合者派遣过去，而将来在与业主加强紧密联络、进行适应性检测、让前期贷款尽可能与转业前收入接近方面需要进行更多努力。适应性检测如果得当，转业者就可以根据国家的需要前往最适合的工作岗位。

"勤劳报国队"是率先前往工厂劳动的民间团体，各种美谈经常见诸报端。需要舍弃"勤劳报国队"只是暂时性来帮忙的观念，以勤劳奉仕的精神向其传授技术，从而形成转业的趋势。

转业者当中有很多人希望前往大陆以及南方地区，但不是谁都适合出国。将大和民族的子民正确配置于大陆以及南方地区，确立其正确的指导性，这是国家的大方针，让转业者前途更加光明。无论转业的地域是在哪里，只要在那个位置上刻苦努力，自然就会获得最后的胜利。总是神经质地顾及待遇问题，如何面对前线将士的牺牲？

大陆和南方地域向着默默努力的转业者打开了大门。需要把握南方民族的民心，互相提携向着"大东亚共荣圈"前进，作为指导领袖的日本是非常需要默默奉献的有用人才的。因此，转业者必须在产业战线上尽快学习更多技术，获得有经验者的权威，今后才能站在指导后进者的重要位置上。

随着重点主义生产的推进，常识上对于时局并不急迫的企业将全部进行再编成。原料资财将有限配给给重要产业部门，而残存的非重点业者将难以获得原料，其优劣将是自明之事。因此，我们完全可以说转业者是生存竞争的胜利者。而且，转业者是作为国家之宝，无偿获得教育培训从而打开前进之路的，仔细想一想，这难道不是值得感激的吗？所以，应该抛弃无益的利害打算，欣然接受国家的指导与指示。

转业工作中的一大领域是针对小商品销售业者的。关于百货商店对一般小卖业者的事业领域调整，过去《小卖业整备要纲》中就有过规定，简单来说，就是卖场面积缩小，废止支店分店，在百货店的经营物资中原则上取消经营米面类、生鲜鱼类、酒、味噌、酱油等第一级生活必需品。然而实际情况是，在除去第一级生活必需品以外的商品方面，百货店凭借其资本力压迫小卖业者的倾向越来越强，引起忧虑。

举福冈县发生的实际例子。在昭和16年（1941）的县内小商品销售额中，百货店占据55%的份额，小卖业者占据45%，而到了昭和17年（1942）就变成了百货店飞跃至70%的份额，一般小卖业者降低至30%。

情况发展下去，不难想象对于一般小卖业者的压迫将是很沉重的，预测其将陷入苦境。伴随公积金负担的家中和配给物资的削减，经营状况将进一步艰难，而顾客将更多前往还有很多商品的百货店，这就让许多小卖业者无法保持沉默，纷纷抱怨百货店夺走了一般顾客。

接下去谈一谈转业等事后需要极力利用的"国民更生金库"运营问题。全国各府县的劝银支店中虽然都有"更生金库"，但其本身就是金融业者，所以实际在融资时手续非常复杂，到头来很难及时融资成功。根据商报方面收集到的社会意见，很多人都认为如今的职业转换不是私人的事情，而是根据国家的指示进行的，在利用"更生金库"时希望擦去国王的金融业色彩，能够迅速处理业务、提供贷款。

另外，现在有17个单位的各府县设立了公积金制度，提供共助资金给小卖业者以助其家庭生活安定。随着转业而产生的劳动力不断向着军工产业等方面转移，一部分工厂获得的转业初期资金与转业前收入有较大落差，而转业者虽然是为国贡献，也成为生存竞争的落伍者，在感情上难以接受，这些情况如果放任，会影响今后的转业者。所以加大"国民更生金库"的利用力度是必需的。

"一亿国民皆劳动"，是如今左右国家生产力的紧急问题，不容任何拖延迟滞。商业报国会组织拥有会员150万人，包含家属在内有500万人，理应响应国家的要求，将全国的勤劳奉仕队、商报推进队、商业青年队进行总动员，挺身而出积极参与劳务工作，更合理地配给物资，发展共助精神，在物质和精神两方面让转业者和留守业者都实现生活安定，从而在全国确立新商业道路。

然而，现状是商业报国活动还没有走上正道，仍然处于前所未有的试炼期。虽然树立了"皇国勤劳观"作为根基，但在实践中依然混乱不堪。急务是建立可让人欣然挺身为国策献身的组织，需要充分顾虑因为一些小事就会战战兢兢的小卖业者的心情，向他们伸出温暖的庇护之手。

对于全国各行业的专业整备状况，如果按照各行业分别来看，取得最明显成果的是戈府县的纺织相关小企业，将这一行业作为专业整备重点推进的府县有爱知、宫城、长崎、千叶、京都、大阪、冈山

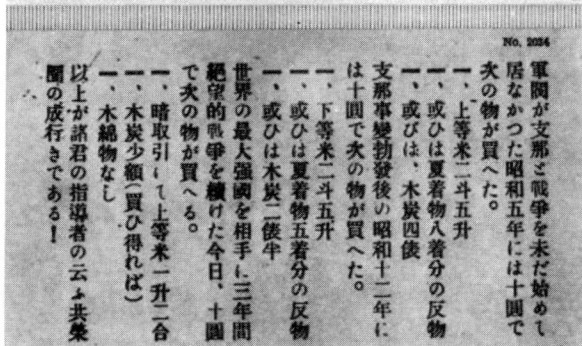

美国明确注意到战争中日本严重的通货膨胀问题。在美军对日投放的宣传单上印着一张十元日钞，并用清晰明白的日语写明通胀造成的购买力巨大落差

等，不过各个地方的情况也非千篇一律，而是伴随种种问题向前推进。

各府县认为共通的问题是，虽然在整备纲要中将公积金用以募集希望转业者，但是各地方的商业组织答应付出的公积金的基准存在相当大的差异，例如大阪的小卖业者中有八成希望转业，但大阪的公积金数额是最小的，由此产生矛盾。例如，大阪市服装杂货组织对于年销售额有20000日元的业者，提供的公积金只有两三百日元，而长崎县的纺织相关组织，对于年销售额20000日元的业者提供2560日元，爱知县则对利润额达到2000日元的业者提供3750日元，冈山县对同样利润额的业者竟提供4000日元！

商业组织中央会方面的人士普遍认为，重要的是确定转业运动不是一时的方便之法，而是长久的职业转换政策，需要将全国的公积金制度标准化，努力消除地域之间的矛盾。另外，政府商工省方面的人士说，当局说到底还是想避免诉诸强制手段，希望尊重国民自发的意愿，所以目前阶段还是想尽量支持报国国民运动。

确实有大量小卖业者欣然接受国家的指导，申请进行转业，并不仅仅是因为"国民更生金库"的利用、国库扶助资金的获得等政府的好意，不能忽视的是商业报国运动等启蒙运动勃发的力量。商业报国会对于紧急转业的业者，赠予奖状，表彰为模范转业者。也有商报会县本部的总务部长、副指导部长、推进队的副分队长等内定为留业者的例子，但也有很多人身为干部挺身为国奉献，决心率先垂范，进行转业。

为了确立战时综合战时体制，新设立的中小企业指导研究会"企业商谈所"很快就被各行各业的询问者挤满。根据"企业商谈所"所长永井吉末先生所说，提出最多的问题首先是企业整备，其次分别是劳务、配给、组织方面的问题，然后还有金融投资、经营、经济、法规、价格、计算、统制会等问题。企业整备问题是提出最多的，也是在行业组织的成员和组织干部之间最容易造成隔阂的问题。

举例来说，福岛县某个渔业组织提出商谈请求，该组织成员主张在进行实绩计算时遭遇组织干部的不公平对待。与征收税金无关的"海滨交易"的实绩，被巧妙算入干部自己的实绩当中，从而抽走了利益，而将税金负担转嫁给组织成员，使其陷入经营困境。还有组织成员指称，有干部声明从当局获得指挥企业整备工作的一切权限，专权独断，完全无视组织成员的意志，因此强烈希望纠正干部的错误做法。

还有在东京室内某组织发生的问题，有组织干部借口其获得关于企业整备的内部指令，扶植干部的亲信势力，寻找一切机会压迫弱小的组织成员，因此前来商谈所，提出强烈投诉。虽然政府方面认为对于组织内部的问题只持有限的协调管理权限，还是想尊重组织成员之间相互的意见，但组织成员认为身为干部掌握了过大的权限。

另外还有指定工厂制度带来的问题。东京市内一家画具制造工厂被排除在指定工厂以外，无法获得原料物资的配给，也无法补充员工，生产活动完全衰退。然而，同市有另外一家制造乐器的工厂，被指定为"教育资材工厂"，这是为什么？如果说另一家工厂的乐器是情操教育的重要资材，那画具也可以算教育资材，而且如果深入想一想，画具甚至可以作为重要的军需品。如此这般，这家画具制造工厂就不断来诉苦。

诸如此类，数量庞大的问题抛向了"企业商谈所"的各位委员。委员中的知名人士有议员河野密、中大教授大野俊三和上达夫、法大教授高木友三郎、日本原价计算协会常务理事长今井忍、满洲重工业开发顾问田中要人、更生金库事务课长佐藤市卫和松本利雄、重要产业协议会事务局长长帆足计和调查部长乡司浩平、东京铁工机械同业组织常务理事泽田英贯、东京玻璃产业联合常务理事法元盛耕、东京照相机材料商业组织理事长田野定次郎等。这些理事每天都交替着，在百忙之中抽出正午到下午4点的时间，回应商谈请求，或者直接与各府县进行交涉，为了建设井然有序的战争后方而努力。

《战时生活读本》中对"转业"问题的长篇评论至此告一段落。作者太田清文以清醒的头脑承认，日本政府和军部出于战争需求而推行的转业运动中存在着种种乱象，例如针对转业者优待扶植政策带有短期性质、奖励金制度存在地域和行业的不公平、工商业组织内部存在干部利用职权欺压一般成员、大企业利用政策乘机建立垄断式经营等，但作者总体的态度是为了战争必须把转业活动推进下去，因为这场运动最根本的基础是"报国的意志"，种种乱象不过是枝节问题。

日本发动侵华战争时就拥有庞大的军队，是当时世界上可以制造巨型战列舰、大型航空母舰、大型潜水艇等先进武器的少数国家之一，但事实上日本仍然是一个以轻工业和农业为主的国家。日本工业半壁江山是由纺织工业支撑起来的，大量人口都从事纺织业，这也是战时"转业"要特别针对纺织业的原因。

席卷世界的"经济大萧条"重创了日本的纺织品出口。因此，所谓"转业"，即压缩纺织业这样的轻工业，而无节制拼命发展以军事工业为主的重工业，这不是日本在1944年才采取的对策，而是贯穿日本20世纪三四十年代的主旋律，只不过在1944年和1945年时这一政策发展到了极致而已。

根据日本报刊的统计，全面侵华战争开始前，1931至1936年，日本在军事工业上投资将近70亿日元，其中新建设投资约为53亿日元，16亿日元用于扩大原有企业。全面侵华之后，其投资额更是飙升，1937年至1941年，工业新投资超过

战争导致日本人口大范围流动

160亿日元，这些投资额80%投入军用机器制造业、冶金、化学等，还有相当部分投入矿山事业。

日本为了侵略而倾尽全力扶持的军事生产企业，无助于增加整个国家的收入，因为这些企业都免税，还得到巨额的补助金，实质上是靠国家养活。1937年9月27日，日本政府通过了"临时资金调整法"，规定投入工业的资本分为甲乙丙三类，甲类是直接与武器生产和有关产品生产相关的，必须占到投资的70%，乙类是表面没有直接军事意义但需要在战时扩大资本投入的，例如发电厂等，又占去25%投资，而庞大的丙类非军事企业只能分到5%的投资。

因此，"转业"在战前的日本就是一种普遍的现象，因为原先大量的小工厂、小贩卖企业得不到投资，销路陆续断绝，只有转向为军事机器充当"零件"才有活路。1932年至1941年，日本新增了69000多家企业，绝大多数都是规模不大的工厂甚至是作坊，作为军工大企业的"下包"。

这也是1944年美军开始大规模空袭日本之后，最终选择用集群密集投燃烧弹彻底烧毁日本城市的根本原因。日本支撑这场战争的工业基础，就在于城市中数以万计的小工厂乃至小作坊，以精确轰炸的形式摧毁军工大企业的车间很难取得效果，只有将星罗棋布的小企业彻底烧毁，杀死大量人口，逼迫幸存者逃离城市，或者继续待在城市也无法组织生产，日本的军工基础才能被拔除。

有一点值得注意，自从20世纪30年代以来，日本整个工业体系都在推进"转业"，日本的垄断财阀在这一过程中财源广进，重工业、军工产业的财阀天天都是好日子，就连得不到投资的纺织工业财阀也赚得盆满钵满。例如，据统计，在1936年，三井财阀旗下的钟渊纺织利润率达到43.9%，三菱旗下的大日本纺织的利润率高达52.9%。

如此高的利润是从哪里来的？首先是日本的商工省产业合理化局批准了低得可怜的工资标准，使日本资本家能够拼命压榨工人。对于还在大纺织厂里工作的工人，还有大纺织厂的小型原料供应商来说，要保住目前的工作，就只能接受不公平的条件。其次，日本还加强保护关税政策，不但从日本市场上清除了垄断财阀的竞争对手，还给予各种便利，帮助他们在国外市场倾销商品。日本侵略军在中国的脚步到哪里，中国的民族资本企业就随之破败，然后大量日本商品——纺织品占据很大比例——就会充斥被占领地市场。

因此，所谓"转业"，其实是一条典型的"以战养战"之道。战前十余年，日本尽量压缩其他部门的资金，主要投资以军工部门为首的重工业，生产大量武器去进行侵略战争，占领他国土地之后，攫取廉价原料并用日本商品充斥市场，令垄断财阀赚得巨额利润，财阀就可以利用利润继续吞并其他部门。这是一条"疯狂膨胀的死循环"之路。

1941年，日本悍然袭击珍珠港，对英、美等西方国家宣战，是为了将侵略范围从中国扩大到亚洲、太平洋的更广阔区域，这让"以战养战"的方法开始出现"缺氧"的迹象。日本纺织工业不可能只依靠国内的生丝产业，还必须进口美棉、印棉、澳大利亚羊毛、美产纤维素，但开战之后，这些物资的进口完全停止，纺织原料荒达到了顶峰。

迫于无奈，日本的财阀资本家也在太平洋战争中停止了对纺织业的投资，许多

日本战前经济结构完全是畸形的，民众不能确保温饱，军部和财阀却能一艘接一艘建造当时世界上最强大的军舰

工厂宣告停业，很大一部分设备变成了废铁，被拿去改造以生产军需品。据统计，日本纺织业在1941年拥有200多个工厂，纺锭数达到1140万枚，雄居亚洲第一，但当年因为纺织原料荒，开动的纺锭只有40%。到了1945年初，纺纱量减少到只有三年前的1/30，产布量仅有战前水平的1/90。

1945年初，日本民众只有极少数人还存有"买新衣服"这种"妄念"。经过"转业"，剩余的纺锭只是为满足陆军部和海军部的订单而转动。再过几个月，日本纺织品的生产彻底停止。根据"日本纺织协会"的资料，1945年之后，1941年的87500台织机只剩下22600台，其中可用的又不足一半。全部棉织纺锭的60%和织机的38%被拆解成了废铁。总而言之，1945年的日本纺织业倒退回了19世纪末，也就是这一行业在日本刚刚兴起时的水平。

纺织业衰退极大影响其上游的纺织原材料业和下游的销售业。1937年至1941年，日本的生丝产量从731000捆下降至536000捆，降低了30%左右。而到了1945年，日本生丝产量下降超过90%。直到1938年，日本还是世界上最大的人造纤维生产大国，仅仅一天的人造丝生产量就高达336公斤，人造麻线545公斤，但接近战争结束时，人造丝日产量下降到136公斤，人造麻线下降到只有69公斤。

随着纺织业极度萎缩，日本为数众多的中小织布企业和生丝加工企业纷纷破产，机器设备被当作废铁来满足军需工业对金属的需求，一部分设备干脆转为军需生产，而大量工人随之"转业"进入这

战前日本女性既有很现代的服饰，也有华丽的传统和服

一部门。1944年《战时生活读本》出炉时，这一进程进行到了末期。

在战争末期，日本境内凡是还没有关张的布匹店、杂货店、鱼店、点心店、米店等，除了规定进行配给品贩卖的日子，其他时候也是关门大吉。服装店是没有任何橱窗展示的，模特架子被堆在角落里。理发店和美容厅还有少数存在，在那里坚持工作的人，男性在60岁以上，女性在40岁以上，或者干脆就是并不专业的家庭主妇在代班。根据征集令，日本成年人，男性在60岁以下、女性在40岁以下，都必须从事直接有利于战争事业的工作，而给人整理头发的事就被认为是无所谓的。

以上讲述的"转业"，是日本政府和军部将轻工业、小商业等部门极力压缩后投入军需生产部门的情况。"转业"还有另一条道路，即日本农村人口进入城市，在生产条件苛刻的工厂中工作。当然，这一进程是早在明治维新时期就开始的，不能说是日本当局专为战争而强行推进的。农村人口大量向城市流动，说到底，是战前日本农村土地所有制仍然停留在封建中世纪状态而带来的问题。

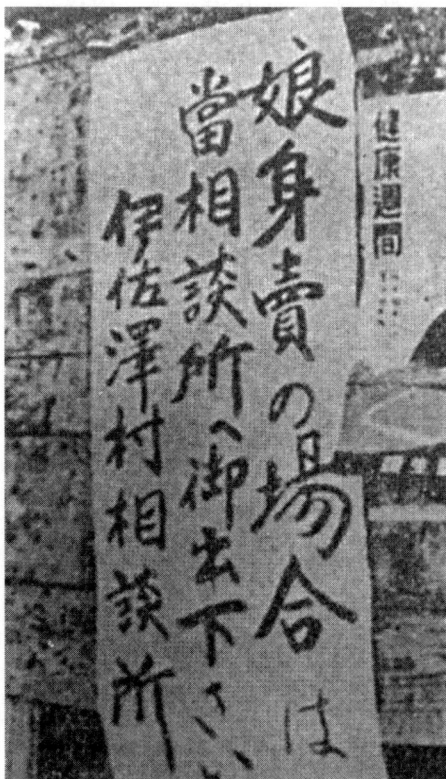

日本战前经济凋敝的农村公然打出欲将贫苦家女儿卖身的告示

日本战前各纺织工厂的工人，大多数就是从农村招募来的年轻女子，这一群体在极为艰苦的工作环境下，得肺结核的比例极高。但是，如果这些年轻女子留在农村老家，可能饿死，可能被卖身为妓，进城工作算是比较好的出路。还有大量日本农民进入城市为非熟练工作做零工，例如到各港埠、修建工程地做苦工或修建铁路等。

1937年全面侵华之后，日本国内对

工业劳动力的需求急剧膨胀。农村地区人口大量应征入伍、流入军需工业和进城做杂工，直接导致数十年来都在抱怨"人口过剩"的日本农村出现了劳动力短缺问题，留下来从事农业的只有妇女、老年人甚至小孩子。据统计，从1937年7月至1945年2月，至少有200万农村人口涌入城市，直至3月东京下町大空袭一举扭转局面，城市人口要疏散去农村。

日本军国主义指导下的"转业"就是这样一幅怪异的场景：先是大批农村人口进入城市，用世代刨土耕地的手从事工业劳动，但1945年之后，被疏散到农村的城市人口又在农民的白眼下开始学习怎么垦荒耕种。结果是既没有足够多的食物产出，也没有足够保证质量和数量的军工产出。

实际上，农业和工业不是敌对的关系，只不过对越来越深陷战争泥潭的日本而言，农业部门和工业部门在互相伤害。战前日本农村向来对金属、机器和农具的需求是很少的，其耕种方式之落后，可以说仍然停留在"亚洲水准"，与日本的城市疯狂制造"欧美水准"的飞机坦克军舰形成了鲜明对比。

到了1944年末，"转业"运动这项遍及日本每个角落、社会阶层方方面面的浩大工程，似乎大功告成，曾经在1930年占日本所有工人数量比例最大（30%）的纺织工人，此时只剩下了7%。印刷业工人减少了15万人，食品工业减少了12.5万人，木器工业减少了30万人。与之相比，飞机制造业就业工人数从1930年只有9000人，膨胀到1944年6月的204万人。造船业增加了60万人，其他军械生产部门增加了45万人。

衣生活的简朴化

1945年初，日本纺织行业剩余下来的少数纺锭，只是为满足陆军部和海军部的订单而转动。纺织业被极力压缩的后果就是，日本人经历了历史上少有的衣料匮乏时期。当然，匮乏的不仅仅是衣料。

在战后出生的日本人，可以明显感受到经历过战争的女性长辈，对于棉织品或麻织品都有强烈的执着心，无论现在经济状况如何，她们几乎不可能将这些纺织物扔掉。这也是战争的后遗症之一。例如邮递包裹的厚实包装纸或细麻绳之类，经历过战争的主妇往往会收集起来，旁人见了会皱眉头。

"战争主妇"经过训练，可以让这些废物得到利用。例如，厚实包装纸可以用来包老公上班、孩子上学带的便当盒。细麻绳不容易被水泡而腐烂，被用来穿在木屐上。有人说这些"生活小诀窍"没什么必要，战后的便当盒早已改进成完全密封的结构，日常要穿木屐的日本家庭也很少了。但是，"战争主妇"终其一生，热衷于对各种不起眼物资的收集和利用。战争带来的"物资匮乏恐惧感"永远不会从经历者的心中消失。

全面侵华之后，日本民众就开始有物资匮乏之感。太平洋战争开始后，全方位的生活物资管制也开始了。偷袭珍珠港之后不过两个月，1942年2月1日，日本政府宣布执行"衣料切符"，即凭票证购买衣服的制度。简而言之，实行凭票购买制度后，一个人无法用手中的金钱自由购买市场上的商品。

1937年10月11日，全面侵华战争开始几个月之后，日本商工省发布了"人造纤维等混用规则"令，强制性在纺织行业纤维织品中混入人造纤维，并通过当年年末的"棉织品混用规则"令加以强化。当时日本纺织业所用原料，除了生丝基本是日本自产的，棉、毛、麻等原料基本依靠美棉、印棉、澳大利亚羊毛。但是，侵华战争强迫日本政府必须把所有宝贵的外汇用于进口废钢铁、石油等军需物资，而纺织原料被判定是民间需求，进口额必须大幅下降。

于是，商工省干脆在1938年6月29日发布"限制制造棉织品"令，先把日本完全缺乏自给原料的棉织品制造彻底禁止。当然，就算生产禁止，贩卖商店的仓库里还有不少棉织品库存。因此，为了防止棉织品价格暴涨，商工省又发布了"纤维织品贩卖价格管理规则"。商店库存耗尽之后，市场上就只剩下人造纤维混纺织品销售了。

人造纤维在当时的历史还不长，欧洲是在1908年发明了这种化学制造的纺织原料，德国在物资紧张的一战中实现了人造纤维的工业化生产。日本在二战前与

1945年的日本儿童时刻要戴着防空头罩

德国结盟，并不只是一种协定精神上的同盟，而是日本向一战失败后进行全面重建的德国全面学习的过程。

　　日本从德国学习人造纤维技术是两次世界大战之间发生的一个重要事件，其意义之重大远超一般人的想象。虽然人造纤维技术本身只是用于纺织品，但其背后涉及的科学领域众多。时至今日，说起日本是个科技大国，重要依据就是日本的材料学先进，连美国最先进武器的核心部件也要运用日本材料，其源头实际上可以追溯到当年日本对人造纤维技术的狂热追求。

　　对于战争时期的日本民众来说，政府是在以强制性手段改变他们延续数百年的穿衣习惯。1938年2月，商工省发表公告，宣称要从"国民精神总动员的立场出发"，全力推广人造纤维的使用，因为这种化工原料织品效率高又便宜，还能够与天然纤维进行混纺，并提出了8个优点。

　　1.长度、粗度、光泽及触感都可以自由操纵。

　　2.价格较为稳定。

　　3.整齐度较高。

4.不会遭虫啃咬。

5.拥有充分的强度和伸展度。

6.不含有杂物。

7.拥有相当的保温性。

8.紫外线透过率较高，所以富于保健性。

日本商工省提出的这些优点当中是存在疑点的，例如第二条"价格较为稳定"，实际意味着人造纤维织品普遍价格较高。人造纤维技术当时还属于新技术，价格较高是正常的，但要让当局承认这一点就不太容易了。另外，对于外界重点提出的人造纤维织品洗涤的问题，商工省的回答并不是"它能洗"，而是一句反问"不能洗，岂不是像纸一样了吗"。潜台词是，只要这种织物不像纸一样一碰水就烂，你们就该满意了。

1943年，在《图解：商品的科学》一书中，相关人士承认人造纤维制品具有"耐湿性较少的缺点，虽然可以进行洗涤，但不能浸在水中进行揉搓"，令人不禁奇怪，不能浸在水中揉搓，那叫洗涤吗？

但日本文部省仍然提倡使用人工纤维织品，因为这"在推动国策方面具有非常积极意义之举措"，日本国民必须要为推动"国策"而努力。但不论工商省如何罗列人工纤维的优点，文部省如何说教"为了国家请尽情使用"，人工纤维织品做成的纺织物到底不及纯棉、纯毛制品，这种人工制品完全违背了日本具有悠久传统的服装史。在实际使用中，日本民众很快发现人工纤维混纺的布料不耐湿、表面有一种廉价品的光泽、容易褪色、使用几次之后就开始解体——简直就像是用纸张制作的。这是限于当时的工业技术条件必然导致的现象。

当时很多日本小学生所穿的运动裤，基本都是人工纤维混纺布料制作的。在进行运动之后，运动裤就会有褶皱，接着就开始收缩，以至于要不停用手去扯住，否则就有露出"关键部位"的危险。而且在小解之后，这种运动裤极容易显示污渍。然而，如果进行多次洗涤，它又会严重缩水。在削减洗涤次数之后，可能是某种化学变化的缘故，它就开始解体了，粉碎成片状。还有孕妇使用的保孕腹带，因为人工纤维混纺而变得过于光滑，难以贴合在人体上。

　　当时的日本学生在升入中学之后，与当时的军队一样，规定在上下学、外出的时候必须在小腿上缠绕绑脚带。因为在战争时期，学生大量的时间是用在军事性锻炼和义务劳动上，使用绑脚带的目的是减轻双腿疲劳程度，起到安全保护作用。但是，这些绑脚带往往是人工纤维混纺布料，很难绑紧，走几步就会松开。

　　因此，我们就可以理解经历战争的日本家庭主妇会在战后继续精心保存棉织品或麻织品了。棉麻织品在战后不再短缺，人造纤维混纺布料的性能也得到了很大改善，但是战时缺乏实用布料的种种困难还在眼前。在这些困难中，最令人难堪的恐怕就是看"小商店主的脸色"。

　　作为一个在漫长的历史上规定"士农工商"的儒家社会阶层排列的国家，日本商人的服务态度似乎和那只全世界都可以看到的"招财猫"一样，永远保持对顾客笑容满面的完美状态，但在战争时期并非如此。大量缺乏门路的小商店主"转业"，继续开张营业的小商店主就拥有了销售某些商品时偷偷抬高价格的特权，还可以卖一些库存中仍有，但根据政府规定已经禁止销售的商品。这时，这些小商店主对于上门来求购的家庭主妇的态度，是一副高傲做派。

　　总之，只要某种类商品在报纸上报道将要进行"政府统制"，这些商品马上就会从日本的商店货架上消失，进入库存，随后成为店主赚高价、甩脸色的资本。不单单是棉织衣物，各类大大小小的生活用品陆续进入统制范围，日本主妇到处收集然后囤积的范围就越扩越大，直到她们形成定性思维，保持一生。

　　再看一看1942年2月1日，日本政府宣布购买布料、服装必需的"衣料切符"具体是什么东西。"衣料切符"分成甲种券和乙种券，都标明可以用来购买布料、服装的点数，甲种券一般是80点，乙种券是100点，另外还有规定使用期限的20点小券以及工作制服小券。使用地域范围也是不一样的，100点乙种券在市级行政区域和日本六大都市的相邻町村地区可以使用，而甲种在其他郡部地域使用。说白了，乙种券是城市区域发行的，而甲种券是农村区域发行的。

　　有规定使用期限的20点小券是作为紧急预备使用的，而使用日期有多长直接由商工省大臣决定。这位日本商工省大臣，就是战后被判为甲级战犯，随后又当了首相的岸信介，他的外孙就是安倍晋三。至于工作制服小券，则可以用来购买多种布料制作上身和下身的1套制服、2条毛巾、4双袜子，其尺寸也分为城市型和农村型。

具体怎么使用"衣料切符"呢？比方说，一个日本城市居民想购买3件汗衫和1件外套，3件汗衫总共需要的点数是50点，1件外套也是50点。这位居民只要去购买一次，就会把一年期的100点乙种券全部花完，接下来的一年，理论上他连一双袜子（2点）都买不了了。而对于只拥有80点甲种券的农村居民来说，一年也就买3件汗衫，其他就买些袜子，外套是不用指望了。

上面举例的城市居民是男性的，对于城市女性来说，用27点可以购买一条连衣裙，8点购买一件胸罩，40点购买一件外衣，8点购买一双拖鞋，其余再购买一些内衣、围巾等，也就用完100个点数了。对于学生来说，可以用32点购买1套学生制服，40点再购买1件冬季学生外套，也就差不多了。

当然，一个家庭内成员之间的点数是可以互相挪用的。另外，如果"衣料切符"丢失了，原则上一年之内不会再给点数。也有在一年之内增加一些"特别点数"的情况。将要结婚的女性可以获得500点，这是因为政府和军部指望更多女性结婚，产下未来的士兵。所以怀孕5个月之后的孕妇，也可以再获得100点。

战时日本和服，用军机、装甲车和举手投降的敌兵作为装饰图案居住地点在国外、到日本国内进行旅行者，可以获得30点。因遭遇火灾、水灾等灾难而损失衣料者，经过评估可获得500点以内的某点数。因被盗而损失衣料者，经过评估可获得100点以内的某点数。

最后，应召服役的军队士官以及享有士官待遇的军属等，制服一向是定制而非像士兵那样入伍后领取，也会给予相应的点数。

战时日本流传的一首歌曲，对于战后的日本人来说很大程度上无法理解，或者理解了也会觉得相当可耻，那就是"点数歌"。这首歌是由加藤芳雄作词、饭田三郎作曲，歌词是"32点的国民服，胸口手帕只需1点……"。这首歌其实就是用来帮助日本国民记忆"衣料切符"点数的。

那么，实施了"衣料切符"制度之后，是否日本国民就可以凭此获取必需数量的服装了呢？答案当然是否定的。"衣料切符"仍然需要拿到服装商店使用，但服装店一家接一家关闭，剩下的服装店也是商品日渐稀少，店主的神情越来越傲慢。执行"衣料切符"制度的第二年，1943年，日本政府就提高了各类服装所占点数，提高了1/4左右。例如，购买一件外套，在1943年就需要花费50点了，而在"点数歌"中只需要花费1点的手帕，提高到了2点，总点数未变，但国民能够买到的服装更少了。

进入1944年，也就是《战时生活读本》拼命推荐各种衣料节约方法之时，日本国民被"赐予"的"衣料切符"点数实质被削减了一

这件日本和服上的图案显然是颂扬日军对中国的入侵

半。具体来说，29岁以下的人规定总点数只有50点，而30岁以上的人只有40点。而且，"衣料切符"的有效期也从一年延长到了两年。

这么折腾所反映的现实，其实就是在1944年时，"衣料切符"制度基本没有了意义。日本街头服装商店就连库存都消耗完了，日本庞大的纺织工业到此时也已经瓦解，剩下还在开工的都在应对军方制服的订单，或者直接销售给学校和工厂。日本老百姓只能自己想办法了。以下引用《战时生活读本》，这一段内容开宗明义就叫作"衣生活的简朴化"：

> 如果我们所有的生活内容都要求贯彻简朴化，而服装是更加需要简朴化以适应决战体制的生活。现在最大的问题就是妇女服装。过去的妇女和服一般要耗费布料三丈二尺，而现在指定的标准妇女国民服耗费布料二丈三尺。也就是说，把妇女和服全部替换为标准国民服，可以立即节约1/3的布料。所以强制所有厂家转产标准国民服，是应该立即执行的政策。
>
> 最大原则就是，妇女和服绝不应再买新的，而是应该拿旧的进行修补。如果破绽实在太多，无法修补，就想办法改造妇女标准服。必须要有这样的坚强指导。现在还有很多人认为女性标准服就是在平常穿着，在婚丧嫁娶的场合不能作为礼仪服装。然而，男性的国民标准服只要戴一个礼仪章，就可以堂堂正正用于婚礼，希望今后也能承认适用于葬礼。这样实行，人们也就不用为结婚仪式的礼服浪费钱财。
>
> 买新衣服的另一个场合是孩子们升学进入中学或专科学校要购买制服。对于那些没有制服的国民学校孩子，至今还有些学校强制购买制服，这种矛盾至今仍然堂而皇之存在。还有从中学、大学、专科学校毕业的人进入社会时，应该绝对禁止穿着西装外套，而用标准国民服代替。买新西装这种事情，如今应该彻底禁止。
>
> 还有，过去从春季到秋季成人穿着的西式裤子，应该全部变成节省布料的半筒裤。如果在工作时有困难，穿作业服就能解决了。妇女的帽

子应该彻底废除，男子要戴鸭舌帽，帽檐太长的也应该废除。妇女应该用保温裙替代过去的裙子。现在有些地方上的女子学校将座裙作为女学生制服的一种，在东京也有大妻女高的女学生在冬季穿这个的，即女学生在上下学路上穿普通的裙子，在学校内就穿座裙。

直到获胜为止，日本女性绝不应该再购买新服装。那么，现在拥有的衣服损坏、丢失或者必须购买新服装时，该怎么办？要相信日本女性有创意、有才能、有灵性，只要想办法就一定能解决问题，只要能够开阔视野，就能发现几乎无限的可利用的材料。如果能站在这样的立场上，就算现有的限制再扩大两倍，也不会有服装不自由的感觉。

回顾一下在"中国事变"之前，当时很多人花了很多功夫购买年代久远的珍稀和服，甚至有人造假冒品，为了同样那点儿布料。如今已经不是奢侈材料的时代，奢侈的应该是人的心灵。真正的"衣生活"要取决于点数的多寡和商店的进货量。再强调一下，今后不应该再根据无聊的习惯就将服装丢弃。例如，经常有人说西式内衣耐久力低下，其实是在内衣的清洁与保健功能上加上了服装美的条件，比如应该是白色的，应该材质柔软，就拘泥于这些。

从这些固有习惯中解放才是真正的"衣生活"，用纱布制作内衣，用旧外套布料做成拖鞋，这些不都很漂亮吗？这样的思路开拓当然不限于女性服装，男性也可以考虑用棉外套取代毛外套。总之，老话说"缺乏是发明之母"，真正不足的是人的创意。如今正是让一贯生活中缺乏方针的日本人发挥自身创意的绝佳时刻，从这一点考虑，政府加强对"衣料切符"点数的控制，感谢还来不及，千万不要浪费了一片好心。

所谓"中国事变"，就是侵华战争，是日本当局发动的，自那之后，日本民众的所有消费开始变得不正常，在《战时生活读本》中，过去的正常变成了"不正常"，是应遭批判的"奢侈"。如此一来，侵华战争似乎就没有当局的责任了，相反，日本老百姓应该"直到取胜之前"，发挥"创意"来解决问题。这些所谓创意，无非是修修补补，日本的"战争主妇"确实都被磨炼出了各种创意本领，保持到了战后。

禁止"千人结"

说起来，"直到取胜前不买新衣服"这句战时日本"衣生活"的口号，实际上是从一句当时在日本社会反复宣传的口号中套用而来，这句话就是日本民众战时生活的总口号——直到取胜之前不存欲望。日文是"欲しがりません勝つまでは"。这是日本大政翼赞会与朝日、读卖等大媒体共同主办的战时口号征集活动的"冠军"口号，夺冠的是一名11岁的少女。

在战时日本流传过的许多口号中，这句"直到取胜之前不存欲望"被作为歌词编入多首战时歌曲，凡是经过战争的人绝不会不知道，但是在战后，这句口号成为日本军政当局无视民众痛苦的标志。这句口号在战争时期吸引人，一个重要原因是其作者是11岁的少女，具有话题性。战后当事人才承认，真正的作者是少女的父亲，此人过去就对写舞台、漫才剧本等感兴趣，因此能够想出这句口号，却以自己女儿的名义去投稿。

得到"勇夺冠军"的好消息时，这对父女都被吓得不轻，但只能硬着头皮受表彰，接受新闻采访。这对父女走到街上，到处都可以看到这句口号用大字书写成标语，喇叭里不断传出插入这句口号的歌曲，然而这一切都源自一个谎言。直到战后很多年，这位父亲去世了，女儿才承认了当年的谎言。

重新把目光放回到日本人的战时穿着上。"衣料切符"制度的实行与不断严厉，是与日本当局推行民众穿着所谓"战时服装"同步推进的。上文提到"国民标准服"这种东西。这是根据所谓"大日本帝国国民服令"推行的。对于所有日本男性来说，所谓"男子国民标准服"，是一种类似军服的东西，不穿就被视为"非国民"，所以勉强都穿上了。

日本国防妇人会正在制作军人慰问袋送往前线

问题就在于"妇女国民标准服"，《战时生活读本》反复劝诫妇女要运用创意、要感谢政府的点数制度等，就说明"妇女国民标准服"这种东西实在是和数百年来日本女性的审美观差距太远，无论物资紧缺情况到何种地步都极难普及。

"妇女国民标准服"一般分为两个版本。第一个版本就是过去的妇女和服采取最简易的节省布料制作法，没有任何花色，其下身只是个筒裙。第二个版本是"作业版"，就有点惨不忍睹了，相当于把女性套在一个"垃圾袋"里，头部和脚踝处裹紧以便尽量保温，一直没能在日本普及。1945年，日本女性的穿着样式基本都是"妇女国民标准服"第一版本的上半身，下半身则是座裙。这是日本女性与彻底崩溃的"日常"所做的最大限度妥协。

《战时生活读本》劝诫日本女性想尽办法，践行"直到取胜之前不存欲望"：

> 如今已经执行服装点数制度，因此我们必须想办法减少服装的日常消耗。例如，裁减和服的长袖子，这样既有利于行动，也杜绝了和服上最容易出现脏污的地方。应该提倡妇女也穿裤子。最近，我们经常在街头见到穿着裤子的妇女，感觉飒爽，这也是"决战型洋装"的功劳。与

此同时，座裙迅速普及。我在银座等地方见到穿着座裙或裤子的女性。感觉这是非常能够体现出战时下奋勇精神的现象。

在必须购买和服的情况下，应该做好买来就使用至少20年的打算。不应该着重于花色，只要朴素，能够长时间使用就行。在战时条件下，一个人应该拥有的也就是两件外衣、两件睡衣、衬衣和内衣若干。发生要买新衣的情况，一般都是衣服上出现破洞、脏污，这时候应该停下购买的脚步，想想有没有其他办法。破洞可以进行修补，脏污可以洗涤去除，重点洗涤的地方是襟口和袖口，可以用肥皂洗涤，其他部位一般使用清水就可以解决。

说起肥皂，很多人抱怨现在肥皂供应严重不足，其实和服是不适合用肥皂洗涤的，使用过多还会让襟扣产生褶皱。更有效的方法是，将和服挂起来晒太阳，轻拍去除尘埃，用毛刷、毛巾等蘸热水后轻轻刷洗，去除污点。在感觉会出现破洞的地方，加一些缝线作为加强，也可以有效延长使用寿命。在孩子们的洋服上也可以采取同样的办法，例如在袖口上事前缝一个补丁，可以有效防止磨损。

最重要的是培养良好习惯。例如对于孩子，应该教育他们坐姿端正，减少对衣服的磨损，日常让他们考虑如何把衣服使用时间尽可能延长，并且也要让他们进行洗涤。

既然买一件新衣服就要做好靠着修修补补穿20年乃至送给下一代继续穿的打算，那么日本女性在外形打扮方面的"过分需求"，当然也在日本军政当局的打击之列，打击重点包括化妆品。在战前，日本城市女性爱使用外国进口化妆品，当时日本的化工产业没有发达到在化妆品这一领域与外国争锋的地步，随着对外战争的开启，进口化妆品渠道慢慢断绝。于是，日本女性对自己头颈以上部位进行有限美化的手段，除了依靠一些国产传统化妆品（就连腮红之类也很快被禁），就只剩下烫头发。通过烫发得到的女性发型，多半来自西方时尚周刊的影响，是作为"摩登女郎"的标志。太平洋战争开始，英国和美国都成为日本的敌国，从英美世界来的发型自然也是"敌对标志"。日本女性还穿着洋装，烫西式发型在路上走，肯定会遭到警告——这警告可能来自执勤警察、宪兵、路过的军人、政府公务员，甚至是"妇女报国会"的人。

于是，日本女性只能在脑袋上搞一个不那么西式的"铳后发型"。"铳后"即"战争的后方"，指没有踏上战场但必须为战争付出一切的整个社会。"铳后发型"结构简单，三分钟即可以自己盘结完成，当然用不上烫发程序，从而成为战时中又一个区别"国民"和"非国民"的外表标志。

1945年，"奢侈品行是大敌""直到取胜之前不存欲望"这些口号喊得让日本国民耳朵都起了茧子，他们如果没有投入战场，当下的努力就只剩下维持不饿死的状态，"奢侈"这个词无从谈起。除了和服、烫头发，过去明显带有军国主义色彩的东西都进入了"奢侈"行列，最典型的就是"千人结"。

"千人结"不是二战时日本才开始流行的东西。早在1904年日俄战争时期，由于送去中国东北地区与俄军对战的日本军人大量战死，在日本西部地区开始出现由军人女性家属制作的"千人结"。就是一块手工缝制的长布，士兵拿来裹在腹部，在野外防寒。1904年，家中有男子应征前往战场的日本女性当中开始盛行这个传说，如果这块长布上由一千个人缝一个红线小结，在战场上就能达到避开子弹的神奇作用。也有人将"五钱"白铜硬币作为"驱邪物"缝在这块布上，因为"五钱"比"四钱"多一钱，而"四钱"与"死线"的日语发音

典型的"妇女国民标准服"

相同。当然，这些都是迷信。

日俄战争中作为第十一师团松山步兵第二十二联队的一名军官出征，在旅顺口身负重伤的樱井忠温，战后写了日本近代史上第一部纪实战争文学作品《肉弹》。此人在太平洋战争时担任"文化奉公会会长"，官拜陆军少将，战后作为日本军国主义文学鼓吹的总头目被免去一切公职。樱井忠温另一部与《肉弹》齐名的作品，叫作《铳后》，发表于1913年，在第二十二节《死时的安心》中，描写了"千人结"：

> 在军队中有很多人都持有所谓"千人结"的东西。在动员前后，停车场或者街道拐角处人流多的地方，经常就有一些拿着手帕大小的白布和针线的妇女，向着路过的人请求道："非常麻烦您，请帮一下忙。"拜托路人在这块布上缝上一针。也不是每个路人都拜托，只有女性会被拜托，直到凑满一千名妇女的一千针。有点过分的是，有人拿这个东西到女子学校的门口，等着女学生放学时拜托她们。要问这个"千人结"是干什么用的，说是可以挡避子弹。把这个做成裹腰布，或者缝在衣服的衬里都可以。
>
> 这个"千人结"也曾经被士兵珍视，比如在我的联队当中有个独当一面的士兵，负重伤，浑身是血，被担架抬下山来的时候，许多人看见这个"千人结"垂在担架外面。立刻有许多人觉得这个东西危险，士兵都开始默默把这个东西取下来扔掉。好不容易，一千个女性一心一意，默祷"不要中弹"而做成的辟邪物，如同垃圾一般被扔掉了。

可见，樱井忠温这位军国主义鼓吹手对"千人结"持一种讥笑态度。然而，战场的"实际体验"并不能阻止"千人结"的复活。1931年，日本关东军发动九一八事变，日本重新迎来征兵潮，"千人结"重现日本街头，到1937年全面侵华开始，"千人结"的流行便达到从未见过的高峰。不但是出征士兵的妻子、母亲、姐妹等女性家属，而且爱国妇人会、国防妇人会、大日本联合女子青年团等组织也积极上街，请路人协作制作"千人结"，然后作为慰问品放在"慰问袋"中，寄给前线士兵。

一个迷信可以衍生出其他的迷信。战争中又有一个说法传播开来，称普通的"千人结"需要一千名女性缝一千针，但如果是"虎年"出生的女性，大概是因为"虎虎生威"，只

日本军需省半强制地从民众手中收购钻石，用于军事工业

要在一块布上缝上与其年龄一样的针数，就可以等同于"千人针"。所谓"虎行千里，早去早归"。结果虎年出生的女性成了"香饽饽"，到处被人请去缝针，回礼当然也拿了不少。

满大街的"千人结"至少在1941年就被日本当局视为一种不必要的"奢侈品"了。一张流传到战后的通知单，用恶劣的纸质做成俗称"黄半纸"或者"马粪半纸"，标明1941年8月的日期，根据"横滨宪兵队"的要求，通知横滨地方上暂时停止制作"千人结"。当时日本各市町村的地方政府机关都有一个"兵事课"，日本军部可以通过这个"兵事课"直接干预地方上的行政事务。

横滨地方上与其他所有地区一样，每月都会召开"町常会"，即各个街道"邻组"组长聚集在一起开会。这张来自"横滨宪兵队"的"黄半纸"，表面上并不是强制性的要求，但事实上作为"町常会"只能按此办理。根据这张"黄半纸"的要求，横滨地方上应配合"横滨宪兵队"正在开展的暂停街头"千人结"。也就是说，在这一纸通知要求之前，可能"横滨宪兵队"已经秘密进行了这方面的工作，只不过成效不高，所以要求地方上予以配合。

军部把"千人结"视为浪费，却很难禁止，因为它的制作材料实在有限，无非耗费制作者的时间。到了1945年，仍有女性将"千人结"布料拿到学校、工厂宿舍或邻组工作单位，继续进行制作，用来送给被召集的亲人或者恋人。在过去，只

有实际接到命令将赶赴大陆、南洋投入战争的日本士兵才需要"千人结",但1945年的形势是日本正面对盟军登陆本土的局面,每一个被征召的士兵都有可能投入难以存活的本土保卫战,"千人结"的需求空前高涨。

"千人结"长白布上包含着"挡避子弹"的祈祷,也缝着"武运长久"的字样,按理说不应该成为军部厌恶的对象,但偏偏遭到宪兵队的禁止。虽说是"临时举措",但也没说禁到什么时候,其实就是想永久性禁止。日本军部在战时对不少人概念中"充满军国色彩"的一些民间行为持有深深的厌恶之情。

在1941年8月,同样是横滨地方上的一次町常会,与会者就得到了宪兵队以下的统治,足足罗列了13条要求,都是对"士兵送行"活动的限制规定。

1.诸如送行锦旗、花篮等装饰物都予以禁止。

2.送行时挥舞小旗、燃放爆竹、提灯、乐队演奏等"节日表演"类举动,都予以禁止。

3.应召者携带日章旗前行,或在旗帜上附带徽章等行为,予以禁止。

4.去送行的家人应该控制在10名以内。

5.去送行的人数尽量控制的同时,在精神方面应简朴进行。

6.应召者以及相关人员应注意情报资料不要泄露给任何人。

7.服装可以自由穿着。

8.不准骑马。

9.出发之前应与区长进行协商决定流程事项。

10.前往神社参拜时,各人都应从社物所求得"祈福物"。

11.本人不在家中,而在别处得到招募消息而应召时,不应通过电话或电报回复。

12.本人是否在家中应立刻报告兵事科。

13.生病等原因无法迅速回家者,应迅速上报。

这13条中的前8条都是对民众"欢送"出征士兵现场的规定。在如今的人们看来，当年陷入战争狂热的日本民众在把子弟送往海外从事侵略战争时，到处是锦旗、花篮、爆竹、提灯、乐队演奏、高头大马，充满军国狂热情绪，却很难料到日本军部并不喜欢街头频繁上演这出"节日表演"。

原因很简单，1941年8月，原先号称"三个月保证灭亡中国"的侵华战事拖延长达4年，侵华日军早已深陷泥潭，只能不断将更多士兵征召去投入战争泥潭。因此，出征时每一次街头喧嚣，在军部看来，不过是对他们一次又一次"打脸"。

地方上有豪商的子弟也应征入伍，送行时搞了个"艺伎总动员"，最后花天酒地一通，然后满街香脂气送入军营，这只是极少数的例子。一般来讲，普通人家会弄个第一项中提到的"送行锦旗"，就是日本"男子节"常见的"鲤鱼幡旗"，用绢布制作，不过到了1941年，绢布没得卖了，只能用较薄的棉布涂上一种名为"胡粉"的染料充当。后来连棉布也沦为"统制商品"，渐渐也买不到了。人工纤维混纺布就登场了，做好的"送行锦旗"上用墨汁写上应征士兵的名字，很快化成一摊墨迹，很难看清是什么名字。尽管如此，有这个"送行锦旗"举在送行队伍前头，还是有点风光。

军部在1941年8月这个节点上要求街头出征送行队伍"低调"，有许多理由。1941年6月，德国悍然入侵苏联，请求日本进军西伯利亚，对苏联实现两面夹击。日本军部内部，陆军主张响应德国要求，于7月连续两次下达动员令，在中国东北地区展开70万大军参加的"关东军特别演习"，做入侵苏联的军事准备，同时为德国盟军加油鼓劲。因此，在要求"低调"通知出炉的时候，日本街头充满了正在制作"千人结"的妇人，以及送士兵出征的队伍。对于日本军政当局而言，这一切大大增加了他们"掷出骰子"之前的焦躁感，干脆禁止为妙。

官方禁制令当然没有取得成效。直至1945年，出征送行队伍仍然是旗帜招展、欢声震天，只不过场面越来越显得寒酸。日本士兵，无论是在亚洲大陆上，还是在太平洋海岛上，仍攥着亲人、恋人制作的"千人结"，沦为战争的炮灰。打败日本军队，打扫战场时，很少有盟军官兵会拿被打死日军的裹腰布作为战利品，因为那通常是一块汗臭熏天的烂布。无人会在意上面细细排列着一千个充满"心意"的针结，更想不到日军会把那东西当作"防弹衣"。

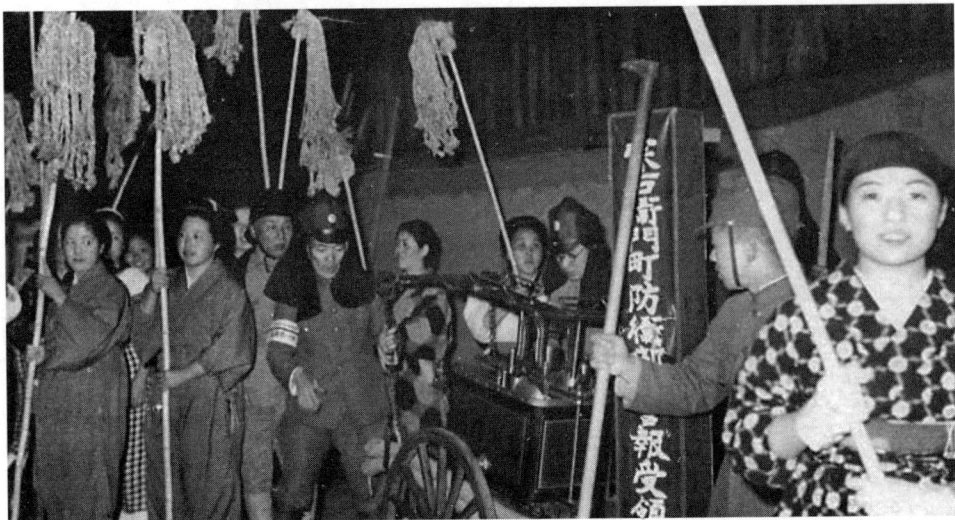

大阪花街的女性被组织起来进行灭火训练

　　总而言之，在日本军政当局看来，日本民众对战争的支持应该像一个水龙头，需要时就狂热喷涌而出，不需要时就要求低调乃至予以禁止。"直到取胜之前不存欲望"这句话被当局的笔杆子奉为"真理"，就和"天皇万世一系""大和民族是优秀民族"是一样的"真理"，提出了要推行到底。太平洋战争刚刚开打，1942年1月，一个名叫铃木库三的人，在《妇女之友》杂志上发表了《建设新生活》一文，文章副标题为"浪费是人类之敌"。

　　在与事变（侵华战争）一起高涨起来的国民精神运动中出现了各种标语，其中最耐人寻味的就是"浪费就是敌人"。我认为这确实是贯穿着真理的一句标语。这不单单是我国或是日本民族的真理，对全世界、全人类也是真理。

　　此次世界大动乱有很多原因，其中一个很大原因就是世界经济的停顿。导致世界经济停顿的主要原因就是欧美国家的人民奢侈至极的生活。所以从这一点来看，欧美国家的人们就成了全人类的敌人。当然，并不只是欧美国家的人，所有浪费的人都是我们严肃对待生活的人民的敌人。这样一来，无疑浪费的人也就会成为全人类的敌人。

铃木库三其实是日本陆军情报局的情报官之一，他的主要任务就是审查和统制新闻报纸杂志的纸张供给，《妇女之友》这样头等发行量的杂志也得拍他的马屁。这番一环套一环对"浪费"进行严厉指责的言论，矛头所向，不仅是欧美的军队，还有欧美国家的人民，乃至世界上一切被列为有"奢侈"行为的人。

铃木库三这套歪理邪说，与"直到取胜之前不存欲望"这句配合彻底战争动员的口号一样，在当时日本社会上畅通无阻。与"直到取胜之前不存欲望"相配合的"国民揭发"运动，越来越盛行。例如，在1943年某份日本官办杂志上，有人指责至今有喜好奢侈的人在喝草莓牛奶，也属于敌人的范畴。

> 不论是对于现阶段的大东亚战争时期，还是面临着困难的将来，我们都要充分理解，并做好心理准备。因此我们要相信，贯彻战争生活是处于"铳后"的我们最大的义务。虽然我很关心最近说要贯彻战争生活这一号召，不过这一号召只是观念上的，没有具体说我们该怎样生活。
>
> 而现在这种号召仍在继续，却有人在大冬天允许销售冰激凌。一些人品尝到了美味的草莓牛奶，而许多母子因为牛奶不足而苦恼。这不过是一个例子，类似的例子平时生活中还有很多。我迫切希望具体地指导我们该怎样贯彻战争生活，来共同将那些违反以及妨碍战争生活的因素迅速地驱逐出去。

虽然口口声声"直到取胜之前不存欲望"，甚至把冬天吃冰激凌、平常喝草莓牛奶的人明确列为"迅速地驱逐出去"的排挤目标，不过有一个东西是不会列为"奢侈品"的，就是上文提到的寄给前线日军官兵的"慰问袋"。爱国妇人会、国防妇人会等组织大量制作的"千人结"，就放在这个袋子中，当然还要放不少别的东西。物资充足的时期，放进慰问袋的有点心、干菜、内裤等日用品。

于是，为了避免被人用"奢侈品"的怀疑视线盯着，许多商店在罐头、卫生纸甚至美女写真上，打上"慰问用品"的标记，顾客可以买去放在"慰问袋"里寄往前线。太平洋战争开始后，商店里就没"奢侈品"可卖了，"慰问袋"同样日渐寒酸。于是，就往里面增加一些"精神慰问"的东西，例如少女写的"微笑慰问信"，上面写一些鼓励的话或是相声实录、短篇小说、谜语，乃至一些街头巷尾的笑话。

《少女俱乐部》这一类杂志曾经将装在"慰问袋"中的谜语摘抄了一部分。有一条谜语是这么问的："为了取得战争最后的胜利，需要一种会发出声音的小箱子，是什么呢？"这个答案就是"存钱罐"。但是，号召孩子、家庭主妇把零钱放进存钱罐这点"小事"，居然可以引导出"取得战争最后的胜利"这样的结果，这确实是1945年日本独有的逻辑。

这个逻辑就是：日本国民为了"大东亚圣战"、为了"天皇陛下"奉献出一切可不是空谈。奉献出一切，意味着耗尽所有的脑力、精力和体力从事与战争有关的工作，压制自己的所有生活需求，"直到取胜之前不存欲望"，还要一切听军部当局的指挥，要求制作"千人结"就去做，要求不做立马停手。所有这一切都要奉献，当然也包括金钱——所谓"国民储蓄运动"，要求日本国民消灭过往的金钱观念。

国民储蓄

东亚地区各个国家的储蓄率都很高，特别是相对于欧美国家而言。其实，通过国民的高储蓄率，虽然压制了国内消费需求，但政府可以拥有大量资金进行基础设施建设并投资教育和外向型出口行业，从而带动整个经济发展、经济结构优化向上，这是日本战后率先实行的模式。这套模式被"亚洲四小龙"加以学习，同样促进了经济发展。日本并不是平白无故发明这套模式的，这套"东亚经济模式"脱胎于日本战时经济政策，具体就是战时"国民储蓄运动"的延续。

以下材料来自侵华日本陆军航空地勤兵市川幸雄的回忆录。作为了解战时"国民储蓄运动"的一个触角，先了解一下市川这个人。市川幸雄1918年出生于长野县浅见山麓下的佐久市，侵华战争爆发时在日本电力公司工作，1939年7月被日本陆军征兵成为"航空整备兵"即航空部队地勤兵，经过在各务原第一航空教育队的培训，前往驻扎在北京南苑机场的日本陆军飞行第六十战队第三中队服役。1940年初，市川在地勤工作中锁骨骨折，需要养伤三个月。

市川被送到北京市的"北京陆军病院"养伤。北京当时已被日军占领两年多，这个"陆军病院"是日本陆军的专用后方医院，占据的场地建筑就是清华大学的一部分。市川入住此医院，被校园中气派的砖瓦建筑物和"清华园"的美景震惊了。清华大学旁边的燕京大学（今北京大学）还没有被日军占据，因为这个用"庚子赔款"建立的大学属于"西洋资本"，不过，在1941年日本对美国开战后，燕京大学立刻也被日军征用。

1942年，服役期满的市川回到日本，重新回到日本电力公司。不过，此时的日本电力公司已改名为"日本发送电公司"，只是一个配电公司，日本所有的发电设施已统归国家管理。战争末期，市川的劳动条件是每天12个小时，每个月值15个夜班。1945年，物价飞涨，市川因有夜班津贴、物价津贴和食物津贴，勉强可以生活。

在市川看来，最悲惨的是那些小学毕业就因为生活困难而被迫出来工作的十二三岁的少年，在征兵检查之前的几年，他们一年到头早出晚归地工作，每年只

当年作为一名日军伤病员的市川，与清华园内的一只石狮子合影

有两次即1月和7月给予总共16天的假期。这些少年多数出身农村的小农家庭的二男、三男等，因为父母实在养不起太多的"嘴"，而送出来作为学徒工作。最后这些自出生以来就没过几天好日子的日本少年，被征兵上战场，沦为炮灰。

市川在战后仍然在东京电力公司工作，直至1975年退休。1983年，市川作为一名谢罪者、对华友好人士，重返阔别43年的北京，访问了过去作为日本陆军医院生活过的清华大学校园，游览了紫禁城、王府井、长安街、天坛、北海公园、颐和园、十三陵、八达岭等景点，这些地方当年他作为日军一员游览过，当年拍摄的照片可以与数十年前日军的"此地留影"相对照。

回到日本后，市川因不满20世纪80年代日本政府大搞"市街地再开发"时期的混乱无序、腐败横行，卖掉在东京新宿的住宅，决心将余生献给中日友好事业。遂返回故乡长野县，在八千穗高原建立"八千穗日中青年之家"，实为提供给当时在日本的中国留学生与长野县日本民众友好交往的夏令营地。"八千穗日中青年之家"位于一片风景优美的白桦树天然林中，得到招待的中国留学生住在八千穗村村民的民宿中。市川因此被八千穗村赠予"名誉村民"的称号。

市川在战后写回忆录，资料就是他在战时小心保存的大量资料。例如，有一份1943年他退出现役，回国后在"日本发送电公司"工作时的1月工资单。让我们看一看这份工资单的具体内容。

【给予部分】

基本工资：一天1.65日元，这份工资单上一个月给予51.15日元。

工龄津贴：这个基本不发。

代班津贴：因为一年到头谁都不休息，无从代班，所以基本不发。

夜班津贴：劳动条件是1天工作12小时，每个月15天是夜班，每个夜班发0.15日元津贴。

节假日津贴：如果国定节假日以及星期天都不休息，就可以得到节假日津贴。因为工资太少，所以大家都是全年不休，就可以拿足节假日津贴。这份工资单上给予9.9日元。

全勤津贴：规定每个月有两个星期日可以休息，但因为休息了就不发全勤津贴，所以大家继续上班。这份工资单上给予 3.3 日元。

工作或工事津贴：在工事现场从事重体力劳动者可以得到 1 天 0.26 日元。这份工资单上给予 8.06 日元。

物价津贴：这是政府承认物价上涨过快而给予的津贴，1 天 0.09 日元。这份工资单上给予 2.79 日元。

家族津贴：这是给已婚者的津贴。不过当时市川先生是独身，所以没有。

【扣除部分】

健康保险金：日本政府规定，全年都不使用健康保险上医院看病的人，可以得到表扬奖章之类的纪念品。健康保险金额也不高，这份工资单上扣除 1.05 日元。

产业报国会费：产业报国会这个组织，名义上加入是自愿的，但实际上所有日本的工业从业者全部强制加入产业报国会，也就要缴纳会费。产业报国会是日本战时"1940 年经济体制"的重要支柱，也对战后经济体制构成深远影响。在这份工资单上扣除 0.1 日元。

电灯费：住宿在公司中的社员缴纳的电费。

组合储蓄金：这就是"国民储蓄运动"所推动日本国民进行储蓄，并以储蓄金支援当局进行战争的部分，各人金额因其收入不同而有所不同，但每个人都要有储蓄，这是规定的义务。在这份工资单上扣除 10 日元。

耗尽日本国民血汗制造的军舰，在盟军绝对空中优势面前，沦为纯粹的猎物

所得税：组合储蓄金，名义上并不是交给国家的，只是战争时期的储蓄而已，虽然事实并非如此。所得税就是不论任何时代都要缴纳的税了。在这份工资单上扣除4.16日元。

战舰捐献金：这大概是工资单上最古怪的一个项目，出现在1944年3月的一份工资单上，扣除了0.1日元。虽然当时日本海军联合舰队已经打败亏输，到1944年末更是彻底丧失战力，只能龟缩港口挨炸，但这个强制性向国民征收的"战舰捐献金"一直收取到战争结束。

厚生年金，即养老保险：这个扣除项目出现在战争最后一个月即1945年8月的一份工资单上，扣除了6.6日元。这个项目即战后日本"年金制度"的基盘。

总体而言，市川在1943年1月到手的薪水是67.85日元，1944年3月是76.94日元，到战争结束的1945年8月是92.5日元。考虑物价因素，这肯定意味着生活质量的下降。不过，市川到底不用担心陷入饥饿，因为他从1939年至1942年间作为技术兵种服役，在日本当局明显倾向于"优待军人"的政策影响下，通过得到军饷也算是小有储蓄。

市川服役期间军饷收入的记录如下。

首先，一般每一名士兵的征兵令花费不过是"一钱五厘"的通知书，所以军队士官训斥新兵时经常说"你们的命就只值一钱五厘"。市川作为航空地勤兵，可以得到"危险津贴"3日元。1940年，市川作为一等兵通过战时加饷，达到月军饷24日元，只要有一次搭乘上北京南苑机场的

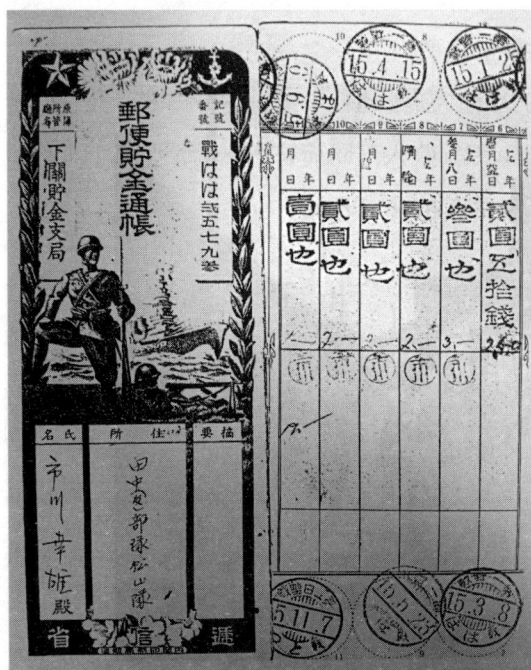

市川保存下来的日本战时邮政储蓄单。他是在中国战场上把军饷储蓄起来的，接受储蓄的是日本九州的储蓄局

轰炸机去执行一次危险任务，获得的"危险津贴"就是3日元。当然，如果是下士官搭乘一趟轰炸机，可以得到4日元，将校级别则是5日元。市川当时每一个月要搭乘7次左右，主要是为了确认修理成果，所以获得的月度"危险津贴"是21日元。

另外，如果是为了服兵役离开公司，公司仍然会将原本的工资发给原职工的家人。如果该原职工已经结婚，就是全额工资照付。当时市川先生是独身，所以还能得到原先工资的1/3，大约是22日元。这样，市川在服役期间每一个月可以拿到67日元左右。当然，市川在服役期间衣食住行都不用自己开销，这笔收入绝大部分可以存起来。

市川在中国期间听到的最难以置信的一个传闻，是重庆国民政府为日军飞行部队开出了"驾机投诚"的明码标价，市川进行地勤维修的一架轰炸机，如果有日本飞行员愿意冒险驾驶去投诚，便可得赏格10万日元。不过，在市川服役时期，日军在战场上没什么劣势，自然不会有人因为钱投诚。

看过市川的战时工资单和军饷，就可以全面描述"国民储蓄运动"了。这也是在太平洋战争打响之后，为了从经济上实现政府、军部全盘统制而推广的运动，目的就是压制国民消费，杜绝一切"非战争目的的浪费"。首先是在1942年4月，日军在太

一份1940年发售的日本国家战争债券。由于太平洋战争还未爆发，这份债券是以支持侵华战争的名目发售的

平洋连战连捷之时，大藏省国民储蓄奖励局就开始在日本全国散发各种储蓄运动传单。

这些传单中有不少保存到了现在。其中一种大致是A4纸大小，三色印刷，可以折叠，看起来与今日在银行、邮局中放在架子上任人拿取的折叠广告宣传册别无二致。实际上，当时的储蓄运动传单也是从邮局的窗口进行发放的，另外则放在邻组公告板的上面任人拿取。也有直接送到各家各户的。例如，一张储蓄运动传单上的大标题是"敌人脱下钢盔之前向着230亿日元储蓄额迈进"。把折叠面打开，则是"为什么要进行储蓄"的解说文。所谓"敌人脱下钢盔"，即敌人宣告投降之意，宣传册封面上还画上了英国和美国的地图形状。

侵华战争爆发时，日本政府追加的"临时军事费"预算总额达到469亿3500万日元，超过宣传册上列出的230亿日元储蓄额目标一倍之多。到了1942年，太平洋战争进行时，宣传册解说文中就指出军费"飞跃般大幅增加"，在开战前军费每天约1800万日元，迅速膨胀将近3倍，达到约4900万日元。

战争费用虽然部分可以通过税收和政府开拓的新财源支出，但是对于第二次世界大战这样全民动员的"超级战争"，各国都必须发行大量的国债应对，日本当然也不例外，宣传册解说文中指出，国债想顺利被"消化"，只有依靠"我们国民的积蓄"。所以，国民储蓄对于继续进行战争绝对必要。阐明这番"大义"之后，宣传册详细解说了1942年日本政府的储蓄额增加目标。

　　昭和17年（1942）的国债消化资金预计约60亿日元，国民储蓄增加目标额约230亿日元。平均下来每个国民每个月需要分担大约18日元，这当然并非容易达成的目标。但是，从政府资金的支出额与国民的储蓄力等各个角度来看，也绝非不可能的事。只要诸位国民认真地以满腔热情不断进行努力，协助国策，就完全是可以做到的。

　　如果我等国民懒于储蓄，令政府希望达到的储蓄额目标无法实现，结果会如何呢？不用多讲，就会令作为战争费用财源的国债消化，还有调配生产力扩充资金都产生困难，进而令在第一线进行奋战的皇军官兵，无论是军服还是粮食，抑或是用于歼灭敌人必需的军舰、飞机、战车等各种武器弹药都无法进行充足的供给。还不止如此，如果没有储蓄，渐渐就会发生通货膨胀，物价就会飞涨，最后引发恶性通货膨胀，经济界便会陷入难以收拾的混乱局面。

　　其结果就是我国无法再履行作为世界新秩序建设者的光荣使命。在上一次世界大战中频繁获得军事斗争胜利，却在经济战中一败涂地的德国，不就是前车之鉴吗？

　　以上宣传册解说文，把日本国民不努力储蓄的后果说得极为严重，前线日军会因为军费短缺打不了仗，也承认完成储蓄额目标很困难，更举了德国在一战中败于经济战的例子，但解决问题的途径只有一条：日本国民用自己的热情拼命努力去实现储蓄额目标。实际上，所谓的"热情""努力"这些如今经常出现在日本文艺作品中的字体，在那个年代指代的都是具体的东西，就是衣食住行等各方面的节约，省下来的钱交给政府和军部用于打仗。

　　宣传册解说文的作者照样使用了偷换概念的手法，德国在一战中真的军事上节节胜利，最后因为国民不节俭输掉了经济战吗？当然不是。而对于二战中的日本来说，绝不能老老实实承认一战德国的失败就是因为综合国力不如对手，因为此时日本面对的英、美对手同样在国力上遥遥领先于日本，所以失败的原因只能总结为不够努力，不够热情。

　　要让当时的日本国民平均每人每月贡献出18日元的储蓄额，实在需要太多的努力与热情，当时日本一个普通五口之家每月的生活费是100日元左右。每个家庭成员包括老幼在内都要贡献出18日元，那就是90日元，只剩下10日元过日子。在战争前，"吉野寿司"店贩卖的一人份手握寿司相当于如今的便利店快餐，是0.25日元一份，10日元只能买40份，如何供5个人一个月内吃？而这只是吃饭开销。由此可以看出当时号称"科学食生活"为何要提倡把鱼骨头磨成粉泡汤。

　　但不管怎么说，"国民储蓄运动"是发动起来了，在1942年上半年日本的军事机器从太平洋到印度洋疯狂前进、连战连捷的情况下，不用怀疑日本国民有没有足够的热情去勒紧裤腰带。1942年日本政府指出的"临时军费"是180亿日元，国债消化资金是170日元，即基本上通过发行国债来筹措战争费用。生产力扩充资金是60亿日元，而在前一年1941年也是如此，直到1944年仍是如此，这反映出日本军工产业的扩张限制并不在资金方面，而是难以获得足够多的海外资源，以及熟练工人的不足，这些都不是"临时努力下"就可以弥补的短板。

不过，类似宣传册作者这样的"笔杆子"所要面对的一个不可回避的问题，就是刚刚爆发的太平洋"圣战"要打几年？1937年日本发动的侵华战争，军部号称只需要三个月就可以结束，列出的费用是所谓"临时军费"，结果到1941年，每年的"临时军费"都在膨胀。如果太平洋战争也这样延续，靠国民努力储蓄能应对天文数字般的军费吗？在国民储蓄运动的宣传中，所谓金融方面的"专家"对此进行了一番解释：

> 如前所述，因事变（侵华战争）而增加的政府支出资金约50亿日元，大体上来说，就等于是增加了这个数额的政府购买力。由此政府支出而供给的物品和劳力，也就可以获得基本等同这个数额的资金，而这个资金几乎全部成为国民之所得，然后转化为储蓄，就如今的资本管理现状特别是外汇管理而言，资本的外套是完全可以防止的，因此流向国外的金额是非常稀少的。
>
> 当然，政府支出大量资金，然后回流成为国民所得，再成为储蓄这个环流过程，是需要若干时间的，但大体上新增加的储蓄额达到约80亿元并不是不可能的。从反面来说，如果大体上国民个人的消费总量比事变前并不减少，而政府的总消费量大幅度增加，则国民全体而言并不需要削减一直以来的消费，就可以增加这个数量的储蓄了。

按照这位金融专家的解释方法，日本的战争经济真是一个"完美循环"。只要国民把得到的收入进行储蓄，政府就可以进行大规模战争支出，购买大量战争装备送往前线，而这些支出又转变为国民收入。由于外汇管制，这些战争支出都用在日本国内，就可以把这个循环永远继续下去。

但任何一个对于社会经济运作稍有概念的人，都会懂得这个所谓"完美循环"是胡说八道。国民的收入进行储蓄，转化为政府的战争支出，但是这些支出造出来的军服、军粮、军舰、飞机、战车以及各种武器弹药，从制造出来之后就不会再产生任何社会经济价值。它们运到战场上消耗掉，这个循环就结束了。当然，军服厂、军粮厂、飞机厂、军舰厂……都有了订单，有了大笔收入，但这些收入大部分用来扩大生产规模、研究新武器装备，最后还是转化为武器，送上战场消耗掉。军工产业的资本家和工人从中分走一部分利润，但与投入的资金无法相比。

因此，这个循环根本不可能长期持续，但日本毕竟把战争打到了1945年，财政上是怎么做到的呢？其实很简单，虽然日本当局口口声声宣扬只有推进国民储

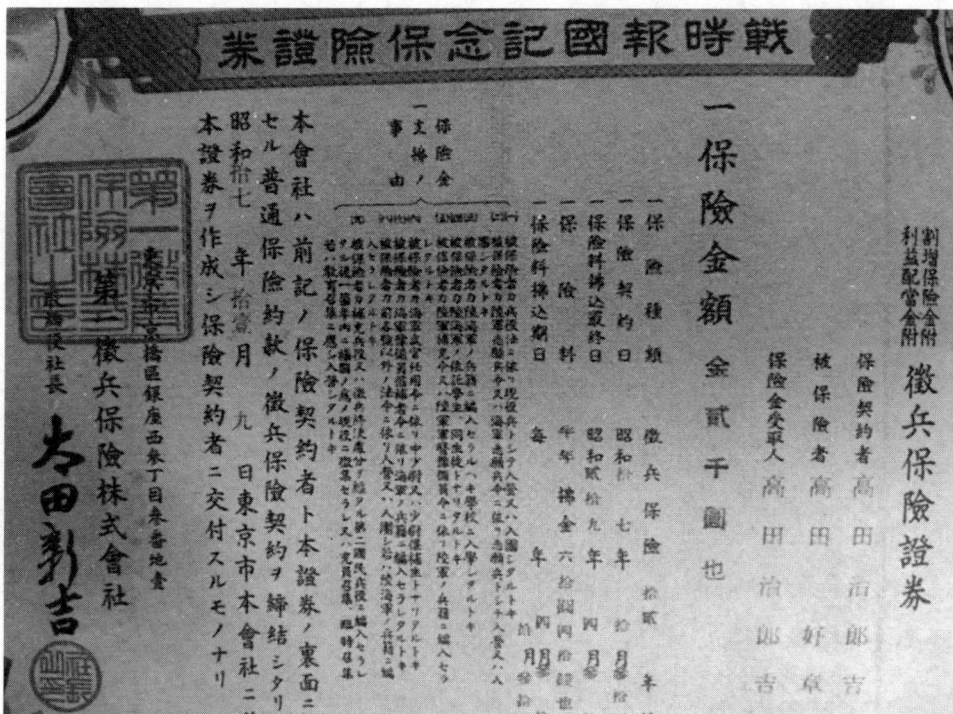

一份由"日本第一征兵保险株式会社"开具的战时征兵保险单

蓄运动才能避免恶性通货膨胀，但实际上1942年日本通货膨胀状况就大为恶化。日本政府通过发动"转业"运动，让大批劳动力从非战争急需产业转移到军需产业，造成消费品奇缺，然后提高消费品税率，从国民手中拿走大笔钱财。随后又通过国民储蓄运动、国债鼓励运动，让民众"热情""努力"地辛苦工作，然后将所得收入以极高比例献给政府。当然，名义上的储蓄和国债，都是到期要偿还的，但通货膨胀同时进行，而工资收入提高不多，在这个过程中，国民的大笔钱财"蒸发"。其实就是转化为武器装备，在战场上消耗了。

这当然也是个"循环"，只要军国主义的日本不战败，这个"循环"就可以无止境地延续，无非越来越多的年轻人上战场，老百姓的生活水准越来越下降。只要战场上有捷报传来，这一切就不是问题。这也就解释了为什么直到1945年初，军部仍然在大搞虚假宣传，各种"捷报"造假到了极度荒唐的地步。

税要加，孩子也要多生

把话题转回战时日本。既然为了进行战争需要日本国民尽其所能把收入缴纳为储蓄，那么当局获取战争资金的另一个财源，或者说"正当财源"即国家税收，自然也需要充分利用，所谓"苛捐杂税"，自从1937年日本全面侵华之后也膨胀到了颇为骇人的地步。

1938年4月，由日本法政学会编写的《让每个人都能读懂国家总动员法指南》中的第二部，就是《事变特别税法指南》，对增税做了详细的解释。所谓"中国事变特别税法"在增加一般性的所得税、法人税基础上，又增加了物品特别税，矛头先指向服装、化妆品、收音机、自行车等生活用品，全都要增税。归属个人奢侈品的东西，钻石、珍珠、龟甲等，全部课以极高的税率，最高能达到80%。

一些过去兴隆的"奢侈"行业遭到了增税法案的打击。作为日本传统文化象征之一的艺伎，收入交税额度直接翻了一倍。而受到西洋文化影响的咖啡店、酒吧，基本上税率也要翻一倍。旅馆业也不能幸免，住宿费一晚上 3 日元就要开始征税，然后采用累进制，5 日元收 20%，10 日元收 30%，最高可以收 50%。

服装类商品已被纳入"衣料切符"制度，就算有钱也必须按照规定的点数进行购买。但就算按点数购买，也要面对因抽税而价格大幅

尽管"衣料切符"的分配额很少，仍然有不少配额到期也没有被用掉，于是返给了商工省，这名工作人员正在进行统计

上涨的局面。一般而言，男性西式洋装、国民服都按照 30% 收税，70 日元的免税点下降到 60 日元，而女性服装只要是色彩稍微浓郁的，就要从 32 日元开始收税，洋外套、和服用外套等也要从 50 日元起收税，和服类的免税点下降到只有 18 日元，而商工省"大藏大臣指定"的品牌免税点则是 17 日元，看似没什么大区别，但实际上就让市场上除了"大藏大臣指定"品牌剩不下别的。

日本人独有的精细也运用到了极致，正如"衣料切符"制度管理到了小小的手帕，服装类征税也瞄准一切目标，比如领带、披肩、腰带，全都大幅度降低免税点并提高税率。丝绸类高级品就不用说了，"友禅"丝绸等把税率从 20% 一举提高到 60%。洋服的价格达到 110 日元以上的也要收税 60%。这样，这些高级服装在日本从表面上是消失了，留下给有钱人家私下享用。还有一大堆与战争没有直接关系的生活奢侈物大幅提高了税率，按照提高幅度又可以分为多个类别。以下抽取一些增税物品名称：

第一种甲类：宝石与宝石原料、金银制品、龟甲制品、珊瑚制品、象牙制品、皮毛制品、高级羽毛制品。

第一种乙类：各种时钟时表、笔墨、砚台、纸张、书帖、削铅笔

器、戒指、手环、耳环、颈环、项链、发簪、发卡、蝴蝶结、领带夹、皮带扣、手表用带、鞋垫、裤子吊带、眼镜框、眼镜盒、钥匙盒、手提袋、钱包、名片盒、定期券、携带刷子、各种镜子、各种化妆品容器、帽子、手杖、鞭子、洋伞、其他伞、各种包箱和行李箱、公文包、各种鞋类、书画及古董、花瓶、置物架、过节用玩偶、各种玩具、摇篮、各种体育运动类器具、台球桌、座灯、吊灯、手电筒、开水壶、调理用器具、毛发干燥器、洗衣机、暖房用小炉子、温水槽、各种棋类用具、桌子、椅子、壁橱、镜台、衣服篮子、火炉、屏风、漆器、陶瓷器、玻璃器、茶器、酒器、果子器、饭盒、坐垫、床褥用品、盆栽、猫狗等宠物、观赏鱼、狗屋、鸟笼、鱼缸、庭院用石材、暖帘、提灯、各种花类、钓鱼用具、打字机、计算尺、算盘、打孔机、打票据机、日历、碎纸机、印章、笔记本、工作台、收银台。

第二种甲类：照相机、复印机、显像用品、录音机、收音机、各种乐器、猎枪及弹药、高尔夫运动用品、霓虹灯管、香烟用打火机、乘用汽车、香水、香纸、香袋、口红、化妆水、化妆粉、护肤霜、发油、染发剂、美甲用品、脱毛用品、真空管、扩音器、电风扇、瓦斯灯、矿灯、冰箱冰柜、冷冻机、金库、铁制家具、香波、洗衣粉、各种茶类、咖啡、可可、巧克力、清凉饮料、牛奶及牛奶制品、酸性饮料、果汁、咖啡粉、茶粉、烟花、线香及各种熏香类物品、大理石及各种装饰用石材、除了渔业和通信业等所用以外的灯泡、热水瓶、水桶、手摇计算机、印刷板、誊写器、墨水、变电器、幻灯机、黄油、奶油、奶酪、假牙、剃刀、调味料、包括防弹玻璃在内的各种玻璃、鞋油、咖喱粉、胡椒粉、辣椒粉、芥末粉、山椒粉、各种酒类、各种清凉饮料、砂糖、糖水、味噌、酱油、醋、油脂、盐、鸡蛋制品、各种糖果子、各种滋阴补阳强壮剂、维生素剂、荷尔蒙剂、人参等。

第二种乙类：葡萄糖、麦芽糖、蜂蜜、各种甜品。

以上这份加税清单不完整，但其涵盖范围之广，称为"苛捐杂税"真是当之无愧了，凡是在现代社会中想过最起码正常生活的人就不可能避开。《战时生活读本》对日本战时政府如此大规模、大范围对国民增税，以如下言辞进行辩解。

随着战争的推进，国家开支大量激增，从而导致国民的购买力增大，同时民用物资在减少。为了让两者保持平衡，一方面要增加国民储蓄，另一方面通过增税抑制消费，果断吸收浮动购买力，特别是要针对奢侈消费课以重税，这是日本全体国民早有觉悟的事情。有很多人认为对于娱乐税还是征收得太少，还有对于超出生活必需的物品征税应该达到将之禁绝的地步，不过通过目前的增税，我们作为消费者也必须要认清商品与金钱的关系，端正自己的生活，积极协助进行储蓄，同时各个行业的人也必须作为征税义务者正确履行纳税义务。

我们经历过的增税有六次之多，如今进行第七次增税的条件已经成熟。整个税收收入，已经突破六倍之多，自然会引发很多的惊叹，但是与正在战斗的其他很多国家比，我国税收仍然是相当低比率的，大体上依靠公债收入来维持财政，但是考虑到财政弹性，增税向上扩张主要依靠间接税，这次增税也是以间接税为主。为了吸收国民的购买力，应该及早修改法律法规从而让税收能够更高效率地适用于国民所得的所有场合，不过从当前抑制消费的效果来看，间接税还是有增长余地的。

通过国民储蓄、公债消化、间接消费税等综合运用，政府资金的支出纯增长幅度在19年度（1942年）已经突破了90亿日元，从这个意义上来说，本次增税除了要进一步强化战时财政，中心目标还是抑制消费，均衡浮动购买力，需要一亿国民对此进行深刻理解并全力协助。

通过物品税的增加，在生活上只要不去追求奢侈，就不会感到有不自由或被束缚之感。对于交税能力较强和较弱的不同群体来说，对于何谓不自由感当然是有所差异的。大家需要思考的是，应该将日本的差异化生活简朴化，尽管让城市、农村都迅速转化为战时生活状态。这虽然并非一朝一夕即可实现的事，但如果不在文化上进行全面革新，光靠嘴上说说也不能形成"总进军"的态势。同时，还需要具有相当高交税能力的人，主动挺身进行大额储蓄。

总而言之，对于日本政府的税收从1937年至1943年狂涨6倍这件事，太田清文认为不过如此，出于抑制消费的目的是完全必要的。对于一个生活在战争中的日本国民而言，只需要贡献一切精力为战争事业服务，用配给的食物勉强填饱肚子，其他一切欲望就都属于"奢侈"。

当然，也不能一概而论地认为日本政府在"抑制消费"方面到了丧心病狂的地步，就算在政府和军部看来国民只是"战争的燃料"，但把所有燃料一次性烧光并不符合其利益。因此，对于一些必须予以保护的人群，日本政府还是采取了一定的保护措施，最典型的就是"战时夫妻""战时宝宝"。

如今日本任何地方的女性怀孕，其居住地域的町或村自治单位就会向其交付一份"母子健康手账"，简称母子手账。孕妇拿这份母子手账去接受健康审查，在孩子出生后接受各种疫苗接种，接受各种保健指导。而这项母子手账制度，是从二战中的1942年开始实行的，当时叫作"孕产妇手账"。执行这个制度的初始目的很明确，就是鼓励日本女性"多生、快生"，弥补日本因战争而大量损失的人口。

"多生、快生"运动正好与抑制消费的各项政策直接违背。怀孕期间所需的营养品、孩子襁褓所需的布料，奶制品和糖制品甚至玩具，统统都被列在日本政府增税清单里。

一场战时街头宣传活动，用硕大的字书写的标语就是"直到取胜之前不存欲望"

而孕产妇手账就有给予物资"加配"的好处，所以这项政策一经推出，立刻在整个日本普及，并延续至今。战时给孕妇加配的伍子，包括每天350克的大米，还有砂糖、生产用脱脂棉、孕妇带等。

　　既然战时日本推进"多生、快生"运动，自然也要鼓励青年男女尽快结婚。不过，在战时状态下的日本婚礼仪式，照旧要遵从"直到取胜之前不存欲望"这个原则。神奈川县镰仓市政府发行于1940年的一本小册子《镰仓市民战时生活体制实行方案》流传到了战后，只有14页。其中第一页就对战时镰仓市民应该怎样举办婚礼进行"指导"，开头写道："为了应对越发严峻的国际形势，确立本次圣战之最终目的大东亚共荣圈，向着建设世界新秩序而迈进，必须加速完成高度国防国家的建设。"众所周知，日本1937年发动侵华战争后所用的口号是"为了东洋和平"或"为了确立东亚永远的和平"。"大东亚共荣圈"是在1940年7月第二次近卫文麿内阁成立后喊出来的。这本用作生活指导的小册子，把这个当时的"新词"写在开头。

　　　　日本一亿国民应尽快认识到立即推进国防国家建设的深刻时局，克服一切困难确立战时生活体制，共同团结协力，一扫时弊，实现简朴质素的战时生活方式，张扬我国独特的家族制度之美风。

　　对于市民婚姻事宜，有如下建议：

　　第一，相亲。

　　1. 相亲活动应在媒人的家中或者与之相当的场所举行，避免去剧场、饭店等场所举行。

　　2. 相关者的服装应该尽量简朴。

　　3. 食物应只有茶水、果子的程度。

　　4. 不要被生辰八字、五行相冲等迷

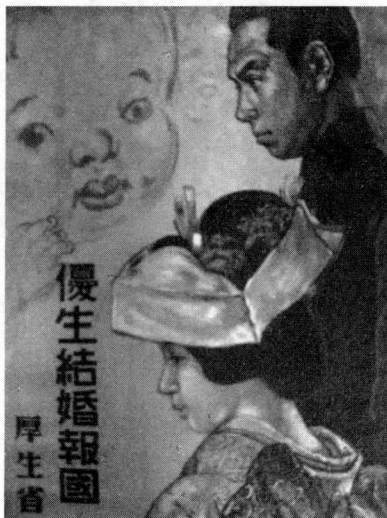

日本厚生省绘制的关于婚姻的宣传单

信影响。

5.可以互相了解血统、健康状态、思想、品行、兴趣以及资产情况等，需如实告知。

第二，定亲。

定亲应以简朴的仪式举行，即完全废除赠送戒指、高等和服等行为，对于木扇、熨斗、海带等礼品的交换则只需交换清单即可。

第三，婚礼准备。

1.准备服装应专注于简朴，尽量不要购买新衣。

2.结婚新衣的展示活动等应全部废除。

3.如果有余力，可以持邮政储蓄券、国债等出席婚礼。

第四，婚礼服装。

1.新郎应穿着西装，或者国民服出席婚礼，须佩戴礼仪章。

2.新娘应穿着佩戴礼仪章的平服或者留袖服、白无垢。

3.参加婚礼其他人，尽量服装简朴化。

4.不要在仪式结束后为服装补色。

第五，婚礼场所。

1.仪式应在神社、家庭或者公共场所举行。

2.在仪式现场，必须向（天皇）宫城方向遥拜，并向地方神灵举行奉告仪式，向祖先报告。

3.誓词应做成文书，永久保存。

4.仪式费用应控制在20元以下。

第六，接待宴会。

1.接待宴会原则上应在小范围内举行，对于其他人仅仅进行通告。

2.接待宴会应在神社、家庭或公共场所举行。

3.接待宴会应该以简朴为宗旨，单人礼金不超过5元。

4.接待宴会应在一天内举行，晚上10点前结束，不应举行多次。

5.不要进行任何舞蹈或余兴活动。

6.新郎、新娘只在邻组范围内进行上门告知活动。

7.不要有互相赠礼的行动。

第七，蜜月旅行。

应全面废除蜜月旅行。

　　总之，镰仓市政府对于市民的结婚仪式就是一个要求——简朴化，规定到了具体服装、花费数额这样的细节。虽说这本小册子只是市政府的"建议"，但实际上谁都明白，不按照这些要求去做，就会被扣上"非国民"的帽子。

　　关于当时日本人的婚姻，法律上是在民法第四篇第三章中进行规定的，基本条款如下："男子满17岁、女子满15岁即可结婚。女性在前次婚姻消除之日开始六个月时间内，不得再婚。因通奸罪而被宣告离婚者，不得与通奸对象成立婚姻。直系血族或者三等亲戚关系以内者（伯叔甥侄）之间不得结婚。子女在结婚前需要得到仍在世的父母同意，但男性满30岁、女性满25岁之后，可不受此限制。"

　　最后一个条款很有战前日本特色，男子在30岁之前、女子在25岁之前，不可以以自我意愿结婚，必须父母同意。反过来说，就算本人并不同意，但父母只要强迫他们走完相亲、定亲、结婚仪式这套流程，婚姻就能成立。树立家长的权威，与结婚仪式上通过"遥拜宫城"强化对天皇崇拜，是相辅相成的。

　　政府强烈建议婚礼乃至接待宴会在神社内举行，也是为了在简朴化的前提下，让"国家神道"能够尽量多一些收入。婚礼简朴化节约下来的钱，最好就去储蓄或者购买国债，资助日本正在进行的"圣战"，凭证还要拿到婚礼仪式上去彰显，才能显得这场婚姻是"大东亚圣战"的一块基石。

　　上文提及新郎、新娘的结婚服装上佩戴礼仪章这件事，例如新郎结婚时推荐穿着所谓"国民服"，男性国民服可以看作一种日常化的陆军制服，在平时穿着就是"平服"，但只要配上这个礼仪章，国民服就变成礼仪服装。后人看来这是自欺欺人。礼仪章本身，是按照所谓"将八纮一宇形象化"来设计的一个东西。

　　1940年10月出版的《妇人俱乐部》杂志上，介绍了"妇人时局研究会干事"金子茂里、"大妻高等女子校长"大妻小鹰、"爱国妇人会理事"力石喜乃子三人

日本妇女组织的老妇正在街头检查"奢侈着装"。左边这位女性身着颇有些艳丽的和服，显然引起了注意

组成的一个组织，叫作"精动奢侈全废委员会"。这个委员会办了一个座谈会，内容聚焦在"新型婚礼仪式"上。以下是这场座谈会上的部分谈话内容：

> 大妻委员：今年（1940年）6月，我们精动委员会一名课长的女儿举行婚礼，婚姻双方家庭都是相当有钱的资本家，当地人都很期待能看到有几十箱抬嫁妆的盛大场面，但实际上只用出租车送了一车的嫁妆。其中还有用香烟箱子临时拿来用的。结果在名古屋变成了街头巷尾的笑谈。因为双方都是有些钱财的家庭，所以被周围的人那样议论，恐怕确实有伤了颜面的想法。

> 力石委员：今年5月，我在佐贺县的一位朋友举行了模范婚礼。他们是中等资产水准的家庭，通过某村长做媒嫁到了农村去。结婚仪式上最高档的服装仅仅是新娘的一身白无垢，其他人基本都穿着制服，连新郎也是在警防团制服上佩戴礼仪章而已。接待宴会是自己人做的家常料理，而将节省下来的100日元捐献给了军方。

结婚费用节省下来捐献军费，在这个军国主义国家当中，确实是能够成为"美谈"。1941年的一期《妇女之友》上介绍了另外一次性质类似的座谈会，委员川田进行了如下介绍：

　　我家中有两个女儿，以前决定为每个女儿准备的结婚费用是3000日元。这次女儿的结婚对象，刚从大学毕业，月工资只有85日元，总共带来的准备金是500日元。他们住的地方是相当方便的公寓，有三个房间，月租金35日元，不过他们每个月过日子总归有10日元左右的缺口。我很想给他们补助，但小夫妻说努力劳动来挺过去，最后总算是成功的。

　　日本战前在东京郊外买一栋独门独户的新婚住房，花费大约是3500元。因此女方川田家准备的3000元，加上男方家庭准备的500元，其实可以买一栋新婚住房，但这对新人住在公寓中，并且拒绝娘家给予的补助。所以，这也是一桩"美谈"。根据1941年某调查资料的统计，当时日本普通白领的平均结婚花费是600元，其中双方家庭负担248元，其他依靠的是出席招待宴会者赠予的礼金。按照镰仓市发行的那本小册子说，每人礼金上限是5日元，招待70名亲戚朋友所得就是350日元。

　　无论如何，日本人在这场漫长的战争中仍然在不断举行婚礼，因为这是政府

战争中的日本一边鼓励民众多生育，一边眼睁睁看着大量儿童死于战火，饿死，沦为难民

鼓励的，拥有家庭至少还是幸福的，毕竟有大量青年男子保持"童贞"被送往战场后一去不返。日本政府也讨论过干脆取消所有婚礼仪式，但被否定了，因为如此强硬规定，会导致民众更不愿意结婚。在战时日本，婚姻本身不是目的，婚姻带来的新生儿，提高日本因连绵战争而低下的出生率，才是目的。《战时生活读本》中有一个章节有论述。

如果比较人口增长率，最近20年日本是年年增高的，而英、美两国年年都在下降。特别是第一次世界大战以来英国的人口持续减少，完全预示着大英帝国走向灭亡的结局……

虽然现在还不知道第二次世界大战爆发后的具体人口情况，但参战各国人口应该都无法增长，第一次世界大战显示战争会给人口数量带来糟糕的影响，战时人口法则就是出生率必然下降，死亡率上升。对于日本而言，遗憾的是昭和13年、昭和14年就开始出现出生率下降，死亡率上升。不过根据东条首相的宣告，昭和15年、昭和16年日本新生儿数字又上升了，可以说是打破了前文所说的法则。究其原因，首先是我们日本民族的强大，克服困难的人心。其次要归因于较为良好的粮食政策。再次就是厚生省的保健对策对于确立人口政策收到了良好效果。不过，日本的出生率、死亡率数字相比战前仍然是稍微恶化的。为了维持日本民族永久的发展性，无论如何要在昭和35年（1960）之前将日本国内人口提高到1亿人作为必须完成的使命。

提高出生率，推动"生孩子吧"政策，自然需要依靠已经结婚的夫妇顺应国策，但也更加需要找到强大的方法，奖励达到适龄期的未婚男女结成婚姻。这不但要求结婚资金借贷制度等经济性的奖励措施，而且更需要掀起强大的精神运动，要让所有适龄期的青年男女将结婚当成是对于国家应尽的义务与贡献，排除万难坚决执行。

还必须要采取强有力的举措，降低如今世界上导致死亡率上升最大的两个原因，即结核病死亡率以及婴幼儿死亡率。德国、意大利也曾经是结核病死亡率很高的国家，经过医学者努力后近年急速下降，这是必须学习的。另外还必须推进民众锻炼体魄的运动……

顺便说，战争中的日本将人口发展目标设定在1960年达到1亿人，战后进入和平时期的日本因为战时损失太多人口，没能按时达成这个目标，日本人口突破1亿人是在经济高度发展期的1967年。如今日本人口在1.27亿左右，是负增长，死亡人口超过出生人口。与战时日本政府一样，如今日本政府在拼命应对"少子化政策"，但显然很难提高出生率了。日本政府已经没有那样的权力，也没有那样的威望，要求所有适龄男女都把结婚生子视作对国家的义务。

红色间谍与陆军刑法第九十九条

一个生活在战争末期的日本人，其衣、食、住、行，学习的进阶、工作职业的选择、人生大事的结婚生子，收入的花费，平常所唱的歌曲，甚至呼喊的口号，面对地狱之火时的行动，每天晚上睡觉时的准备……林林总总，所有的物质生活与精神生活，都是被纳入"战时体制"的，是要为"最终胜利"做贡献的。

问题在于，早在1945年之前，日本民众已经普遍不再相信"最终胜利"。他们尝到了物资极度匮乏的苦头，看到身边的青壮年男子都已消失在海外，妇孺被送往乡下，而轰炸将城市都烧光了。这种情况下要确保民众继续待在战时体制的轨道上，陪伴军部一同滑向"一亿总玉碎"的毁灭结局，继续提倡"精神运动"是必要的，但主要依靠的是日本作为一个"警察国家"的强制力量。令人不寒而栗的"特高课"在监视社会上的一举一动。支撑起这个"警察国家"的基础，则是一套国家秘密法。先从一名间谍说起。

作为二战中最为知名的传奇间谍之一，"红色间谍"佐尔格没能看到1945年的胜利曙光。1941年10月，佐尔格的亲密搭档尾崎秀实与佐尔格本人先后被日本当局逮捕。至1942年6月，"佐尔格机关"共有35人被捕。其中18人被日本当局以触犯治安维持法、国防保安法、军机保护法等为根据判刑。佐尔格与尾崎秀实两人被宣判死刑，于1944年11月7日执行。另外有5人死在了监狱中，9人在1945年10月被释放。

日本当局宣判佐尔格死刑的根据是国防保安法，认为佐尔格作为一名苏联方面派遣的间谍窃取了大量日本军政最高机密。但后世很少提及，佐尔格这位"红色间谍"其实自始至终都不认为自己的身份是间谍。对于审问他的吉河光贞检察官，佐尔格曾有以下自述。

> 我，以及我所在的团体，从一开始就绝不是为了与日本为敌而来到日本的。而且，我们绝对没有进行你们所谓的间谍活动。按照欧美诸国所谓间谍活动的标准，我们应该努力找出日本在政治上、经济上、军事上的弱点，并加以攻击，但我们在日本搜集情报根本没有以上意图。我在1935年与苏联红军第四部的将领告别的时候，那位将军对于我们的活动指示是，要为苏联与日本之间避免战争而努力。我在日本所从事的所谓谍报活动，始终是坚持这一方针的……当然，我不会以为仅凭我们的努力就可以维持日苏之间的和平关系，但我们对于促进这种关系有所帮助也是事实。所以我们的行为与一般所谓间谍行为出发点上就是完全不同的。

尾崎秀实也对检方主张，因为专制与战时体制的压制，日本国内已经完全失去了言论自由，选择将日本对外侵略行动中所得知的情报传达给外国，谁有资格加以非难？尾崎在东京地方法院法庭陈述的最后称："我虽然是背弃了大日本帝国，但我绝对没有背弃日本民族。仅此一点，请给予理解。"不过，东京法院对于尾崎的行为，按照治安维持法中的目的遂行罪、国防安保法中的情报窃取搜集罪、国家机密泄露罪、军机保护法的军事秘密泄露罪，最后以"结果来说是最为严重的国家机密泄露罪"而下达了死刑判决。

令佐尔格最终死在日本的国防保安法，是 1941 年 5 月开始实施的。依据该法律所判决的第一个案例是当年 9 月 15 日东京刑事法院判处 37 岁的丸山勇则，而第二个案例是东京刑事法院在 9 月 27 日判处 26 岁的牧野保，这两人因从事间谍情报活动而触犯法律。但细究这两名"间谍"，相对于轰动一时的"佐尔格机关"案而言，只能用"一丝丝悲凉"来形容。

丸山勇则是奈良县蚕农学校的毕业生，做过销售员、见习厨师、报纸配送等许多工作，1940 年 3 月开始在东京西品川地区做牛奶配送工。其间，他谈了一门亲事，想结婚但缺钱，就算是订婚的钱都没有。判决书中说："被告人平常将收入浪费在酒色中，从其老板渡边氏那里屡屡提前预支薪水，自然就没有钱用来结婚了，为此烦闷苦恼，于同年 3 月初偶尔看到《读卖新闻》上一则防谍报道，其内容指外国的间谍正在秘密探查我国外交、财政、经济相关情报，之后被告人就想到向外国提供情报来换取金钱。"

据称丸山试图联系英国驻日本领事。1941 年 5 月 8 日夜晚，他访问了英国领事馆，但当时已经闭馆，无法与任何人会面，于是又打电话想去领事的私宅会面，但对方并没有告知他地址。而国防保安法的实施正是在两天之后。5 月 13 日，丸山又向英国领事写了一封信，希望对方能够雇用自己为间谍，14 日他又写了一封类似的信。

因此，丸山"试图搜寻搜集情报并将之用于对我国防上不利之目的，准备将情报通报给英国"而被处刑一年六个月。如此这般看到报纸上的防谍报道，就想去当间谍的，这样的人手上不可能有任何有价值的情报。

牧野保是东京商业学校的

东京街头的"防间谍周"宣传

中途辍学生，也做过商店员工等工作，1941年5月失业之后生活陷于穷困，父亲也病亡了，其医疗费用和丧葬费用都是借来的，与牧野同居的某女性见牧野没钱了，就出走了，牧野更加郁闷。牧野在5月27日想起过去看过的一部间谍电影，想到影片中的间谍从敌国收到了一大笔酬金，就想去做间谍获得报酬还债，也能让同居女性回心转意回来。

牧野首先给美国大使写了一封信，试图与大使会面并接受情报搜集指示，希望以此获得每月300日元的报酬。牧野预估信件送达美国使馆的时间，在6月8日前往大使馆请求会面。这被判定为"明知搜集情报并泄露给美国将有损于国家的国防利益，仍准备搜集军事上以及其他经济、外交的相关情报"，违反了军机保护法，判刑两年。

以上事件的共同特点是，被告人都试图联络或者进出外国公使馆，而被发觉。或者是写信去外国公使馆，但信件先落入警察手中，随后就检举寄信人。有一个案例可以证明日本警察的手段。1942年3月5日神户地方法院以违反军机保护法判处神户川崎重工船厂的职工霞末守两年徒刑，指控霞末试图将川崎船厂制造中舰船的情报卖给驻神户英国总领事。他写了一封信投入英国总领馆的收邮件箱，但警方通过所谓"背面入手"的手段，得知了霞末的住所、姓名等，将他提拿检举。霞末没有利用日本邮政，而是直接往总领馆的收邮件箱里投信，仍然被捉了。因此，只能认为外国公馆的邮件箱也掌握在特高课外事警察的手中。

所谓"背面入手"，其实就是在不拆开信封的情况下通过透视等方法掌握信件内容。就间谍活动而言，这种手段其实不甚高明，很容易就能阻止——那个时代间谍的一门基础课就是用显隐墨水来隐藏情报。不过，只要日本警察把外国驻日本公馆的相关信件全都"过滤"一遍，要抓获丸山、牧野、霞末这些"想弄两个小钱的异想天开者"，是轻而易举的。

日本警察在整个社会上铺开的"防谍网"，名义上是针对泄露国家安全信息的行为，似乎是各国通行的做法，但实际上带有鲜明的政治倾向性，即把矛头对准"共产主义活动"。一个典型案例就是"中国共产党东京支部检举事件"。此事发生在1939年2月至11月，距离1937年7月全面侵华战争爆发已经很长时间了，而以汪精卫为首的南京伪中华民国临时政府也已经成立。汪伪政权为了配合日本侵华占领区的统治，派遣了一批留学生到日本东京的"警察讲习所"留学。据日本检方指控，以留学生汪淑子为中心，1939 年 1 月下旬开始在东京的中国留学生中组建了"中国共产党东京支部"。

日本检方指控以汪淑子为首的 36 人组织"中国共产党东京支部"，违反了治安维持法以及军机保密法第六条，即为了搜集或者泄露军事上的机密为目的而组织的团体，或者作为团体指导从事相关任务者，判处无期或者三年以上刑期。明知相关组织情况而加入其中者判处六个月以上、七年以下刑期。

在 20 世纪 30 年代从上至下都被军国主义完全浸染且在侵华战争开始之后才诞生的这个"中国共产党东京支部"，是一个极为特殊的案例。但这个案例特殊在于，此"中国共产党东京支部"到底是否从事了"搜集或者泄露军事上的机密"之活动，在起诉书中完全没有提到。1942 年 4 月 14 日，东京法院预审法官下山四郎决定起诉该团体 24 人，最后只有汪淑子一人被公审。单独被付诸公审的汪淑子于 1943 年 4 月 27 日被东京法院以"加入中国共产党"而判决犯下了目的遂行罪，判处十年徒刑。

可以说，日本警察特高课，还有军方的宪兵队，在社会上到处拆他人的信件，到处派遣密探听闻他人交谈，最后抓到的所谓"罪犯"绝大多数都不是间谍，只不过是迫于生计异想天开者，或者是犯"思想错误"者。这些人都接触不到"国家安全、军事上的机密"。

日本警察的耳朵甚至伸入一般人家庭内部，再私密的话语也会成为犯罪证据，导致锒铛入狱，这是日本经历了"大正民主"之后，却在昭和时代堕落为"警察国家"的鲜明特征。有一个相当有代表性的案例。1941 年 12 月 8 日，日本海军派出的数百架舰载机将美国珍珠港炸翻天，宣告太平洋战争开始的那一天，作为"紧急措施"，东京宪兵队集中检举了一批"危险分子"，其中包括东京银座钟表店"伊势伊"的继承人秦伊兵卫。

秦伊兵卫的父亲就是"伊势伊"的老板秦利三郎，伊兵卫代表父亲具体管理钟表店，1940 年 4 月与杉田喜久枝组建家庭，家在东京蒲田区。伊兵卫之所以会被东京宪兵队盯上，是因为他自小接受私学教育，英语熟练，与许多在日本的外国人是朋友。判决书中称伊兵卫平常"经常吹捧美国国民的自由主义风气，其言行很早就有亲美倾向，对于我国所执行的经济统治政策抱有强烈反感"，因此将其逮捕。由此可见，伊兵卫并没有什么间谍行为，他作为一个钟表店继承人要搞到什么情报也很难，他也没有经济困难需要去出卖情报。他被捕完全就是因为"言论罪"。

伊兵卫是在哪里发表那些触犯法律的言论的呢？作为一个商人，他没空出席什么政治团体，那些言论其实就是在自己家里说的。检方指控，1941年7月初，伊兵卫在蒲田自家中对妻子喜久枝说："如果日本与美军进行战争，就算是在战场上打赢了，经济战也会输。就拿飞机来说，美国那些飞机岂是日本那些临时搞出来的货色能比的。总的来说，其他兵器也都一样。而且，战争如果进行到如今中国那样被全面破坏的局面，就麻烦了。不过就算战争败了，美国对于日本一般民众也不会做残酷的事。"

如果是1945年日本战败后回头看这位秦伊兵卫在日美关系破局不到半年前的言论，他除了不知道日本海军拥有了性能上压过美国战机一头的零式战斗机，其他的判断都正确，其见识之高完全超越了钟表店家的身份。太平洋战争发生后，日本确实只能在战场上一时逞凶，但在支持战争进行的经济战上必然失败，这也是具体指挥日本海军联合战队的山本五十六在开战前说的："我可以争取半年至一年时间打胜仗，时间再长就不能

绝大部分日本民众在战火降临之前并不怀疑军部和政府的宣传，例如这些蜂拥去购买战争债券的人

保证了。"战争末期，美军确实通过轰炸将日本破坏殆尽，但在日本投降后，美军对日本平民是相当宽容的。

伊兵卫还有其他一些言论也被东京宪兵队指摘。在上述谈话前的几个月，同样是在蒲田家中，伊兵卫对妻子喜久枝说："近卫首相就是被陆军操纵的机器人。陆军看似没有站到前台来，却送出来个近卫小家伙进行操纵。让这样的家伙掌握大权，日本的政治实在是没戏了……"

伊兵卫发表以上言论时，日本侵华战争完全进入了"泥潭"状态，认为这场战争太过无谋，给日本带来太多损失的想法早已充斥日本社会，其算不上是什么反战言论，因为伊兵卫对于侵华战争的性质或中国的巨大损失并不感兴趣，但他确实对日本的领导层，包括近卫那样的政客，以及军部都颇为不满。这种不满言论，在1941年的日本报纸上难以见到，但在街头巷尾经常可以听到。显然，伊兵卫并不认为这些言论在家里对老婆说会有什么问题。

让伊兵卫进入警察关注视野的契机，是他在银座的自家钟表店里，对自己的一位朋友、明治大学一名学生内藤良造说："美国人对于日本人这个人种以及对于日本经济实力似乎都很轻视。美国是工业非常发达的国家，就以钟表制造这个行当来说就很强大。他们把稍有一点儿质量瑕疵的东西就排除在外，所以最后生产出来的都是可靠的东西。日本因为生产力低，所以把制造出来的东西全部商品化，这样次品就很多。就其他的工业部门而言，日本也相当逊色。所以就现阶段来说，日本与美国对抗乃至进行战争，难道是可能的吗？"

日本商品的"优良质量"确实不可否认，但那是战后日本总结战争教训后，努力引入以美国为首西方国家的质量管理体系并严格执行后才实现的。认为日本商品的高质量与日本民族文化乃至"人种优秀"可以相联系的说法，通通是无稽之谈。日本在战前是以生产各种质量低劣商品著称全球的国家，而日本在战争中制造的武器同样质量低劣，比如日本军队的战斗机在前线必须依靠技术娴熟的技工现场打磨对应的部件进行维修，而几乎无法依靠通用性的部件——因为这样的部件根本就不存在，从生产源头开始就是规格不一的。这支在战争中磨炼出来的技术精湛的技师队伍，是日本战后工业化腾飞的巨大推动力，但对于日本的"二战"进程而言却是无能为力的。

总之,伊兵卫是根据他自身与外国信息的接触,从经济角度出发判断日本无法与美国对抗,这在判决书上就被认作"强调美国的国力,一旦日美开战则工业力量远远落后的日本必然败给美国,如此散布令国民产生不安感的言论,有害于治安"。

伊兵卫的案件最值得注意的是,他除了发表言论,并没有其他对日本的统治机构、战时机构进行实质性破坏攻击的行动乃至意图。而他发表言论的对象,除了偶尔有明治大学学生友人,大多数情况下都是妻子,发表地点是在家里,等于是"夫妇私语",扯得上"散布令国民产生不安感的言论"吗?然而,伊兵卫还是因此被治罪了。

不过对于当时日本人发表言论而言,面临更可怕的刑罚是直接来自军部,这也是作为"军国主义"国家的一个显著特征,即并非"国家拥有军队",而是"军队拥有国家"。日本陆军能够用来制裁除了军人之外任何社会人士的军方法律,是陆军刑法第九十九条。

根据日本陆军法务官兼陆军大学教授菅野保之所著,1940年出版的《陆军刑法原论》中的解释,陆军刑法第九十九条即"流言蜚语罪",是为了防止和弹压有害于军事的报道而制定的。菅野在这个条目下宣称:

> 对国家防卫作用中承担最为重要的武力活动、战斗的人员而言,为了达成任务,将军事活动中相当部分内容作为军事上的秘密,采取对局外者特别严格的保密措施是极有必要的。因此,对于军事上的动向,不但在军队内部,就是在外部如果试图进行揣摩臆测,捏造并传播对于军队本身及其活动不利的事实,应该断然进行严正禁止。

乍看上去,陆军刑法第九十九条是用来惩处那些散布"流言蜚语"者的,但对于这个"流言蜚语"的认定,又极为宽泛,根据菅野所言:

所谓流言蜚语，就是不法报道对于军事活动有害的事实，自行进行虚构、捏造的事实进行传播，或者将实在的事实进行夸张后进行传播，这些当然是符合有害事实认定的。而真实的事实就这样告知坦人的场合，也可以包含在内。本罪的主要目的是，不管事实是真是假，只要是引发人心的动摇，则可以此法进行防止。

因此，不管某些言论是符合事实还是不符合事实，是捏造、夸张还是原原本本就是那么回事，只要被军部认定是妨碍其军事活动或会引发"人心动摇"，就可以被陆军刑法第九十九条治罪。

对此，日本法律界人士并非毫无反抗。例如，1938年3月的某个审判案例中，日本终审大法院就判定关于"流言蜚语"的真实性，必须要达到一定程度的夸张，才能算作"流言蜚语"。对此，陆军大学教授菅野在《原论》一书中予以驳斥，认为所谓"流言蜚语"不用问其真实与否，只要判定是"军事上有害"就可以。而谁来判定"军事上有害"？民间人士当然不行，所谓陆军刑法，就是由军部的法庭来进行判断。

下面看一个被判处违反陆军刑法第九十九条的案例。被告人名为后藤朝太郎，1941年被判刑时已经61岁。后藤于1903年毕业于旧制第五高校，1907年毕业于旧东京帝国大学文学部。毕业后，对中国文化很有兴趣的后藤经常前往中国旅行，详细研究中国的民情、风俗。

后藤于1935年担任伪满开办的"满蒙学校"以及东京高等造园学校的讲师，主讲内容是中国民情。后藤在教习中认为，日本想用武力征服中国是绝对不可能做到的。他对学生所说的内容，后来部分记载在起诉书中：

日本的新闻报道说日军轰炸机将重庆军的飞机机库炸了，但那不足为信。据我的中国友人说，日军飞机以为是飞机库的地方其实是个酱油仓库，住在附近的人都被染上了酱油味。日本尽管封锁了中国的港口，但想借此迫使中国屈服，就好似生病去打针一样，不可能立即见效。日军士兵进行了那么多次苦战恶斗，流血流汗，付出了那么多牺牲，结果什么效果都没有，也实在是可怜。

其实在参谋本部有位姓松尾的参谋，因为战争拖延时日太长了，参谋本部困扰于找不到出路，松尾就来拜访我求取意见。我对他说，在这场战争中，日本的媒体总是描绘重庆方面差不多到了投降前最后一刻的样子，但实际上中国不会投降。可作为证据的是，蒋介石提出过支付300亿日元，换取日军全部撤兵，以此为条件进行和平谈判。能提出这样的条件，就说明蒋介石自认绝不会失败。蒋介石是在执行"磁石战略"，吸引日军深入内陆并予以消耗……

即使是"中国通"，到了战争时期，后藤恐怕也只能依靠一些来源不明的小道消息，"蒋介石愿支付300亿日元换日军撤兵"可能就是其中之一，不过他对于"中国不会投降"的判断是正确的。况且，他指名道姓有参谋本部的参谋来听取他的意见，而参谋本部参谋的数量也不是那么多，这件事很难说是撒谎，起诉书中也没有指责他在这件事上撒谎。

日本警视厅还是在1940年7月5日检举了后藤，称他违反了陆海军的刑法，虽然在当年10月的东京区法院判决中被宣判无罪，但检方继续上诉，终于1941年5月3日在东京刑事地方法院成功判决后藤有罪，判处其监禁四个月。从这个先判无罪再

日本民众因为战争沦为难民，在简陋窝棚顶上种些蔬菜过活，却仍然插着日之丸旗，在"天长节"向皇宫方向鞠躬

到有罪的过程来看，法院方面似乎也很难认同后藤的言论符合陆军刑法第九十九条"流言蜚语罪"，毕竟后藤的观点都是从宏观国家层面出发的，根本不涉及军事机密。但显然对于日本军部来说，只要不是认同"皇军进行的战争一定会获胜"的言论，就可以归为"流言蜚语"。

再看看其他代表性的案例。北海道根室町的居民田口文夫，在侵华战争爆发后应召入伍，前往华中地区作战，服役期满后回国重新回到原先的工作岗位。1940年10月9日，在过去同事为他举办的庆祝回国宴席上，田口发表了一篇讲话，其中有一段战场回忆："我们在进行强行军的时候，如果有人跟不上队伍，看状况不严重的就别人搀着走，但如果实在走不了，进行紧急包扎后留在原地了。更过分的情况是由卫生兵进行'空注射'，其实就是杀掉了。"

退伍兵田口的战场回忆说明在战场上日军漠视生命，战后许多日军回忆录中都谈到了这一点。但是在战时，军部绝不想让后方知道前线发生这种事。于是，1942年5月9日，地方法院判处田口入狱服刑四个月。宴席上听了田口这番回忆的果子商人久保米吉，转述给其他人，结果被判入狱三个月。

退伍兵说自己的战场亲身经历是犯法，一般人对于当兵服役这件事不抱正面看法也是犯法。家住茨城县阿波村的农民平野永吉，因为在1941年7月14日在自家对一个认识的人说："隔壁的源右卫门今天早上也被征兵了，要去打仗了，也不知道什么时候才能回来，或许就回不来了，真是可怜。"于是平野就被揭发，然后被起诉，被判入狱四个月。

战场上的残酷情况，直至战后日本复员军人回国之后才被日本民众知晓

在军部感觉特别需要"举国一致"的时刻，还有人胆敢"说怪话"，那么判刑就会特别重。1941年12月10日即日军偷袭珍珠港后，茨城县村松村的农民川崎千次郎在该村的集会会场上说："珍珠港之战的战果确实是很大，但显然日军的损失也相当大，报纸、广播里发表损失很小，这要归因于新闻统制，我是不相信的。"于是川崎千次郎的刑期就达到一年。

总而言之，在"大日本帝国"这样典型的军国主义国家中，军部的刑法可以随意制裁社会中的每一个人，无论是山野村夫、高校学者，还是在自家闲谈的夫妇，最好都不要将所思所想说出来。军部的领导者甚至可以动用"法律工具"，随意整死阻止其建立军国主义统治体系的政敌，例如东条英机整死了国会中少有的"反战议员"中野正刚。

伴随帝国走向灭亡的娱乐活动

1944年10月20日至26日，人类历史上最大规模的海战即莱特大海战，在菲律宾附近横跨上千里的广大洋面上进行，以日本帝国海军的彻底惨败告终。而就在10月27日，日本本土突然冒出一丝"歌舞升平"的气息，当天在东京临时公会堂即歌舞伎座，举办"军人援护邦乐舞蹈新作献纳发表会"。而在莱特大海战打响的10月20日，打倒了东条政权的小矶国昭还在日比谷公园举办所谓"米英击灭总决起大会"，叫嚣"日本是神国所以到关键时刻会有天佑神助"。

这个在"天佑"全无、大惨败之后举办的"军人援护邦乐舞蹈新作献纳发表会"，是由社团法人大日本艺能会、邦乐协会、长歌协会、三曲协会、日本舞蹈协会主办，军事保护院、情报局、东京都、恩赐财团军人援护会协办。显而易见，表演内容涉及日本传统乐器演奏、歌曲演唱、曲艺、舞蹈等，堪称一大盛事。不过，这个发表会的节目单上没有印刷基本信息，例如开场和闭幕的具体时间、座席位置、入场费用、观众人数等。显然，这也是出于"战时防谍"的考虑。

查1944年10月27日至28日的日本报纸，对于这场盛大的文艺演出没有任何报道。当日新闻是天皇与皇后前往秋季临时大祭的靖国神社参拜，以及美军成功登陆了莱特岛。还记载了刚刚结束的莱特大海战的"重大战果"：美军被击沉包括8艘航母在内的27艘军舰。当然，这又是一个典型的"大本营战报"。

来看一看这场"军人援护邦乐舞蹈新作献纳发表会"的具体节目。

1. 长谷川善雄作词，午屋六佐卫门作曲长歌《大义》

2. 舟桥圣一作词，午屋六佐卫门作曲长歌《奋起一亿》

3. 三好达治作词，午屋六佐卫门作曲长歌《决战之秋到来》

4. 小林荣作作词，清元梅吉作曲短歌《永护大和》

5. 莺亭金升作词，常盘津文自太夫作曲短歌《国之神体》

6. 田卷敏夫作词，中能岛欣一作曲弹筝曲《圣国之土》

7. 冈田八千代作词，富崎春升作曲，若柳吉佑表演舞蹈《菊之光》

8. 小林荣作作词，常盘津文自太夫作曲，藤间勘右卫门表演舞蹈《黑之金》

这些作词、作曲、演奏表演者，都是当时日本文艺界代表性的人物。例如《奋起一亿》的作词者舟桥圣一，是小说家和文学评论家。舟桥圣一出生于1904年，战争时期年纪还不大，他战后在《小说新潮》上连载的《艺伎夏子》系列，还有《雪夫人绘图》等，是"婉约"乃至带色情特色的。1944年，舟桥圣一写了以下歌词：

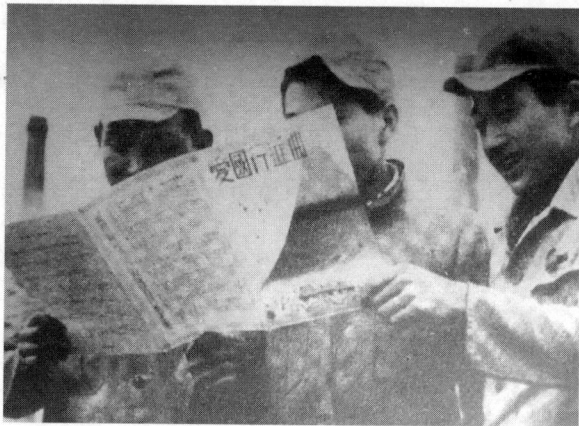

日本工人休息时间合唱《爱国进行曲》

兹有大东亚御军激战正酣，正是一亿国民奋起之时。团结一心踏上征途，手挽手肩并肩，只为大君而死。此时敌军起反攻之势，登陆南岛，皇军即刻迎击而敌势亦不可轻侮。英勇呀，斩肉突击，雄壮呀，越过战阵，如万里之潮涛，回旋，往复。

当此之时谁敢奋起，一亿国民皆无退却。这位老爷爷，那个小孩子，就算还在母亲背上，一起奔赴战场吧。此正当时，全员奋起，斩断秀发，撕去长袖，奉献祈祷，温柔贤淑守妇道，不脱道德之约束，正是大和抚子应有之姿。

狂风席卷天地，光芒照耀海原，气宇轩昂，灭亡千万之敌，让日之九御旗高高矗立在沧海之上。敌人都化为水中死尸，欢呼雀跃吧，敌舰全部击沉。百战勇士将回乡，这位老爷爷，那个小孩子，还有抱着吾儿的爱妻，将在那一日梳理黑发，举起庆贺之杯。在那一日到来前，战斗吧，一亿国民皆奋起。

《奋起一亿》是一首典型的日本战时歌曲，除了鼓动军国主义狂热情绪，没有其他意义。"那个小孩子，就算还在母亲背上，一起奔赴战场吧"的唱词简直疯狂。这就是战时的舟桥圣一，一位在战后用"风花雪月"迷住无数读者的文学大师。他在战后名气巨大，《日本近代文学大事典》的编纂者完全无视这段历史，在1976年去世的舟桥圣一的人物简介条目中写道："他在战时并未参与到时局……"

舟桥圣一只是没去当兵，也没有参与军部或政府的具体事务，但不参与时局是谈不上的。除了在1944年创作了《奋起一亿》这种充满血腥味的作品，他还在1943年出版了《万叶集故事》一书，前言一开头就说：

大家也知道，如今日本正在进行一番无比壮大的事业。正在此时，日本正将敌军美英从大东亚各地赶出去，真正的大东亚很快将建立起来，因此要拼命战斗。为赢得这场大圣战的胜利，无论是成人还是孩子都必须贡献力量，为皇国一心奉公。特别是背负着日本下一个时代责任的少年国民，你们必须成为更为强健而勇敢的战士，锻炼你们的身心。

为此，这本《万叶集故事》正是为了你们心灵的锤炼而编纂的，希望你们用心阅读。

这番话不像是一位书籍作者向读者介绍自己的作品，倒像一位国民学校的训导主任向学生严肃训话。《万叶集》是日本最早的诗歌总集，辞藻非常优美，确实是日本传统文学的开山之作，但其中的诗歌都是有关生活雅趣、山川美丽或者人情恋爱之类，无论如何，难以令人联想到"东亚大圣战"。但在舟桥圣一看来，让小孩子学习日本传统文学就是锻炼心灵，就是为今后成为"勇敢的战士"做准备。在他看来，一个真正的日本人就等同于"勇敢的、为皇国献身的战士"。这是典型的军国主义逻辑。

让我们将目光转向长歌《决战之秋到来》的词作者三好达治。他出生于大阪，少年时因为家境贫寒从中学退学，考入大阪陆军地方幼年学校，经过东京陆军中央幼年学校的学习毕业后，成为驻扎朝鲜的陆军工科第十九大队一名士官候补生。一段服役经历之后，他进入陆军士官学校，因"军人精神有欠缺之处"而被中途退学。三好达治没能成为军官，转而进入东大法语系学习并取得毕业文凭，从而踏上了成为诗人和文学家之路。

被陆军士官学校劝退，毫无疑问是三好达治人生中的"污点"，他对于战争末期日本的"时局"，恐怕也很难产生如舟桥圣一那般的狂热情绪。他创作的《决战之秋到来》，内容是拿日本当前形势比喻为1905年对马大海战之前，日本海军联合舰队司令东乡平八郎在旗舰升起"Z字旗"，鼓舞手下官兵"皇国兴废在此一举，全员更须奋进努力"。

1944年10月27日，这一曲《决战之秋到来》在东京临时公会堂唱响——此时，40年前取得大捷的日本海军，正被打得抱头鼠窜，大批舰船沉没，海面上漂着无数日本海军的尸体。正好与《奋起一亿》憧憬的场面相反。

无论如何，在整个东京陷入火海的几个月前，在东京至少还有这么一次文艺演出活动。所有表演节目都是为了"圣战"和"国策"，演出收入都会通过军事保护院这个组织，以捐献军用飞机的名目流向陆军省和海军省。战后的文学作品对于战争末期的日本描绘，往往是一片焦土和荒芜，但实际上，当时的日本人在饿着肚子、资源紧缺的情况，仍然在寻求举办娱乐活动。

全面侵华战争开始之后，曾经在大正时代颇为靠向"西洋风"的日本演艺界就被当局组织起来，一方面演出内容转向日本传统艺术形式，强调支持"时局"，另一方面艺术家被鼓励放弃豪华的剧场，走入田间地头、町组工厂，这就是所谓"日本移动演剧联盟"。凡是有些名气的剧团、演员、漫才师，无一例外被要求加入这个联盟，歌舞伎界、宝塚歌舞团、吉本兴业等都在这个联盟内。

作为当时最为知名的歌舞伎表演大师，市川羽左卫门曾经深入长野县的小镇和茨城县的矿山，为那些劳苦的人带去这辈子前所未见的歌舞伎演出，舞台往往仅是个小土台。到战争结束，"日本移动演剧联盟"在日本全国各地的演出共吸引

由战时"日本移动演剧联盟"组织的一场街头戏剧表演

了1194万名观众。这个"移动演剧团"最有名，也是最受欢迎的，可能是吉本兴业剧团组织的"笑鹫队"。在侵华战争时期，日本陆军宣传其航空兵部队在中国的"战功"，称陆军航空兵为"荒鹫"，"笑鹫"就是取了"荒鹫"的谐音。到了太平洋战争时期，"笑鹫队"中集合了不少高人气漫才师，前往最前线表演，也在国内的部队和军需工厂中进行慰问演出。

吉本兴业是以大阪为根据地的剧团，在大阪本地组织名为"御座演剧"的公演活动，有高人气剧本师秋田实等人负责剧本创作，深入町村当中，以平常人家的住宅为"御座"进行现场演出。这是充满"大阪风味"的做法。

宝塚歌舞团至今仍然是日本文化的一张名片，在战前已经是极受欢迎的歌舞团。如今这个歌舞团对自身在战时的作为语焉不详，但各种资料证明宝塚深度卷入甚至积极参与战争进程。太平洋战争开始，宝塚歌舞团就过滤那些带有西洋气息的剧目，脱下华丽的服装，让团员身着"国民服"上演鼓吹"国策"的剧目。到1944年初，东京的宝塚剧场就被军部征用了，变成制作"风船炸弹"的工厂。

"风船炸弹"就是"气球炸弹"，是日本军部在太平洋战争中想出来的一个"轰炸美国"的点子，在高空气球上绑上易燃物炸弹，利用北太平洋上空的环流风，将日本本土释放的气球吹到北美大陆，落下后制造火灾。不消说，能无事撑过漫长高空旅程的"气球炸弹"少之又少，也缺乏威力，虽然不可拦截，但也不过在美国、加拿大制造了几次不大不小的森林火灾而已。美国人直到战后才明白过来，原来日本人还发动过这么奇怪的攻击。

总之，失去剧场的宝塚歌舞团整体加入了"日本移动演剧联盟"，表演足迹遍及日本各地，还前往中国东北和库页岛南部。

喜剧表演在全世界各地的形式千差万别，但有一点是共通的，最能够吸引底层民众并引发他们哈哈大笑的内容，往往是对社会权贵阶层的讽刺性再现表演，这在战争时期的日本同样如此。这并不意味着军部的重压从来不会施加在喜剧艺人的身上。

在东京上野的铃本剧场等地活跃的艺人桂一奴，号称拥有"百面相"的绝技，模仿谁像谁，还能产生无比搞笑的效果，后人将他尊为日本"模仿名人技艺"的祖师爷。他在战时演出的照片流传至今，可以看到，桂一奴模仿过东条英机，也模仿过近卫文麿，甚至模仿过穿着古怪的中式服装的希特勒。

"落语"是日本较为独特的口头表演形式，类似单口相声，落语家的职责自然也是为普通人带去欢声笑语。日本战前知名的落语大师，如柳家金语楼、三游金马亭、林家正藏等人，在战争中也活跃在面向平民的舞台上。不过，对于落语表演内容的限制也日渐增多，为了配合压抑所有社会消费的运动，落语家不能再提及喝酒、找艺伎或拥抱情人之类的"不良奢侈"话题，否则就可能被禁演。日本当局制作了一个"禁演落语"的清单，明确列出53种禁止上演的落语剧本，强令所有落语家遵守。

光是限制落语的题材还不够，到了战争末期，终于出现了颇有违和感的"国策落语"，也就是说着单口相声鼓动战争意志。其内容一般就是提倡邻里互助友好，提倡压制消费、多多储蓄，鼓励青年男女结婚生子，提醒注意间谍刺探机密，等等。来自传统落语世家的林家正藏，在战时表演的一个节目叫作"出征祝"，讲述一个年轻店主得到军队征召令，与伙计们一同陷入欢喜之中，并且一脸高兴地明言"我想，我是不会回来了"。这个节目林家正藏演过许多次，但在战后没有留下任何录音资料。

当然，这种"国策落语"合当局和军部的口味，但不可能让民众得到娱乐满足。实际上，当局封禁了53种落语剧本，但涉及酒色的题材仍存在落语家的脑子里，他们在街头巷尾表演时，仍会不由自主地将这些内容搬出来。"被禁内容"越多，表演才越受欢迎，演出组织方往往睁一只眼闭一只眼。

1944年10月27日在东京举办的"军人援护邦乐舞蹈新作献纳发表会"，是战争末期东京最后一次较为盛大也较为"正常"的演出活动，其后随着美军对东京空袭激烈程度逐渐增强，演出活动越来越难以为继。

1945年3月9日夜间到10日凌晨的大空袭烧毁了东京下町，10余万人葬身火海。日本落语名人会当时组织在东京神乐坂剧场进行演出，预定时间段是3月10日至20日。下町空袭发生，演出自然中止，但令人想不到的是，仅仅中止了两天，3月12日，这场落语名人会就开场了，到20日正常结束，许多东京人好似没事人一样，从地狱般的火灾现场归来，照旧沉浸在落语师的笑话中。

遭遇大空袭之后的东京仍处于高度戒备状态，在落语名人会举办当中，多次响起了空袭警报声，随后灯光熄灭，演出停止。台下的观众却不满意，只要没听到B-29轰炸机发出的嗡嗡声，他们就急不可耐地催促："别管了，开演开演。"外面传来高射炮的射击声，但演出仍然在继续。

日本庶民就这样在战争末期也追求娱乐。但不能忘记的是，绝大多数日本国民也在服从军国主义体制，不会排斥"宣扬国策""高扬战意"的所谓"艺术"填充他们不太多的闲暇时间。在这些"艺术"中，占据很大一块份额的是军歌。日本"二战"时的军歌数量众多，极受欢迎，这些充斥军国主义狂热的日本军歌，至今在日本的卡拉OK房中幸存。

在军部的鼓励之下，战时日本到处传唱军歌。军队要搞大合唱，学校同样每天都在练习一边走正步，一边大合唱，城镇村町到处举办演唱活动。从来没有哪种音乐形式如同军歌那样，在日本形成热潮。

战争末期还是个少年的矢泽，当时进入日本海军航空兵预备训练的"预备练"，对当时的练习生活留下了回忆，其中有"军歌训练"的内容：

> 我看到在百米之外的沙滩上，练习生的队列走了过来。队列中一半的人穿着蓝色的有七个纽扣的制服，另一半人穿着白色作业服。他们的行进脚步非常整齐，映衬在金色夕阳下，赏心悦目，如同无声的电影。
>
> 我的好奇心被激起，目不转睛地看，想知道接下来会发生什么。只见队列随着一声号令，转换成了不同的圆圈，随机就开始进行军歌演习。哦，原来这里也要进行军歌演习啊。只见一个圆形阵当中又套着一个小一点儿的圆形阵，而他们的转动方向都相反，如此队列跃动着，营造出一种有千军万马的感觉。
>
> 我从沙滩走到稍微高一点儿的树林边上，睁大眼睛去看队列中的人。只见每一名练习生都左手臂完全向前方伸直，并拿着一本打开的军歌册子，右手臂则以最大幅度摆动，一边走正步，一边在高声唱军歌。

每唱完一首歌，教官就高声下令："分队——立定！"于是所有人原地停步，拿着军歌册子的左手臂放下。仔细一看，教官是站在圆圈的正中央发号施令。他高声指示下一首歌："军歌演习！元寇……"

所有人又把左手臂举起，教官下令："行进！"大家开始唱起来："四百余州，十万之敌，国难已至，弘安四年……"歌声嘹亮有力，充满了少年的强壮气息。歌声在教官的指示下又从《元寇》转换为《敢死队》："为天皇尽忠之士，赶赴死地，二千余人中，择出七十七死士……"我突然想起，这段歌词是指日俄战争时自愿报名去参加"旅顺港闭塞作战"的七十七名勇士的故事。不过这首歌唱的效果并不好，只唱了一遍就停下了。军歌都是音阶比较低的曲子，又是在海滩上放声歌唱，勇壮之气无以言表，确实是深得海军精神的军歌。我听着听着，不由得就流下泪来。

在战争时期，日本火热的一个"娱乐行业"就是音乐界，当然热卖的只有军歌。全面侵华战争开始之后，日本当局感觉没有一首全国传唱的军歌为出征将士送行，于是在1938年令每日新闻社面向全国征集创作歌曲。薮内喜一郎作词、古关裕作曲的《露营之歌》获奖。日本古伦美亚唱片公司录制这首歌曲，中野忠晴、松平晃、雾岛昇、伊藤久男和佐佐木章等歌手演唱。这首歌与《进军之歌》录在同一张唱片，唱片共卖出超过60万张。

《露营之歌》随后在每一次街头有日军队伍踏上侵略征程时唱响，其曲调简单且符合列队行进节奏，但歌词充斥送军民众的哀伤情绪，诸如"激励勇战至死方回"，"谁知明日生命如何"，"战友带笑而死高呼天皇万岁"等，带着一股颇为悲怆的感觉，真唱起来没有多少鼓舞士气的作用。虽然日本民间爱上了《露营之歌》，但军部很快又征集新的"可昂扬战意"的歌曲。

无论如何，相对于只能前往街头巷尾搞慰问演出的落语师、歌剧团，日本音乐界在战争时期算是碰上了好日子。日本各大新闻媒体频繁举办军歌征集活动，有优秀作品就交给唱片公司制作成唱片贩卖，销量直线上升，相关行业人员都赚得盆满钵满。日本全国的收音机也在循环播放这些军歌，推动了销售人气。

　　军歌热潮在日本培养了不止一代青少年，他们不像战后的孩子那样依靠漫画、游戏机和弹子房打发时间，他们的娱乐只有在集体活动中唱军歌，如同矢泽的回忆那般。如果不是教官指定，就当时日本少年喜欢的军歌，肯定不是《露营之歌》，而是《同期之樱》，这首歌在1944年在《少女俱乐部》杂志上发表，一开始名为《两朵樱花》，曲调上与《露营之歌》相似，而青春之气更为洋溢。《两朵樱花》录成唱片后，偶然让海军军官听到了，于是重新作词，成为《同期之樱》。这首歌曲传唱开来时，正好赶上日本开始用"神风特攻"做困兽之斗的时期，因此它几乎成为"送别特攻队员"代表曲。

　　如果要挑一首最对日本军部胃口的军歌，那毫无疑问就是《英国东洋舰队溃灭》。这首歌曲反映的是日军在马来作战中击沉了英国远东舰队"威尔士亲王"号战列舰的新闻，这则新闻播出之后仅仅3个小时，日本广播台就以新闻内容填词播放了这首军歌《英国东洋舰队溃灭》（又名《马来海战胜利之歌》），可谓速成之作。类似的军歌还有不少，人称"新闻军歌"。只要其通过收音机播出后反响良好，就可以在改进歌词、歌曲之后录制唱片销售。

　　不过，进入1945年，即使是音乐界的景气也成为过眼云烟，整个日本在轰炸与封锁下一片哀鸿，没有什么人拿闲钱买唱片了。战争结束之后，日本的军歌时代戛然而止。不过，战时军歌在日本民间存活下来，重新填词后成为其他歌曲，或者在卡拉OK房中成为战时一代的"青春回忆"。

　　称现在的日本是音乐大国恐怕有争议，但

所有与西方文化相关的东西都被定义为"敌性"，当然包括外国唱片。这是日本民众在"自愿"上缴外国唱片

说日本是动漫大国是没有争议的，在创作商业动画的数量上，日本完全傲视群雄。但二战之前，日本的动画片在世界上没什么存在感，如今日本庞大的动漫产业，其"登堂入室"的开端仍然是在战争中，这就是在日本动画制作史上不得不提的《桃太郎之海鹫》。正如"荒鹫"是日本陆军航空兵的美称一样，"海鹫"是海军航空兵的称号，顾名思义，这是将日本知名儿童故事《桃太郎》与战争宣传相结合的产物。

偷袭珍珠港成功之后，日本海军立即策划制作一部动画影片来宣传战果。当时日本动画界的大师级人物濑尾光世担当监督，创作了这部《桃太郎之海鹫》。桃太郎从民间小英雄，摇身一变，成为帝国海军军官，尽管他手下的海军水手仍然是狗、猴子、鸡。桃太郎指挥航空母舰，带领攻击机部队进攻以珍珠港为原型的"鬼之军港"，大获成功后凯旋。整部动画电影时长37分钟，这是日本动漫史上第一部"长篇剧场动画"。

《桃太郎之海鹫》于1943年制作完成并公开放映，引发日本电影院盛况空前，日本小孩子将其视作宝物，成年人也当作新闻纪录片观看——尽管当时日军在战场上节节败退。不过，军部不打算放弃宣传的大好机会，立刻要求濑尾光世制作《桃太郎之海鹫》的续作，题材上要求以日军进攻荷属东印度（今印度尼西亚），实施空降作战夺取重要油田为背景。

对于濑尾光世来说，在战争后期物资不足的情况下再制作一部优秀的动画，相当艰难。更何况，他对自己提出了更高的要求。原因是太平洋战争爆发之后，日军在东南亚没收的欧美物资中，找到了一部长篇动画电影，这就是奠定了美国迪士尼公司在世界动画界宗师地位的作品《幻想曲》。

这部1940年在美国上映的动画电影，由多名导演分别执导八个段落。《魔法师的学徒》描述米奇因擅用魔法干活而酿祸，《春之祭》描述生物形成到恐龙灭绝的过程，《时光之舞》描述动物共舞。《幻想曲》是轰动世界的作品，其制作水准之高大大领先于时代，至今看来仍不过时，绝非《桃太郎之海鹫》可以比拟。在战前以及战时，《幻想曲》在世界上流传范围不大，到战后才全球广泛公映，在日本正式公映是1955年。

日本海军发布的《桃
太郎之海鹫》海报

　　濑尾光世拿到抢夺来的《幻想曲》影片拷贝，观看之后完全被震惊了，决心创作可以与《幻想曲》匹敌的作品，这就是《桃太郎之海鹫》的续作《桃太郎海之神兵》。由于物资不足，只能将用来作画的赛璐珞洗过之后重新使用，终于制作完成这部时长74分钟的长篇动画。

　　《桃太郎海之神兵》在艺术水准上与《幻想曲》的距离仍然是很大的，而且为了减少作画量，战斗场面压缩到不足10分钟，这与《桃太郎之海鹫》无法相比。多余的时间，只能用来描绘桃太郎在日本殖民地搞皇民化教育等内容，并用可爱的动物和俏皮的音乐吸引小孩子的注意。

　　但是，最终没有多少日本孩子观赏到《桃太郎海之神兵》，因为确定的上映时间是1945年4月12日。1945年3月，空袭已经让东京一大片区域化为白地，几乎所有未成年人都被疏散去了外地，留下来的也不可能去电影院看电影。更何况，4月13日晚间，东京再次遭到地毯式轰炸，几乎全城毁灭。

　　4月12日，《桃太郎海之神兵》首映式冷冷清清，东京有一座电影院迎来了数名顾客，有一位少年看着电影屏幕，感动得流下了热泪。他在数十年后回忆说，《桃太郎海之神兵》给他留下了极为深刻的印象，他立刻下定决心要成为一名漫画家，此生必要留下可以与《桃太郎海之神兵》匹敌的作品。当然，后世之人可能都会提出疑问：《桃太郎海之神兵》算什么作品？怎么可能与《铁臂阿童木》《火之鸟》这样的里程碑之巨作相匹敌？

这个1945年在废墟包围中的电影院里流泪看动画的17岁少年，后来有个享誉世界的名字——手冢治虫。

第11章
日本的神灵

天皇统治的神之民族？

日本民族的宗教意识认为，他们是所谓"天孙民族"，即古代日本神话中诸神繁衍成为日本人。这种用于凝聚民族意识的方法，几乎适用于世界上任何一个民族，只不过有的纯粹是将其作为神话，不是在每一件政治、外交乃至军事事件发生时都要拿出来标榜自身正确或优秀的"万能道具"。

日本人当真可以随时将这套"神之国度""天孙民族"的招牌抬出来，并把自己感动得泪流满面。而二战前这已经成为一种"绝症"。试举一例。

日本"大政翼赞会"1942年2月出版了一本小册子，作者就是京都帝国大学教授、"大政翼赞会"研究局负责人藤泽亲雄。日本人特地向外国提供了这本小册子的英文版，叫作《伟大的神道教净灵仪式和日本的神圣使命》。藤泽亲雄首先宣称日本天皇体现了一种旺盛的"宇宙生命力"，然后气定神闲地称日本这个太平洋上的岛国是人类古代文明"真正的摇篮"。他认为有很多语言学和考古学证据可以证明，曾经存在各国史书都没有记录的史前"全球家庭体系"，而日本在这个体系中就是高贵的"始初之地"，其他被公认古代文明源头的地方，包括巴比伦、埃及和中国，是所谓"日本文明之分支"。

通过其他一些偷换概念的手法，藤泽亲雄还提出古代美索不达米亚地区苏美尔文明也来源于"御上"，日本天皇创造了这个距离日本万里之遥的古文明。如果读者有足够的耐心看下去，还能看到"想象力丰富"的作者将日本以及整个宇宙"精神"都归结于天皇一年两次举行的盛大"净灵仪式"，而目前这场战争相当于一次驱除世界上所有道德污秽的"净灵仪式"。

藤泽亲雄以及"大政翼赞会"中的狂热幻想家们，认为世界秩序就应该是一种"从根本上垂直的秩序"，符合"完全一致与和谐"的家长制模式。"国与国一律平等"的观点在他们看来才是离经叛道。自然，日本和天皇被敬奉为这个"全球家庭体系"的一家之长，而其他国家就只能充当"子女"，臣服于日本的统治。藤泽亲雄还大肆鼓吹在战争"胜利结束"之后，世界上其他民族和文化最终必定会感激日本，因为日本在世界上建立了"正义秩序"。

藤泽亲雄以一种自我感动的腔调高喊日本正在进行的战争是反对以英、美为首的西方的"圣战"，其他国家和民族应该"感激"日本付出血汗来进行这场战争。藤泽亲雄认为"中国人、印度人和犹太人的古代仪式都来源于日本帝国的净灵仪式，因为日本毫无疑问是人类所有种族的神圣发祥地"。

藤泽亲雄这样的"理论家"通常把"大东亚战争"描述为一场恢复臆想中的"古代美德"的战斗，而他在京都帝国大学的"京都学派"同事，则认为日本正在进行一场"超越现代，面向未来"的战争，目的是建立全新的、未来型的世界秩序。也就是说，目的不是将世界推回到曾经完美的过去，而是推进到一个完美的未来。

战时在中岛飞机工厂中承担辛苦的焊接工作的日本年轻女工

从日美开战前不久，一直持续到1943年，这个"京都学派"的诸多学者通过一系列论文和研讨会到处宣扬他们的观点。他们的论证看上去至少不像藤泽亲雄的宣扬那么情绪激动、语无伦次。这些学者极少提过宗教仪式和古代日本的什么传统，相反，执着于念叨一些空泛而模糊的名词，如"持久的全面战争""生存空间""建立新秩序的永久任务"。但"京都学派"也明确表示将会推动日本上升为指导全球的"世界历史种族"。

所以，和所有日本民族主义者一样，"大东亚战争"对这些看似保有基本现实主义逻辑的学者而言，仍是一场必须由日本获胜的"圣战"，是为实现"大和民族神圣目标"而进行的终极大战。这些学者其实知道，天皇在日本历史上曾经是虚弱的傀儡，在日本武家社会的大部分时间中，天皇乃至整个皇室被认为无足轻重。日本是在进入近代才将天皇打造为"人间之神"，但真相是日本依照其悠久的传统，存在着一群"神灵"。日本的"神灵"包括天皇本人，也包括陆军和海军的将军，包括财阀巨头，甚至连看上去头衔并不那么大的"昭和参谋"群体，都掌握着犹如"作恶之神"般肆意妄为的权力。而作为一个整体，日本民族则将自身看作"大东亚之神"，是天赋使命必要统治整个亚洲、"净灵"整个世界的优秀民族。

明治时代日本的指导者立刻从祖先信仰、祖先神话及一村一家延伸的观念出发，制造天皇制意识形态。这种意识形态以天皇国家的神圣性和"种族相依"的团结来宣示日本民族的独特，在现实中则通过大规模对外战争的胜利，刺激民族自信心提升。一个很简单的事实是，天皇崇拜在日本取得中日甲午战争胜利之前，其实没有能够在民众的"心灵中扎根"。

但在中日甲午战争、日俄战争接连获胜后，日本形成对亚洲周边国家的优越感，从而弥补日本人面对西方的劣等感。从建设一个"不被西方蔑视的强大国家"出发，鼓吹"脱亚入欧"，以日本得以跻身列强行列，来满足日本人的民族自豪感。这种方式更多将民族自身的价值寄托于一种臆想的来源，即天皇及其国家的神话和种族血统的一致。

为了宣扬日本"指导亚洲"的使命感，日本政府绞尽脑汁，使用最新技术，不惜工本。很有代表性的是写真杂志FRONT，其制作之精良、照片拍摄水准之高，至今传为摄影界的一个"神话"。日本在战时就已经是摄像机制造先进国家，到战后出现数码相机"一统天下"，都离不开当年这本FRONT写真杂志的"先锋"功劳。其照片拍摄者都是日本顶尖的摄像师，而且每一页的版面都是精心设计的。

拍摄的对象主要是进军海外的日本陆海军士兵，还有他们驾驶的战斗机、军舰等，拍得威武雄壮，充满"天降正义之师"的意味。FRONT杂志出版方是"东方社"，规模并不大，背后的主导者就是陆军参谋本部。过去有陆军参谋本部的武官在其他国家——主要是在纳粹德国——见到了军方进行海外宣传所用的写真杂志，受到刺激，为了"向海外弘扬日本国威"，动起了搞杂志的念头。

陆军参谋本部于是联手内阁情报部，找来"白手套"搞了这个"东方社"，提供极为丰厚的资金，并且在战时条件下做到物资调配有求必应。进入太平洋战争之后，日本政府要求民众必须节约，一张纸也要反复使用，但是"东方社"的所用奢侈物资全部被归类为"军事需求"，印刷用纸和油墨全部都是最高档的。

而FRONT写真杂志主要是提供给海外市场，特别是欧美国家，在太平洋战争爆发后仍然在一些中立国家销售。它就是为了向日本的友好国家、被日本占领的

日本的法西斯民粹主义被煽动到极端狂热境地

国家以及正在与日本作战的国家进行夸耀而制作的，当然必须不惜工本。*FRONT* 的创刊号是"海军号"，高质量 A3 纸印刷后装订，为了海外发行需要，有 15 种语言。日本国内出版界人士看到这本 *FRONT*，无不惊愕："到这个时候了，居然还能做出这样的杂志？"

到了战争后期，篡改技术也开始用上了。例如杂志上一架零式战斗机的照片说是在"南洋"上空飞行，但实际上就是对着冲绳岛上空先拍了照片，然后将零式战斗机的身姿嵌入画面中。这么做的原因当然是前线战局已经不允许摄影师去拍照了。

FRONT 中的每一页，都在向世人彰显战时日本想向全世界传达日本人是怎样看待自己的，日本的野心有多大。*FRONT* 一共制作发行过 10 期，直至 1945 年火烧东京之役，令其无法再进行制作。

"日本人将成为一个流浪民族"

进入 1945 年，开始在天上散布"死亡火雨"的是美国轰炸机队，因此整个日本都在骂"英美鬼畜"。但问题在于，战局一步步向前推进，自认属于"指导种族"的日本人面对军事上的失败，身为"人间神"的天皇将要对一个粗鄙的美国将军点头哈腰，天皇帐下林林总总也颇有"神之傲慢"的将军、参谋、政客都有被送上断头台的可能。怎样才能让一个深陷种族主义的民族承认战败的事实，承认他们自明治维新以来都生活在弥天大谎之中？

20 世纪 30 年代中期，在席卷世界的经济大危机和日本政界频繁的刀光剑影之下，以"国体明征运动"为先导，一批日本右翼知识分子开始大力宣扬所谓"国体之本义"，着手重建"皇道"意识下的"日本学"。以从事日本哲学宗教研究的西田几多郎、高山岩男等为中心形成的"京都学派"，从理论上将"日本神国论"推向极致。在鼓吹并向国民灌输日本民族优越论的同时，配合军部统治集团"纯化"日本文化，以排斥英美为国策，极端强化国民对天皇国家绝对服从和效忠的意识形态，将全部价值观导向从属于以天皇名义发动的"大东亚圣战"。

就算不谈"国体明征运动"，仅从东条英机在1944年不流血而卸任就认为日本是"战时民主国家"，实在是贻笑大方。实际上，高度专制的政治体制本身将日本以种族主义为基础的国家主义推向了极端，最终与世界性法西斯主义浪潮合流，给亚洲许多国家和人民都带去了巨大的灾难。

作为一个整体的日本民族在1945年接受投降战败的事实，令人不可思议，因为在战争期间，绝大多数日本兵在面临必死状况时不愿投降，绝对效忠天皇的观念使他们根本无法接受投降。日本人对于整个世界表现出的仇恨，在战争期间表现得淋漓尽致，以至于当东京被烧毁时，美国国内几乎听不到抗议的声音。

私下里，一些美国人承认美国对日本的作战战略存在道义上的"模糊"，有可能使美国在战后成为被指责的对象。例如在1945年6月中旬的一份机密备忘录中，麦克阿瑟将军的主要副官之一，陆军准将邦纳·费勒斯，将美军对日本的大规模空袭描述为"历史上针对非武装人员最残酷、最野蛮的杀戮之一"。但类似的想法很少在公开场合表露。1946年，盟军检察官们在早已变成一片废墟的日本首都东京组织国际法庭，指控日本领导人发动了这场对"男人、女人和儿童"的

日军投降

大屠杀战争，他们并没有感觉到有什么讽刺的意味。

毫无疑问，以"神灵"自居的日本人，在它的敌人甚至在它所谓的"大东亚共荣圈"前盟友中播下了死亡和强烈憎恨的种子。对中国军民的大规模屠杀和对中国城市的无差别轰炸只是对这种仇恨的第一次大规模播种。在随后几年中，日本人似乎常常有意实施扭曲的病态暴行，并以一种让人毛骨悚然的方式进行炫耀。例如，一些日本报纸在1937年底绘声绘色地报道了两名日本军官在南京进行"百人斩友谊比赛"，看谁先用手中的军刀砍下100个中国人的头颅。日军在香港街头强奸和杀害尼姑，或在马来半岛将受虐至死的英国人尸体挂在树上，或对在朝鲜和日本的老传教士施加水刑，然后遣返他们，让他们回去讲述自己的经历。

对于中国人而言，日本人的残暴不需要进入全面抗战以后进行再认识，1937年之前的"旅顺大屠杀""五卅惨案""济南惨案"早已将日本人的形象固化。但是太平洋战争开始之后，西方国家对于日军骇人听闻的暴行第一次进行了"浓墨重彩"的宣传，而过去西方人倾向于对于这个东方帝国的暴行视而不见。

此时西方强调，日本人完全是一个具有凶残本性的民族，媒体指出日军的暴行分为几大类：大规模屠杀平民、虐待和杀害战俘、习以为常的酷刑、强迫劳动与用致命医学实验形式进行有组织的"人体试验"谋杀。最后一类犯罪行为，在日本本土发生得不多，主要是1945年在九州帝国大学，但在中国东北的规模相当大，相关人员组成了臭名昭著的"731"恶魔部队。战争结束一段时间后，这一战争罪行才得到曝光。相比之下，其他种类的暴行早已广为人知。

日本人的暴行在1945年达到顶峰。1945年初，美军登陆菲律宾吕宋岛，日本陆军绝大多数退往北部山区打算固守，日本海军陆战队拒绝投降和交出这座城市，于是菲律宾首都马尼拉城遭受可怕的屠杀。全城共有近10万人丧生。最残酷的一桩暴行发生在日军设置最后防线的旧城区，日军对关押在天主教堂内的近千名菲律宾人质大肆杀戮，仅仅是为了在自己死前多杀几个人。1942年从巴丹半岛逃出来，后来和麦克阿瑟一起返回菲律宾的著名编辑罗慕洛，描述了在返回时，惊恐地发现马尼拉已变成"黑暗、抢劫一空和散发着臭气"的人间地狱。

他用颤抖的笔描绘见到的场景："死尸和受尽酷刑者的一座城市……我看到

昔日的邻居和朋友，他们遭受酷刑的尸体被堆在马尼拉街道上的尸堆上。他们的手被绑在背后，身上到处是刺刀划过的印痕。一名曾经和我儿子在同一所学校上学的女孩一言不发地抬头看着我，她年轻的身体上布满了刺刀纵横划开的伤痕。我看到了神父、妇女和儿童的尸体，还有被日本人挑在刺刀上玩弄至死的婴儿。幸存者告诉我们，这些都是失败后疯狂杀戮的日军所为。"全世界再次面对日本帝国的刺刀留下的恐怖痕迹，这一次留下了大量的影像资料。

在亚洲各国的血泊之中，西方认清了日本极端民族主义或者说"大和种族主义"的真面目。因此，以美国为首的同盟国的士兵很快形成了一种观念，他们碰到的日本军人极度危险，必须毫不留情地歼灭。美国陆军1943年的一项调查显示，一半以上的美国士兵坚信为了和平可以杀光所有日本人，无论男女老少。太平洋战场上的美国士兵常常认为，他们杀日军就像"消灭顽固不化的害虫"。在战后回忆录中，战地记者经常提到美国大兵对打死日本人没有愧疚感。

同盟国士兵将在面对面厮杀的战场上的所见所闻传达回祖国，首先是在东南亚与日军死斗的澳大利亚士兵。澳大利亚报纸常常使用恶劣的词汇描绘日本人。希特勒或墨索里尼等法西斯领导人的脸最常出现在政治漫画中，以此来表示战争是为了反抗敌国的独裁统治者，而不是人民。然而，描绘日本侵略者的海报上偶尔会出现东条英机或天皇，大多数情况下出现的"日本人"，有着公式化"亚洲贱民"特征，身材矮小，有框眼镜，面部表情虚伪、狂妄。

在其他一些例子中，日本人经常被描绘成非人的野兽。美国《时代》杂志的某期封面就有一幅漫画，里面的日本士兵就是戴着头盔、扛着枪的黑猩猩，用尾巴挂在树上，打算在美军士兵背后下"黑手"。到了战争结束阶段，美国报纸告诉公众大规模轰炸日本城市，乃至投放原子弹，是征服这个远东"凶残敌人"的最有效且合法、合适的方式。美国公众强烈要求对可憎的日本人施加最严厉的惩罚。大规模燃烧弹轰炸已经对日本造成了大规模杀伤的效果，但显然只有"蘑菇云"才让美国民众满意。

对于日本和美国来说，电影都是鼓动国内民心士气的最佳工具。日本拍摄"战意昂扬映画"的同时，美国通过电影对日本发出控诉。1944年，《紫心勋章》

公映，这是第一部明确描述日本人虐待美军战俘的美国电影。1942年6月，杜立特轰炸机队空袭东京，不少美军飞行员被俘，10月，日本对被俘美军飞行员实施"惩罚"，日本政府声称杜立特空袭造成了近50位平民的死亡，其中包括一座很容易辨识红十字标识的医院中的病人，以及用机枪故意扫射学校学生。日本政府对这些美军飞行员"冷酷与非人道行为"进行谴责，日本新闻媒体将"兽性""邪恶""疯狂""非人道""丧失所有人性"等词甩在美国飞行员身上。

《紫心勋章》的最后，一位被判处死刑的美军飞行员发表了一段令人难忘的预言："美国人的确不太了解你们日本人，从来都没有了解过，但现在我意识到，你们对我们的了解更少。你们可以杀死我们——杀死所有人，或者一部分人。但是，如果你们认为这样做就可以把对上帝的恐惧强加给美国，使美国人不再派飞行员来轰炸你们，你们就错了——大错特错！美国人将使你们的天空变成黑色，将你们的城市夷为平地，让你们双膝跪地请求怜悯。这是你们的战争——你们想要的战争——你们索取的战争。现在你们将会得到它——直至你们这个肮脏的弹丸之国从地球上抹去，这场战争才会结束！"

因此，到了1945年这个最终对决年份开启的时候，日本面对的不仅仅是一支无比强大的，将从空中、海上发动毁灭性进攻的盟国大军，这支军队后面还有数亿敌对的民众，他们推动华盛顿的政客下令采取一切毁灭性手段进攻日本。因此，当白热化的战斗在塞班岛、冲绳等地展开，当地民众就算是自杀，也不能当俘虏，因为美军会用最残酷的手段对待他们。

在经常被援引的1944年12月美国进行的民意调查中，有一个调查问题是"你认为战后我们应当如何将日本作为一个国家对待"，有13%的回复者希望"杀死所有日本人"，33%的人支持日本不再作为一个合法政体而存在。同一项调查还针对德国问了同样的问题，但删去了杀死所有德国人的选项，结果是34%的美国答题者希望德国不再作为一个国家存在。

正如经历1945年那些残酷战斗的美国士兵承认，他们的目标已变为杀死日本人，而不只是简单地获胜。战争结束后，仍然有数量惊人的美国人对日本在投掷原子弹后迅速投降表示遗憾。1945年底，在美国进行的民意调查发现，22.7%的受访者希望美国在"日本投降之前还能有机会使用更多原子弹"。

对于那些有历史知识的西方人来说，公元前146年被古罗马军队攻陷并夷为平地的迦太基城，可以作为即将到来的"日本终结"的参照模板。罗斯福总统的参谋长威廉·莱希海军上将，1942年9月在记者面前公开将日本称为"我们的迦太基"，他的意思是美国"应该继续作战，直到彻底摧毁日本"。

威廉·莱希海军上将不会站在第一线杀向日本，但"蛮牛哈尔西"就是负责做这件事的。威廉·莱希透露自己是海军上将哈尔西的名言"杀日本鬼子，杀日本鬼子，杀更多的日本鬼子"的信徒。他呼吁"差不多彻底消灭日本人这个种族"，他的理由是"这是关于哪个种族将生存下去的问题，白人文明正处在危急关头"。罗斯福总统的儿子艾略特·罗斯福在1945年也曾对记者说，美国应当毫不留情地继续轰炸日本，"直到我们将日本大约一半的平民人口消灭"。

美国向广岛投掷原子弹的几天前，媒体引用海军中将阿瑟·雷德福的话："日本佬一直在招惹我们的进攻，他们很快就会得到报应。日本将最终成为一个没有城市的国家——日本人将成为一个流浪民族。"

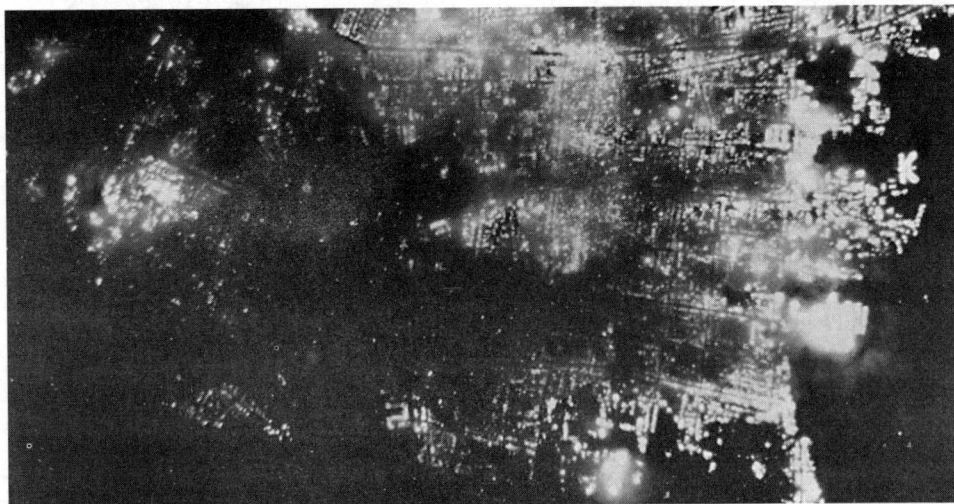

日本投降两周前在美军轰炸下熊熊燃烧的富山市区

东条不想承担战败责任

进入 1945 年，日本将要面对的战争结局是什么？是单纯的战败，还是沦为流浪民族，抑或是被亡国灭种？有一点是可以确定的，没有哪个日本人可以确定要为太平洋战争的结局承担最大责任。德国是希特勒，意大利是墨索里尼，在日本找谁来担责？1941 年 12 月带领日本发动太平洋战争的东条英机已经下野。是天皇本人吗？日本确实是在天皇的"圣断"下投降的。是铃木贯太郎吗？到了战后，就连同盟国也不认为这个日俄战争时代的老海军军官有多少责任。

1945 年，东条英机已经不在其位，但我们显然不能离开这个代表性的"帝国军人"或者说"军国恶魔"来讲述日本的二战历史。其实是在 1944 年 2 月才树立了近乎独裁者的统治体制，到了 6 月就被推翻，回顾这几个月内日本政坛发生的事情，可以这么认为：东条的独裁和迅速倒台，迫使日本统治机器向着过去完全不可能想象的一扇"地狱之门"迈进，即在全面、彻底地压榨日本国民抵抗潜力的同时，摸索向同盟国"屈服"以保存日本所谓"国体"的方法。

时间回溯到 1944 年 2 月 18 日，这一天，东条英机去找内大臣木户幸一商量，提出建立参谋总长、次长二人制（分别负责战争指挥和后勤）来强化政权统帅权力，并在宫中设置"天皇亲政"的战争大本营。东条想通过这次改造，压制财界、官界等各集团的不满情绪，延续这个战争内阁。通过改编统帅部结构，东条自己兼任了参谋总长。从此，东条英机身兼首相、陆相、参谋总长三职，并且由与东条关系密切、对其几乎毫无违背的海相嶋田就任军令部总长。东条由此集政务和军事统帅大权于一身。

从 1944 年 2 月 21 日起，日本形成了类似德国纳粹政权的"超级集权"态势。这就是"独裁"。在这个时间点之前，日本的战争指导形式仍是以政务、统帅分离为原则的。东条在 1944 年 2 月以政务最高职位首相，来兼任军事统帅最高权力者，统帅部发出了最强烈的反对，因为东条实际上否定了日本军队长久以来的"统帅权独立"制度。

抗议马上就来了。时任陆军参谋总长杉山元指出:"传统上军事指挥和政务不能合一,这是传统。陆相和总长兼任即是政治和军队混淆。"而东条面对不满,立刻甩出王牌,宣称"陛下知道我的良苦用心"。也就是说,东条"搞独裁"的后台就是天皇这位"人间神"。根据木户幸一的说法,天皇曾询问东条,他想兼任参谋总长是否影响"统帅权独立"。对此东条回答说:"现在的战争阶段,如能形成政治紧密配合作战的态势,有百益而无一害。"

从此,在天皇的支持下,东条实现了权力集中,也就是"独裁"。然而,东条内阁的所谓"独裁",在盟军的绝对实力面前也只有节节败退。再者说,军部仍然紧紧抓住手中的权力不放,就算东条本人充当参谋总长也不会俯首听命。接下来的战争指挥,由统帅部的大本营—政府联络会议主导。尤为重要的是,以宪兵压制人民不满为后盾的东条政权,招来了更多的不满,以至于潜在的打倒东条内阁的呼声迅速高涨。东条犹如坐上了过山车,在达到个人权力顶峰的那一刻,"下坠"就开始了。

策划打倒东条内阁的团体有包括吉田茂、殖田俊吉在内的近卫文麿集团,还有与近卫交往深厚的外交官僚,再有就是酒井镐次、高木惣吉等海军派。高松宫的政治秘书细川护贞也在计划中起联络作用。除此以外,还有以大藏公望为中心的宇垣一成集团,东久迩宫为中心的石原莞尔集团,试图组建以寺内寿一为首相的岸信介、松前重义集团。

这些主要的政治集团唯一的共同点也就是要打倒东条内阁,但是对打倒东条以后该怎么办呢?各自都有各自想法,而且争论不休。另外,这些政治集团面对的最大障碍,仍然是天皇还明确支持东条。他们发现高松宫和东久迩宫与木户一起转向支持东条。这就摆明着是天皇想要继续支持东条。作为天皇的兄弟,高松宫用一种得过且过的语调说:"虽然说东条不行,可又能让谁来做呢?如果没有可替代的人选,就尽量去想办法援助东条内阁吧。"

"打倒东条"这件事一天天拖延。进入1944年4月,首先是木户幸一的态度发生了转变。近卫文麿战后回忆称:"最近木户对东条的评价逐渐下降,说东条实在独断专行。"由此,一个在日本帝国整个历史上唯一兼任首相、陆相、参谋总长三职的"独裁者"，短短两个月内就被指责为"独断专行"。木户开始同近卫、冈田等人联手，打倒东条内阁的运动由此走上了"快速通道"。

当然，这条"快速通道"是双轨的，另一条轨道上进行推动的是美军。1944年6月15日美军在塞班岛登陆成功，6月19日马里亚纳海战日本海军的"最后一击"即马里亚纳海战惨败，7月7日塞班岛上日军"玉碎"，平民纷纷自杀。保卫日本帝国、号称铜墙铁壁的所谓"绝对国防圈"就这样被打碎了，美军切断了日本通往亚洲大陆的物资补给线，对日本本土进行大规模轰炸，进而登陆日本本土的行动正在推进。日本帝国必须要推出一个为战事失利负责的人。

当时的防卫总司令官兼军事参议官东久迩宫稔彦被认为是东条支持者，但就算是他，也在惨败之后向东条发出质问。东条无奈回答："最近我对自己越来越没自信了，如果有合适人选，我想辞职。"东久迩宫鼓励他说："现在辞职太不负责任了，如果想辞职，处理好战后的问题，讲和与否，做好善后工作再辞职。"

东久迩宫的真实想法是什么呢？其实明眼人都可以从那句"现在辞职太不负责任"中看出其真意。东久迩宫战后对近卫说："我认为应该让东条负起战争的全部责任，过错也全部是东条的过错，全部的责任让东条来承担。内阁交接的话，责任可能会转到皇室，所以这次让东条负责到底是上策。"显而易见，东久迩宫的这个想法也是裕仁天皇的想法，对此东条也是心知肚明。

虽然嘴上叫着"一亿总玉碎"，虽然把几乎所有国民都忽悠成了"预备特攻"的炮灰，但日本帝国上层的这些"神灵"啊，其实把"推责"之术弄得门清，马里亚纳海战的硝烟还未散尽，把东条扔出去当"战败替罪羊"的计划已经摆上了皇室以及各政治集团的桌面。此见解在日本高层被广泛传播，引起了对东条的一片讨伐之声。在此之前近卫也曾对东久迩宫说："既然东条和希特勒一样被世界批判，那就让他负全部责任吧！"

1944年中，日本政权高层各派面对战局不利，立刻想到把所有的战争责任扔给东条英机一人，从而避免国民的怨念指向天皇及皇族。7月8日在内大臣官邸中，木户与近卫等人进行了会谈。木户虽然赞同东条下台，可是对战局的态度和陆军主战派一致，那就是要进行"决战"，打了胜仗以后再争取谈和。在战后被吹嘘

喜欢玩弄权术的近卫文麿

为"反战"的日本海军，此时总体上的意见也是"为了让国民做最坏的打算，只能组建新内阁来实施舰队决战"。

东条当然是主张进行最终决战的，而这些反东条的集团首脑也在叫嚣要进行决战。身份不同、利益纠葛的各个集团进行着反复斗争，但这场必败的战争是必须打下去的，似乎只有继续打才能获得"讲和"的条件。木户的言行确实仅限于打倒东条内阁，与日本投降、实现和平并无关系。

近卫与木户会谈后又去找东久迩宫会谈，提起东条内阁之后应组建一个短期内阁，推荐候补人选为南方军总司令寺内寿一元帅，策划以英国为中间人与同盟国和谈。日本方面可以接受的是现任天皇退位，皇太子即位，由高松宫摄政。至于审判日本战争罪犯，彻底改变日本的政治结构，根本不在考虑范围内。这个方案妄想以所谓"讲和"来为战争画上句号，与同盟国无比坚定的"日本彻底投降"的要求之间相差有一万光年的距离。

无论如何，东条很难支撑下去。一直作为东条内阁后台的那个"大政翼赞会"，围绕塞班陷落的责任问题也做出了结论，实际上表明了对东条内阁的不信任。由此反东条内阁运动的力度骤然增大。不过，裕仁天皇是明确的战争持续论者，他也赞同让日本一亿国民继续流血来换取一个"讲和"的投降条件。

因此，天皇一贯对东条的战争政策有所期待，在充分动员日本军队和国民方面，显然没有人比东条更积极。天皇在这一点上与近卫等重臣之间有所分歧，这种分歧在战争后期也没有得到根本的改变，因而浪费了宝贵的时间，让无数人白白没了性命。冈田启介为了让东条尽快滚开，雷厉风行地在东条会见木户的7月17日同一天召集重臣集会，试图促使木户去劝说天皇转变心意。

这下轮到木户幸一"难做人"。他已掌握天皇的意向，为了避免成为重臣打倒东条运动的直接代言人，这个私下里已经转变立场的"老狐狸"，在表面上坚持与天皇态度保持一致，陷入了天皇和重臣的"夹板"中。与许多日本政客的惯常伎俩一样，木户施展"苦肉计"来敦促其他重臣痛快表明意向。

经过一番七嘴八舌的争论和互相试探，最后由冈田为重臣会议做总结并向木户汇报了内容："为渡过难关，必须重振人心，国民相互协力一路迈进，必须创建强有力的政府。"让东条这个战争狂人下台的理由，竟然是他的内阁还不够"强有力"。决定上奏的第二天，与东条关系密切的阿部信行作为"信使"把会议内容登门告知东条，东条立即递交了内阁辞表，撂挑子不干了。实际上，东条本就不想为战败负责任。

为预防革命而打倒东条

东条英机的结局是众所周知的。日本战败后他自杀未遂，在远东国际军事法庭上被审判，1948年12月23日凌晨作为日本七大战争罪犯之首被绞死，死后尸体被运往横滨久保山火葬场，由5名火葬场员工火化。美军少校卢瑟·弗瑞森作为现场负责人监督整个过程，留下一份"战争罪犯的处决和尸体最终处理相关详细报告"，2021年宣告解密。

这份报告记载日本甲级战犯尸体火化之后，美国士兵命令将骨灰装进7个涂黑的盒子中，运往美军第八集团军驻地的飞机场，卢瑟·弗瑞森少校回忆称"乘坐联络机飞至横滨以东约30英里处太平洋上空，我大范围地撒

远东战争罪犯审判席上的东条英机

了骨灰"。日本右翼势力在战后不愿承认这些战犯的骨灰全都进了太平洋。因为按照日本传统神道教的观念,尸骨无存之人只能成为孤魂野鬼,没有资格进入靖国神社,成为"神"而享受香火。这也是为什么日军士兵在出征前会在家里留下一缕头发或几片指甲,万一在战场上尸骨无存,这些东西权且当作身体的一部分入葬。

话说回来,现在靖国神社里为什么会有东条英机等甲级战犯的牌位?按照日本右翼的说法,当初在久保山火葬场火化战犯尸体的5名员工中的一人,在美军离开之后又扒拉了一些骨灰,过了一段时间去找7名战犯的家人,未必没有想弄些"辛苦费"的意思。美国人要把这些战犯挫骨扬灰,剩下的骨灰——也不管是不是真的——就成了烫手山芋。最后,这些骨灰被送去爱知县,在三根山里埋葬,竖了一块所谓"殉国七士墓"。为这块碑题字的人,就是战后让日本结束被占领状态的首相——安倍晋三的外公岸信介。据日本右翼说,战后裕仁天皇也来临近的酒店居住过,眺望这块墓地。

目光转到东条内阁倒台的1944年7月。东条倒了,但战争持续,因为日本帝国走向战败的路程充满着各种幻想、误解、矛盾与反复,到最后一刻甚至有狂热的年轻陆军军官起来暴动,几乎要把枪口指向天皇本人。宫中和重臣集团联合起来打倒东条,理由之一竟然是认为东条内阁和军队内部"赤化问题"严重,很可能会导致"左翼革命"。

近卫文麿在东条内阁倒台前几天的重臣会议上强调了这个问题的严重性,他宣称:"数十年来,陆军内存在一些左翼思想分子,他们与军官及平民联系,企图策划左翼革命。如此举动比战败还要危险。本人觉得左翼革命的结果比战败更令人担心。就算是战败,日本还可以维持皇室与国体,而发生革命则不然。"

近卫对"左翼革命"的恐惧是对陆军内部统制派的不信任引起的,其反东条内阁立场,建立在东条英机权力高度集中的独裁政治引起的反抗心理基础上。在近卫看来,日本必须维持天皇至高无上的国体,而实际行政权力则必须由各个权力集团分割。在天皇之下,"独裁"是不被允许的。因此,近卫的反左翼立场,得到拥护天皇至上主义的陆军皇道派积极援助,还试图从陆军内部排除"社会主义、共产主义的思想倾向"和人员。

众所周知，早在1938年11月，当时担任首相的近卫文麿在侵华战争进入僵持阶段之后，发表了有关"东亚新秩序"声明。该声明宣称日本侵华战争的目的是在日本、"满洲"和中国建设所谓"东亚新秩序"，并诱惑蒋介石国民政府，要求其放弃以往"反日政策"，并且"刷新人员组成"，则日本将不拒绝其参与"新秩序的建设"。

这份"东亚新秩序"声明是侵华战争"泥沼化"的开端，提出了中国除了汪精卫等投降派之流，其他各派势力都无法接受的所谓"和平条件"，这些条件包括中国必须允许日本在中国特定地区驻军，而且日本驻兵地区的铁路、航空、通信、主要港口航道的监督权归日方所有。在华北和内蒙古为日本搞"开发"提供所谓"特殊方便"。至于"刷新人员组成"，实际是要求中国变成一个无中央政府的"自治政权联合体"。最后，中国还得赔偿日本在战争中的损失。这些要求等于是要求中国成为日本的殖民地。

"东亚新秩序"彻底否定了一战后形成的"华盛顿体系"。日本开始与德国、意大利考虑，以侵略的火焰烧遍全球，然后在一片焦土上建立由他们来掌控世界的"新秩序"。这就意味着世界上几乎所有国家都会向着这三个结为"轴心"的国家开战，注定其毁灭性的结局。

而"东亚新秩序"与近卫欣赏的陆军统制派，对于世界战略大局设想互为"表里"。实际上，"东亚新秩序"声明本身就是以稻田正纯为首的参谋本部作战部作战课起草的。作战课的方针草案，基本内容没有本质上的修改，在大本营政府联络会议上获得通过。这就是"大日本帝国"作为一个军国主义国家的政治运作方式。当然，近卫内阁和日本陆军中央在发表了这个"东亚新秩序"之后，除了吸引汪精卫、周佛海之流跑去南京搞了个傀儡政权，几乎一无所获，侵华战争照旧在"泥沼"中越陷越深。

日本陆军参谋本部作战部作战课起草的"东亚新秩序"方针也反映出统制派幕僚的一贯思路，即侵略中国的战争并不是要彻底灭亡中国，让日本全面统治中国。这场战争本来的主要战略目标，是为了防备下一次世界大战，确保战争所需的军需资源和经济权益。1935年11月被皇道派军官杀死在办公室中的永田铁山最早提出这一构想，统制派考虑的是对下一次世界大战，也就是近在眼前的，可能与美国、英国等西方国家之间爆发的全面大战。

1939年9月，即希特勒"闪击"波兰，第二次世界大战爆发的那个月份，武藤章就任日本陆军省军务局局长，统制派此时已牢牢掌控日本陆军中央的实权。武藤章认为在坚持不介入欧洲战争的基础上，建设日本国内体制即建立"国防国家体制"和尽早解决日中战争是当前的主要任务。武藤章所说的"国防国家"，指的是从"平时"开始建设面向"国家总体战"的体制，在物质和精神上都处于"举国一致"态势的国家。换言之，就是按照战争目的，组织和控制政治、经济、文化等国家的全部力量，能够在"有事"时立即发挥"综合国力"的国家。

日本"国防国家"体制一直持续到1945年，最后被战争的铁锤敲碎，"残片"却附着在日本这个国家的肌体上，直至今日。如果要寻找一个日本身处太平洋战争中的"国家体制"锻造者，那个人既不是裕仁天皇，也不是东条英机，而是这个武藤章。当然，他不是这套体制背后思想的创制者，也不是单独一个人完成了这项"伟业"，但可以把他称为"最深度参与者"。

1940年初，武藤章作为军务局局长责令军事课课长岩畔豪雄、军务课课长河村参郎负责起草所谓"综合国策草案"。到6月中旬，武藤等人根据草案编写

审判席上的武藤章

了《综合国策十年计划》。该计划案明确提出，为了执行国策，要确立"强大的政治领导力"，创立全国性的"国民总动员组织"。这个日本陆军期待的"国民总动员组织"，与当时日本政界中何人的主张一拍即合呢？就是近卫文麿。

近卫文麿的亲信已经

第一次近卫内阁

发起了成立"新党"的运动，准确地应该称为"政党整合"运动。通过积极推动所谓"近卫新体制"，《综合国策十年计划》得到了具体的体现。它的企图是由亲军方的政党确立独裁体制，后来演变成通过近卫新党的政治领导力实现"一国一党"下新体制的行动。

1940年3月左右，近卫的亲信开始了建立"近卫新党"的活动。到6月上旬，武藤称全军赞成近卫出马和组建新党，并将暗中支持。这意味着他设想把近卫新党当作《综合国策十年计划》中的"强大的政治领导力"。而且，7月22日第二次近卫内阁成立后，他还作为常任理事参与策划8月下旬成立新体制准备委员会。对于武藤来说，这是为了组建具有"强大政治领导力"的亲军方的新党。

1940年7月26日，第二次近卫内阁新内阁推出了"基本国策纲要"，实际上这份"新体制纲要"基本沿袭了此前武藤章直接交给近卫的《综合国策基本纲要》内容，而《综合国策基本纲要》又基本是《综合国策十年计划》的衍生物。

接着又恢复了第一次近卫内阁下台后中断了的大本营政府联络会议。第一次组阁时悍然发动了侵华战争的近卫文麿，实质上是为了把日本彻底打造为世界法西斯轴心一部分，悍然发动世界性大战，而进行第二次组阁。其内政的基本方针就是完全对照着外交方针的转变，推动完成"国防国家"的体制。

第二次近卫内阁内政的中心问题，是用政府的力量来推动新体制运动向前发展，然后再利用新体制的政治力量来加强帝国当局的法西斯权力。为了配合"国政的一元化"，要求经济统制也实现"一元化"。这就是日本史学家所言"1940年体制"，其终结并不是在战败投降的1945年，那不过是这套体制经历的一个"坎"。其真正终结发生在战争结束40多年，日本20世纪七八十年代辉煌一时的"经济泡沫"破灭后。伴随近卫第二次组阁的是日本政党制度在表面上也走向消亡，"旧政党"纷纷开始自动解散。

近卫1940年8月说了这样一段话："这一运动虽具有高度的政治性，但绝不是所谓政党运动。毋宁说它应该成为使一切政治党派、经济团体、文化团体在公益优先的精神下统一起来的超越政党的国民运动……身在庙堂之中，肩负辅弼重责的人，必须站在整体的立场上，不允许从事其在本质上属于这一部分同那一部分对立斗争的政党运动……然而，我们也坚决反对采取所谓一国一党的制度。不管这种制度在其他国家取得了多么卓越的成就，然而要把它搬运到日本来，那将违背我们一君万民的国体根本精神。在我国，万民都有'翼赞'的责任，绝不允许某个人或一个政党利用权力垄断'翼赞'的职责。"

这与他在1944年7月领导推翻东条政权时所说的话前后一致。东条遭群起反对，根本原因不是他力推日美开战而导致败局，而是因为他作为日本军事和政治层面一把手，至1944年事实上包揽了"翼赞天皇"的权力，而天皇事实上也信赖东条，直到严酷的战局不再允许东条政权存在。近卫对这个事实并不理会，他本人就是当年与武藤章一起成为所谓"新体制"的始作俑者，这套体制除了蹦出一个又一个"东条"，很难有其他结果，除非在庞大战争机器面前被彻底打趴。

第二次近卫内阁于1941年7月17日倒台，在天皇严令之下18日就组成第三次近卫内阁，"折腾"的原因很简单，近卫本人与武藤一样清楚认识到日美两国国力悬殊，一旦开战，意味着日本帝国的末日将要到来。但讽刺的是，他与武藤共同推动的"新体制"事业无可避免地将日本推向对英、美开战。

近卫对于避免日美开战不可谓不"努力"，第三次近卫内阁的核心人物是丰田贞次郎，他取代了强硬的松冈洋右担任外相。1941 年，美国对日本实施战争物资全面禁运之后，丰田照会美国驻日大使格鲁，宣称日本无意入侵法属印度支那以外地区。另外，他还向罗斯福总统提交了同样内容的请求，寻求恢复日美两国之间的通商。近卫还打算靠"人格魅力"说服罗斯福。1941 年 8 月 8 日，他向美方提议在夏威夷举行日美首脑会谈，此时日本海军已经在谋划用海军航空兵远程突袭夏威夷珍珠港。

近卫想依靠自身魅力从罗斯福那里获取勉强可以接受的和平方案，然后直接找天皇批准决定，绕开军部，实质上就是"请求圣断"。如果近卫做了这样的事，就意味着 1945 年 8 月 9 日挨了第二颗原子弹之后，铃木贯太郎在东京那个地下室中使出来的"请求圣断"手段，根本称不上突发奇想，而是一个早在太平洋战争爆发前就已经摆在首相面前的"工具"。这个"工具"为什么当时不用？很简单，裕仁不是一个装装样子的"国之机关"，他是一个倾向于战争的实权统治者，这个"人间神"让军部的战争狂肆无忌惮。

历史学界普遍认为，日本当局做出"对英美开战不可避免"决策是在 1941 年 9 月 6 日举行的御前会议上，批准了内阁会议通过的《帝国国策遂行要领》。通过"国策要领"，日本在国家最高决策机构层面上正式决定，到 10 月上旬日方要求仍然没有希望获得满足时，将立即下决心对美、英、荷开战。

1941 年去拜见希特勒的日本外相松冈洋右，后者非常积极推动日本向英美开战

事实上，在场没有一个人天真到认为一直都态度强硬的美国会突然软化态度。

在此次御前会议上，昭和天皇念了两句明治天皇的诗句，所谓"四海之内皆兄弟，奈何风雨乱人间"。战后许多文艺作品都演绎了这个情节。关于天皇突然"诗兴大发"这件事，军务局局长武藤试图加入自己的意图，于是向军务局内部的部下传达说："这无论如何是命令在外交上达成协议。"也就是说，天皇裕仁想避免开战。然而，要指出的是，明治天皇当年作这两句诗，是在日俄战争爆发时。裕仁的爷爷当年作诗也没有阻止战争，为何裕仁念诗是想阻止战争呢？说不定他觉得此情此景就是历史的重复，日本将再打一场"伟大圣战"，让昭和时代能够像明治时代一样被后人景仰。

判断裕仁真正意图的依据不在这两句可以从各个角度进行解读的诗，而是在作此决策期间近卫的表现。无论是在大本营政府联络会议上，还是在内阁会议、御前会议上，作为首相，此前还吵嚷着要去亲见罗斯福总统的近卫文麿，都没有对决心向美、英、荷开战表示反对。先前他表明决心要绝对避免日美战争，对美大幅让步，这些"豪言壮语"似乎一夜之间都烟消云散了。

也许他担心遭到陆军的抵抗而被迫内阁总辞职，也许他有信心能够通过外交谈判避免战争。但他的希望在10月11日美方正式告知日方绝不会让步之后破灭。近卫在16日宣布内阁总辞职，将政权拱手让给东条英机。近卫没有使出"请天皇圣断"这最后一招，也许这个善于"揣摩圣意"的政客，当时就心中明了，天皇"圣断"无法用来阻止"国防国家"这台战争机器滚滚向前。

时间来到1944年7月，东条政权终于被推翻，此时日本的外部形势天翻地覆，可是内部问题一概照旧，并且日益严重。作为预备人选的小矶国昭被提拔为"朝鲜总督"，东条给予他向中央政界发展的机会。因此东条说："我辞职后，由小矶接任就很放心。"小矶内阁不过是东条内阁的延续，虽然东条在这个新内阁中连个陆相的位子都没捞到，但在日本陆军乃至日本全国上下，东条的影响力巨大。

小矶国昭内阁成立于7月22日，就在同一天，陆军参谋本部起草了一份"在今后的国政运营中陆军的对策"。这份起草人是谁都不清楚的文件，一开头就指出"陆军依然是这场战争的中坚力量，必须在确认战争指导的先驱下，指引海军、鞭策政府向着胜利迈进。然而，随着世界形势的退役，应观察战争动向，不要错过转机。就现内阁的执政状况分析，应断然确立战时态势，以陆军为实质性中心，将战争进行到底"。

这份起草者不明的文件是陆军内部的东条派分子撰写的。虽不能断定它是陆军的共同认识，但陆军中占主导势力的战争持续派的态度与1941年一样强硬，对想推动投降工作的重臣来说，是巨大的障碍。无论当时日本战局多么惨淡，政权更迭只能用来削弱东条本人的权力，无法动摇军部对整个日本的掌控。当时的小矶内阁，对战争指导表示"现阶段还不能断言没有在最后一战取胜的希望。即使不能歼灭敌人，如果能将敌人暂时击退，那时讲和也不晚"。

在前线战场上大量的"自杀飞机"准备好了，所谓"将敌人暂时击退"的希望被寄托在狂热的"神风特攻队"身上。为了形成对日本有利的战争局面，战争还要继续。推翻东条内阁建立小矶内阁的重臣，在组阁当初就对这个新内阁不抱多少希望。小矶内阁的内务大臣大达茂雄公然提出："战况令人绝望，对小矶内阁已经失去信心，这种内阁应尽早倒台，组建和平内阁。"小矶国昭似乎也不是那个最终"承担责任"的最佳人选。

1944年9月7日，也就是决策对英、美开战过了整整三年的这个时间点，小矶内阁对日本全体国民发表了首次施政演讲，提出了六项当前的施政方针：增强斗志和确立必胜国家态势，增强战力，增产粮食及稳定国民生活，彻底实行劳务和国民动员，强化国土防卫，动员并应用一切科学力量。总之，明确指出要继续战争，为扭转恶化的战局而倾尽全力。这样的施政方针，让人提出巨

碌碌无为的小矶国昭

大的疑问：有必要搞一场政变，打倒东条英机来实施吗？

小矶认为在国内军需生产能力困窘和陆海军战力消耗的状况下，既然要继续战争，就必须形成"举国一致的强有力的战争指导态势"。这又引发了疑问，重臣集团团结宫内集团打倒东条，就是因为害怕其过于集权之后导致日本陆军搞"左翼革命"。然而，小矶一上台就高唱"强有力的战争指导态势"，如何避免陆军权力进一步增强？但不管怎么说，小矶只能"喝旧酒"，搞一个"新瓶子"，他以战局紧迫为由，发起以首相、外相、陆相、海相、参谋总长、军令部总长为成员的"最高战争指导会议"，得到敕裁许可。不过，最高战争指导会议对于统帅部的"独立"性质仍然没什么办法。小矶的方针只能是企图在1944年底以前彻底集中最后的力量，努力来击破盟军的进攻。

由此导致的就是战争历史上规模最大的海上战斗"菲律宾大海战"。当然，结局是日本海军彻底失败，此后日本海军丧失了基本作战能力，坐视盟军步步逼近日本本土。制造虚假战绩，向民众说谎，是小矶特别擅长的事，日本国民在1944年底仍然提着灯笼庆祝一系列"大捷"。但盟军很快用"地狱之火"告诉他们真相。

华盛顿安排日本的结局

1945年到来，日本仍然由小矶国昭内阁治理。这个政权看上去与东条英机的政权别无二致，在推进战争的疯狂程度方面甚至有过之而无不及。但与东条统治时期不同，如何结束战争的课题摆在了日本决策者的面前。似乎是要为这场战争中日本极端糟糕的情报保密系统再添加一个耻辱标签，1945年初，就连华盛顿的大人物都知道日本高层在探寻除了战斗到底以外的选项——尽管每天东京大喇叭还在喧叫"全员玉碎"。

美国人凭借拦截日本的通信信号，依靠此时处于原始形态但远比日本先进的计算机，再加上若干位数学天才对其破译，由此得到代号为"Magic-Ultra"的战略敌情报告。根据这些报告，华盛顿得知日本当局试图请莫斯科进行和平斡旋。很多历史学家认为日本在战争末期选择去拉拢苏联是一个悲剧性的错误，充分证明日本政权的愚蠢和自以为是。

日本历史学家入江昭提出，在战争末期特别是在进入1945年战局已定的情况下，日本应立刻放弃海外占领地，使整个国家重归20世纪20年代"威尔逊主义"道路。入江昭认为，假如日本当机立断，选择靠拢华盛顿而非莫斯科，那么它肯定会发现美国是愿意和谈的。美国很多处于战略决策中心的人物或者在前线指挥拼杀的将领都认为应该将日本民族杀绝，将日本文化毁灭，他们的言论获得了广大美国民众以及前线将士的赞同，但华盛顿的战略决策不可能建立在不经理性思考而肆意外溢的怒气基础上。

早在1943年9月，为美国国务院工作的历史学家休·伯顿向国务院内的领土问题小组委员会提出了一份备忘录。这个委员会实际上是在二战基本趋势已定的情况下，为研究美国在全球各地区的战后计划提供专业意见。历史学家的意见特别重要，美国人已经意识到他们有一个千载难逢的机会去建立一套全新的秩序，正如当年欧洲建立"威斯特伐利亚体系"。休·伯顿是远东地区委员会成员，实际领导者是乔治·布莱克斯利，他同伯顿早有合作关系。

伯顿在这个节骨眼儿上写成的这份只有16页的备忘录，安排好了日本的"身后事"，获得布莱克斯利的支持与赞赏。在这份备忘录中，伯顿首先明确指出"如果美国对日本提出的投降条件和之后的协定与条约过于苛刻，使日本陷入贫困，将日本经济削弱到无力维持，整个太平洋地区的持久和平将会受到严重动摇。这会是非常糟糕的政策，将在北太平洋地区创造一个经济真空，外部强国谋求经济特权的欲望会使日本沦为强邻猎物"。

伯顿担心的日本身边乘虚而入的"强邻"是哪些国家？他的脑海中想的显然是苏联和中国。美国的精英阶层一向将苏联和中国视为亚洲的破坏性因素，而不是稳定因素。伯顿认为，战后亚洲的和平与稳定取决于日本，美国应当给日本机会"维持一种社会稳定的生活水准，并且发展导致健康与和平的政治制度"。

21世纪回顾这份80年前写成的几乎不知名的备忘录，会震惊于其影响力之深远。如今美国和日本是一对联系紧密的军事和外交盟友，正是华盛顿的政客在力促日本彻底废除不承认"国家交战权"的"和平宪法"，并大举扩充战后只能被称为"自卫队"的武装力量，而矛头所指就是中国和俄罗斯。

　　美国的战略分析师在上次太平洋战争远未结束的时候，就提出要与日本在战后一起维护"亚太秩序"，而当时美国正在合作的中国和苏联（俄罗斯）则被认定未来会破坏"亚太秩序"。这是何种"亚太秩序"？就是西方殖民主义从几百年前将触角扩展到亚洲，直至19世纪通过帝国主义征服而在广大亚太地区建立的"西方统治秩序"及其进化版本。美国的战略分析师是站在几个世纪积累而成的"高山"上遥望未来，写就这份备忘录。这是真正的"大战略"。

　　在不久写成的另一份备忘录中，布莱克斯利对伯顿的备忘录表示全面赞同。他说："只要（日本）战后时期的经济和金融状况由同盟国家控制，就应当允许日本在国际安全要求必需的限制范围之内，在非歧视基础上，分享世界经济发展成果，期待其逐步提高生活水平。"正如入江昭等日本历史学家期望的那样，美国决策层在战争结束前就出现了"威尔逊主义"思维。

　　伯顿和布莱克斯利写下备忘录的时候，美国国务院正在为莫斯科召开的外交首脑会议做准备。那次会议上，美国时任国务卿赫尔就战后国际经济合作，提出"消除公共或私人对生产和贸易的限制性协定""货币可兑换""促进任何需要国际援助开发资源和发展工业的地方发展"以及"改善用于船舶、空运和其他运输方式的设施"等提议。美国正在搭建一个以"自由、开放"为图腾，但必须由其掌控的战后国际秩序，其核心是经济上的国际主义，而日本将成为这个新国际秩序帐下的成员。美国不相信苏联会支持这个新国际秩序，因为这种秩序本质上是已经垮台的西方旧殖民秩序的革新版本。

　　"伯顿—布莱克斯利构想"建立在对20世纪30年代美国恶意排他性质经济政策的否定基础上，当时所有西方大国特别是美国对世界稳定和他国人民的生死存亡漠不关心，将自身经济危机的恶果随意向国外输出，导致法西斯与军国主义的崛起，接着又执行多年中立政策。国务院认为必须构建一个更加稳定的国际经济体系，从而让各国没有理由再次青睐排他性经济政策。即使日本这样的敌国也应当被纳入这一方案，让这些国家压抑民族主义和帝国主义，承担国际义务。

这就要求日本的战后领导人必须是认同国际主义的。1943 年，伯顿对于战后日本应该由谁来做领导人已经有所考虑。他在备忘录中提到了松平恒雄（幕末会津藩主松平容保的儿子）、木户幸一、若槻礼次郎和近卫文麿。伯顿认为他们都是反对军部独大的战前领导人。这些人同天皇走得很近，因为他们曾出任首相或者职务就是在日本皇宫内。

伯顿对日本"重臣"的看重，表明他并不认为天皇和天皇制对军事侵略和独裁负有罪责。相反，他认为天皇和天皇制早就被操纵，是帝国军部势力的"招牌"。他主张天皇制可以再度成为促进日本非军国化并加速战后重建的积极因素。他指出："天皇制很可能成为让战后日本更加稳定的因素之一。天皇制可以在建立一个稳定而温和的战后政府过程中成为一个极其珍贵的因素。"

这样的观点在太平洋战争白热化的 1943 年只能隐藏于美国国务院的机密备忘录中。但它在 1945 年演变成为美国逼迫日本投降并迅速将其改造为战后亚太秩序伙伴盟友的既定政策。很多年后，"天皇制有效论"不但得到日本主流舆论赞同，连美国总统到访日本也会向天皇低头致敬。奥巴马就这么做了，而当特朗普对天皇表现无礼时，便受到日本媒体群起批判。

伯顿强调在战后的"自由世界"需要一个稳定的日本，反映了国务院的主流想法，但遭到斯坦利·霍恩贝克反驳。此人是国务院远

美国战略学者对于天皇对日本的重要性有充分认识。裕仁战后巡行地方，所有日本民众毕恭毕敬，甚至感动流涕

东司司长，是国务院第三号人物，也是蒋介石政府派驻美国大使胡适的挚友。他显然不认为打造"有序而稳定的日本"应当成为美国的亚太政策目标。他评论道："对我们来说，在战后的世界当中可能不用和日本和睦相处。"霍恩贝克对日本的负面看法，是为了配合他积极评价中国的论调，他认为中国才是战后亚洲和平与美国利益的关键。

1943年10月，霍恩贝克向丘吉尔重申了他的主张，即一个在"道德考量的基础上"同美国和英国建立牢固联系的中国，比起一个即使加以改造但也可能"贼心不改"的日本，会对"自由而和平的亚洲"有更多贡献。显然，霍恩贝克对日本是否会像伯顿认为的那样乖乖接受征服者强加的改造并实现真正的自由化表示怀疑。他认为即使日本稳定下来，也不会成为促进民主和平的力量，可能长期保留其根深蒂固的侵略性民族特性。霍恩贝克也从历史中寻找证据，他指出："日本在19世纪60年代（明治维新时期）没有完成一次完整的革命，许多封建残余仍然存在。战后日本国内进行一场较为彻底的革命可能会对我们有好处。"

经过战后将近80年的漫长岁月，用"事后诸葛亮"的眼光去审视伯顿和霍恩贝克的观点，会发现这两位美国历史学家都具备真知灼见。伯顿认为美国可以改造日本，日本拥有顺服的人民和乐于合作的"重臣"，将天皇制稍加利用就可以成为美国在战后亚太地区实施治理的支柱，这些观点最后都被现实验证。霍恩贝克则认为日本的腐朽封建、军国遗毒很难根除，除非进行彻底革命，如果只是进行一些表面手术就拉拢作为队友，则未来日本仍具有危险性。21世纪后日本的种种"军国主义回潮"表现，证明了霍恩贝克的远见卓识也没错。日本在思想上重新向战前靠拢，甚至可以追溯到20世纪80年代日本最高层政治人物开始参拜靖国神社，给东条英机等甲级战犯招魂。

不过必须指出，霍恩贝克似乎受胡适的影响，没看清蒋介石政权压根儿是"烂泥扶不上墙"。说到底，除了一小部分买办，拥有悠久历史的中国不会臣服于美国所谓"新国际秩序"，但日本可以接受。这套体系是西方旧殖民秩序的革新版，而日本通过明治时代的努力与扩张，曾经搭上西方殖民时代的"末班车"。

在远东地区委员会内部，伯顿的想法被普遍接受，如远东司的F.S.威廉姆斯也声明美国需要努力使"日本融入国际社会大家庭最有益的位置"。由此可见，跨太平洋的日美和解可能性越来越大。这年末，美、英、中三大国领导人举行了历史意义非凡的"开罗会议"，中国几乎注定将收复半个世纪以来被日本侵占的领土，但掌控日本命运的将是美国，而且只有美国。

开罗会议期间，美军参谋长联席会议军事情报部的海军军官乔治·科尔，写了一份备忘录，暗示在美国对日本本土发动一次"无情摧毁"的攻势之前，日本人可能会要求和谈。在1943年尽管没有美国情报机关破译的日本方面情报可以证明这个观点，但毕竟渐渐清晰的战争结局允许美国决策者推测日本将做出这样的动作。科尔认为，日本人可能会以和谈是"日本天赋命运演变的一个阶段"为借口，给自己找回面子。日本当局会向民众说他们虽然输掉了这场战争，但正在为未来长期斗争奠定基础。应该说，科尔对于日本民族的心理分析相当深入。

科尔认为，日本人发现英美一方同中苏一方必将发生对立，进而推断英美希望"在（亚洲）东北角维持一个理性且强大的日本国，充当面对苏中的平衡势力"。换句话说，日本可能试图通过利用敌国之间的潜在裂痕，谋求不会被彻底毁灭并慢慢恢复国家元气的和平条件。最终，日本人将失去"一个新的但无利可图的帝国"，接受同盟国安排其经济政策的要求。同样富有前瞻意识的科尔建议，美国应该积极回应日本的任何和平试探。他断言进一步毁灭日本的城市和经济没有任何价值。如果日本本土遭到进攻，日本男女老少会总动员，抵抗到最后一兵一

"开罗会议"的"三巨头"。中国人民通过艰苦卓绝的抗战赢得了国际地位

卒，结果就是没有一个能坐下来和谈的日本政府存在。

科尔的观点与伯顿接近，因此霍恩贝克的助理阿尔杰·希斯站出来反对。希斯遵循霍恩贝克的思路，坚持认为"对我们的国家利益而言，重要的是日本在心理上必须被彻底打败……日本的民族心理要彻底修正"。他特别强调"仔细评估帝国扩张观念在日本人心理和生活方式中的重大意义"。实际上，科尔和希斯都洞察"日本人的心理"，即所谓"菊与刀"。但前者试图利用这种矛盾心理缩短战争，后者坚持"从根本上改变"日本人的精神世界，消除未来再发生战争的风险。这对于美国决策者而言，为了奠定战后亚太秩序而如何进行抉择，并非谁对谁错的问题。

在日本这边，无论是军部当权者，还是重臣，都对如何结束战争以及战后日本如何生存的问题深入思考和讨论。在结束太平洋战场和亚洲大陆战场的战争后，日本是否仍能在世界舞台上占据大国地位？讨论者都同意日本要获得的不仅仅是生存空间，但未来是屈从于美国领导的国际体系，还是坚持独立行事，讨论分歧很大。有人认为应尽快结束与美国的战争，保住日本的帝国地位即"国体"，或至少保住对朝鲜的宗主国地位。更多人则从现实政治角度出发，在战争结束前就思考战后是否与苏联或美国结盟，以便获得迅速恢复国力的重要支援。还有人认为，无论战争的最终结果如何，日本应尽量在美苏之间保持中立，或者在美苏的争斗中渔翁得利。争论到最后，其实都必须面对日本该如何妥善结束战争这个基本问题，即日本应向谁投降。

在哪个战场投降？在什么时间投降？必须选择最合适的方式和最佳时机结束战争，能让日本保持大国地位，或者至少保留重建的基础，以便日后再度崛起成为强国。显然，再度崛起的日本不会认真反思这场战争的真正败因，这是霍恩贝克明确预见到的。与华盛顿的决策者激烈辩论战后应该如何处置日本对应的是，日本的决策者认为苏联原本就是东亚地缘政治的重要角色，并认为与苏联之间的良好关系才是日本战后和平稳定的关键。

一方面，苏联并不从属于西方世界，无论如何不可能成为美国在太平洋地区的跟班。另一方面，张鼓峰事件和诺门罕战役让日军付出惨重代价，让日本人见

1945年的苏联红军，面对曾经强悍的德军摧枯拉朽，日本陆军根本不是对手

识了苏联摧枯拉朽的军事实力。苏联向东亚地区"伸手"始终是日本决策者心头的噩梦。1941年12月18日，日本偷袭珍珠港仅10天，同时也是《苏日中立条约》签订8个月后，畑俊六在日记中断言，苏联最终会撕毁合约，发动对日作战。

1944年8月19日，在裕仁出席会议的情况下，外务大臣重光葵指出，要想让苏联站在日本这边充当"和平使者"将非常困难。会议分发了《当下世界局势之判断》的评估报告，认为苏联的动向对日本极为不利，而战争继续，美国有可能入侵日本本土。可见日本高层早在1944年秋季，战败一年前，就已经探讨苏联撕毁《苏日中立条约》的可能性。

日本外务省也紧盯苏联。9月初，日本外务省向最高战争指导会议提交了一份提议草案，提出为了拉拢苏联，日本可能要向莫斯科所做的让步措施。这些让步包括给予苏联在北海道与本州岛之间津轻海峡的通行权（战后"冷战"时代，为了给予美国军舰在津轻海峡的通行权，日本政府宣布津轻海峡是国际水道，现在俄罗斯和中国军舰均可合法通过这一海峡）。另外，外务省还提出给予苏联在中国东北相当程度的通商权，出让其他相关权益，包括"北满"铁路所有权、渔业权以及南库页岛和千岛群岛的所有权。

日本外务省准备了这些针对苏联的让步措施，自然是为了避免苏日战争爆发，并要求苏联做"和平使者"。但这些措施缺乏吸引力。另外，把和平斡旋和避免开战这两项要求并列在一起很奇怪。

1944年10月下旬，当日本海军在莱特湾遭受美军的致命打击后，日本政府对于保持入侵中国而打造的"大陆帝国"完整性已经不抱任何希望。1944年11月6日，苏联领导人在纪念十月革命周年演讲上，将日本称作"侵略者"。不久，日本最高战争指导会议召开会议，大本营参谋次长秦彦三郎向首相小矶国昭明确表示，也许再过几个月，苏联会废除《苏日中立条约》，其原因是担心美国在战后独霸亚洲地区。

正如美国海军军官乔治·科尔在1943年就指出的那样，日本清楚地意识到战后美国和苏联的野心将发生"关键对立"，而英、美将允许日本"在亚洲东北角"成为一个"平衡器"。没有任何一名盟军士兵踏足本州、四国、九州、北海道四岛，但声称要"一亿总玉碎"把战争打到底的日本，却于1945年8月宣告投降的原因就在于此。

用蝇头小利诱惑大国

1944年底到1945年初，美军经过苦战，在莱特岛站稳了脚跟，即将发动对菲律宾主岛吕宋岛的进攻，这一行动在1945年1月9日开始。对日本本土真正的大规模空袭还未开始。也就是说，太平洋的腥风血雨出现了一个短暂的空当期。其间，日本决策层推行的政治和外交政策给人一种徒劳无益的印象。东京利用苏联和英、美之间的嫌隙来争取有利战争结局的努力，没有取得任何成果。

但是他们没有放弃。外相重光葵在这一时期给在莫斯科的大使佐藤的指示中说明："随着德国威胁的消退，反轴心国阵营成员国的利益分歧，特别是苏联和英、美的分歧正在变得越发明显。"重光认为日本可以通过对苏联做出"合理的让步"，促成苏联永远和英、美决裂，而苏联能够得到的仅仅是日本外务省提供的一点儿"让步"。他在战后的陈述中表明他确实"希望"让日本以最小的荣誉损失，以及对社会秩序尽可能小的伤害，让战争尽快结束。但他和其他许多日本决策者一样，没有区分清楚"希望"和"幻想"的巨大落差。

他所说的莫斯科对日本存在的所谓"友好"，可能是一种为说服其他人或是说服他自己相信"亲苏"策略是值得尝试的话术。重光可能和许多重臣那样，觉得与激烈战斗中的英、美实现和平，需要找苏联这样一个大国当"中间人"，采取迂回路线，以避免国内反对声浪。日本军队对于任何胜利之外的解决都拒绝接受，其激烈反响会引起大动荡，终止战争的目的就会遭到破坏。日本外务省可能认为要给头脑僵化的日本人准备和平结局，通过莫斯科搞迂回战术是明智的。

苏联是当时世界上唯一没有同日本开战的大国。战后历史学者大多"事后诸葛亮"，称日本的决策者盼望苏联"发善心"太过愚蠢。从日本与莫斯科的谈判中可看出，事情如他们所愿的可能性连万分之一都没有。日本政府当面提出的交换条件过于寒酸，虽然明显愿意向苏联做出更多让步，但从来没把朝鲜半岛列入"中立名单"。如果苏联出兵中国东北，由于中国东北和朝鲜半岛陆地相连，再愚蠢的人都可以设想到苏联势力很容易扩展到半岛上。后来的历史进程果然如此。

日本对"苏联调停"可能性三心二意的态度，还可以从驻苏大使佐藤尚武的经历中看出端倪。在苏日外交的这个关键节点，东京指示佐藤尚武不要向莫斯科主动示好。也就是说，太平洋战场上节节败退的日本，还想在莫斯科面前摆出一副"高傲"的样子。佐藤不知道东京对苏联开战意愿的评估，所以直到1945年7月底，百万苏联大军基本在远东部署完毕并做好对日作战准备，他才最终意识到请苏联为日本出面和平斡旋是痴人说梦。随后，他试图警告东京重视他的这个所谓"重要发现"，而东京早在1944年8月就讨论过这件事了。直到战后，他才因这个"真知灼见"受到表彰。

事实上，日本当局一边表现"高傲"，一边在为即将到来的与苏联"分手"而黯然神伤。佐藤尚武作为一名曾派驻过法国、瑞士、卢森堡和比利时等国的优秀外交家，在莫斯科过着一种贵族式的生活，同时他内心深爱着西方文明。他与东京那些狂热分子格格不入，被排除在最高决策圈外，就连基本的战略情报也得不到分享。东京只是三心二意地扔出那些所谓的"让步",让佐藤捧到苏联人面前看看他们是否会"上钩"。归根结底,日本人承认军事上无法与苏联为敌,但不由自主地想侮辱苏联人的智商。

1945年初,正当日本政府与苏联玩着可有可无的外交游戏时,有一小群人出于反苏的精神,以各种渠道和方式,尝试与正在猛烈交战的美国进行和谈,进而结束战争。这群人被称为"和平试探者",由日本驻欧洲中立国的军官、外交官、记者和商人组成。他们与欧洲一些政治掮客有着广泛的联系,通过中立国家如瑞典和瑞士的渠道,进行私下活动,倡议日本尽快与美国谈判并休战。

日本当局根本不同意这些人的想法,也不可能帮助他们,他们的和平试探都是出于自愿,只能偷偷摸摸地自发进行,彼此间没有联系,没有一个统一的指挥系统来策划整体行动。此外,"和平试探者"的职业和个人背景千差万别,他们身上几乎不存在共同的理念或对未来的共识。美国政府对他们有一定的兴趣,但后来明白,这些人不能代表东京的正式投降请求。所以他们针对美国的努力与日本政府对苏联的外交努力一样,最终都化为泡影。

战后,这些"和平试探者"因尝试结束战争、与美国议和并使国家免受灭顶

日本驻美大使野村吉三郎、美国国务卿赫尔、日美谈判特命全权大使来栖三郎(照片摄于日军偷袭珍珠港前夕)

之灾的"英雄行为"而得到嘉奖。历史学家多年来一直在争论,如果美国下定决心与这些人进行真诚的沟通,是否最后还会让日本无条件投降。但"和平试探者"的动机和目标并不仅仅是结束太平洋战争那么简单和无私。与"高傲"的日本政府一样,他们希望美国明确表态允许日本保留以天皇制度为首的"国体",之后日本才会投降。他们还请求美国允许日本在战后经济崛起,成为"自由的资本主义工业化

强国"。

　　美国国务院的伯顿等人可能会赞同"和平试探者"关于天皇制度的请求，但显然不会同意在这个基础上施舍日本人更多的东西。"和平试探者"提出日本本身缺乏自然资源，战争还导致缺乏足够人力，日本在战后就应被允许保留朝鲜和中国台湾这两个几十年前就被吸收进日本帝国的殖民统治区域，作为战后日本原材料和粮食的来源。他们的想法与日本政府对苏联抛出的条件不谋而合，都要保留朝鲜继续作为日本的领土。如果保留朝鲜作为日本领土，就等于"大日本帝国"仍然存在，可以称为"后日本帝国"。

　　这些"和平试探者"坚信一个经济稳定的"后日本帝国"融入以美国为主导的全球市场中，对日美双方都有好处。因此，他们对自己的求和努力满怀希望。这就是历史的诡异之处：如果是日本政府而不是一些零散的日本"和平试探者"在1944年底至1945年初同华盛顿接触，他们就会发现美国准备了对待日本的和平计划。以"伯顿—布莱克斯利构想"作为基础，为日本投降和投降后制订的大部分美国国务院的计划，在1944年5月已经完成，直至1945年都没有什么改动。

　　1944年底，美国国务院对于"不会毁灭而是将扶持日本"的政策已经非常坚定，这可以从当时起草的其他一些政策报告中看出。例如，有一份文件建议在盟军占领日本期间不应除掉天皇，除非在极端情况下作为一种报复手段。美国主导的日本占领军军政府应当致力于"让一个妥善履行对国际大家庭义务的日本出现"，因此应当同那些支持这些目标的日本人进行广泛合作。甚至还有更深入的内容，如为了促进反军国化的民主力量，占领当局应当在日本进行教育性改革，鼓励言论自由，并且监督司法运作。所有的这些提议都设定在日本存在很多愿意同占领军政权密切合作的日本人。国务院指出，"要对日本实施令人满意的根本性改革，有必要求助于能够合作的、本身支持自由主义思想的日本人"，来推行那些计划。

　　纳粹德国于1944年12月在欧洲西线战场发动的最后反攻"阿登攻势"到1945年1月中旬就彻底失败了。而与此同时，美军登陆菲律宾吕宋岛同样进攻势如破竹。疯狂的纳粹政权在其覆灭前不可能求和，而日本的小矶内阁仍然指望

"取得一胜而求和"，或者苏联被日本开出的那些模糊又自大的条件"诱惑"，从而开启"体面"结束战争的门，为此，小矶内阁掘地三尺，来准备"决战"。

于是，盟国那一边通过"三巨头"会晤划定了战后世界轮廓，日本这边则发出了最高等级战争动员令。大本营陆海军部首先于1月20日制定了《帝国陆海军作战大纲》，以维护冲绳之外的本州、四国、九州、北海道四岛为目的，要在8月以前编成陆军240万人、海军30万人，合计达270万人的本土防卫军，当然其战力水准堪忧。接着，最高战争指导会议于1月18日和25日相继制定了以整备防空能力和疏散军需公场为目的的《紧急政策措施纲要》和《决战非常措施纲要》。

《决战非常措施纲要》的第一条就提出："帝国今后的国内政策在于迅速集结一切人力武力，举国家总动员之实效，确立为了必胜而决战到底的坚韧不拔的基础态势。"将以"本土决战"为名，包括冲绳在内，彻底将全体国民全部动员到战场或军需工厂。于是，女中学生开始手握竹枪进行训练。

日本的战争狂热就这样在1945年初达到了顶点，所谓《决战非常措施纲要》提出仅数周，1945年2月4日至11日，罗斯福、丘吉尔和斯大林"三巨头"在克里米亚半岛雅尔塔展开第二次三方会谈。当时欧洲战场大局已定，攻克柏林，消灭纳粹德国只是时间问题。在太平洋上，菲律宾吕宋岛的战事也相当顺利，美国正在准备对横亘在通往日本本土列岛路上的硫黄岛和琉球群岛发动进攻。

在东京，吃过"正月祝捷饭"的天皇对于菲律宾的溃败战局表现出极大的担忧情绪，询问木户："我觉得有必要听取重臣们的意向，你的看法如何？"对此，木户暂时表示同意，但是又回答说："总而言之，我认为就此再观察数日为宜。"木户为首的宫内集团此时并不希望天皇听取重臣意见。对于木户来说，重臣与天皇的接触无非讨论推进和谈，会产生刺激军方的效果。而木户企图让军方彻底失败，等待军方的威信随着战斗力降低而扫地，然后重臣及宫中集团才能站出来"挽狂澜于既倒"，实施保证维持"国体"的终战方案。

相比之下，重臣集团表示出更强烈的危机感。"三巨头"雅尔塔会议结束后，相关信息刚传到日本，2月14日，近卫就去觐见天皇，上奏道："战败（上奏时改为"危机"一词）虽然遗憾，但我认为迟早必至。以下即以此为前提述之。败战虽为我国体之一大耻辱，但英、美舆论迄今并未达到改变国体之境地。因而，不必仅因战败对国体问题忧心忡忡。"与战败的危机相比，近卫更强调了以战败为契机而可能产生的革命和破坏国体的危机。这就是近卫奏折中的一节。

于是天皇与近卫进行了深入交谈。首先天皇就最为关心的维持国体问题提问："军部预测美国甚至准备改变国体，你的看法如何？"近卫回答说："我认为这是军部为激发国民的斗志而提出的。我相信格鲁的本意并非如此。"也就是说，近卫对于美国战后对日处理不至于变革国体的判断，是基于当时担任美国国务院副国务卿要职的前美国驻日大使、与近卫交往甚密的约瑟夫·格鲁的论点。军部预测认为战败就会导致美国强行改变国体，从而主张把战争打到底的判断，在近卫看来是危言耸听。近卫进而批评了陆军首脑部被统制派占据的现状，提出所谓"肃军"提议。天皇询问具体方法，近卫提出起用真崎甚三郎、小畑敏四郎、山下奉文等皇道派的人物。

当年因1936年"二二六政变"而清洗皇道派，让统制派控制日本陆军中枢并开启大规模侵华战事，二战都快结束了，近卫竟然提出清洗统制派换上皇道派来追求一个体面的和平。近卫真的以为"国防国家"体制已经深入每一个日本家庭的当下，对陆军搞清洗可能成功？他真的以为搞这样一场清洗运动会有助于打开和平之路？又或者他对东条恨之入骨，所以要把属于统制派的"东条徒子徒孙"全部铲除而后快？

总之，近卫在天皇面前公然宣称构成军方主战派的统制派军事高官都是"危险分子"，将其排除是避免日本"国体"不保的悲惨结局，进而结束战争的必要性步骤。为此，首先必须启用与统制派对立的皇道派人物。天皇认为近卫这一提议"如果不能再度取得战绩则很难实现"，同时表态仍然支持军部势力所谏言的"断然决战"以扭转战局的意见。近卫对天皇说："能取得那样的战绩固然好，但是有那样的机会吗？到底这是不可能的。再过半年一年也未必能奏效。"老老实实表达所谓"扭转战局"就是异想天开。

诚如天皇在与近卫的会见中所说："尽管梅津说过美国有抹杀我皇室的意图，但是我自己仍心存疑问。"这说明他也未必完全相信军方那一套说辞。但是，他接

日本"战后体制的创制者"吉田茂

着又表示了"陆海军如能共同将敌引诱至台湾外海予以重创，然后再谋求结束战争也好"的观点。这表明天皇对当时陆海军现状的认识仍然存在一定程度的盲目乐观，从某种意义上说就是期待近乎赌博的"特攻作战"能有效果。

近卫觐见天皇并发生这场鼓动天皇"肃军"的谈话，后世一些历史学家将其称为"和平主义者之谋"。近卫奏折的主要起草者并非近卫本人，是一位外交官，担任过日本驻意大利和英国大使，在战后被奉为日本"战后体制的创制者"。此人就是吉田茂，当时是所谓"吉反战集团"的首脑。该集团是日本的一个松散组织，由一些反共人士和亲英美的"和平试探者"组成。

近卫以及近卫背后的吉田茂主张搞"肃军"，自然逃不过日本陆军宪兵队的"法眼"。不久，宪兵队就逮捕了吉田茂，罪名却是这个坚决的反共分子"过度亲苏"，污蔑日本帝国陆军，试图将日本引向"灭绝之路"。据说连裕仁也被陆军这种莫名其妙的观点搞糊涂了。阿南惟几在陆军内部进行了长时间的审议，最终做出了判断，于是吉田茂没有被起诉。释放后，吉田茂在政治上韬光养晦，直至战争结束才出山。

为体面投降四处问路

正如历史学家鸟居民指出，近卫向裕仁发出"国体动摇"的预警，仅为证明他自己是一个反共斗士，以便在不久美国击败并占领日本后能有一席容身之地。内大臣木户幸一怀疑近卫文麿是为了逃避战争罪责才表现出亲美态度，并把帝国陆军内部的亲苏军官冠以战犯的罪名。

2月15日，近卫拜见天皇的次日，军事参议院的会议指出苏联为了获得战后影响力，全心全意打算加入盟国行列对付日本。苏联出兵进攻中国东北的日军以及占领南库页岛、南千岛群岛，是整整半年之后的事。后人很难不赞同日本决策者拥有敏锐的判断力，但他们的行动力完全是"奇葩"。

《决战非常措施纲要》墨迹未干，日本小学生都被动员去挖掘树根炼劣质油以供战争所需的同时，日本重臣集团下定决心向美国伸出"橄榄枝"。2月28日外相重光葵在日本枢密院的一次会议上，承认他"将苏联同英、美分离"的所有尝试失败，唯一可行的选择就是直接与其他国家交涉。在瑞典驻日大使维多·巴格3月底离日回国之前，重光请求他代表日本进行斡旋，从美、英获取和平条件。

在二战期间被纳粹德国的军队四面包围却维持中立的瑞典，确实是日本寄予厚望的"和平管道"。早在1944年9月中旬，一位名叫铃木文史郎的日本记者就找到他的朋友，瑞典驻日本外交官维达·巴格，探讨瑞典作为中立国是否可能在日本和英、美同盟之间进行和平斡旋以结束战争。铃木文史郎建议，日本可以宣布放弃包括中国东北地区在内的占领区域，但朝鲜和中国台湾地区应仍由日本统治。按照铃木文史郎的说法，这两个地方早在战争开始前就属于日本，属于"合法日本领土"。日本的"和平接触者"对于中国台湾的可笑的帝国傲慢态度，一直遗留到了今天。

日本前任外务大臣重光葵和现任外务大臣东乡茂德都对瑞典的斡旋表示支持。巴格在1945年5月返回斯德哥尔摩，与日本驻瑞典公使冈本季正会面，准备开始秘密外交行动。与此同时，日本驻斯德哥尔摩武官小野寺信也采取行动，他去寻求瑞典亲王卡尔·伯纳多特的支持，但后者只是瑞典皇室中一个无足轻重的角色。由于无法协调陆军和外务省各自所做的努力，更无法统一他们各自的谈判条件，外务大臣东乡茂德只好请求巴格不要与任何团体接触。于是小野的行动也半途而废。

在日本投降的那一天，再次担任外相的重光葵（最前戴礼帽者）硬拖着在上海被炸残的腿，登上"密苏里"号战列舰签字

在雅尔塔会议和小矶内阁倒台之间的两个月内，尽管日益意识到"断然决战"毫无成功的可能，但小矶内阁还是没有准备好按照近卫、重光和其他人的强烈敦促，直接向英、美求和。相反，他把赌注押在两次战术行动之上。

第一个行动，是推翻维希政权在中南半岛的统治，并且为当地的独立开辟道路。这是为阻止英国和自由法国军队重返中南半岛的绝望之举，但这种向当地民族主义者的露骨示好举动，遭到胡志明和其他当地首领的唾弃，他们宣布会继续与同盟国合作以摆脱日本人的统治。

第二个行动，小矶竟然把和平希望寄托于几个月前还在"豫湘桂战役"中溃败的重庆蒋介石政府。小矶试图利用缪斌同重庆方面进行接触。缪斌寓居上海，但据说他同亲近蒋介石的人有接触。预感到军部和其他内阁成员会反对，小矶国昭决定单独行动。他通过自己的私人心腹安排缪斌飞赴东京。按照在上海一直同缪斌保持密切联系的《朝日新闻》记者所说，是蒋介石授权缪斌去东京的，并且

表达了在解散南京汪伪政权、日
军撤出中国的条件下可以讨论和
平的意愿。缪斌本人认为这两个
条件是重庆和东京两方面和解的
可靠基础，而且最终会导致美国
和日本之间的和平，从而防止苏
联接管中国东北。

逃至河内的汪精卫一行

　　问题在于，似乎在"日军撤
出中国"这个问题上双方所说的
不是一回事。在开罗会议上，蒋
介石已经得到许诺，日本战败
后，台湾将会回归中国。而那位
前瑞典驻日本外交官维达·巴格
与美国驻瑞典公使赫歇尔·约翰逊碰过面，并转达了日本求和的意愿和开出的条
件。根据回忆录的描述，巴格告诉约翰逊，日本希望在战后保留朝鲜和中国台湾
作为本国领土。巴格还吹嘘过往日本统治朝鲜和中国台湾的所谓"优良"记录，
作为这两片领土仍归日本所有的依据。

　　约翰逊却不这么想，他直截了当地援引《开罗宣言》，该宣言已明确战后日
本殖民地的归属问题，英国、美国和中国一致同意台湾将回归中国，而朝鲜将
"在适当的时候"获得自由和独立。此外，约翰逊补充道，如果朝鲜人真的缺乏
自治能力，美国和其他世界大国将提供适当的援助，引导其实现最终的独立。美
国绝对没有任何理由让日本继续充当亚洲的"领导者"。在欧洲的另一个中立国
瑞士，日本的"和平试探者"也与美国代表进行和谈努力。这些人高唱和平，同
时对保留日本殖民地显示出极大的决心。

　　3 月 16 日，堪称整个抗日战争中头号"小丑"的缪斌抵达东京，但是小矶让
他等候，当时小矶正图谋成为陆相，也就是他所取代的东条英机曾经掌握的权
柄，从而在日本准备求和时，让所有权力集中在自己手中。陆军坚决反对任命他

为陆相，重光葵也对"缪斌方案"表示严重质疑。至此，被米内光政评价为"人品好，有能力，有城府"的小矶，仅仅用半年多就走到了东条当初的死胡同里。作为海军方面的将领，米内对小矶做出如此评价，着实不易。

3月21日，军事参议院公开表态不支持"缪斌方案"。3月26日，美军于当日清晨在位于冲绳本岛那霸以西30公里的庆良间诸岛登陆，揭开了极为惨烈的冲绳之战的序幕。4月1日，美军大举登陆冲绳本岛，迅速占领了两个机场。毫无疑问，在冲绳之战结束之后，美军将大举进攻日本本土。小矶内阁几乎是在一夜间就彻底失去了天皇的信任。裕仁天皇在4月1日听闻美军登陆冲绳本岛的消息，立刻找来参谋总长梅津美治郎，严厉地说了以下一番话："此战如此不利，陆、海军便失去国民信赖，今后战局堪忧，当时部队为什么不发起攻势呢？如果兵力不足，反登陆作战又如何？"他要求防卫冲绳的日军第三十二军放弃持久战，发起积极的攻势。

于是在4月2日，小矶向天皇寻求支持时，天皇立马拒绝了。面临这样的失败，小矶别无选择，唯有辞去首相职务。巧合的是，4月5日，小矶递交辞呈的当天，苏联通知东京的日本政府，无意续签将在一年后到期的《日苏中立条约》。

在小矶辞职一周之内，罗斯福总统逝世，又过了一个月，德国最终投降。入江昭等历史学家非常遗憾地指出，日本领导人没有在2月或者3月直接同美国接触，开始进行停火讨论，因为如果美国回应日本的停火提议，那么美国决策层制订多年的各种战后亚洲计划就可以实施了。由此促成的和平应当和近卫奏折中预测的相仿，日本耻辱性地接受投降，但不会让本土遭到破坏，特别是不会遭到两颗原子弹的轰炸。然而，尽管这种万分遗憾之情可以予以理解，但"日本领导人在2月或者3月直接同美国接触"是一个不会存在的幻想。

如前所述，在1944年马里亚纳海战注定太平洋战争的结局，东条内阁倒台，小矶内阁上台之后，日本和美国之间通过瑞典等中立国至少已经有了间接联络渠道。但是，日方提出的条件无一例外要求保留朝鲜半岛和中国台湾，继续从这些"殖民地"掠取粮食来喂饱日本国民。日本人这种自信兼自私过头的态度使得这些间接联络无法进一步发展到直接谈判。

　　日本高层中推动和平的主要人物仍然是近卫，而正是这个近卫在1941年不敢面对嚣张跋扈的军部，也无法说服有意冒险的天皇，眼睁睁看着对英美开战决策的通过。现在是1945年了，近卫面对的军部已经到了彻底疯狂的地步，而天皇呢？甚至在积极"微操"冲绳日军发动反攻。近卫怎么可能"倒转乾坤"，突然之间就让日本接受战败呢？

　　4月5日下午，小矶内阁倒台之后，在东京立即召开了一次元老会议。所有在世的前日本首相齐聚皇宫，进行了三个小时的讨论。东条英机似乎恢复了扬扬得意的态度，指出下届内阁会是最后一届战时内阁，因此重臣必须决定到底是继续战斗，还是接受无条件投降以结束战争。大多数成员不愿考虑投降，如平沼骐一郎和广田弘毅等一些人，坚称日本别无选择，唯有战斗到最后一刻。木户幸一谈到国内的各种情况确实"相当严峻"。日本人民看来不愿在本土遭到入侵的时候积极地献出生命，甚至存在反叛情绪的种种迹象。

　　他说必须组建一个人民可以信任的内阁。虽然平沼、广田和其他人同意木户的看法，但他们坚持认为下届内阁应当由全心全意献身于战争的人领导，而不能由正在寻求"和平"者来掌权。甚至就连2月向天皇表明如今只剩求和一条路的近卫，也说小矶的继任者应当是一位会坚决战斗的军人。临到关键时刻，近卫又退缩了，他还想抓住一个有利的机会来呼吁和平。实际上，近卫和过去一样，看清楚裕仁天皇无法接受向盟国求和。在4月5日这天的日记中，近卫用一种不甘的口气写道："宫中之气氛并非谈论和平的时候，因而天皇之想法可能亦与皇族们一致。"以高松宫为首的皇族，期待在新内阁领导下还可以继续打下去，近卫所代表的重臣集团只能失望闭嘴。

　　于是，元老开始推举又一位"战争内阁总理"。东条建议由畑俊六组阁，他指出下届内阁必须领导本土列岛保卫战，一位陆军大将将会是最佳选择。但其他重臣拒绝了他的建议，推选退役海军大将、枢密院议长铃木贯太郎为新任首相。他们的理由是，任命一位现役陆军大将为首相，会让新政府同军部的兴衰紧密捆绑在一起，而任命铃木为首相将确保政府与军事行动保持距离。

　　铃木贯太郎深受天皇信任，曾在"二二六兵变"中逃过皇道派军人的刺杀，深知"平衡"之道。4月7日铃木内阁组建，以东乡茂德取代重光葵出任外相。铃木同意东乡的看法，结束战争就是这一届内阁的目标。与此同时，铃木身为重臣，深知必须说服国内的多个集团，尤其是军队去接受和平，或者至少停止破坏和平谈判。铃木希望强力军事领导人能够遏制极端分子，于是说服米内光政留任海相一职，并且让陆军次官阿南惟几接替陆相杉山的职务，因为杉山身为陆相过于积极地支持"断然决战"。

老态龙钟的铃木贯太郎在组阁后的广播中对日本国民宣称"跨过我的尸体重新站起来"，并鼓励"国民也要像特攻勇士那样（战斗）"。虽然听上去还是"一亿总玉碎"那套陈词滥调，但铃木内阁和大本营越来越为敌国从欧洲战场抽调大量援军进攻日本本土的可能性忧心忡忡，因为到5月8日纳粹德国首都柏林就被苏军攻克，欧洲战事结束了。事后看来，东乡至少可以跟随前任，倡议和探讨是否能够通过瑞典和美国与英国政府进行联系，但他对瑞典的联系显得不大感兴趣。这也情有可原，因为日本至此发出的"求和"信号收到的回馈，无非讪笑而已。

在此形势下进入5月，天皇的态度却开始显露出较大的变化。近卫不断劝说天皇尽早结束战争，得到的是天皇认为"还有希望"的回复，正如近卫预料的，"天皇还期待着决战以后再结束（战争），而实际上不能指望冲绳战役发生什么奇迹了。对于冲绳正在发生的数以十万级平民死亡的惨剧，近卫和天皇一样是不在乎的，近卫关心的是越来越糟的战局能让天皇进一步改变想法。

1945年5月11日至14日，冲绳日军最高指挥官牛岛满已经被美军打到去"钻山洞"了，最高战争指导会议再次召开会议，会上又把"苏联斡旋"当成救命稻草拾了起来。会议同意与莫斯科展开新一轮谈判。这些日本决策者自以

铃木贯太郎

为是地认为，可以做出一些让步，从而在苏联内部培养"亲日"的态度，以便苏联能发挥调停战争的作用。为了促使苏联认真对待上述要求，外务省大臣东乡茂德建议，有必要向苏联表达日本已经备好做出"巨大让步"的意愿，即出让库页岛南部和日本的渔业权、向苏联开放津轻海峡的通行权、将"北满"铁路转让给苏联、承认内蒙古为苏联的势力范围、将旅顺口和大连甚至千叶群岛北部租借给苏联、宣布"南满洲"中立。

然而，在提出这些让步之后，东乡和日本领导人仍一致认为：日本应在战后保留朝鲜的所有权。日本的"和平试探者"头脑还是比东京这群位高权重者清醒。日本驻伯尔尼公使加濑俊一告知外务省，他也在进行和谈努力。5月11日，加濑接触到一个与美国战略情报局有联系的渠道，他通过这个渠道表达了自己的意愿，希望能安排与美国和英国进行直接对话，以此结束这场战争。加濑解释说，他不想看到苏联因为出面斡旋美日和谈而在东亚的影响力与日俱增。

他并没有提到任何关于保留日本殖民地的想法，而是说日本接受投降的唯一条件是保留天皇制度，以阻止国内的"革命"。瑞典和瑞士之外的日裔"和平试探者"也在试图与美国联系。美国战略情报局向白宫转交了一份截获的情报，据说是在4月6日发送给梵蒂冈的，内容是罗马教廷派驻横滨的宗座代表洛伦佐·带刀户田曾向教廷提议"安抚"天皇，告诉他"圣座不会放弃调停太平洋战争的努力"。

5月，美国战略情报局驻里斯本代表汇报，日本驻葡萄牙公使馆参赞井上益太郎请求当地一家机构联络他们，转达日本已经准备好停战，并在美日利益共享的基础上共同抗苏的愿望。但最终，美国政府断定这些"和平试探者"不能真正代表日本政府，决定停止与他们的交流。战后日本和西方历史学者常发出深深的感叹，认为日本的"和平试探者"采取的行动是及时结束战争的最佳方式，也是最勇敢的尝试。因为日本不可能说服苏联保持中立，也不能指望它出面为日本与美国进行斡旋。

但这样的推断只有在美国不接受苏联势力向亚洲扩张的情况下才成立。鉴于苏联在欧洲占据了"半壁江山"，美国无法拒绝其在亚洲也获得影响力。另外，华盛顿宣布拒绝与轴心国"无条件投降"之外条件的和谈，所以仅仅出于"反共"这样的共同目的，不足以促使华盛顿立刻寻求与日本的友谊。日本的"和平试探者"应该明白，以结束战争为筹码，换取保留朝鲜和中国台湾仍然作为日本殖民地的想法，在美国看来分外可笑，与美国试图建立的战后亚洲秩序也格格不入，几乎没有成功的希望。

日本人民自由表达之意志

4月5日，苏联外长莫洛托夫通知日本，将不延长《日苏中立条约》。可以推论远东苏军将未来某个时刻——很可能是在几个月内——就参加对日作战。但令人惊讶的是，日本军部内部为避免苏联参加对日作战而试图与苏方谈判，幻想通过苏联的斡旋推进"和平"工作。杜鲁门总统发表的"无意消灭或奴役日本人民"的声明被无视了，铃木内阁在5月9日，纳粹德国宣告投降的那一天，发表了《帝国政府声明》作为回答。

这份大言不惭的声明指出"欧洲战局的剧变并未给帝国的战争目的带来丝毫变化"，与德国投降的"新事态"无关，日本准备独自向继续战争迈进。同样铃木在谈话中还指出，"我抱定奉献全部绵薄之力战斗到底的信念。希望国民诸君也如同前线的特攻勇士一样，为了国防防卫的圣业而怀抱超越生死的希望同舟共济"，丝毫未向国民透露正在推进的"和平"工作或当局"结束战争"的意愿。

虽然在表面上丝毫也没有政策转变的征兆，但是军部已感到苏联加入对日作战的威胁，开始出现了以苏联作为"和平"中间人来摸索结束战争途径的倾向。5月11日至14日召开的最高战争指导会议上，陆军要求制订防止苏军参战的具体方案，海军期待促成苏联的"友好态度"，寻求从苏联购买石油等资源，让日本把战争打下去。

外相东乡茂德对陆海军的方案极为悲观。他认为时至雅尔塔英、美、苏"三巨头"会议以后，苏联参加对日作战的方针已确定，"在军事上和经济上已经毫无利用苏联的余地了"。东乡还认为陆军对苏谈判的计划，"如果认真去实施，必须放弃使美国丧失斗志的想法"，并指出"英美能够接受是非常不现实的"，实质批评陆军在外交上完全是"门外汉，瞎折腾"。

不过从实际情况出发，东乡自己的"和平工作"也没有多少现实性可言，最终也只能是遵照梅津的"针对英美能够以对我方相当有利的条件进行斡旋的，应该只有苏联"的意见和铃木的"因为感到（苏联）不错，所以才认为以苏联为和平中间协调为好"的判断，把苏联调停作为"和平的救命稻草"。铃木对于苏联的这番评论自然在战后传为笑谈。会议决定派遣广田弘毅去找苏联驻日大使马利克接触。

因此，"杜鲁门声明"这根真正的"救命稻草"就被浪费了。在广田弘毅找马利克"瞎忙活"的这段时间内，毁灭的乌云继续向日本聚拢。5月28日，斯大林向美国方面透露信息，苏军加入亚洲战争的备战工作正在抓紧进行，对日本发动战争准备就绪日期已定——8月8日。三周后，6月18日，杜鲁门正式批准实施"奥林匹克"和"皇冠"行动，即进攻日本本土的最后战役。美国军方指出苏联在亚洲大陆助战会减少美军在这两次行动中可能遭受的损失，因此非常欢迎莫斯科的出兵保证。美苏两国领导人同意7月在柏林郊外的波茨坦，同英国首相丘吉尔进行一次私人会谈，讨论对日战争和欧洲问题。因此6月中旬，可以说杜鲁门总统已经终止了对寻求苏联进军亚洲明智与否的揣测。

在这样的情况下，日本陆军寄予厚望的所谓"广田—马利克"谈判从一开始就是"瞎忙活"，甚至只有反作用。这样的谈判只是向苏联透露了日本处于绝

被处决的甲级战犯中唯一文官广田弘毅

望无助的境地，给予苏联更多的理由加入同盟国的对日战争。在最后时刻扮演调停人的角色将使问题复杂化，此时苏联必须做的就是给日本致命一击。

在"奥林匹克"和"皇冠"行动被正式批准的当天，日本的本土决战方案也定案了。军部于6月9日首先向天皇详细报告了结束战争的方案，即《收拾时局对策试行方案》。接着向铃木、米内、阿南提交了该方案。除了阿南，包括天皇在内的人都欣然接受了。只有阿南重复了先前的"一击论"，主张继续战争的态度未有改变。不仅如此，陆军内部还有要求主导"求和"工作的木户幸一"滚蛋"的呼声，甚至升级为人身恐吓。

于是在6月18日的最高战争指导会议上，针对同盟国要求日本无条件投降的要求，日本决策集团制订了继续彻底抗战，在有"战斗力"的情况下通过第三国的斡旋来开展"和平工作"的计划，并再次重申只有"维持国体"才能实现和平。总之，寄希望于苏联为中间协调的"和平"工作与坚持本土决战方针的继续战争路线两者并行。

最奇怪的是，日本的决策层早已提出这两条路线推行不下去。但在战争还有不到两个月就要结束的时候，最高战争指导会议的方案仍然是处处体现"得过且过"的精神。例如，6月20日，外相东乡在汇报对苏谈判过程时，天皇希望促进对苏谈判。6月22日，天皇应木户幸一的请求，召集最高战争指导会议成员（铃木首相、东乡外相、米内海相、阿南陆相、梅津参谋总长、丰田军令部总长），指示尽快将投降工作具体化。

御前会议本来是根据参谋总长和军令部总长两位统帅部长官的奏请而召开的，但这次是天皇亲自召集。这种破例的形式更显示出天皇及木户对于"两条路线并行"政策是相当坚定的。从这时开始，天皇对于投降工作的直接指导越来越多，直至最后以"圣断"的形式决定接受投降。因此，"圣断"不是突然在日本最高决策圈中发生的事件，它是慢慢酝酿而成的。

天皇如此主动地表现说明，迄今为止他一直没有轻易改变的继续战争的意志发生了根本性的改变，"无法维持国体"的危机感造成了巨大压力。梅津承认，6月初驻在中国战区的日军总数只相当于美国的8个师，弹药也只能维持一次会战。

在整个华北地区，中国共产党领导的抗日武装基本控制了农村地区和不少小城镇，日军只是孤守在大城市中。显然，连天皇也无法支持陆军主张的维持国体、继续战争及本土决战的强硬方针。

一直以来，天皇对于"求和"的接受程度是与天皇的"国体危机"认识程度相一致，而不是与日本人民的苦难程度成比例。只要天皇容忍陆军的继续战争路线，陆军便成为天皇忠实的战争指导代理人。但是，一旦天皇的意图与陆军之间发生了偏差，陆军对政局的主导权将被逐步夺走。陆军认为在以宫中及重臣集团为主导的结束战争的计划中，如何从盟国得到"维持国体"的保证，其方式手段并不可靠。此外还有解散军事机构的可能。因此，在军队内部握有实质性主导权的中坚层将是最大的"和平阻碍"。

在美国，想让日本赶快接受仅对美国无条件投降的人们仍在做最后的努力，其中包括前驻日本大使，现在担任代理国务卿的格鲁。早在6月16日，也就是杜鲁门批准对日登陆决战计划前几天，格鲁就去拜见杜鲁门，敦促他发布一份说清美国决定"铲除日本军国主义"，但愿意鼓励日本人民"遵循自由和合作路线再生"的声明，并且给予他们决定自己政治前途的权利。这会使日本领导人确认他们只有投降，天皇制度才会被保留，也就是"维持国体"。格鲁对罗斯福进行了详尽的说明：

　　我们能够获得的日本人关于君主制看法的所有证据无一例外地指出，对现任天皇的人身不得骚扰和保留君主制是日本人不会让步的条件。这些迹象表明，只要日本人不能让步的条件能被满足，他们会准备好承受最窘迫的贫困。相反，如果同盟国的意图是要让现任天皇成为战犯，或者废除帝制，他们就会准备长期抵抗。我们倾向于同意这种观点，我

1932年至1941年担任美国驻日大使的约瑟夫·C.格鲁

们没能阐明这方面的意图，或者宣布我们想要让天皇成为战犯。废除君主制的话，将肯定会使战争旷日持久，并导致大量的牺牲。

日本人当然会认为美国人想要天皇的性命。日本大部分城市正被美军轰炸机群化为灰烬，冲绳的激战中，美、日两军血腥拼杀，充斥全美国"杀光小日本"的呼声中不乏"吊死裕仁"的声音，日本人从哪里去寻找美国有意高抬贵手，让日本"维持国体"的证据？然而讽刺的是，美国对待战后日本的政策，早在1944年底就已定局，基本满足了日本"维持国体"的需求。

讽刺的是，就在6月18日杜鲁门总统批准"奥林匹克"和"皇冠"行动，而日本方面则由天皇亲自召集最高战争指导会议的这一天，杜鲁门还会见了格鲁和参谋长联席会议成员。杜鲁门告诉格鲁，虽然他乐意对日本无条件投降发布一份公开宣言，但是"讨论之前先保留意见"。格鲁再度敦促尽快发布这份促使日本人尽快清醒，避免毁灭的公告。然而问题在于，参谋长联席会议对这份公告加以反对，他们认为日本人可能会将这份公告当作示弱的标志。这是很自然的事情——惨烈的冲绳战役还未结束，参谋长联席会议正细数运回美国的数量惊人的裹尸袋。参谋长联席会议赞成直接要求无条件投降，而杜鲁门站在他们一边。

百折不挠的格鲁最终获得了总统和军事领导人的支持，为即将在波茨坦会晤的"三巨头"准备公告。这份于7月2日提交杜鲁门总统的新草案，证明了美国人对日本人要比格鲁早先的建议更加大方。在宣布同盟国决定"直到日本无条件投降为止，都会继续进行对日本的战争"后，这份公告接下来引诱日本人根据一些条件投降：

《开罗宣言》的各项条件必须执行，日本的主权将被限于本州、北海道、九州、四国，以及我们决定的那些邻近小岛上。日本军队必须完全解除武装，返回家园，回归和平生产的生活。日本作为一个种族不会被奴役，作为一个国家不会被毁灭，但是对所有的战犯，包括那些曾经虐待我们各国战俘的人，将会进行严厉的判决。

　　在日本人民中发现的民主倾向将会得到支持和加强。应当确立言论和思想自由，以及对基本人权的尊重。应当允许日本保留那些确定不会提供战争潜力，但是可以产生可持续经济的产业。应当允许日本获取为了这个经济目的所必需的原材料。盟军占领军的目标一旦达成，并且一个倾向和平的、负责任的日本人民的代议制政府已经确定无疑地建立起来的时候，我们就会撤出日本。如果这个政府能表现出不会再度渴望侵略，能够让全世界完全满意，这个政府可以包括现王朝统治下的一种君主立宪政体。

　　毫无疑问，日本决策层会发现这些条件是可以接受的。他们不可能要求一种关于天皇制，战后恢复经济，或者让这个千疮百孔的国家重新融入国际秩序的更加直接的承诺了。6月初美国军方还反对除了直接呼吁无条件投降之外的任何公告，到了7月结束冲绳战役后，他们更加愿意使用政治手段来结束战争。正如代理陆军主力参谋长克雷格所说："从军方的角度来看，如果让裕仁本人保留日本名义上的元首地位，我们更加可能接受日本人投降的话，似乎没有理由不去这样做。他主要是一个象征，如果我们完全接管现行政府，他的影响力看来会妥善地被按在我们的拇指之下。"

　　如果说美国这个"民主世界的灯塔"在第二次世界大战中有种种不够"民

波茨坦会议上，世界大国领导人决定了万里之外日本的命运

主"的表现，那么如何决定裕仁天皇的命运这件事绝对是个典型。从白宫、国务院到军方的所有美国领导人，都知道美国民众对天皇的怒火有多么旺盛，大部分美国人都同意"除掉"天皇，但美国领导层为了战后由美国掌控的亚洲秩序，"擅自"决定保留天皇，自然也不太可能对其进行审判，更不要说当战犯处死。

杜鲁门总统是在日本投降前一个多月，为波茨坦会议（7月17日开始）而拟定此公告的。日本领导层还没有搞清楚，在美国人那里保留天皇制、"维持国体"是有保证的，如果他们现在就直接去找美国进行谈判，接受尽快向美国投降，那么战后的日本和后来经历了两次原子弹轰炸，被苏军进攻之后的日本并不会有什么不同。这个国家将被美军占领、被美国掌控，但将作为美国的附庸，获得经济复苏与政治独立的机会。

7月26日，《波茨坦公告》公布，呼吁日本政府无条件投降，而条件与先前杜鲁门总统发出的公告基本相同。但是，只有"天皇条款"最终在美国政府内部，按照新任国务卿贝尔纳斯及军方的强硬意见进行了修改。另外，中国和英国方面也不同意该公告中出现清楚的保留天皇制的条款。所以《波茨坦公告》中的"天皇条款"未明确表示保留天皇制。不过格鲁等人应该心满意足，因为《波茨坦公告》第一条说"上述目的达到及依据日本人民自由表达之意志成立一倾向和平及负责之政府后，同盟国占领军队当撤退"。既然允许日本人民"自由表达"，那么在美国人看来，对于天皇忠诚至死的日本人民当然会表达保留天皇的意愿。

然而，《波茨坦公告》毕竟是要求日本"无条件投降"的。日本注定要为了由苏联调停从而达成体面投降的机会而挣扎到最后一刻——即使他们早已知晓苏联领导人的对日作战承诺，情报部门也掌握了苏军消灭纳粹德国后大规模向远东调动的状况。7月7日，开启大规模侵华的"卢沟桥事变"八周年这一天，天皇找来铃木，指示尽快促成与苏联谈判，显示出他对早已毫无希望的"苏联调停"非常期待。同时，天皇也对铃木谈了对苏谈判的目的："顺利的话能够讲和。即使不顺利，也会以此来加强国民的团结，从而导致士气高涨，将战争继续到最后。"

对苏谈判是在秘密中进行的，它的失败——日本领导人只是在欺骗自己它会成功而已——反而会导致国民士气的高涨，天皇这句话简直令人莫名其妙到了极点。这就是一句昏话，只是充分表现出了天皇希望尽一切可能的手段尽快结束战争的焦躁感。日本以苏联为调停者来打开局面的焦虑和期待交织在一起的想法不断深化，后来又制订了派遣近卫作为特使前往莫斯科的计划。

至于日苏谈判，按照在7月18日的最高战争指导会议上决定的以苏联为调停者开始与盟国谈判的方针，一直处于中断的广田—马立克会谈也于7月24日重新开始。在世界外交史上，恐怕再也没有一次国家间的外交谈判更类同"鸡同鸭讲"。马立克大使在会谈中要求日本提出具体的求和方案，日方于是抛出了缔结日苏互不侵犯条约、伪满洲中立化、取消渔业权等一些条件。结果自然可想而知，至7月29日也就是《波茨坦公告》公布三天之后，日苏之间会谈结束，马立克大使没有回应日方今后继续会谈的要求，苏联的百万钢铁雄师已剑指东方。

"圣断"

1945年7月17日，同盟国首脑在柏林郊外的波茨坦举行了最后一次战争指导会议。波茨坦会议的主要议题是德国投降后怎样处理欧洲问题，同时讨论了同原轴心国家签订和约的方式、机构以及占领德国的原则等问题。8月2日发表了关于处理德国和恢复欧洲战后秩序的方案。

《波茨坦公告》是在这次会议中的7月26日，以中、美、英三国共同宣言的形式发表的。苏联当时还不是对日战争的参加国，所以在8月8日对日宣战时才参加了这个宣言。包括十三项条文的《波茨坦公告》，是一篇劝降文告，同时也是同盟国向全世界宣布的处理日本方针的文告，要求日本迅速和全面地接受这一宣言。同盟国主张消除日本的军国主义，为保证公告的执行，而对日本领土进行占领，规定日本领土的范围仅限于四个最大的岛屿，要解除所有日本军队的武装，并承诺"我们无意奴役日本民族或消灭其国家"，接着指出一定要惩办日本的战争罪犯。

要求日本民主化和非军事化的宣言，鲜明地表现出第二次世界大战的"制度战争"性质。它是军国主义日本必须服从的投降条件。收听到《波茨坦公告》后，首先是外务省在7月27日的干部会议经过讨论，认为应该接受《波茨坦公告》，这是结束战争尚存的方法。至少对于企图利用美苏对立来保持天皇制的外务省来说，已经渐渐发现这样一个事实：美国对日的绥靖气氛在一些"对盟国的战争目的没有信心和对苏联怀抱恐惧与不信任的美国人中间已经大大增强"，所以外务省当然在《波茨坦公告》的"文字"中发现了"些许光明"。

外相东乡读过《波茨坦公告》以后，立刻感到其中含有一种不同于盟国以往对日要求的"绥靖"的味道。因此，对于《波茨坦公告》既不能无条件地接受下来，也不能干脆加以驳斥。根据时任情报局局长下村宏的战后回忆录，东乡当时解释说：美国民众越来越厌倦流血牺牲，纷纷强烈要求结束战争，甚至有人认为坚持要求日本无条件投降的做法是不妥的。这些当然都属于东乡个人的臆想。按照东乡的说法，这正是美国在波茨坦会议上要求日本"有条件投降"的原因。据传，东乡甚至猜测到美国要求苏联参与发表《波茨坦公告》。

随后东乡征询其他大臣的意见，看是否要把《波茨坦公告》刊登在报纸上，以便让日本公众知晓。阿南惟几说，如果政府决定向公众毫无保留地公开此公告，政府应想好一套有说服力的辩词，并与公告一起刊登，向民众显示政府对此如何进行"坚定回应"，以免动摇民心士气。在深思熟虑之后，东乡觉得日本政府最好不要立刻对公告发表任何评论，而应继续研究议和条件和寻求对苏外交策略。

铃木也赞同日本不应对同盟国表现出挑衅性的反应，在不带任何评论的情况下刊登公告即可。随后内阁做出了消极应对的决定，许可将《波茨坦公告》的内容全文见报，但没有就具体对策发表任何声明。东乡随后觐见了天皇，呈送了《波茨坦公告》的译文，并提出希望对《波茨坦公告》慎重应对，日苏谈判目前尚在进行中，待看清其发展后再做结论。天皇接受了上奏，据说他对《波茨坦公告》并未表态。天皇和外务省依然期待通过日苏谈判来结束战争，在看清谈判发展之前，即使"原则上可以接受"，毕竟还是无法接受"投降"两个字甩到自己头上来。

翌日即7月28日，日本各报刊登了《波茨坦公告》的内容。例如，28日的《读卖新闻》以"可笑！对日投降条件"为题，将其含义报道为同盟国"国内对日脚踩两只船，是狡猾的谋略"，还援引日本政府声明报道说："向完成战争迈进，帝国政府视其是问题。"铃木甚至在记者招待会上回答对《波茨坦公告》的看法时断言："政府认为（《波茨坦公告》）没有什么重大价值，只能对其予以默杀。"在战后这被炒作为"翻译错误"问题，说铃木使用"默杀"这个词在美国被翻译成"完全拒绝"，所以美国之后就扔下两颗原子弹，但其实日本政府当时的意思是"不予理睬"，如果这样翻译，美国就可能会继续观察日本政府的真实想法，而不会着急扔原子弹云云。将前因后果综合考虑，所谓"翻译错误"是不存在的。

日本各大报刊嘲笑《波茨坦公告》，铃木说出"予以默杀"的话，都是在7月28日。而让日本寄希望苏联调停的广田—马立克会谈，是在7月29日才正式画上句号的。也就是说，在28日这天，日本决策者没有放弃通过谈判得以体面投降的希望，不可能接受《波茨坦公告》明确要求的"无条件投降"。把宣言在报刊上发出来，无非因为可能有些日本民众会自己用收音机听到这份宣言，以为政府和军部对此秘而不宣是打算接受，那不如发表出来然后鞭挞一番。况且，实际上在日本报刊上公开发表的《波茨坦公告》内容有限，都是对日本有利的解释和经过涂抹的条款。

例如宣言第九条"日本军队在完全解除武装以后，将被允许返其家乡，可以获得和平的生产生活之机会"的内容，被日本报刊仅归纳为"日本军队完全解除武装"，内容本意事实上都被隐瞒，这就说明了军部对《波茨坦公告》内容强烈的反对态度。所以，日本高层是拒绝了《波茨坦公告》，没有疑问，因为这份宣言说到底属于"最后通牒"，根本容不得带折扣的接受。铃木内阁所谓对宣言"予以默杀"的决定，不应被理解为它没有意识到事态的紧迫性。《大本营机密日志》将《波茨坦公告》称为"英美中联合声明"，并在后面用括号加注了"最后通牒"一词，毫无疑问这个词是指战争一方对另一方所作的最后外交要求。如果这个要求被拒绝了，则隐含着结束进一步"和平谈判"的威胁。

不仅仅是政府官员注意到苏联没有签署《波茨坦公告》，来自各行各业的日

1943年4月召开战时御前会议的裕仁。他对于战争进程进行了许多次最高层面的干预

本普通人，无论其社会背景、职业背景和居住地域，似乎对于日本停战和随后日本的命运都有着深刻的见解和观点。到处广撒耳目的日本宪兵队曾对日本不同的市、县进行了一次摸底调查。调查显示，日本平民根据从报纸和其他渠道获得的信息，正在热切地讨论苏联未签署《波茨坦公告》背后的玄机。即使是日本的普通民众能轻易地领悟到，苏联人没有签署公告的最简单原因是他们那时候还没有对日宣战。

日本宪兵队在神户市的一份报告显示，一名男性针灸师与他的顾客探讨说，蒋介石签署《波获坦公告》没有任何意义，因为他只是英美列强的附庸者。同时这位针灸师还认为，苏联没有联合发表公告，意味着同盟国之间出现了不和。类似的观点在日本其他地方也能听到。在神户，贵族院的一位成员松冈顺吉怀疑，美国不得不在缺少苏联协助的情况下敦促日本投降，因为在战后欧洲的安置问题上，美苏之间产生越来越多的分歧。宪兵队的报告还透露，经济界的某些人士认为日本应利用这个"三国公告"来展开外交谈判。他们认为，既然公告貌似提出了有条件的投降，那就意味着美国急于在没有苏联参与的情况下结束战争。还有右翼政客猜测，虽然日本政府的官方立场强硬，但在私下里还是想议和的。它只是想通过无视公告这个决定谨慎地试探民众的反应。

这些珍贵的日本宪兵队秘密舆情调查资料，不得不让人对于"日本最独特的是日本人"这句话有更深刻的体会。这个民族具有如此活跃的思维能力，如此清晰的观察能力，却总是从一个奇葩的"日本逻辑"去产生只对自身有利的分析结论，与实际要发生的事实南辕北辙，令人哭笑不得。刚好与传统印象相反，在铃木贯太郎对《波茨坦公告》采取"默杀"态度之后，日本并非上下一心准备战斗到最后一人。

7月的最后几天就这样波澜不惊地过去了。根据木户幸一的战后回忆，在7月的最后一天，裕仁天皇对木户说："要是能把伊势和热田的神器移到自己身边来守护就好了。"三件神器是天皇皇位的象征，是天皇作为一个"人间神"的证明。天皇此时想把三件神器搬到松代的大本营亲自守护，在历史上只有面对最后覆灭命运的天皇才会这么做——这意味着一种决心，当敌人杀到面前时，就抱着神器自尽"玉碎"。裕仁天皇这是在做"本土决战"的准备。

战后木户接受《波茨坦公告》问题回顾认为，天皇和木户本人虽然都希望接受《波茨坦公告》的"和平"，但是因为军部内部的强硬派有发动政变或骚乱的可能，所以在立即接受《波茨坦公告》的问题上不能不犹豫。但是，没有相关证据表明从收听到《波茨坦公告》，直到原子弹在广岛落下这段时间内，天皇找过铃木或重臣，向其施加接受《波茨坦公告》的压力。天皇对《波茨坦公告》的态度实际与铃木一样，或者说铃木的态度就反映了天皇的态度，就是"予以默杀"。天皇及木户大概认为他们从《波茨坦公告》的内容中未得到关于"维持国体"的保证。

《波茨坦公告》被拒绝的结果很快到来了。8月6日首先在广岛，美国投下一颗原子弹，瞬间毁灭了整座城市。美国总统杜鲁门立刻向全世界公布向广岛投原子弹的事实。铃木内阁虽然当日就召开有关阁僚会议商议对策。但会上讨论的并非否因此投降，而是要如何"回应"美国总统杜鲁门宣布使用原子弹的声明。

阿南惟几汇报说，大本营已经派出一个科学调查组前往广岛，以确认美国使用了原子弹。这个调查组就是上文所述，奥宫正武曾参加的那个广岛原子弹调查组。事已至此，作为外相的东乡茂德竟然还在指责美国此举严重违反了国际法，提议日本应通过国际红十字会提出强烈抗议。过去当美国飞机在太平洋上击沉了日本运送军队（日方称船上全是伤兵）的医院船之后，日本就通过国际红十字会提出过强烈抗议，当然美方没有做出任何回应。尽管到了非常时刻，东乡还是敦促佐藤与莫洛托夫谈论日本向苏联派遣和谈特使的问题。

总而言之，东乡的言行中没有表现出任何立即投降的紧迫感。原子弹本身也并没有促使日本下定决心投降。会议结果是采取陆军方面的建议，以正在对广岛所发生的事进行调查为由，将事实对日本国民保密。在大本营战报中将原子弹称为"新型炸弹"，企图隐瞒出现这一可怕武器的事实，铃木内阁最终也附和了这一做法。随即东乡外相去拜见天皇。在天皇的面前，他倒是以投下原子弹为由，提出尽快做出结束战争的决断。对此天皇答道："是的，既然使用了这种武器，战争不可能继续，所以不应该为获得有利条件而错过结束战争的时机。"天皇还指示将这一精神传达给铃木。

后世不少历史学家认为美国投下原子弹并非促成日本投降的主要因素，这一判断没有什么问题。临近战争后期，日本本身也研发原子弹，而且是陆军和海军分别以不同的方案进行研制，各自规模都不及美国"曼哈顿计划"的百分之一，自然毫无成功的可能性。日本还曾经向纳粹德国索取制造原子弹所需原料，后者派一艘潜水艇运载原料前往日本，但未能抵达日本就被击沉了。

总而言之，日本高层完全清楚原子弹是怎样的武器，至少懂得其基本原理。在8月6日第一枚原子弹投下后，日本决策层并没有改变"本土决战"的决心，这是事实。因为原子弹显然只能摧毁日本的大城市，只要军部将本土军队较为分散地进行部署，那么这种超级武器对于日本的"本土决战"能力不会构成多少影响。但是，原子弹的使用毕竟起到了作用，彻底动摇了裕仁天皇的意志。天皇慑于原子弹的威力，同意"尽快结束战争"。可以认为从8月7日开始，在日本决策最高层请天皇予以"圣断"来结束这场战争的"开关"，算是已经"通电"，处于随时可以"按下启动"的状态了。

根据木户日记，天皇此时说道："我认为必须尽快应对时局，因此希望与首相充分商谈。"至此，天皇开始担心日本发生苏联主导的"左翼革命"。与先前坚

苏军战士乘坐着 T-34 坦克进入解放的大连，得到市民夹道欢迎

持日苏谈判相反，天皇表示为了避免苏联影响力的扩大，应该与《波茨坦公告》的盟国即美国、英国方面接触。然而，天皇在做出这番表态之后，并没有做出具体措施来推进内阁接受宣言。

莫斯科时间 8 月 8 日下午 5 点，此时是东京时间 8 月 8 日晚上 11 点，日本驻俄大使佐藤被俄外交部长莫洛托夫召见，后者一打照面就递交苏联对日宣战书。这份宣战书引用了日本拒绝接受《波茨坦公告》的言论，并声称日本要求莫斯科进行和平斡旋的要求毫无意义。因此，按照同盟国的提议，为了尽快结束战争，促使和平到来，苏联政府决定对日宣战。根据这份宣战书，苏联将在 8 月 9 日与日本进入交战状态，但它没有明确交战日期是莫斯科时间还是其他时间。

当莫洛托夫把宣战书递交到震惊不已的佐藤手上的时候，外贝加尔战线和远东第一、第二战线已经是 8 月 9 日凌晨，苏联在宣战的同时就开动了战争机器。佐藤汇报苏联宣战的电报没能及时抵达东京发出预警。一个小时之内，外贝加尔方面军和远东第一、第二方面军以雷霆万钧之势穿越了伪满边界。苏联精心策划的战略进攻不仅发生在中国东北，在朝鲜、库页岛和千岛群岛也同时展开，参战官兵达 150 多万人，在飞机、坦克、大炮的数量和质量方面相对于对面被抽走几乎所有精锐的"关东军"，具备碾压性优势。

在中国松花江边的苏联红军战士，作为百战之师，他们在中国东北消灭关东军不会感觉到压力

当日本的同盟通讯社（今共同社的前身）截获了一份来自莫斯科的无线电广播，从广播中获悉苏联政府已经向日本大使佐藤递交了宣战书，东京方面才知道苏联发起了第一波进攻，而此时距开战已过去了两个半小时。

最后一篇《大本营机密日志》由陆军省军务局的竹下正度于8月9日重新执笔。日记称，苏联的对日宣战书是日本紧急召开最高战争指导会议的决定性原因。这只是一笔简单的记载，但回应了战后一个被反复问起的问题：如果8月9日只发生了美国在长崎投下第二枚原子弹这件事，但没有苏联宣战并大举进攻，日本决策层会不会在8月9日这天决定接受《波茨坦公告》的投降要求？显然不会。促成召开8月9日这次"终结之会"的原因，就是苏联宣战。

竹下在9日早上7时10分接到一通电话，被告知苏联已经宣战，让他马上赶去办公室。此前，外务大臣东乡茂德正在其官邸与外务省三位高官聊天，他们一致认为日本应马上接受《波茨坦公告》，再也不能犹豫。上午8时左右，东乡拜访了首相铃木的官邸，将外务省的提议告知铃木，铃木显然也同意他的意见。

日本最高战争指导会议于上午10时30分在绝密状态下召开。与会者包括铃木贯太郎、东乡茂德、阿南惟几、米内光政、梅津美治郎、丰田贞次部。根据梅津美治郎撰写的会议备忘录，内阁总理铃木宣布此次会议的目的是讨论应采取何种措施来应对苏联宣战。根据记录，东乡在会议上宣称苏联参战这件事没人能够预测。然而，军部实际已经提出苏联宣战日期可能是8月10日，现在不过提前大约48小时而已。

为了自圆其说，东乡又补充说苏联外交部长莫洛托夫刚在8月8日凌晨5时提出要与大使佐藤会面，讨论日本要向莫斯科派遣特使的问题。事实上，莫洛托夫在那次会面只干了一件事，就是向佐藤递交了苏联的宣战书。东乡所谓的苏联提出会面，可能是指苏联大使马利克要求在8月9日照会，向日本递交苏联宣战书。无论东乡是否在掩盖苏联宣战这个消息带来的震惊和悲伤，他这番胡说八道为战后几代人提供了一种标准说法，即苏联是"背信弃义"发动进攻的。

东乡最后的结论就是应立即接受《波茨坦公告》，米内也认为战争已无胜算，倾向于接受，但阿南坚决反对，他指出："对于将来固然无法乐观，但是就此结束战争，大和民族无异于精神上死亡。"陆军依然重复着过去的论调，大和民族是由一个"人间神"即天皇领导的高贵民族，战败绝不可接受，"一亿总玉碎"相比而言更容易接受。实质上，陆军是在竭力避免因接受《波茨坦公告》而导致这支在亚洲猖狂了几十年的军队被迫解体。

在会议上，米内认为首先应决定是无条件接受还是有条件接受《波茨坦公告》，东乡认为应以"维持国体"作为保留条件，此外不可附加任何条件。与之相反，阿南和梅津、丰田认为除了"维持国体"，还应就占领范围划定、解除武装、战犯处置问题提出日本不可退让的条件。会议于是决定有条件接受的方针。对此，他们还就将条件集中在一项还是四项（一、承认皇室；二、自主性撤兵；三、由日本自行处理战争责任者；四、保障占领）展开激烈争辩。

会议本来是决定是否接受《波茨坦公告》的，而《波茨坦公告》明白无误是要求日本无条件投降的。并且，日本政府拒绝要求后立即遭受了两颗原子弹和苏联参战的巨大打击，此时这些日本最高权力者们互相之间讨价还价，纯粹是在浪

围绕着收音机收听"玉音"，为日本投降而悲痛的民众

费宝贵的时间。所有人心知肚明，到最后是肯定要接受的，只不过对于是否还要抛出更多日方条件有分歧。

　　木户了解到情况后，将重光的意见上奏天皇。此时，天皇也明确表态放弃四项条件论，同意仅以一项条件即"承认皇室"来接受《波茨坦公告》。木户更加坚定通过"圣断"来做出最后决定的想法。促使实施"圣断"方案的是高松宫、近卫、细川沪贞等置身政治指导层以外的所谓天皇亲信和宫中集团，绝非铃木突发奇想。在遭受了原子弹轰炸和苏联宣战之后，天皇和木户决定采取重臣及宫中集团提议的"圣断"方式。显而易见，作为最后收拾时局方策的"圣断"，既不是天皇和木户的"英明决断"，也不是他们的"主体性判断"。

　　无论天皇这个"人间神"感觉有多么"痛苦"，决断时刻还是来临了。下午5时30分，最高战争指导会议休息1小时，6时30分再开，到晚上10时仍然争论未

听闻日本投降而欢腾的美军士兵

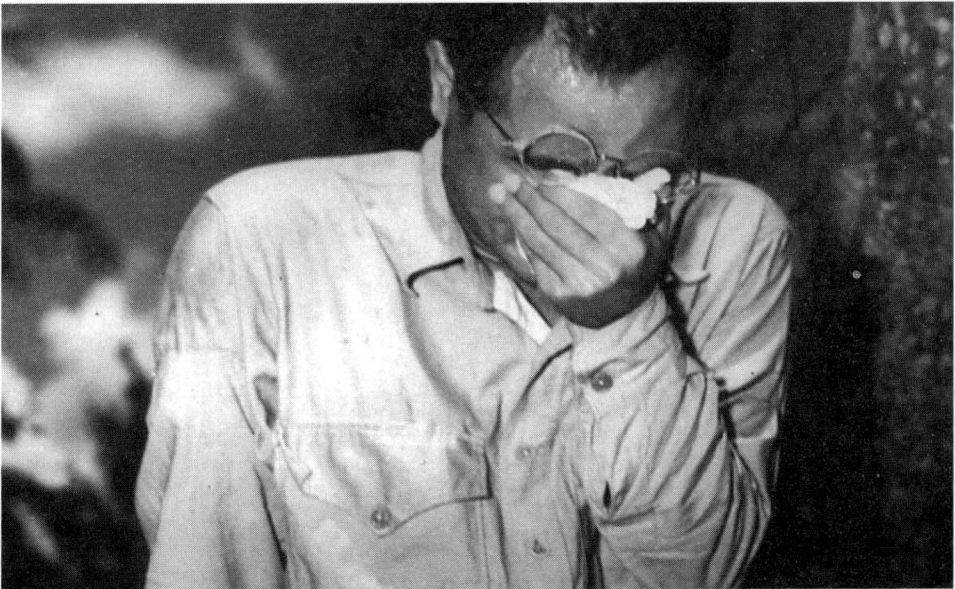

一名身处美军战俘营的日本战俘听闻日本投降后神情悲痛

绝，没能达成共识。铃木和东乡于是起身赶往皇宫，向天皇报告了两个会议的情况，建议立刻再召开最高战争指导会议的御前会议，天皇立刻表示同意。两位大臣出宫后，天皇又召见了木户，这就是当天木户的第六次觐见。随即天皇前往地下防空洞面对重臣和将军们，他出现在那里的时间，是晚上11时50分。电影《最长的一日》中经典的一幕上演了。事实上，战后文学作品将铃木"恭请圣断"描绘为突发事件，实际上每一个出席那次御前会议的人，在进入会议室前就已心知肚明，"圣断"即将发生。

日本决策层通过天皇"圣断"，接受了《波茨坦公告》。又经过了一番曲折斗争，8月15日，"天皇玉音"放送了投降讲话。9月2日，日本代表在东京湾美国海军"密苏里"号战列舰上正式签署了投降书。在中国等国家也举行了当地日军的投降仪式。年号为昭和的裕仁天皇，在二战结束的同时，宣告自身"人间神"的身份的结束，并用最明显的证据向全世界表明了这一点：他亲自去拜会了占领军总司令麦克阿瑟，在美国人身边摆出顺从和谦卑的姿态，其所传达的信息胜过千言万语，一直延续到了今天。

第12章
20世纪与21世纪

　　1945年日本投降之后，昭和天皇又活了很多年，直至1989年1月去世。天皇去世的消息传来，大批日本民众在皇宫外聚集，表达悲痛之情。欧美国家的人们通过电视镜头惊讶地看到，平常在他们的国家以西装革履、出手阔绰的面目出现的日本人，竟然以无比虔诚的悲痛面容，跪拜在皇宫外的地面上。黑压压一片的日本"臣民"，看上去与他们几百年前的祖先毫无二致，似乎也与二战时的日本人没有区别。

　　不久，在美国怀俄明州卡斯珀，一位名为寺崎真理子（真理子・寺崎・米勒）的日本裔美国人发现了家里所藏的昭和天皇的口述书，一时成为热点话题。寺崎真理子是战后不久担任宫内厅官员的寺崎英成与美国女子格温德琳・哈罗德所生的女儿。其全文发表在1990年12月号的《文艺春秋》上，这就是后来发行的《昭和天皇独白录》。

　　它是由宫内大臣松平庆民、宗秩寮总裁松平康昌、侍从次长木下道雄、内务部长稻田周一以及担任宫内厅职员的寺崎英成听取并记录的，从1928年9月直至战败大约15年间，昭和天皇就发生的诸多重要事件发表的感想。实际上，它是在东京审判期间为使战争责任追究不到昭和天皇头上而作为辩护书被急忙拟定的。

　　裕仁还进行了自我辩护。在1950年9月的记者招待会上，对于记者提出的"在日本关于结束战争的决断中陛下做出了哪些贡献"问题，他的回答是："本来这应该是内阁做的事。我虽然听了报告，但在最后的御前会议上，大家还是争论不休，结果请求我做出决定。我以我的意愿决定结束战争。"1975年9月20日，裕

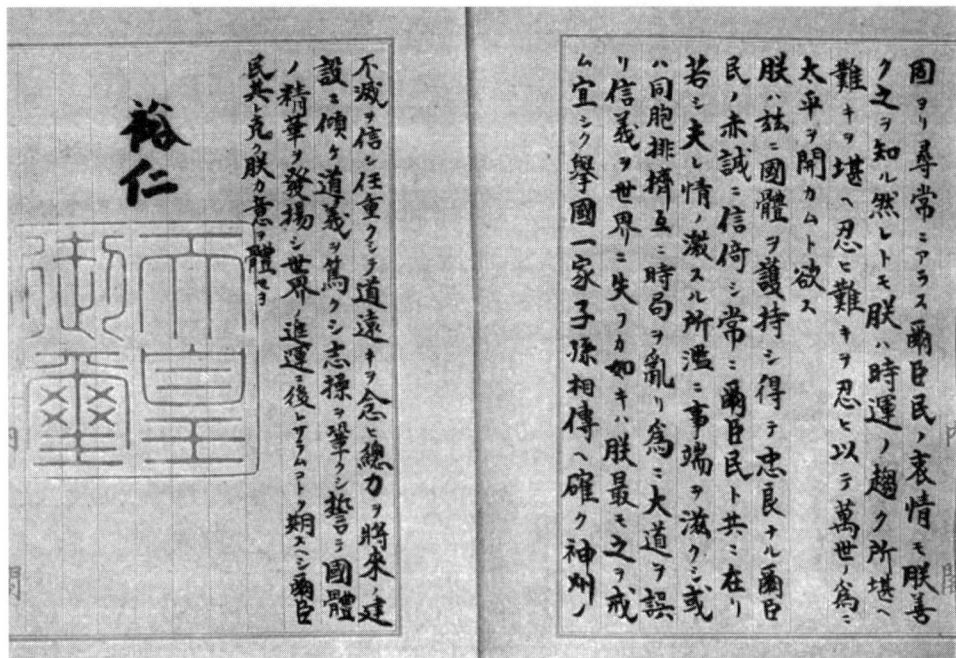

宣告日本投降的昭和天皇诏书原件。这篇诏书通篇没有"投降"两个字，反而喋喋不休，要国民"卧薪尝胆"，以图东山再起

仁接受记者伯纳德·克里舍采访时又说："虽然是按我的意见决定的，但是当时总理大臣自己拿不定主意，所以我只是说了自己的意见。在战争以前，这都是由内阁会议决定的。所以，已经做出的决定，不可能因为我的意见而推翻，这是日本的宪法里写着的。所以要遵守宪法嘛！"

天皇将战后反复主张的"天皇傀儡"论从自己的口中说了出来。还有许多天皇免罪论的典型事例。天皇曾指出：内阁"正式"决定后上奏的事情，即使是天皇也不能否定。确实，《日本帝国宪法》第五十五条规定"各国务大臣辅弼天皇并对其负责"，如文字所述，辅弼者即内阁优先的原则遵循立宪主义。但果真如此吗？的确，基于内阁一致的原则，内阁成员即全体阁僚的同意必不可少。但实际情况是，身为天皇臣下的阁僚都是在弄清天皇的意志后才上奏的。没有人可以对抗天皇的意志。简而言之，天皇是"神"，遵循天皇的意志就是日本战前和战时的"国体"。

　　有许多证据可以证明，上奏不是形式上的，实质是由天皇的亲信准备好一定的结论，这就是为什么作为天皇亲信的内大臣林户的权柄如此之大，"宫内集团"可以成为日本政坛上难以撼动的巨大势力。接受《波茨坦公告》的过程也是如此，天皇最终以接受内阁上奏的形式间接接受《波茨坦公告》。昭和天皇对采访的回答显然只是一种形式逻辑，隐瞒了实情。不过，这种形式逻辑在战败后能够被接受的政治背景，正是问题之所在。

　　关于东京战犯审判，在日本被叫作"胜利者的审判"或者"基于国际法的公正审判"，但无论是右翼还是左翼，都无法否认，这次审判追究的对象都是昭和天皇的"幕僚"，而非昭和天皇本人，甚至就连拥有军事指挥权、实际犯有战争罪行的皇室成员都予以放过。其背景是盟国方面尤其是美国，着眼于战后国际秩序重建的政治意图，美国最迟在1944年末至1945年初就确定了打败日本后的占领政策，其中就包括赦免天皇罪行，利用其为占领和利用日本提供"润滑作用"的内容。

　　无论如何，作为最高战争责任者的昭和天皇被免于起诉的事实本身，已成为战后"圣断论"的主要根据，这是毫无疑义的。"圣断论"产生本身或许并非以美国为首的同盟国方面的意图，但其结果不仅是昭和天皇的免责使战争责任问题变得不透明，也使战后日本社会应该面对的战争责任被搁置。

　　从"圣断论"到"天皇无罪论"，发展到把日本战争后期为"维持国体"做出的无谓挣扎异化为所谓"保卫祖国"，以至于从昭和时代末期开始，日本军国主义"还魂"的思潮甚嚣尘上，总理大臣、阁僚去靖国神社"拜鬼"，8月15日的"全国战殁者纪念"仪式以及广岛、长崎核爆纪念仪式上，日本政要大言不惭，"日本今天的和平繁荣建立在过往战殁者的宝贵牺牲上"，对于被日本军国主义荼毒的千万受害者不屑一顾。

　　日本投降后被世俗化的天皇，与他此前作为万世一系的神圣血统后裔的化身相比，成为一个拥有更少权势的象征。裕仁从他那匹有名的白马的马背上下来，永远脱下了他习惯穿着的那件缺少装饰的陆军军服，在1945年9月一系列精明筹划的巡游活动中，摇身一变，作为忧国忧民的最高统治者行走在普通民众之中。

在美国宪兵的贴身保卫下进行全国巡游活动的裕仁

　　昭和天皇巡幸地方，是旨在保持战后象征天皇制权威的行为，使天皇失去神的性质之后获得了亲和性，这样的结果将"圣断论"提升到不可动摇的地位，并变得根深蒂固。但是，这给日本的侵略主义蒙上了一层面纱，剥夺了战后一代人追问战争本质的机会。在这样的结果下，不仅无法追究昭和天皇的战争责任，就连质疑天皇制本身也与战前一样被视为禁区。因此，就连美国的历史研究学者也不客气地指出，战后"日本帝国的统治体系"依然完整，保留了作为个体的天皇与作为制度的明治特色"王权"。战后，有20万日本人由于曾担任军职或与极端民族主义组织有关联，从公共职位上被清洗，但日本最高统治者仍高居宝座。

　　当战后日本陆军与海军完成复员工作被解散时，日本帝国的"民族—国家"结构继续保留下来。因为天皇虽然仍是大和民族纯粹精神的象征，然而以他的名义在昨天采取军事行动的那些人，实际掌握着"神之权柄"的人，一夜之间突然变成了战败的替罪羊与"恶魔"势力。军国主义者、狂热的爱国主义思想家战后被日本的文官群体与美国征服者一道，描绘成扭曲了"皇道"纯粹本质的有权势的腐败者。这场波及半个地球的战争是他们的战争，是"昭和参谋的战争"，他们是日本近代历史上参与阴谋操纵帝国机构使侵略合法化的越轨者。

《"天声人语"的天皇与战争》指出，在战前的日本新闻界，有"天皇、革命和性"三个讨论禁区。而到了战后，就只剩下天皇了。不用说，这种有关天皇报道的管理和控制状况，正是导致战后日本缺乏反省的毒瘤。曾谈及天皇战争责任的长崎市长遇刺（1990年1月18日），明治大学研究生院筹划了有关天皇制问题的集中讲习班和研讨会时，发生右翼阵营暴力事件。另外在地方议会，日本议员如果对天皇的战争责任提出疑问，就会被问责或受到警告处分。对于这些封杀言论的行为，日本战后社会从未严肃对待，知识分子冷眼旁观。

森喜朗担任首相时发表所谓"日本是以天皇为中心的神国"论断，仍让全世界的人记忆犹新。在职的首相竟否定以"主权在民"为基本原理的战后民主主义，但在日本根本没有造成大问题。森喜朗至今仍是日本最有权柄的政客之一。归根结底，因"圣断论"而保留的战后天皇制正是战后保守政治体制的产物。日本人似乎普遍无视昭和天皇自己明确指出的"圣断"的真相——"维持国体"，保住天皇制国家统治体制是第一位的，而解救国民于毁灭的目的意识则是第二位。

到1964年，光鲜亮丽的新干线列车疾驰在富士山下的盛景之下，昭和天皇的"圣断"是战后复兴与繁荣的契机成为日本不可动摇的"定论"，亚洲首次举办奥运会就是其现实的成果，再难有人进行反驳。至于过去不到20年的战争，日本有没有进行彻底的反省和改过，在日本成为几乎无人关心的问题。

当麦克阿瑟领导的美国占领当局对日本魔术般的转换表示支持时，就相当于为这样一种论点做好了铺垫：既不是灾难性的战争，也不是占领军当局本身的改革从根本上改变了日本独具特色的"国家政体"。天皇与据称是永恒的国体，仍然是过去的非军事精英阶层可以避难的攻不破的堡垒。在更加世俗的层面，这样的操纵更加冷酷。例如在1945年8月，预感到盟军占领军即将到来，内务省打算通过创办"慰安营地"——更准确地说，是性剥削贫穷的女性——再次以"净化"的名义，努力保护日本"上流社会"的妇女。

有统治权威的内务省，这个战时警察国家的堡垒，命令组织起明确为外国人服务的"特殊慰安协会"，它就是战时日本军部强制性"慰安妇"制度的延续。

战后复员的日本士兵沦为人力车夫，拉着美国女军人

日本下层社会的女性——许多是以前被征募到战争工厂里做工的战争孤儿或战争寡妇——现在被要求通过为美国占领军士兵服务来"报效国家"。在东京，甚至在皇宫前举行了"特殊慰安"协会正式从业仪式，大约30名年轻女性宣读文辞华丽的誓言，"为数百年的未来而护持和促进民族血统的纯洁"献身自己，由此为社会安宁、为护持确保国体做出贡献。

这些妇女没有从事过性服务行当。然而，那些不久前还进入特攻飞机座舱的青年男性也没有具备多少自杀的经验。与战争时期一样，日本统治集团在和平时期再一次证明他们能够熟练地要求国民做出无条件的自我牺牲，鼓动年轻人的狂热情绪，与种族问题结合在一起。另外，日本人在西方人眼中，以前"全是坏人"，甚至应该"全部送入地狱"，现在他们全部变成了什么呢？在美国人看来，日本人变成了勤劳、热爱和平、亲美，以及反对亚洲"赤化"的积极合作者。

1950年6月，时任美国国务卿杜勒斯在东京建议日本人转变他们的想法，开发美国市场以部分替代那个美国刚刚在1949年"失去"的中国。日本可以向美国输出什么商品呢？杜勒斯建议，可以向美国出口衬衫与睡衣，也可以考虑餐巾纸。当这种明显带有藐视态度的看法，被20世纪60年代日本有活力的经济繁荣、热闹非凡的世博会、奥运会带来的认可替代时，西方人仍然在嘲笑日本人。日本人似乎变成了"经济动物"，一个咄咄逼人甚至令人印象深刻但依然不能融入"西方文明"的"物种"。

　　直到20世纪70年代，美国在遥远的东南亚丛林中流失了大量金钱和年轻子弟生命的同时，西方人面对日本人在全球贸易战争中一个接一个胜利这种意想不到的壮观景象，日本人的形象才再次彻底改变。与第二次世界大战开始时在亚洲发生的情况几乎一样，一个崭新的"日本超人"突然隐约出现在地平线上。西方评论员详述有关日本的奇异神话，许多日本人也把他们引人注目的成就从根本归因于独特的不可言喻的"大和民族精神"。

　　另外一些让人回忆起战争年代，并在西方和日本社会广泛流传的想法和观念就不怎么有趣了。在美国，当贸易赤字失控，日本商品开始充斥大街小巷时，"打压日本"变成了国民娱乐，正如当年狩猎商店出售"猎杀小日本证"。

　　例如，1983年到日本访问的美国国会商务代表团负责人在一次聚会上谈到"那个黄色的男人，你知道的，本田"——这在日本成为引发广泛愤怒的恶意评论。白宫幕僚长、财政部前部长把日本人比作他的牧羊犬，必须要"敲击脑袋"以便让它老实，这让人联想起史汀生在1941年秋的比

战争失败曾令日本的国家威望完全扫地，这是曾经属于"大日本帝国"、战后在黑市上被成批出售的勋章

1946年的天皇一家，看似不再高高在上

喻说法，史汀生当时说日本人是只会"在鞭子下屈服的小狗"。相对于西方人"卡通化"的种族主义攻击，日本人表达种族傲慢的方式更为生硬。例如1982年底，一名日本高官说："日本人是能制造质量稳定且上乘的产品的民族，因为日本人是一个血统纯正的种族，而不是像美国人那样是一个血统混杂的种族。"

随着经济规模的膨胀，20世纪80年代初崛起、绰号"红武士"的日本首相中曾根康弘彻底扭转了战后日本的"谦卑"。1983年在广岛原子弹爆炸周年纪念仪式上，中曾根康弘宣称他的国家"完全不存在外来种族，因此两千年来日本人一直保持完美"。在担任首相之前，1978年，中曾根康弘写过一本小册子，在其中描绘出一幅屹立于世界的和平"新文明"的蓝图，在他的规划下，在整个亚太地区，日本将负责总体的经济管理，包括中国在内的发展中国家专门负责生产。这其实就是新版本的"大东亚共荣圈"。

1945年没有终结昭和时代，因为天皇没有被追责，日本的"国体"也没有在1945年结束，换了一套由美国制造打造的"马甲"之后，日本人努力数十年后又开始做建设"新大东亚共荣圈"的美梦，这一次是依靠不见硝烟的经济武器。但是，在1989年天皇去世，结束昭和时代后不久，规模庞大的"泡沫经济"崩溃，日本的"新大东亚共荣圈"之梦也终结了。

进入21世纪，与邻国一样，日本也面临"百年未遇之变局"。自从19世纪末中日甲午战争以来，日本从未将中国视为能与其比肩的大国。即使20世纪70年代新中国重获五大常任理事国之位，80年代进入"中日蜜月期"，在当时日本的眼中，中国无非一个未来在"新大东亚共荣圈"生产大量廉价产品的"被指导国家"。2010年，举办了奥运会、世博会的中国，国民生产总值超过了日本。日本的"1945年"至此才算彻底完结。并不令人意外的是，随着大国实力此消彼长，太平洋又步入动荡时代，日本则自觉或不自觉地再次身处惊涛骇浪之中。